U0862123

“十四五”职业教育国家规划教材

高等职业教育财务会计类专业创新教材

财务管理 （第三版）

CAIWU GUANLI

刘春华　徐欣　主编

东北财经大学出版社
Dongbei University of Finance & Economics Press
大连

图书在版编目（CIP）数据

财务管理 / 刘春华，徐欣主编. —3 版. —大连：东北财经大学出版社，2025.8. —（高等职业教育财务会计类专业创新教材）. —ISBN 978-7-5654-5729-6

Ⅰ. F275

中国国家版本馆 CIP 数据核字第 2025C4S603 号

财务管理

CAIWU GUANLI

东北财经大学出版社出版

（大连市黑石礁尖山街 217 号　邮政编码　116025）

网　址：http://www.dufep.cn

读者信箱：dufep@dufe.edu.cn

大连永盛印业有限公司印刷　东北财经大学出版社发行

幅面尺寸：185mm×260mm　字数：478 千字　印张：21.25

2025 年 8 月第 3 版　2025 年 8 月第 1 次印刷

责任编辑：王天华　责任校对：石建华

封面设计：原　皓　版式设计：原　皓

书号：ISBN 978-7-5654-5729-6　定价：49.80 元

教学支持　售后服务　联系电话：（0411）84710309

如有印装质量问题，请联系营销部：（0411）84710711

第三版前言

“财务管理”是高等职业院校财经类专业的专业核心课程。本教材自出版以来，紧跟国家职业教育改革方向，致力于培养高素质技能人才，连续获评“十三五”和“十四五”职业教育国家规划教材，得到了广大师生和行业专家的认可与支持。为适应新时代职业教育发展需求，我们结合行业新动态、政策新导向和教学新实践，对教材进行了全面修订和完善。

本教材继续秉持“工学结合”“教、学、做一体化”的理念，采用“项目导向、任务驱动”的编写模式，以财务管理工作过程为主线，将职业情境与学习任务紧密结合，注重培养学生的职业素养和实践能力。每个项目均设有明确的知识目标、能力目标和素质目标，通过“情境设计—任务引入—知识准备—任务解析—技能训练—实战模拟”等环节，引导学生循序渐进地掌握财务管理的基本原理、方法和技能。

本次修订在继承前两版教材特色的基础上，重点从以下几个方面进行了优化：一是对各项目的知识点、案例和数据进行了系统梳理和更新，确保教材内容与当前经济环境、行业实践和教学需求紧密结合，体现财务管理领域的最新发展；二是学习贯彻党的二十大和二十届二中、三中全会精神，新增“明德善思”小栏目，将国家政策、中华优秀传统文化、职业道德等思政元素有机融入专业教学，实现知识传授与价值引领的统一，培养学生成长为明德善思的高素质专业人才；三是进一步对接会计专业技术资格考试内容，优化教材结构与知识点分布，实现“课证融通”，帮助学生夯实专业基础，提升职业竞争力，满足其职业发展需求；四是为方便学生自学，在原有15个微课二维码的基础上更新至30个。

第三版教材具有以下特色与优势：

1. 思政育人，德技并重。紧扣国家战略和职业教育要求，将党的二十大和二十届二中、三中全会精神、绿色发展理念、共同富裕目标等融入教学案例和栏目设计，强化培养学生的社会责任感和职业使命感。

2. 紧跟行业，突出实用。结合企业财务管理实践，更新典型案例和实战训练内容，增强教材的实用性和针对性，助力学生职业能力的提升。

3. 结构清晰，资源丰富。延续“情境导入+任务驱动”的编写模式，配套微课、多媒体课件、电子教案、技能训练题库、在线学习平台（智慧职教：https：//mooc.icve.com.cn）等数字化资源，为教师教学和学生学习提供全方位支持。

本教材由辽宁金融职业学院刘春华、徐欣担任主编；大连华夏北方投资有限公司财务总监、高级会计师、注册会计师刘冬梅，江苏经贸职业技术学院黄莉娟，辽宁金融职业学院孟文新担任副主编；大连华夏北方投资有限公司总经理、中级会计师、中级管理会计师李连胜，辽宁金融职业学院范雪飞参与编写。本版修订分工如下：刘春华修订项目二、项目三；徐欣修订项目七；刘冬梅和黄莉娟修订项目一、项目四；李连胜修订项目五；范雪飞修订项目六；孟文新修订项目八。

本教材的修订凝聚了编写团队、行业专家和一线教师的智慧，在此向所有关心和支持教材建设的同仁致以诚挚的感谢。我们期待第三版教材能够更好地服务于高职院校“财务管理”课程的教学需求，为培养新时代高素质财经人才贡献力量。

由于编者水平有限，书中难免存在不足之处，恳请广大师生和读者提出宝贵意见，以便我们不断完善。

编　者

2025年8月

目　录

项目一

财务管理基本认知

情境设计

高军和林浩是大学同学，1996年大学毕业后他们到了不同的企业工作。2001年积累了一定工作经验和社会经验的两人又联合其他三位大学同学一起创业，创建了一家家具制造企业——尚达家具有限责任公司（简称尚达家具公司）[①]。在尚达家具公司发起人中，有一人持有两项设计专利，还有一人继承家族的一家小型木器厂。公司注册资本500万元。

选择家具行业创业的原因主要有两个方面：一是林浩出生在著名的“中国实木家具之乡”，因此，他对我国家具行业近30年的变化、发展过程非常了解；二是高军和林浩对家具行业未来广阔发展空间的良好预期。随着人们对舒适生活的不懈追求和家居与现代科技的深度融合，家具行业发展空间巨大，大有可为。

自20世纪80年代至今，中国家具行业引进了大量国际先进的机械设备，在产量和产值上均有大幅提升。自2000年开始，中国家具制造业进入成长的快车道，产能占据全球家具总产能30%以上。2009年金融危机后家具产值增速大幅下滑，2010年后稳定在10%左右的水平。2015年国家提出并持续推进绿色发展理念，党的二十大报告进一步指出：“推动形成绿色低碳的生产方式和生活方式。”加之新一代消费群体的生活方式和生活理念的巨大变革，均对家具产品提出了更高的要求，环保、智能、定制、个性化的家具生产将成为家具制造业新的发展方向，中国的传统家具行业到了转型升级的节点。尚达家具公司抓住机遇，科学布局企业的研发、生产和销售，从供给一方提供市场真正需要的家具产品，发展壮大企业，以承担企业责任和社会责任。

情境分析：明确企业的发展方向及理财目标，建立与企业发展阶段相匹配的财务管理模式和财务管理体制，了解财务管理环境的变化及其对企业和企业财务管理的影响，并使其为实现企业目标和财务管理目标服务，是发展壮大企业和担负企业责任与社会责任的条件和保证。

知识目标

1. 掌握财务管理的概念和内容。
2. 理解财务管理的目标。
3. 了解财务管理的环境。
4. 熟悉财务管理工作程序和主要环节。

能力目标

1. 熟知财务管理的岗位设置及主要职责。

---

① 本教材案例、习题所用企业名称、数据均为虚构，如有雷同，纯属巧合。

2. 能分析财务管理环境对企业财务管理的影响。

素质目标

1. 养成高尚的职业道德，坚守原则和法律，勇担社会责任。
2. 培养全局观念，正确认识国家利益、企业发展与个人成长之间的关系。
3. 培养适应性与持续学习能力，主动更新知识结构。

项目结构

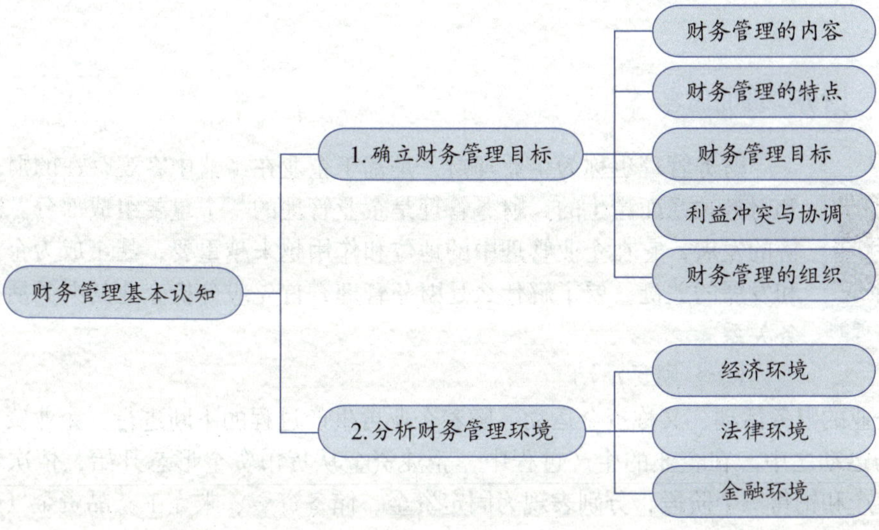

任务一　确立财务管理目标

任务引入

我国家具行业经过多年发展，逐渐形成珠江三角洲、长江三角洲、环渤海、东北、西部五大家具产业区。尚达家具公司设在地处环渤海家具产业区的山东省，依托环渤海经济圈，这个地区家具制造历史久远，资源丰富，地理位置优越。家具企业规模和消费群体较大，成熟的家具专业销售市场和家具营销企业集中，产业链日趋完善。这对于尚达家具公司是优势也是挑战，要在强手如林的家具行业中生存、发展、获利，明确的企业目标是基础和前提。“企业管理的重心在于财务管理，财务管理的重心在于资金管理”，这已成为共识，财务管理已成为现代企业发展和实现企业目标的关键所在。

尚达家具公司初期发展阶段的当务之急是要明确：第一，确立什么样的企业目标和财务管理目标，如何处理两者之间的关系；第二，企业应建立怎样的财务管理模式、财务管理机构和财务管理工作岗位以实现目标。

任务分析：企业财务管理目标取决于企业目标，企业的生产经营活动都是处在特定的环境中的，不同环境中的企业，其财务管理目标会有很大的差异。企业所处的社会环境、文化背景、政治法律环境、企业的内部治理结构等因素变动都会引起企业财务管理目标的变化。现代财务管理理论与实践关于财务管理目标有多种观点，主要有利润最大化、每股收益或资本利润率最大化、股东财富或企业价值最大化等，每一种观点各有优点与不足。因此，确定并选择合适的财务管理目标是十分重要的。

知识准备

一、财务管理的内容

微课

财务管理的内容

财务管理也称为企业理财，是基于企业在经营中客观存在的财务活动和财务关系而产生的，财务管理是企业管理的一个重要组成部分。随着经济的发展，它在企业管理中的地位和作用越来越重要，甚至成为企业生存和发展的关键。要了解什么是财务管理，首先应分析企业的财务活动和财务关系。

（一）财务活动

企业的财务活动，又称资金运动。随着企业再生产过程的不断进行，企业资金处于不断的运动之中。在企业的生产过程中，企业资金从货币资金形态开始，依次经过供应、生产和销售三个阶段，分别表现为固定资金、储备资金、未完工产品资金（生产资金）、成品资金等各种不同形态，然后又回到货币资金形态。这种从货币资金开始，经过若干阶段，又回到货币资金的运动过程叫作资金的循环。企业资金周而复始、不断循环，叫作资金的周转。资金的循环、周转体现着资金运动中资金形态的变化。企业资金运动过程如图1-1所示。

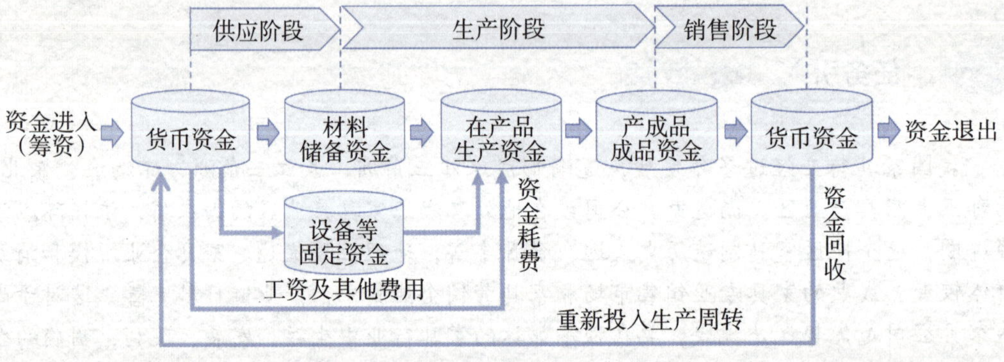

图1-1　企业资金运动过程

所谓财务活动，是指资金的筹集、投放、使用、收回及分配等一系列行为。从整体上讲，财务活动包括以下四个方面：

1. 筹资活动

筹资是指企业为了满足投资和用资的需要，筹措和集中所需资金的过程。企业组织商品生产，必须以占有或能够支配一定数额的资金为前提。企业从各种渠道以各种形式筹集资金，是资金运动的起点。企业通过筹资可以形成两种不同性质的资金来源：权益资金和债务资金。企业筹集资金，表现为企业资金的流入。企业偿还借款、支付利息和股利，以及付出各种筹资费用等，表现为企业资金的流出。这种因为资金筹集而产生的资金的流入与流出，便是由企业筹资而引起的财务活动。

在筹资过程中，企业一方面要确定筹资的总规模，以保证投资所需要的资金；另一方面要通过筹资渠道、筹资方式或工具的选择，合理确定筹资结构，以降低筹资成本和风险。

2. 投资活动

企业取得资金后，必须将资金投入使用，以谋求最大的经济效益。否则，筹资就失去了目的和效用。企业投资可以分为广义的投资和狭义的投资两种。广义的投资是指企业将筹集的资金投入使用的过程，包括企业内部使用资金的过程（如购置固定资产、无形资产等）和对外投放资金的过程（如投资购买其他企业的股票、债券或与其他企业联营等）。狭义的投资仅指对外投资。无论企业对内投资，还是对外投资，都会有资金的流出；当企业收回投资时，会产生资金的流入。这种因企业投资而产生的资金的流入与流出，便是由投资而引起的财务活动。

企业在投资过程中，必须考虑投资规模，即为确保获取最佳投资效益，企业应投入资金数额的多少。同时，企业还必须通过投资方向和投资方式的选择，来确定合理的投资结构，以提高投资效益、降低投资风险。

3. 资金营运活动

企业在日常生产经营过程中，会发生一系列的资金收付。首先，企业要采购材料或商品，以便从事生产和销售活动，同时还要支付工资和其他营业费用；其次，当企业把产品或商品售出后，便可取得收入，收回资金；最后，如果企业现有资金不能满足企业经营的需要，还要采取短期借款的方式来筹集所需资金。上述各方面都会产生企业资金的收付，这种因企业日常生产经营而引起的财务活动，也称为资金营运活动。

企业的营运资金，主要是为满足企业日常营业活动的需要而垫支的资金，营运资金的周转与生产经营周期具有一致性。在一定时期内，资金周转越快，资金的利用效率就越高，就可能生产出更多的产品，取得更多的收入，获得更多的报酬。因此，如何加速资金周转，提高资金利用效果，也是财务管理的主要内容之一。

4. 分配活动

广义地说，分配是指对企业各种收入进行分割和分派的过程；狭义的分配仅指对企业净利润的分配。企业通过投资或资金营运活动可以取得相应的收入，并实现资金的增值。企业取得的收入首先要用以弥补生产经营耗费，缴纳流转税，其余部分和投资收益成为企业的营业利润；营业利润和营业外收支净额等构成企业的利润总额。利润总额首先要按国家规定缴纳所得税，净利润要提取公积金，其余利润作为投资者的收益分配给投资者或暂时留存企业或作为投资者的追加投资。随着分配活动的进行，资金或者退出或者留存企业，它必然会影响企业的资金运动。企业必须在国家的分配政策指导下，依据一定的法律原则，合理确定分配的规模和分配的方式，以使企业获得最大的长期利益。

以上四个方面相互联系、相互依存，构成了企业的财务活动，它伴随着企业生产经营活动过程反复不断地进行，从而也就构成了企业财务管理的主要内容。

(二) 财务关系

财务关系是指企业在组织财务活动过程中与有关各方所发生的经济利益关系。企业在资金的筹集、运用、耗费、收回和分配等财务活动中必然要与有关方面发生广泛的经济联系，从而产生与有关各方的经济利益关系，主要有以下几个方面：

1.企业与投资者之间的财务关系

这主要是指企业的投资者向企业投入资金，企业向其投资者支付投资报酬所形成的经济关系。现行制度明确规定，投资者凭借其出资，有权参与企业的经营管理，分享企业的利润并承担企业的风险；被投资企业必须依法保全资本，并有效运用资本实现盈利。企业与投资者的财务关系体现了所有权性质的投资与受资的关系。

2.企业与债权人之间的财务关系

这主要是指企业向债权人借入资金，并按借款合同的规定按时支付利息和归还本金所形成的经济关系。企业除利用资本进行经营活动外，还要借入一定数量的资金，以便降低企业资金成本，扩大企业经营规模。企业利用债权人的资金，要按约定的利息率，及时向债权人支付利息；债务到期时，要合理调度资金，按时向债权人归还本金。企业同其债权人的财务关系在性质上属于债务与债权关系。

3.企业与受资者之间的财务关系

这主要是企业以购买股票或直接投资的形式向其他企业投资所形成的经济关系。企业向其他单位投资，应按约定履行出资义务，并依据其出资份额参与受资企业的经营管理和利润分配。企业与受资者的财务关系也体现了所有权性质的投资与受资关系。

4.企业与债务人之间的财务关系

这主要是指企业将其资金以购买债券、提供借款或商业信用等形式出借给其他单位所形成的经济关系。企业将资金借出后，有权要求其债务人按约定的条件支付利息和归还本金。企业与其债务人是债权与债务的关系。

5.企业与政府之间的财务关系

中央政府和地方政府作为社会管理者行使其行政职能，为企业生产经营活动提供公平竞争的经营环境和公共设施（公共产品）等条件。政府在行使其职能所花费的“社会费用”，须从受益者企业的经营收入中扣除，从而形成具有强制性的纳税义务，包括所得税、流转税、资源税、财产税和行为税等。这种关系体现一种强制的收益分配关系。

6.企业内部各单位之间的财务关系

这主要是指企业内部各单位之间在生产经营各环节中相互提供产品或劳务所形成的经济关系。在企业内部实行责任预算和责任考核与评价的情况下，企业内部各责任中心之间相互提供产品与劳务，应以内部转移价格进行核算。这种关系体现了企业内部各单位之间的利益分配与内部的资金结算关系。

7.企业与职工之间的财务关系

这主要是指企业向职工支付劳动报酬过程中所形成的经济关系。职工是企业的劳动者，他们以自身提供的劳动作为参加企业分配的依据。企业根据劳动者的劳动情况，用其收入向职工支付工资、津贴和奖金，并按规定提供相应的福利等，体现了职工个人和集体在劳动成果上的分配关系。

综上所述，财务管理是企业组织财务活动、处理财务关系的一项综合性管理工作，是企业管理的重要组成部分。

二、财务管理的特点

财务管理作为企业管理的一个重要组成部分，具有“管理”的一般属性。但它又有别于企业的其他管理，如生产管理、技术管理、人力资源管理、设备管理、销售管理等，它是一种价值管理，具有自身的特点。

（一）综合性

企业财务管理主要是运用价值形式对企业生产经营活动进行管理。企业生产经营活动中的一切物质技术和条件、对外投资、内部生产经营活动过程及其成果，虽然形态各异、内容复杂，但是都可以通过价值形式进行综合反映。企业财务管理不是对各种具体的物资、非物资形态和生产经营过程进行直接的管理，而是运用资产、负债、资本、成本费用、利润和现金流量等价值形式，对企业生产经营活动过程及其成果进行控制、调节与分配。因此，它是一种综合性很强的管理工作。

（二）广泛性

企业财务管理主要是从精心组织财务活动、正确处理财务关系入手，实现企业价值最大化。企业财务活动及其所体现的经济利益关系，涉及利益相关的企业内部和外部各个主体，如企业出资者、债权人、债务人、国家行政管理部门、金融机构和金融市场、商品交易主体、企业职工和企业内部各个经济责任单位等。企业财务活动和财务关系涉及哪里，企业财务管理的触角就伸向哪里。因此，企业财务管理是一种涉及范围广泛的管理工作。

（三）重要性

企业财务管理的关键是决策。财务决策是企业经营决策中最为重要的决策，其正确与否直接关系到企业的兴衰与成败。同时，在企业各管理环节中，大都是以财务管理工作为中心展开的。例如，在企业内部计划管理中，以财务计划为中心；在企业生产、营销管理中，以成本费用为中心；在企业物资管理中，以资金管理为中心等等。重视并强化企业的财务管理已成为现代企业在市场竞争中得以生存和发展的重要环节，企业管理实践中“财务管理是企业管理的中心”的提出，也反映了财务管理在企业管理中的重要地位。

三、财务管理目标

微课

财务管理的目标

财务管理目标又称理财目标，是企业进行财务活动所要达到的根本目的，是建立财务管理体系的逻辑起点。从根本上说，财务管理目标取决于企业目标。企业是营利性组织，其出发点和归宿是获利。企业成立后就面临着竞争，处于生存与倒闭、发展与萎缩的交替变动中，企业只有生存下去才能获利，要生存就要不断发展。因此，企业的基本目标是生存，核心目标是发展，最终目标是获利。

企业生存、发展、获利的总体目标要求财务管理科学地筹集生产发展所需资金，并合理有效地投放和使用这些资金，努力降低成本，增加收益，使企业在激烈的市场竞争中立于不败之地。在日常财务管理工作中，企业的财务管理目标正是这些要求的集中体现。

关于企业财务管理目标的表述，主要有以下三种观点：

（一）利润最大化

利润最大化是假定企业财务管理以实现利润最大为目标。企业作为自主经营的主体，所创利润是企业在一定期间全部收入和全部费用的差额，是按照收入与费用配比原则计算的。利润最大化的观点认为，利润代表了企业新创造的财富，利润越多则说明企业的财富增加得越多，越接近企业的目标。

利润最大化目标的主要优点是，企业追求利润最大化，就必须讲求经济核算，加强管理，改进技术，提高劳动生产率，降低产品成本。这些措施都有利于企业资源的合理配置，有利于企业整体经济效益的提高。

但是，利润最大化的观点有其局限性，主要表现在：

（1）没有考虑所获利润和所投入资本额的关系。例如，同样获得100万元利润，一个项目需要企业投入500万元，另一个项目需要企业投入600万元，哪一个更符合企业的目标？若不与投入的资本数额联系起来，就难以作出正确判断。

（2）没有考虑利润的取得时间，即时间价值因素的影响。例如，今年获利100万元和明年获利100万元，哪一个更符合企业的目标？若不考虑货币的时间价值，就难以作出正确判断。

（3）没有考虑获取利润和所承担风险的关系，即风险价值因素的影响。例如，同样投入500万元，本年获利100万元，一个企业获利已全部转化为现金，另一个企业获利全部是应收账款，并可能发生坏账损失，哪一个更符合企业的目标？若不考虑风险，就难以作出正确判断。

（4）可能导致企业的短期财务决策倾向，影响企业长远发展。由于利润指标通常按年计算，因此，企业决策也往往会服务于年度指标的完成或实现。

如果投入资本相同、利润取得的时间相同、相关的风险也相同，利润最大化是一个可以接受的观念。现实中，许多企业都把提高利润作为企业的短期目标。

（二）每股收益或资本利润率最大化

所有者作为企业的投资者，其投资目标是取得资本收益，具体表现为净利润与出资额或股份数（普通股）的对比关系。每股收益是一定时期净利润与普通股股数的比率，资本利润率是一定时期净利润与资本额的比率。其大小反映了投资者投入资本获得回报的能力。这个目标的优点是将企业实现的利润同投入的资本联系起来考察，以克服“利润最大化”目标的局限，可以在不同资本规模的企业或同一企业不同期间进行比较，揭示其盈利水平的差异。

每股收益最大化观点仍然存在局限：

（1）没有考虑每股收益取得的时间即资金的时间价值；

（2）没有考虑每股收益的风险；

（3）不能避免企业的短期行为。

如果每股收益的取得时间、承担风险、投入资本相同，则每股收益最大化也是一个可以接受的观念。事实上，许多投资人都把每股收益作为评价公司业绩的关键指标。

（三）股东财富或企业价值最大化

投资者创办企业的目的是增加财富。这种财富不仅表现为企业的利润，更表现为企业的价值。企业价值可以理解为企业所有者权益和债权人权益的市场价值，可以通过企业未来预期创造的现金净流量的现值来表示，是企业经营状况及业绩的动态描述，反映了企业潜在或预期的获利能力和成长能力。

这种观点要求企业通过合理经营，采用最优的财务决策，充分考虑资金的时间价值和风险与报酬的关系，在保持企业长期稳定发展的基础上，使企业价值达到最大。对于股份制公司，企业价值最大化可以表述为股东财富最大化。对上市公司来说，股东财富最大化可用股票市价最大化来替代。

以股东财富或企业价值最大化作为财务管理的目标，其优点主要表现在：

（1）考虑了取得报酬的时间因素，并用资金时间价值原理进行了计量。

（2）考虑了风险与报酬之间的联系，能有效地克服企业不顾风险、片面追求利润的错误倾向。

（3）有利于克服管理上的短期行为。这是因为不仅当期收益会影响企业价值，预期未来的收益对企业价值也会产生重大影响。

（4）有利于社会资源合理配置。社会资源通常流向股东财富或企业价值最大化的企业或行业，有利于实现社会效益最大化。

以股东财富或企业价值最大化作为财务管理的目标，也存在以下问题：

（1）对于上市公司，虽然可以通过股票的价格反映企业的价值，但股票的价格受多种因素影响，特别在即期市场上的股价不一定能够直接揭示企业的获利能力。

（2）对于非上市公司，只有对企业进行专门的评估才能真正确定其价值。在评估企业的资产时，受评估标准和评估方式的影响，这种估价不易做到客观和准确，导致企业价值难以确定。

现代财务管理主流理论将股东财富或企业价值最大化作为财务管理的最优目标，这也是本教材采纳的观点。

微课

相关者利益的冲突与协调

四、利益冲突与协调

主张股东财富最大化，并非不考虑其他利益相关者的利益。各国公司法都规定，股东权益是剩余权益，只有满足了其他方面的利益之后才会有股东的利益。企业必须交税、给职工发工资、给顾客提供满意的产品和服务，然后才能获得税后收益。可见，其他利益相关者的要求先于股东，因此这种要求必须是有限度的。如果对其他利益相关者的要求不加限制，股东就不会有“剩余”了。除非股东确信投资会带来满意的回报，否则股东不会出资，其他利益相关者的要求也无法实现。

协调相关者的利益冲突是财务管理必须解决的问题。而在所有的利益冲突协调中，所有者与经营者、所有者与债权人的利益冲突与协调至关重要。

（一）所有者与经营者的利益冲突与协调

在现代企业中，经营者一般不拥有占支配地位的股权，他们只是所有者的代理人。所有者期望经营者代表他们的利益工作，实现所有者财富最大化，而经营者有其自身的利益考虑，两者的目标经常会不一致。通常而言，所有者支付给经营者报酬的多少，取决于经营者能够为所有者创造多少财富。经营者和所有者的主要利益冲突是经营者希望在创造财富的同时，能够获取更多的报酬、更多的享受，并避免各种风险；所有者希望以较小的代价（支付较少报酬）实现更多的财富。

协调这一利益冲突，通常可以采取以下方式解决：

1.解聘

这是一种通过所有者约束经营者的办法。所有者对经营者予以监督，如果经营者绩效不佳，就解聘经营者。经营者为了不被解聘就需努力工作，为实现财务管理目标服务。

2.接收

这是一种通过市场约束经营者的办法。如果经营者经营决策失误、经营不力、绩效不佳，该公司就可能被其他公司强行接收或吞并，相应经营者也会被解聘。经营者为了避免这种接收，就必须努力实现财务管理目标。

3.激励

激励就是将经营者的报酬与其绩效直接挂钩，以使经营者自觉采取能提高所有者财富的措施。激励通常有以下两种方式：

（1）股票期权。它是允许经营者以约定的价格购买一定数量的本企业股票，股票的市场价格高于约定价格的部分就是经营者所得的报酬。经营者为了获得更多的股票涨价收益，就必然主动采取能够提高股价的行动，从而增加所有者财富。

（2）绩效股。它是企业运用每股收益、资产收益率等指标来评价经营者绩效，并视其绩效大小给予经营者数量不等的股票作为报酬。如果经营者绩效未能达到规定目标，经营者将丧失原先持有的部分绩效股。这种方式使经营者不仅为了多得绩效股而不断采取措施提高经营绩效，而且为了使每股市价最大化，也会采取各种措施使股票市价稳定上升，从而增加所有者财富。即使由于客观原因股价并未提高，经营者也会因为获取绩效股而获利。

【明德善思】

履行社会责任与财务管理目标的相互促进

内蒙古伊利实业集团股份有限公司（以下简称伊利股份）成立于1993年，自2006

年首次公布企业社会责任情况报告以来，已连续20年不间断披露企业社会责任报告。伊利股份积极参与社会公益活动，包括脱贫致富、保护绿色生态环境、乡村振兴、面对突发公共卫生事件时的援助等。例如，2020年伊利股份为各上游牧场及零散奶农提供大量生活物资和全面的抗疫指导，并开设绿色融资渠道，为社会提供了数十亿元的融资支持。此外，伊利股份还积极践行零碳政策，研发出首款零碳有机奶粉，体现了其在环境保护方面的责任担当。

启示：伊利股份在投入成本履行社会责任的同时，也充分促进了财务管理目标的实现：(1) 品牌形象提升与市场份额扩大。通过积极履行社会责任，伊利股份提升了品牌形象，在竞争激烈的市场中脱颖而出，不断扩大市场份额，从而提高销售收入和利润水平。(2) 成本控制与效率提升。伊利股份在履行社会责任的过程中，通过推广绿色生产和环保技术，减少能源消耗和废弃物排放，降低了生产成本并提高运营效率。(3) 政府支持与政策优惠。伊利股份在履行社会责任方面的积极表现，也赢得了政府在环保、税收等方面给予的政策倾斜和优惠，降低了企业的运营成本，提高了企业的竞争力。(4) 财务目标的充分实现。通过积极履行社会责任，伊利股份从而实现了短期的财务目标（如提高销售收入和利润水平）。同时，这些积极的社会责任行为也为企业的长期发展奠定了坚实的基础，有助于实现长期的财务目标。企业履行社会责任与财务管理目标的实现是相互促进的。

【知识拓展】

股票期权计划的基本要素

一项股票期权计划的实施包括四个基本要素，即股票期权的受益人、有效期、施权价和数量。通常，在不同的环境背景下实施股票期权计划，需要根据实际情况作出不同安排。

(1) 股票期权的受益人，是指股票期权的拥有者。公司所要激励的对象，通常是公司的高级经理人员、“核心层”的高级主管，有时股票期权的激励对象也会包括一些公司员工。

(2) 股票期权的有效期，是指受益人在规定的期限内才可以行使股票期权所赋予的权利，超过这一期限就不再享有此权利，通常也称为施权期。施权期的长短需要视实际的经营情况以及对经营者激励程度的需要而定。

(3) 股票期权的施权价，是指在股票期权计划中规定的受益人按照约定购买公司股票的价格。此价格通常为制订股票期权计划时公司股票的市场价格，也可视实际需要做适当调整。

(4) 股票期权的数量，是指在股票期权计划中股票期权受益人可以购买的公司股票的数量。确定股票期权的数量需要考虑两个问题：一是数量太小起不到作用；二是数量太大会损害企业所有者的利益。

（二）所有者与债权人的利益冲突与协调

所有者的目标可能与债权人期望实现的目标发生矛盾。首先，所有者可能要求经营者改变举债资金的原定用途，将其用于风险更高的项目，这会增大偿债的风险，债权人的负债价值也必然会降低。因为高风险的项目一旦成功，额外的利润就会被所有者独享；但若失败，债权人却要与所有者共同负担由此而造成的损失。这对债权人来说风险与收益是不对称的。其次，所有者可能在未征得现有债权人同意的情况下，要求经营者举借新债，因为偿债风险相应增大，从而致使原有债权的价值降低。

所有者与债权人的利益冲突，通常可采用以下方式解决：

1.限制性借款

债权人事先规定借款的用途、借款的担保条款和借款的信用条件等。

2.收回借款或停止借款

当债权人发现公司有侵蚀其债权价值的意图时，拒绝进一步合作，不再提供新的借款或提前收回借款。

【同步思考1-1】如果你是所有者，那么你如何协调与经营者的矛盾？如果你是债权人，你会采取哪些措施以防止自己的利益遭受损害？

五、财务管理的组织

要顺利实现企业的财务管理目标，必须合理有效地组织财务管理工作，包括明确财务管理主体、设立财务管理机构、确定财务管理环节等。

（一）明确财务管理主体

企业组织形式不同，其财务管理主体也不相同。企业组织形式主要有独资企业、合伙企业和公司三种。当企业采取独资形式时，其所有权主体和经营权主体是合二为一的；当企业采取合伙形式时，其所有者不再是单一的个人，而是合伙人群体，但其经营则主要由身为合伙人之一的个人组织，其重要经营决策则由合伙人共同作出。因此，合伙企业的所有权主体和经营权主体基本上也是合二为一的。在独资企业和合伙企业中，由于所有权主体和经营权主体的合二为一，内含于经营权中的财务管理的主体也是不可分的，即独资企业和合伙企业的财务管理主体既是所有权主体，又是经营权主体；既是所有者，又是经营者。

在以公司为组织形式的现代企业里，所有权与经营权是高度分离的，相应地，其所有权主体和经营权主体也是分离的，因而公司的财务管理权也相应分离。企业的财务管理主体被分为所有者和经营者两个方面，由此形成了企业财务管理主体的双重化。企业所有者基于保护其权益不受损失和追求资本增值的需要，一般要参与和作出有关所有者权益或资本权益变动的财务决策，但不参与企业日常的生产经营活动和财务管理活动。企业经营者基于履行管理职责和追求股东财富最大化或企业价值最大化的需要，应当对企业日常的财务活动进行组织、指挥、监督和协调，正确处理企业同各方面的财务关系。

（二）设立财务管理机构

财务管理机构是企业内部专门从事财务管理工作的专业机构。财务管理机构及岗位设置要考虑企业规模大小、业务特点等因素，以满足企业管理对财务工作的要求。

我国企业财务管理机构的设置一般有“一元制”结构和“二元制”结构两种形式。

1.财务与会计管理机构合并的“一元制”结构

“一元制”结构的特点是将财务与会计管理机构合二为一，具备财务管理和会计核算两种职能。在“一元制”结构下，一般由总会计师或主管经济管理的副总经理负责企业的财务与会计两个方面的管理工作，以会计核算职能为轴心来划分内部职责，如在内部设立存货、长期资产、往来结算、出纳等分部门。这种财务管理机构一般适用于企业规模较小、筹资和投资等财务事项不多的企业。

2. 财务与会计分设管理机构的“二元制”结构

“二元制”结构的特点是会计核算职能与财务管理职能相分离。财务管理职能由独立于会计核算职能之外的财务管理机构来完成，它专司筹资、投资和收益分配或者组织资金运动之职。在该机构内部，以财务管理职能或财务活动为轴心来划分内部职责，典型形式是设立规划部、经营部和信贷部，分别负责预测、计划、筹措和运用资金，进行信用调查等。这种财务管理机构主要适用于企业规模较大、财务事项繁杂的企业。“二元制”结构的财务管理机构模式如图1–2所示。

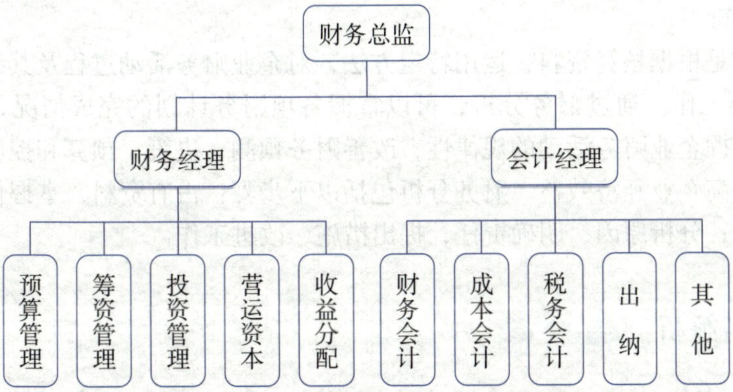

图1–2　“二元制”结构的财务管理机构模式

（三）确定财务管理环节

财务管理环节是指财务管理的工作步骤和一般程序，包括财务预测、财务决策、财务预算、财务控制、财务分析五个基本环节。这些环节相互配合，紧密联系，形成周而复始的财务管理循环过程，构成完整的财务管理工作体系。

1. 财务预测

财务预测是根据财务活动的历史资料，考虑现实的要求和条件，对企业未来的财务活动和财务成果作出科学的预计和测算。本环节的主要任务在于：测算各项生产经营方案的经济效益，为决策提供可靠的依据；预计财务收支的发展变化情况，以确定经营目标；测定各项定额和标准，为编制计划、分解计划指标服务。财务预测主要包括明确预测目标、收集相关资料、建立预测模型和确定财务预测结果等步骤。

2. 财务决策

财务决策是指财务人员按照财务目标的总体要求，利用专门方法对各种备选方案进行比较分析，并从中选出最佳方案的过程。在市场经济条件下，财务管理的核心是财务决策。财务预测是为财务决策服务的，决策成功与否直接关系到企业的兴衰成败。财务决策主要包括确定决策目标、提出备选方案、选择最优方案等步骤。

3. 财务预算

财务预算是指运用科学的技术手段和数量方法，对未来财务活动的内容及指标所进行的具体规划。财务预算是以财务决策确立的方案和财务预测提供的信息为基础编制的，是财务预测和财务决策的具体化，是控制财务活动的依据。财务预算的编制一般包括以下步骤：分析财务环境，确定预算指标；协调财务能力，组织综合平衡；选择预算方法，编制财务预算。

4. 财务控制

财务控制是在财务管理的过程中，利用有关信息和特定手段，对企业财务活动所施加的影响或进行的调节。实行财务控制是落实预算任务、保证预算实现的有效措施。财务控制一般包括以下步骤：制定控制标准，分解落实责任；实施追踪控制，及时调整误差；分析执行情况，搞好考核奖惩。

5. 财务分析

财务分析是根据核算资料，运用特定方法，对企业财务活动过程及其结果进行分析和评价的一项工作。通过财务分析，可以掌握各项财务计划的完成情况，评价财务状况，研究和掌握企业财务活动的规律性，改善财务预测、决策、预算和控制，提高企业管理水平，提高企业经济效益。财务分析包括以下步骤：占有资料，掌握信息；指标对比，揭露矛盾；分析原因，明确责任；提出措施，改进工作。

任务解析

通过上述学习，可以解析【任务引入】中的问题：

（1）财务管理作为企业管理的重要组成部分，其目标取决并服务于企业的基本目标和社会责任，企业的基本目标是生存、发展、获利，同时企业还肩负着社会责任，比如对消费者、社区和环境的责任等。因此，企业在生存与发展的过程中，不仅要考虑投资者自身的利益即股东财富最大化，同时需要兼顾员工、债权人、消费者和环境保护等与社会相关的利益。在社会主义市场经济条件下，企业财务管理总体目标取向应为“企业价值最大化”，在这一总体目标指导下，进而明确筹资、投资、分配等各项财务活动的具体目标。

（2）顺利实现财务管理目标，必须合理有效地组织财务管理工作，包括明确财务管理主体、设立财务管理机构、确定财务管理环节等。

尚达家具公司是公司制企业，所有权主体和经营权主体是分离的，因而公司的财务管理主体也相应分离，具有“双重性”特征。

企业初建规模较小，适用于“一元制”结构的财务管理机构，集财务管理职能和会计核算职能于一身。企业应由总会计师或主管经济管理的副总经理负责公司的财务与会计两个方面的管理工作，以会计核算职能为轴心来划分内部职责，设置如出纳、往来结算、长期资产、存货等岗位。

任务二　分析财务管理环境

任务引入

随着中国经济的高速增长，各行各业发展迅猛，家具行业也进入快速发展时期，呈现出四大发展趋势：第一，环保话题备受关注，零醛家具大有市场；第二，全屋定制持续火热，强企引领行业发展；第三，中产阶级崛起，高端家具受瞩目；第四，家具产品智能化逐渐普及市场。为更好保护消费者权益，使行业更具健康发展的动力，2015年家具行业的国家标准、地方标准连续出台，剑指销售、环保、服务等多个方面，其中节能和环保成为最大命题。10年来，家具行业的国家标准不断更新和完善，以适应行业发展和消费者需求。各省家具标准化技术委员会陆续成立，旨在加强对家具标准的推广与培训，确保产品符合最新要求。

企业应如何结合家具行业发展趋势和陆续出台的家具行业国家标准、地方标准，发挥财务管理在企业管理中的重要作用，使经济政策更好地为企业财务管理服务？

任务分析：经济发展水平，国家的行业政策、标准，金融政策法规等宏观因素即财务管理环境，是存在于企业外部的、对企业财务活动和财务管理产生重大影响的条件和因素，企业难以控制和改变，更多的是适应和因势利导。企业财务管理环境的各个方面特征不一，对企业财务管理的影响也不尽相同，只有充分把握了这些特征，企业的财务管理才能与理财环境相协调。

知识准备

企业的财务管理环境又称理财环境，是指对企业的财务活动和财务管理产生影响作用的企业内外各种条件的统称。按其存在的空间，可分为内部理财环境和外部理财环境。企业内部理财环境存在于企业内部，是企业可以通过采取一定的措施加以控制和改变的因素，主要包括企业资本实力、生产技术条件、经营管理水平和员工素质等；企业外部理财环境由于存在于企业外部，企业财务决策难以改变它们，更多的是适应其要求和变化。外部理财环境涉及的范围很广，其中最重要的是经济环境、法律环境和金融环境。本任务主要讨论外部理财环境。

微课

财务管理的环境

一、经济环境

（一）经济周期

在市场经济条件下，经济发展与运行带有一定的波动性。大体上经历复苏、繁荣、衰退和萧条几个阶段的循环，这种循环叫作经济周期。

经济的周期性波动对财务管理有着非常重要的影响。在经济周期的不同阶段，企业应采用不同的财务管理战略。财务学者探讨了经济周期中不同阶段的财务管理战略，择其要点见表1-1。

表1-1 经济周期中不同阶段的财务管理战略

复苏	繁荣	衰退	萧条
1.增加厂房设备	1.扩充厂房设备	1.停止扩张	1.建立投资标准
2.实行长期租赁	2.继续建立存货储备	2.出售多余设备	2.保持市场份额
3.建立存货储备	3.提高产品价格	3.停产不利产品	3.压缩管理费用
4.开发新产品	4.开展营销规划	4.停止长期采购	4.放弃次要利益
5.增加劳动力	5.增加劳动力	5.削减存货	5.削减存货
		6.停止扩招雇员	6.裁减雇员

财务管理人员必须认识经济周期对公司理财的影响，预测经济的变化情况，研究在经济周期不同阶段的公司理财策略，掌握在经济发展波动中理财的本领。

（二）经济政策

经济政策是指国家或政府为了增进社会经济福利而制定的解决经济问题的指导原则和措施，它是政府为了达到一定的目的在经济事务中有意识的活动，包括财政、税收、金融、价格和物资流通等各个方面的政策。

经济政策对企业的理财活动会产生重要的影响。例如，金融政策中的货币发行量、信贷规模会影响企业投资的资金来源和预期收益；财税政策会影响企业的资金结构和投资项目的选择；价格政策会影响资金的投向、投资的回收期及预期收益；会计制度的改革会影响会计要素的确认和计量，进而对企业财务活动的事前预测、决策及事后的评价产生影响等。

企业财务人员应研究不同的经济政策对企业理财活动可能造成的影响，按照政策导向行事，趋利除弊，使经济政策更好地为企业理财服务。

（三）经济发展水平

财务管理的发展水平是和经济发展水平密切相关的，经济发展水平越高，财务管理水平也越高。财务管理水平的提高，将推动企业降低成本、改进效率、提高效益，从而促进经济发展水平的提高；经济发展水平的提高，将改变企业的财务战略、财务理念、财务管理模式和财务管理的方法手段，从而促进企业财务管理水平的提高。

财务管理应当以经济发展水平为基础，以宏观经济发展目标为导向，积极探索与经济发展水平相适应的财务管理模式，保证企业经营目标和理财目标的实现。

（四）通货膨胀水平

通货膨胀对企业财务活动的影响是多方面的。主要表现如下：

（1）引起资金占用的大量增加，从而增加企业的资金需求；

（2）引起企业利润虚增，造成企业资金由于利润分配而流失；

（3）引起利润上升，加大企业的权益资本成本；

（4）引起有价证券价格下降，增加企业筹资难度；

（5）引起资金供应紧张，导致企业筹资困难。

为了减轻通货膨胀对企业造成的不利影响，企业应当采取措施予以防范。在通货膨胀初期，货币面临着贬值的风险，这时企业进行投资可以避免风险，实现资本保值；与客户签订长期购货合同，以减少物价上涨造成的损失；取得长期负债，保持资本成本的稳定，在通货膨胀持续期，企业可以采用比较严格的信用条件，减少企业债权；调整财务政策，防止和减少资本流失等。

【同步思考1-2】经济走出低谷时，为什么企业需要大量的资金？

二、法律环境

法律环境是指企业组织财务活动、处理财务关系时应遵守的有关法律、法规和规章制度，主要包括公司法、证券法、民法典、税法、企业财务通则、内部控制基本规范、管理会计指引等。市场经济是法治经济，企业的经济活动总是在一定法律规范内进行的。法律既约束企业的非法经济行为，也为企业从事各种合法经济活动提供保护。

国家相关法律法规按照对财务管理内容的影响情况可以分为以下几类：

（1）影响企业筹资的各种法规主要有公司法、证券法、民法典等，这些法规可以从不同方面规范或制约企业的筹资活动。

（2）影响企业投资的各种法规主要有证券法、公司法、企业财务通则等，这些法规从不同角度规范企业的投资活动。

（3）影响企业收益分配的各种法规主要有税法、公司法、企业财务通则等，这些法规从不同方面对企业收益分配进行了规范。

企业财务管理人员应熟悉这些法律法规，在守法的前提下进行财务活动，处理财务关系，以实现企业财务管理目标。

三、金融环境

企业总是需要资金从事投资和经营活动，而资金的取得，除了自有资金外，主要从金融机构和金融市场取得。金融政策的变化必然影响企业的筹资、投资和资金运营活动。所以金融环境是企业财务管理最为直接的环境因素。金融环境因素主要有金融机构、金融工具、金融市场和利率等。

（一）金融机构

社会资金从资金供应者手中转移到资金需求者手中，大多要通过金融机构。金融机构包括银行业金融机构和其他金融机构。

1.银行业金融机构

银行业金融机构是指经营存款、放款、汇兑、储蓄等金融业务，承担信用中介的金融机构。银行的主要职能是充当信用中介、充当企业之间的支付中介、提供信用工具、充当投资手段和国民经济的宏观调控手段。我国银行主要包括各种商业银行和政策性银行。商业银行，包括国有商业银行（如中国工商银行、中国农业银行、中国银行和中国建设银行）和其他商业银行（如交通银行、广发银行、招商银行、中国光大银行等）；国家政策性银行主要包括中国进出口银行、中国农业发展银行等。

2. 其他金融机构

其他金融机构也称非银行金融机构，包括金融资产管理公司、保险公司、证券公司、信托投资公司、财务公司和金融租赁公司等。

（二）金融工具

金融工具是指融通资金双方在金融市场上进行资金交易、转让的工具，借助金融工具，资金从供给方转移到需求方。它对于资金交易双方所应承担的义务与享有的权利均具有法律效力。金融工具一般具有期限性、流动性、风险性和收益性四个基本特征。

金融工具分为基本金融工具和衍生金融工具两大类。常见的基本金融工具有货币、票据、债券、股票等；衍生金融工具又称派生金融工具，是在基本金融工具的基础上通过特定技术设计形成的新的融资工具，如各种远期合约、互换、掉期、资产支持证券等，种类非常复杂、繁多，具有高风险、高杠杆效应的特点。

（三）金融市场

金融市场是指资金供应者和资金需求者双方通过金融工具进行交易进而融通资金的场所。金融市场的构成要素包括资金供应者（或称资金剩余者）和资金需求者（或称资金不足者）、金融工具、交易价格、组织方式等。金融市场的主要功能就是把社会各单位和个人的剩余资金有条件地转让给社会缺乏资金的单位和个人，使财尽其用，促进社会发展。资金供应者为了取得利息或利润，期望在最高利率条件下贷出；资金需求者则期望在最低利率条件下借入。因利率、时间、安全性等条件不会使借贷双方都十分满意，于是就出现了金融机构和金融市场从中协调，使之各得其所。

金融市场可以按照不同的标准进行如下分类：

1. 按期限划分为货币市场和资本市场

货币市场又称短期金融市场，是指以期限1年以内的金融工具为媒介，进行短期资金融通的市场。其主要特点有：交易期限短；交易的目的是满足短期资金周转的需要；所交易的金融工具有较强的货币性。

资本市场又称长期金融市场，是指以期限1年以上的金融工具为媒介，进行长期资金交易活动的市场。其主要特点有：交易的主要目的是满足长期投资资金的供求需要；收益较高而流动性较差；资金借贷量大；价格变动幅度大。

2. 按证券交易的方式和次数分为初级市场和次级市场

初级市场，也称一级市场或发行市场，是指新发行证券的市场，这类市场使预先存在的资产交易成为可能。初级市场我们可以理解为“新货市场”。

次级市场，也称二级市场或流通市场，是指现有金融资产的交易场所。次级市场我们可以理解为“旧货市场”。

从企业财务管理角度来看，金融市场作为资金融通的场所，是企业向社会筹集资金必不可少的条件。财务管理人员必须熟悉金融市场的各种类型和管理规则，有效地利用金融市场来组织资金的筹措和进行资本投资等活动。

（四）利率

利率也称利息率，是利息占本金的百分比指标。从资金的借贷关系看，利率是一定时期运用资金资源的交易价格。利率在资金分配及企业财务决策中起着重要作用。

1. 利率的类型

利率可按照不同的标准进行分类：

（1）按利率之间的变动关系，分为基准利率和套算利率。基准利率又称基本利率，是指在多种利率并存的条件下起决定作用的利率，即这种利率变动，其他利率也相应变动。因此，了解基准利率水平的变化趋势，就可了解全部利率的变化趋势。基准利率在西方通常是中央银行的再贴现率，在我国是中国人民银行对商业银行贷款的利率。套算利率是指在基准利率确定后，各金融机构根据基准利率和借贷款项的特点而换算出的利率。例如，某金融机构规定，贷款企业信用等级为AAA级、AA级、A级企业的利率，应分别在基准利率基础上加0.5%、1%、1.5%，相加所得的利率便是套算利率。

（2）按利率与市场资金供求情况的关系，分为固定利率和浮动利率。固定利率是指在借贷期内固定不变的利率。受通货膨胀的影响，实行固定利率会使债权人利益受到损害。浮动利率是指在借贷期内可以调整的利率。在通货膨胀条件下采用浮动利率，可使债权人减少损失。

（3）按利率形成机制不同，分为市场利率和法定利率。市场利率是指根据资金市场上的供求关系，随着市场而自由变动的利率。法定利率是指由政府金融管理部门或中央银行确定的利率。

2. 利率的一般计算公式

正如任何商品的价格均由供应和需求两方面来决定一样，资金这种特殊商品的价格——利率，也主要是由供给与需求来决定。但除这两个因素外，经济周期、通货膨胀、国家货币政策和财政政策、国际经济政治关系、国家利率管制程度等，对利率的变动均有不同程度的影响。因此，资金的利率通常由以下三部分组成：

（1）纯利率。纯利率是指没有风险和通货膨胀情况下的均衡点利率。

（2）通货膨胀补偿率（或称通货膨胀贴水）。通货膨胀补偿率是指由于持续的通货膨胀会不断降低货币的实际购买力，为补偿其购买力损失而要求提高的利率。

（3）风险收益率。风险收益率是指投资人承担一定的风险进行投资，为对其风险补偿而要求提高的利率，包括违约风险收益率、流动性风险收益率和期限风险收益率。

利率的一般计算公式可表示为：

$$利率 = 纯利率 + 通货膨胀补偿率 + 风险收益率$$

【知识拓展】

风险收益率

风险收益是指投资人承担一定的风险进行投资而获得的风险补偿收益。风险收益率包括违约风险收益率、流动性风险收益率和期限性风险收益率三种。（1）违约风险是指借款人不能按期支付利息或偿还本金的可能性。违约风险收益率是指债权人为弥补违约风险而要求提高的利率。（2）流动性是指某项资产转化为现金的能力。一项资产能迅速转化为现金，说明其流动性好，变现能力强，流动性风险小；反之，则流动性风险大。

流动性风险收益率是指债权人为补偿某项债权投资不能如期变现的风险而要求提高的利率。(3) 期限性风险是指由于借贷期限的长短而给投资人收益带来的不确定性。一项负债，借贷期限越长，借贷期间的不确定因素就越多，债权人承担的期限性风险也就越大。期限性风险收益率是指债权为弥补期限性风险而要求提高的利率。

【明德善思】

紧跟国家战略，实现企业与社会的共赢发展

海尔智家股份有限公司（以下简称海尔智家），作为全球大型家电第一品牌，其发展历程与国家战略紧密相连。在国家推动制造业转型升级和全球化发展的背景下，海尔智家紧跟国家智能制造发展战略，实现了从研发设计、生产制造到物流配送、售后服务的全链条智能化升级。在提升自身生产效率和质量的同时，也为其他行业提供了智能制造解决方案，推动整个制造业的数字化转型。在国家提出“一带一路”倡议后，海尔智家加速全球化布局，通过海外研发中心、生产基地和销售网络的建立，构建了覆盖全球的生产服务体系，为“一带一路”共建国家提供高品质智能家电。同时，通过技术输出与人才培养，赋能当地产业升级，实现了共赢发展。海尔智家以国家战略为导向，在智能制造与全球化领域取得显著成效，既推动了企业高质量发展，也为国家产业升级和“一带一路”建设作出积极贡献。

启示：(1) 战略引领发展。企业需紧跟国家战略步伐，深入理解国家战略深意，把握政策和市场机遇，将宏观方向与企业自身业务结合，从而获得更广阔的发展空间。(2) 责任成就价值。企业及个人需主动承担社会责任，在追求发展的同时推动社会进步，以行动诠释可持续发展的意义。(3) 个人与时代同行。职场人应立足国家需求规划职业路径，将个人成长与社会发展紧密结合，只有将才华和智慧投入到国家最需要的地方，才能实现个人价值与社会价值的双重提升。

任务解析

通过上述学习，可以解析【任务引入】中的问题：

对企业财务活动和财务管理产生影响作用的内外各种条件统称为财务管理环境或称理财环境。企业的财务活动是在一定环境下进行的，企业资金的筹集、投放、运用、耗费、收回和分配必然会受到环境的影响。财务管理者应实时了解理财环境，适应理财环境，趋利除弊，为实现企业财务管理目标服务。

尚达家具公司根据行业发展趋势和相关政策、标准，重点布局“环保、定制、智能”家具的研发与生产，科研和设备势必需要更多的资金投入。此时财务管理工作的重心是加强资金的筹集，满足企业发展的资金需求；科学评价各项投资，以实现预期的投资目标。财务管理人员必须认识财务管理环境对企业财务管理的影响，适时调整理财策略，以期实现财务管理目标和企业目标。

技能训练

一、单项选择题

1. 企业的资金运动表现为（　　）。

A. 资金的循环　　B. 资金的周转

C. 资金的循环与周转　　D. 资金的来源与使用

2. 所谓财务活动是指企业资金的筹集、投放、使用、收回及分配等一系列行为，其中，资金的（　　）可统称为投资。

A. 投放、使用和收回　　B. 筹集、投放和使用

C. 使用、收回和分配　　D. 投放、使用和分配

3. 财务关系是企业在组织财务活动过程中与有关各方所发生的（　　）。

A. 经济往来关系　　B. 经济协作关系

C. 经济责任关系　　D. 经济利益关系

4. 在没有风险和通货膨胀情况下的均衡点利率是（　　）。

A. 利率　　B. 纯利率

C. 流动风险报酬率　　D. 市场利率

5. 股东财富最大化或企业价值最大化目标强调的是企业的（　　）。

A. 实际利润额　　B. 实际投资利润率

C. 预期获利能力　　D. 实际投入资金

6. 财务管理是组织企业财务活动，处理各方财务关系的一项（　　）。

A. 人文管理工作　　B. 社会管理工作

C. 物质管理工作　　D. 经济管理工作

7. 财务管理的核心工作环节为（　　），其成功与否直接关系到企业的兴衰成败。

A. 财务预测　　B. 财务决策　　C. 财务预算　　D. 财务控制

8. 下列各项影响企业财务管理的环境因素中，最为直接的是（　　）。

A. 经济环境　　B. 财税环境　　C. 法律环境　　D. 金融环境

9. 企业按规定向国家缴纳税金的财务关系，在性质上属于（　　）。

A. 资金结算关系　　B. 资金融通关系

C. 资金分配关系　　D. 资金借贷关系

10. 企业价值是指（　　）。

A. 企业资产的账面价值

B. 企业资产的市场价值

C. 企业所有者权益和债权人权益的市场价值

D. 企业所有者权益的市场价值

二、多项选择题

1. 所有者与经营者利益冲突的协调办法包括（　　）。

A. 解聘　　B. 接收　　C. 股票期权　　D. 绩效股

2. 财务管理的基本内容包括（　　）。

A. 筹资管理　　B. 投资管理　　C. 资金营运管理　　D. 分配管理

3. 下列各项属于企业经济周期的衰退阶段所采取的财务管理战略的有（　　）。

A. 扩充厂房设备　　B. 削减存货

C. 停止长期采购　　D. 提高产品价格

4. 下列各项属于企业财务管理的金融环境内容的有（　　）。

A. 利息率　　B. 公司法　　C. 金融工具　　D. 税收法规

5. 下列各项有关货币市场表述正确的有（　　）。

A. 货币市场也称为短期金融市场，它交易的对象具有较强的货币性

B. 货币市场也称为资本市场，其收益较高而流动性较差

C. 资金借贷量大

D. 交易的目的主要是满足短期资金周转的需要

6. 企业投资可以分为广义投资和狭义投资，狭义投资包括（　　）。

A. 固定资产投资　　B. 证券投资

C. 对外联营投资　　D. 流动资产投资

7. 下列各项关于利息率的表述，正确的有（　　）。

A. 利息率是利息占本金的百分比指标

B. 利息率是一定时期运用资金资源的交易价格

C. 利息率是中国人民银行对商业银行贷款的利率

D. 利息率是没有风险和通货膨胀情况下的社会平均利润率

8. 股东财富最大化或企业价值最大化目标的优点有（　　）。

A. 考虑了资金时间价值和投资的风险价值

B. 反映了对企业资产保值增值的要求

C. 克服了短期行为

D. 有利于社会资源的合理配置

三、判断题

1. 企业处于一定的法律环境之中，而法律的主要作用就是用来约束企业的各种非法经济行为。（　　）

2. 在通货膨胀条件下采用固定利率，可使债权人减少损失。（　　）

3. 从资金的借贷关系看，利率是一定时期运用资金资源的交易价格。（　　）

4. 企业与政府之间的财务关系体现为一种投资与受资关系。（　　）

5. 在协调所有者与经营者矛盾的方法中，“接收”是一种通过所有者来约束经营者的方法。（　　）

6. 在不违反法律原则下，如何合理确定利润分配规模和分配方式，以使企业的长期利益最大，也是财务管理的主要内容之一。（　　）

7. 租赁公司介于金融机构与企业之间，它也属于金融机构。（　　）

8. 企业价值最大化强调企业所有者的利益最大化，它与企业经营者没有利益关系。

（　　）

9. 资金周转速度越快，资金利用效果就越好，企业经济效益就会越高。（　　）

10. 企业的目标就是财务管理的目标。（　　）

实战模拟

【目的】初步认识企业财务管理岗位设置。

【资料】项目一“情境设计”内容。

【要求】

（1）请你为尚达家具公司设置财务管理机构及岗位，并拟定岗位职责。

（2）公司有哪些主要的财务关系人？分析一下公司面临的理财环境。

项目二

财务管理价值观念

情境设计

尚达家具公司创建一年多，由于定位准确，各项措施落实得当，公司的经营和财务状况均运行良好，各种方式的筹资陆续到位，投资项目按计划有序推进。到目前为止，公司已利用吸收直接投资、银行借款等方式筹集资金2 800万元，投资上马30台木器加工设备和生产线。至第二年3月份基本可以全部投产达效，预计年产值6 000万元。公司有明确的近期发展目标和远期战略目标，随着市场的不断开发和企业规模的扩大，公司需要筹集更多的资金投入和上马或更新生产设备以满足扩产的需要。

情境分析：企业在组织筹资、投资等财务活动过程中，秉持财务管理的价值观念是作出正确的筹资决策和投资决策的前提和关键。

知识目标

1. 理解财务管理价值观念的含义和内容。
2. 掌握资金时间价值的含义和衡量方法。
3. 掌握投资风险价值的含义和衡量方法。

能力目标

1. 能运用资金时间价值观念进行财务决策。
2. 能运用投资风险价值观念进行财务决策。

素质目标

1. 树立正确的财富观和理性的消费观，塑造良好人格。
2. 树立风险意识，培养风险识别和风险应对能力。

项目结构

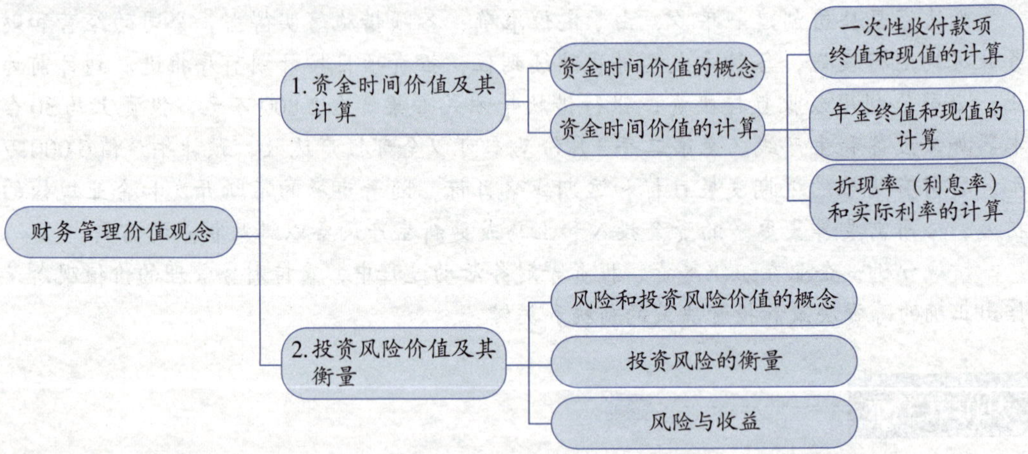

任务一 资金时间价值及其计算

任务引入

尚达家具公司自2001年创建至2006年，各项筹资和投资业务按计划有序推进，发展迅速，最近连续3年利润增长率在10%以上。2006年初公司拟引进先进生产设备——数控板式家具生产线。该生产线的引进不仅可以提高生产效率，还可以生产技术含量更高的家具产品，满足市场对家具智能化的需求。设备价值100万元，公司计划从银行获取贷款购置设备，贷款的年利率为9%，贷款期限5年。同期国债利率5%。银行提出以下4种还款方式让公司自行选定，以便签订借款合同：

（1）每年年末支付利息，债务到期一次付清本金；

（2）全部本息于债务到期日一次付清；

（3）在债务期间于每年年末等额偿还本息27万元；

（4）在该笔债务借入2年后，于每年年末等额偿还本息45万元。

公司会选择哪种还款方式来偿还贷款呢？为什么？

任务分析：这项业务主要是贷款偿还方式的选择问题。从表面看，这些不同的还款方式的还款金额都是本金加上以相同年利率计算的利息，区别只是在还款时间上。但由于资金时间价值的存在，它们并不真的相等。在经济生活中一定量的资金在周转使用中由于时间因素会形成价值差额，等量的资金在不同时间具有不同价值，即在不同时点的资金不可比。所以在不同时点收支的货币资金不宜简单进行比较，需要把它们换算到相同的时点上，这就运用到资金的时间价值观念。通过计算，就会发现这些方案相差的金额并不少。债务的偿还，企业总是希望选择价值最小的偿付方案。

知识准备

为了有效地组织财务管理工作，实现财务管理的目标，企业财务管理人员必须树立一些基本的财务管理观念。资金时间价值和投资风险价值是现代财务管理的两个基本观念。不论是资金筹集、资金投放，还是收益分配，都必须考虑资金时间价值和投资风险价值问题。

一、资金时间价值的概念

微课

资金时间价值的相关概念

资金时间价值是指资金在周转使用中由于时间因素而形成的差额价值。在现实经济生活中，等量资金在不同时点具有不同的价值。年初的1万元，经过资金运营活动后，到年终其价值要高于1万元。这是因为资金使用者把资金投入生产经营以后，劳动者借以生产新的产品，创造新的价值，会带来利润，实现增值。资金周转使用的时间越长，所获得的利润越多，实现的增值额就越大。资金时间价值的实质，是资金周转使用后的增值额。

在通常情况下，资金的时间价值被认为是没有风险和没有通货膨胀条件下的社会平均资金利润率，这是利润平均化规律作用的结果。由于资金时间价值的计算方法与利息的计算方法相同，因而人们常常将资金时间价值与利息混为一谈。实际上，利率不仅包括时间价值，也包括风险价值和通货膨胀的因素。只有购买国库券或政府债券才没有风险，如果通货膨胀率很低的话，政府债券利率可视同资金时间价值。

二、资金时间价值的计算

微课

一次性收付款项终值和现值的计算

在企业财务管理中，要正确进行筹资决策、投资决策和短期经营决策，就必须弄清楚在不同时点上收到或付出的资金价值之间的数量关系，掌握各种终值和现值的计算方法。由于资金随时间的增值过程与利息增值过程在数学上相似，因此计算时广泛使用利息计算的各种方法。

（一）一次性收付款项终值和现值的计算

一次性收付款项是指在某一特定时点上一次性支付（或收取），经过一段时间后再相应地一次性收取（或支付）的款项。例如，年初存入银行一年定期存款1 000元，年利率10%，年末取出1 100元，就属于一次性收付款项。

终值又称将来值，是现在一定量现金在未来某一时点上的价值，俗称本利和。如上例中一年后本利和1 100元即为终值。

现值，是未来某一时点上的一定量现金折算到现在的价值，俗称本金。如上例中一年后的1 100元折合到现在的价值是1 000元，这1 000元即为现值。

1.单利终值和现值的计算

在单利计算方式下，本金能带来利息，利息必须在取出以后再以本金形式投入才能生利，否则不能生利。

（1）单利终值的计算。单利终值的一般计算公式为：

$$F = P + P\cdot i\cdot n = P\cdot(1 + i\cdot n)$$

式中：P为现值，即第0年（第一年初）的价值（本金）；F为终值，即第n年年末的价值（即本利和）；i为利率（折现率）；n为计息期数。

【例2-1】如果将1 000元存入银行，存期3年，银行3年期整存整取的利率为10%，单利计息，则3年后能取出的本利和（终值）为：

$F = 1\,000\times(1+3\times10\%) = 1\,300$（元）

（2）单利现值的计算。单利现值的计算同单利终值的计算是互逆的。由终值求现值，叫作折现。单利现值的一般计算公式为：

$$P = \frac{F}{1 + i\cdot n}$$

2.复利终值和现值的计算

复利计算方法是指每经过一个计息期，将该期所派生的利息加入下一个计息期的本金再计算利息，逐期滚动计算，俗称“利滚利”。这里所说的计息期，是指相邻两次计息的间隔，如年、月、日等。除非特别说明，计息期一般为一年。

（1）复利终值的计算。复利终值是一定量的本金按复利计算若干期后的本利和。

【例2-2】沿用【例2-1】的资料。若复利计息，则3年后的本利和是多少？

第1年年末的本利和：$F = 1\,000\times(1+10\%) = 1\,100$（元）

第2年年末的本利和：$F = 1\,100\times(1+10\%)$

$= 1\,000\times(1+10\%)\times(1+10\%)$

$= 1000\times(1+10\%)^2$

$= 1\,210$（元）

第3年年末的本利和：$F = 1\,210\times(1+10\%)$

$= 1\,000\times(1+10\%)^2\times(1+10\%)$

$= 1\,000\times(1+10\%)^3$

$= 1\,331$（元）

由此可推导出复利终值的一般计算公式为：

$$F = P\cdot(1 + i)^n$$

式中：P为现值，即第0年（第一年年初）的价值（本金）；F为终值，即第n年年末的价值（本利和）；i为利率；n为计息期数。$(1+i)^n$称为复利终值系数，即1元的复利终值（1元钱在利率为i时，经过n期的终值），也可用（F/P，i，n）表示。复利终值公式也可以写作：

$$F = P\cdot(F/P, i, n)$$

（2）复利现值的计算。复利现值是复利终值的逆运算，它是指今后某一特定时点收到或付出的一笔款项，按折现率i所计算的现在时点价值。其计算公式为：

$$P = F \cdot (1 + i)^{-n}$$

式中：$(1 + i)^{-n}$为复利现值系数，即1元的复利现值（n期后的1元钱在利率为i时，折算的现在价值），也可用（P/F，i，n）表示。复利现值公式也可以写作：

$$P = F \cdot (P/F,i,n)$$

在实际运用中，复利终值系数和复利现值系数可以查阅“复利终值系数表”和“复利现值系数表”获取其数值（见本教材附表）。

【例2-3】在银行存入5年期定期存款2 000元，年利率为7%，复利计算5年后的本利和 $= 2\,000 \times (1 + 7\%)^5 = 2\,000 \times 1.4026 = 2\,805.20$(元)。

【例2-4】一项投资4年后可得收益40 000元，按年利率6%计算，其复利现值 $= 400\,000 \times (1 + 6\%)^{-4} = 400\,000 \times 0.7921 = 316\,840$(元)。

【例2-3】和【例2-4】中的1.4026和0.7921，分别查自“复利终值系数表”和“复利现值系数表”（见本教材附表）。

【同步思考2-1】复利作为一种科学计算方式，其原理被广泛认可。然而现实中“利滚利”却常带有负面色彩，两者本质相似但评价迥异的原因是什么？

【明德善思】

复利效应：解锁成长的隐秘启示

在印度古老传说中，舍罕王欲赏宰相西萨·班·达依尔，宰相请求在64格棋盘上，按格数倍增麦粒。国王轻笑应允，却不知这竟是天文数字——18 446 744 073 709 551 615粒！这便是复利的奇迹！

启示：复利效应，是将小的、渐进的改变，通过时间的积累，最终形成巨大的飞跃。印度国王与宰相的传奇故事，恰如其分地展现了这一概念：一粒麦子在棋盘上翻倍增长，最终达到不可思议的数量，折射出微小坚持与日积月累的重要性。在个人成长与自信提升的过程中，复利效应犹如一股强大的力量，推动着人们不断进步。(1) 知识积累：积跬步，至千里。知识学习是一个持续积累的过程，就如同复利的滚雪球效应。每天看似微不足道的进步，在时间的加持下，会带来质的飞跃。更为关键的是，知识之间存在着紧密的联系，一门学科的知识往往能为其他学科提供支撑，这种知识的相互关联和促进，就会产生复利效应，让我们在学习过程中融会贯通，实现知识体系的不断完善和拓展。(2) 习惯养成：好习惯，开启成长复利大门。养成良好习惯的过程，往往伴随着与惰性、拖延的斗争，需要我们以坚定的意志力，日复一日地坚持锻炼、阅读、学习、规划时间。这条路或许并不平坦，但自律的种子一旦生根发芽，便会释放出无穷无尽的成长动力。正如复利效应所揭示的，那些看似微不足道的日常小习惯，必将汇聚成巨大的成长能量。(3) 技能提升：点滴积累，收获指数级成长。技能的提升，没有一蹴而就的捷径，需要日复一日的勤学苦练。起初的进步或许细微难察，但随着时间推移，积累的经验与技巧逐渐融会贯通，以复利之势带来收获的指数级增长，实现从量变到质变的蜕变。复利效应不仅仅体现在金融投资中，更在于生活的各个方面。在成长的过程中牢记这一法则，保持耐心与恒心，在日复一日的坚持中，逐渐缩短与理想的距离，直至达到目标。自信，亦在这样的复利积累中慢慢孕育而生。

（二）年金终值和现值的计算

微课

年金的概念和种类

年金是指间隔期相等的等额系列收付款项，通常记作A。年金的形式多种多样，如折旧、租金、利息、保险金、养老金、等额分期收款、等额分期付款、零存整取或整存零取储蓄等通常都采取年金的形式。

年金按其每次收付发生的时点不同，可分为普通年金、预付年金、递延年金、永续年金等几种。以下主要介绍各种年金终值和现值的计算。

1. 普通年金终值和现值的计算

微课

普通年金

普通年金是年金的最基本形式，是指从第一期起，在一定时期内每期期末等额收付的系列款项，又称后付年金。

（1）普通年金终值的计算。普通年金终值犹如零存整取（即最后一次收付款时）的本利和，它是一定时期内每期期末收付款项的复利终值之和。普通年金终值计算示意图如图2-1所示。

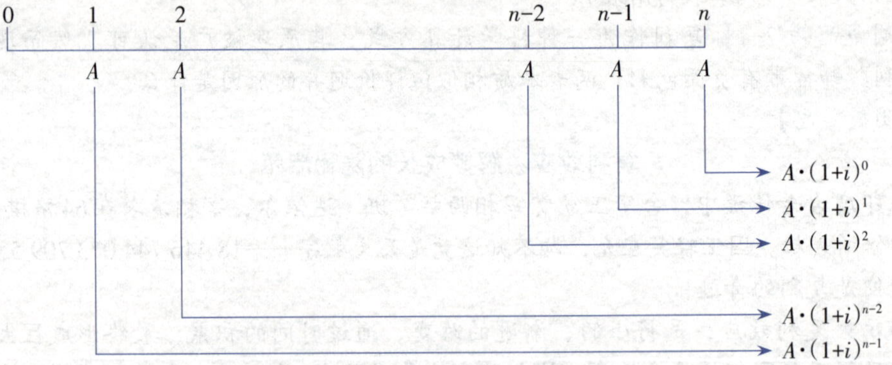

图2-1 普通年金终值计算示意图

由图2-1可知，年金终值的计算公式为：

$$F = A\cdot(1+i)^0 + A\cdot(1+i)^1 + A\cdot(1+i)^2 + \cdots + A\cdot(1+i)^{n-2} + A\cdot(1+i)^{n-1}$$

将公式两边同时乘上$(1+i)$得：

$$F\cdot(1+i) = A\cdot(1+i)^1 + A\cdot(1+i)^2 + A\cdot(1+i)^3 + \cdots + A\cdot(1+i)^{n-1} + A\cdot(1+i)^n$$

将下式减去上式得：

$$F\cdot i = A\cdot(1+i)^n - A = A\cdot\left[(1+i)^n - 1\right]$$

$$F = A\cdot\left[\frac{(1+i)^n - 1}{i}\right] = A\cdot\left(F/A,i,n\right)$$

式中：F为普通年金终值；A为年金；i为折现率；n为期数；方括号中的数值$\frac{(1+i)^n - 1}{i}$通常称为“年金终值系数”，也可以记作$(F/A,\ i,\ n)$，可直接查阅“年金终值系数表”（见本教材附表）。

【例2-5】张先生每年年末存入银行1 000元，连续存5年，年利率为2%，则5年期满后，张先生可得本利和为：

$$1\,000 \times \frac{(1+2\%)^5-1}{2\%} = 1\,000 \times 5.2040 = 5\,204\text{（元）}$$

（2）普通年金现值的计算。普通年金现值是指一定时期内每期期末收付的等额款项折算到第一期期初的复利现值之和。普通年金现值计算示意图如图2-2所示。

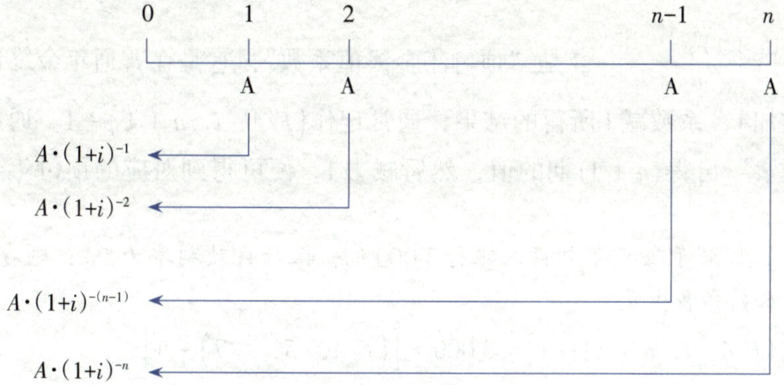

图2-2　普通年金现值计算示意图

由图2-2可知，普通年金现值的计算公式为：

$$P = A\cdot(1+i)^{-1} + A\cdot(1+i)^{-2} + \cdots + A\cdot(1+i)^{-(n-1)} + A\cdot(1+i)^{-n}$$

将公式两边同乘(1 + i)得：

$$P\cdot(1+i) = A + A\cdot(1+i)^{-1} + \cdots + A\cdot(1+i)^{-(n-2)} + A\cdot(1+i)^{-(n-1)}$$

将下式减去上式得：

$$P\cdot i = A - A\cdot(1+i)^{-n} = A\cdot\left[1-(1+i)^{-n}\right]$$

$$P = A\cdot\left[\frac{1-(1+i)^{-n}}{i}\right] = A\cdot\left(P/A, i, n\right)$$

式中：P为普通年金现值；A为年金；i为折现率；n为期数；方括号中的数值$\frac{1-(1+i)^{-n}}{i}$通常称为“年金现值系数”，也可以记作$(P/A,\ i,\ n)$，可直接查阅“年金现值系数表”（见本教材附表）。

【例2-6】有一项投资于2025年年初动工，假设当年投产，从投产之日起每年可得收益40 000元。按年利率6%计算，则预期10年收益的现值为：

$$40\,000 \times \frac{1-(1+6\%)^{-10}}{6\%} = 40\,000 \times 7.3601 = 294\,404\text{（元）}$$

2. 预付年金终值和现值的计算

预付年金是指从第一期起，在一定时期内每期期初等额收付的系列款项，又称先付年金或即付年金。

微课

预付年金

（1）预付年金终值的计算。预付年金终值是指各期期初等额收付的系列款项于最后一期期末的复利终值之和。预付年金终值的计算公式为：

$$F = A\cdot(1+i)^1 + A\cdot(1+i)^2 + \cdots + A\cdot(1+i)^{n-1} + A\cdot(1+i)^n$$

式中：各项为等比数列，首项为$A\cdot(1+i)$，公比为$(1+i)$，根据等比数列的求和公式可知：

$$F=\frac{A\cdot(1+i)\cdot\left[1-(1+i)^{n}\right]}{1-(1+i)}=A\cdot\left[\frac{(1+i)^{n+1}-1}{i}-1\right]$$

式中：$\frac{(1+i)^{n+1}-1}{i}-1$是“预付年金终值系数”，它是在普通年金终值系数的基础上，期数加1、系数减1所得的结果，通常记作$\left(F/A,\ i,\ n+1\right)-1$。通过查阅“年金终值系数表”可得$(n+1)$期的值，然后减去1，便可得到对应的预付年金终值系数的值。

【例2-7】如果于每年年初存入银行3 000元，银行存款利率为5%，则在第6年年末能一次取出本利和多少元？

$F=A\cdot\left[\left(F/A,\ i,\ n+1\right)-1\right]=3\,000\times\left[\left(F/A,\ 5\%,\ 7\right)-1\right]$

$=3\,000\times(8.1420-1)=21\,426$（元）

（2）预付年金现值的计算。预付年金现值是指将一定时期内各期期初等额收付的系列款项折算到第一期期初时的复利现值之和。预付年金现值的计算公式为：

$$P=A+A\cdot(1+i)^{-1}+A\cdot(1+i)^{-2}+\cdots+A\cdot(1+i)^{-(n-1)}$$

式中：各项为等比数列，首项为A，公比是$(1+i)^{-1}$，根据等比数列的求和公式可知：

$$P=\frac{A\cdot\left[1-(1+i)^{-n}\right]}{1-(1+i)^{-1}}=A\cdot\left[\frac{1-(1+i)^{-(n-1)}}{i}+1\right]$$

式中：$\frac{1-(1+i)^{-(n-1)}}{i}+1$是“预付年金现值系数”，它是在普通年金现值系数的基础上，期数减1、系数加1所得的结果，通常记作$\left(P/A,\ i,\ n-1\right)+1$。通过查阅“年金现值系数表”可得（$n-1$）期的值，然后加1，便可得到对应的预付年金现值系数的值。

【例2-8】长城公司分期付款购买一幢厂房，在7年中于每年年初支付400 000元即可付清全部款项，国债的年利率为6%，购买该厂房相当于现在一次支付多少元？

$P=A\cdot\left[\left(P/A,\ i,\ n-1\right)+1\right]$

$=400\,000\times(4.9173+1)$

$=2\,366\,920$（元）

微课

递延年金

3. 递延年金终值和现值的计算

递延年金是指第一次收付款发生的时间不在第一期期末，而是间隔若干期后才发生的系列等额收付款项，是普通年金的特殊形式。

【例2-9】假设年金为100元，递延年金的支付形式如图2-3所示。

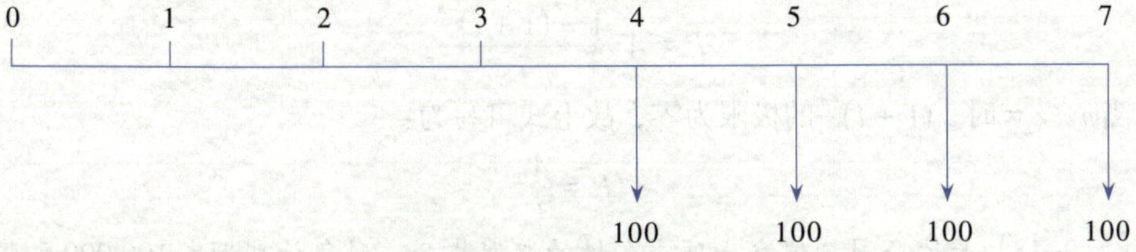

图2-3　递延年金的支付形式

从图2-3中可以看出，前3期没有发生支付，一般用m表示递延期数，$m=3$。第一次支付额在第四期期末，连续支付4次，即$n=4$。

（1）递延年金终值的计算。递延年金终值的计算方法与普通年金终值的计算方法相似。

【例2-10】沿用【例2-9】的资料，递延年金终值的计算如下：

$$
\begin{aligned}
F &= A\cdot(F/A,\ i,\ n)\\
&= 100\times(F/A,\ 10\%,\ 4)\\
&= 100\times 4.6410\\
&= 464.10(\text{元})
\end{aligned}
$$

（2）递延年金现值的计算。递延年金现值的计算方法有两种：

第一种方法的计算公式为：

$$
P = A\cdot\left[\frac{1-(1+i)^{-(m+n)}}{i}-\frac{1-(1+i)^{-m}}{i}\right] = A\cdot\left[(P/A,\ i,\ m+n)-(P/A,\ i,\ m)\right]
$$

式中：先计算出$m+n$期的普通年金现值，然后减去前m期的普通年金现值，即得递延年金的现值。

【例2-11】沿用【例2-9】的资料，按第一种方法计算的递延年金现值为：

$$
\begin{aligned}
P &= 100\times\left[(P/A, 10\%, 3+4)-(P/A, 10\%, 3)\right]\\
&= 100\times(4.8684-2.4869)\\
&= 238.15(\text{元})
\end{aligned}
$$

第二种方法的计算公式为：

$$
P = A\cdot\left[\frac{1-(1+i)^{-n}}{i}\right]\cdot(1+i)^{-m} = A\cdot(P/A,\ i,\ n)\cdot(P/F,\ i,\ m)
$$

式中：先将递延年金视为n期普通年金，求出在第$m+1$期期初的现值，然后再折算到第一期期初，便可得到递延年金的现值。

【例2-12】沿用【例2-9】的资料，按第二种方法计算的递延年金现值为：

$$
\begin{aligned}
P &= 100\cdot(P/A, 10\%, 4)\cdot(P/F, 10\%, 3)\\
&= 100\times 3.1699\times 0.7513\\
&= 238.15(\text{元})
\end{aligned}
$$

4. 永续年金现值的计算

微课

永续年金

永续年金是指无限期等额收付的特种年金，即期限趋于无穷的普通年金。由于永续年金持续期无限，没有终止的时间，因而没有终值，只有现值。永续年金的现值可通过普通年金的现值推导出：

$$P = A \cdot \frac{1-(1+i)^{-n}}{i}$$

当$n \to \infty$时，$(1+i)^{-n}$的极限为零，故上式可写为：

$$P = \frac{A}{i}$$

【例2–13】长城公司拟建立一项永久性的奖励基金，每年计划颁发100 000元奖金，若利率为5%，则现在应存入多少元？

$P = \frac{A}{i} = \frac{100\,000}{5\%} = 2\,000\,000$（元）

上述计算表明，长城公司现在要存入2 000 000元作为基金，才能保证这一奖励基金的成功运行。

（三）折现率（利息率）和实际利率的计算

1. 折现率（利息率）的计算

微课

折现率（利息率）的计算

（1）一次性收付款项折现率（利息率）的计算。对于一次性收付款项，根据其复利终值（或现值）的计算公式可得折现率（利息率）的计算公式为：

$$i = \left(\frac{F}{P}\right)^{\frac{1}{n}} - 1$$

因此，若已知F、P、n，不用查表便可直接计算出一次性收付款项的折现率（利息率）。

（2）永续年金折现率（利息率）的计算。永续年金折现率（利息率）的计算也很简便。若P、A已知，则根据公式$P = \frac{A}{i}$，变形即得折现率（利息率）的计算公式为：

$$i = \frac{A}{P}$$

（3）普通年金折现率（利息率）的计算。普通年金折现率（利息率）的计算比较复杂，无法直接套用公式，必须利用有关的系数表，有时还会运用插值法（也称内插法）。

根据普通年金终值F和普通年金现值P的计算公式可推算出年金终值系数$(F/A, i, n)$和年金现值系数（P/A，i，n）的计算公式如下：

$$\left(F/A, i, n\right) = \frac{F}{A}$$

$$\left(P/A, i, n\right) = \frac{P}{A}$$

根据已知的F、A和n，可求出F/A的值。在“年金终值系数表”中找到等于F/A的系数值，只要读出该系数所在列的i值，即为所求的折现率（利息率）。

同理，根据已知的P、A和n，可求出P/A的值。通过查阅“年金现值系数表”，可求出i值。若找不到完全对应的i值，则可运用插值法求得。

下面利用“年金现值系数表”说明计算折现率（利息率）的基本步骤：

第一步，计算P/A的值，设$P/A = \alpha$。

第二步，查阅“年金现值系数表”。沿着已知n所在的行横向查找，若恰好能找到某一个系数值等于α，则该系数值所在的列对应的折现率（利息率）便为所求的i值。

第三步，若无法找到恰好等于α的系数值，就应在表中n行上找与α最接近的两个左右临界系数值，设为β_1、β_2（$\beta_1 > \alpha > \beta_2$或$\beta_1 < \alpha < \beta_2$）。查出$\beta_1$、$\beta_2$所对应的临界利率$i_1$、$i_2$，然后进一步运用插值法。

第四步，在插值法下，假定i与相关的系数在较小范围内线性相关，因而可根据临界系数β_1、β_2和临界利率i_1、i_2计算出i，其计算公式为：

$$i = i_1 + \frac{\beta_1 - \alpha}{\beta_1 - \beta_2} \cdot (i_2 - i_1)$$

【例2-14】长城公司于第1年年初借款20 000元，每年年末还本付息额均为4 000元，连续8年还清。请问：借款利率是多少？

根据题意，已知$P = 20\,000$，$A = 4\,000$，$n = 8$，则：

$20\,000 = 4\,000 \times (P/A,\ i,\ 8)$

$(P/A,\ i,\ 8) = \dfrac{20\,000}{4\,000} = 5$

查$n = 8$的“年金现值系数表”。在“$n = 8$”一行上无法找到恰好为5的系数值，于是在该行上找大于或小于5的临界系数值，分别为：$\beta_1 = 5.1461 > 5$；$\beta_2 = 4.9676 < 5$。同时读出临界利率为：$i_1 = 11\%$，$i_2 = 12\%$。则：

$i = 11\% + \dfrac{5.1461 - 5}{5.1461 - 4.9676} \times (12\% - 11\%) = 11.82\%$

该笔借款的利率为11.82%。

2. 名义利率与实际利率的换算

银行等金融机构在为利息报价时，通常会提供一个年利率，此时的年利率被称为名义利率；实际利率是一年中实际产生的利息额与本金的比值，也称为有效年利率。上面讨论的有关计算均假定利率为年利率，每年复利一次。但实际上，复利的计息期不一定是一年，有可能是季度、月或日，那么相应的计息期利率被称为季利率、月利率或日利率。如果以“年”作为基本计息期，每年计算一次复利，这种情况下的实际利率等于名义利率。如果按照短于一年的计息期计算复利，这种情况下的实际利率高于名义利率。计息期越短，一年中按复利计息的次数越多，每年的利息额就会越大。

对于一年内多次复利的情况，可采取两种方法计算时间价值。

第一种方法是将名义利率调整为实际利率，然后按实际利率计算时间价值。实际利率的计算公式为：

$$i = \left(1 + \frac{r}{m}\right)^m - 1$$

式中：i为实际利率；r为名义利率；m为每年复利次数。

【例2-15】长城公司于年初将10万元存入银行，在年利率为8%、每季复利一次的情况下，到第5年年末，能够得到多少本利和？

依题意：$P=10$，$r=8\%$，$m=4$，$n=5$。则：

$$i=\left(1+\frac{r}{m}\right)^{m}-1=\left(1+\frac{8\%}{4}\right)^{4}-1=8.24\%$$

$$F=P\cdot(1+i)^{n}=10\times(1+8.24\%)^{5}=14.86\text{（万元）}$$

因此，第5年年末能够得到的本利和为14.86万元。

这种方法的缺点是调整后的实际利率往往带有小数点，不利于查表。

第二种方法是不计算实际利率，而是相应调整有关指标，即利率变为r/m，期数相应变为$m\cdot n$。其计算公式为：

$$F=P\cdot\left(1+\frac{r}{m}\right)^{m\cdot n}$$

【例2-16】沿用【例2-15】的资料，用第二种方法计算本利和。

$$F=P\cdot\left(1+\frac{r}{m}\right)^{m\cdot n}=10\times\left(1+\frac{8\%}{4}\right)^{4\times5}=14.86\text{（万元）}$$

【同步思考2-2】在现实生活中，人们往往更倾向于低收益但稳健的投资（如银行存款），这是理性的吗？

【知识拓展】

年化利率与期间利率

在计算利息时，除非特别指明，否则给出的利率均为年化利率。假设整存整取的定期存款利率分别为：3个月2.85%、半年3.05%、1年3.25%。注意这里的利率是指年化利率，并非期间利率。若存款100元，期限3个月，那么3个月后的利息$I=100\times2.85\%\times\frac{3}{12}=0.7125$(元)，并非$I=100\times2.85\%=2.85$（元）。如果没有注意到给出的利率为年化利率，就很容易造成误解。

任务解析

通过上述学习，可以解析【任务引入】中的问题：

公司可以计算贷款到期日即第五年年末每一种还款方式的还款金额，加以比较，最终选择还款金额最小的方式偿还贷款。

（1）$F=100\times9\%\times(F/A, 5\%, 5)+100=149.73$（万元）

（2）$F=100\times(1+9\%\times5)=145$（万元）

（3）$F=27\times(F/A, 5\%, 5)=149.19$（万元）

（4）$F=45\times(F/A, 5\%, 3)=141.86$（万元）

经过比较，尚达家具公司应选择第四种还款方式偿还贷款。

任务二 投资风险价值及其衡量

任务引入

随着科技的发展，“智能”已经悄然地融入我们的日常生活并改变着我们的生活方式。由于智能家具给生活带来的诸多便利，越来越多的用户喜欢使用智能家具。对于家具企业来说，智能家具的研发也可以增强企业自身的市场竞争力。经过对智能家具市场趋势的研究，尚达家具公司开始布局谋篇，着手智能家具的研发。目前该公司正在论证的“智能化家具系列产品开发项目”由A、B两个项目构成，这两个项目各种可能的投资收益率及概率见表2-1。

表2-1 投资项目的预测信息

项目实施情况	概率		投资收益率	
	A项目	B项目	A项目	B项目
好	0.2	0.3	35%	30%
一般	0.6	0.4	20%	25%
差	0.2	0.3	5%	10%

目前市场的无风险收益率为10%，风险价值系数为0.2。

尚达家具公司论证的A、B两个项目是否可行？应如何作出选择？

任务分析：企业在进行投资时，项目的实施受多种条件影响，投资结果可能是不确定的。如果投资项目未来实施情况较好，预期收益就会高些；如果投资项目未来实施情况一般，预期收益就会低些；如果未来实施情况较差，预期就可能出现亏损的情况。这种未来结果是不确定的，但每一种结果发生的概率可以确定，就是我们通常所说的风险投资。在进行风险投资决策时，不能简单地下结论，应该建立在一系列预测的基础上，保证决策的科学性。尚达家具公司通过以上预测数据，可以科学地推算出投资项目的预期收益率，并与必要报酬率进行比较，进而判断项目的可行性。

知识准备

一、风险和投资风险价值的概念

风险是现代企业财务管理环境的一个重要特征，在企业财务管理的每一个环节都不可避免地要面对风险。风险是指收益的不确定性。从财务管理的角度看，风险就是企业在各项财务活动过程中，由于各种难以预料或无法控制的因素的作用，企业的实际收益与预计收益发生背离，从而蒙受经济损失的可能性。

投资风险价值是指投资者由于冒着风险进行投资而获得的超过资金时间价值的额外收益，又称投资风险收益或投资风险报酬。在实际工作中，通常以风险收益率（风险收益额与投资额的比率）进行计量。

在不考虑通货膨胀的情况下，投资收益率（投资收益额与投资额的比率）包括两部分：一部分是无风险投资收益率，即资金时间价值；另一部分是风险投资收益率，即风险价值。

二、投资风险的衡量

微课

投资风险价值的衡量

风险客观存在，广泛影响着企业的财务和经营活动，因此，正视风险并将风险程度予以量化，进行较为准确的衡量，便成为企业财务管理中的一项重要工作。风险与概率直接相关，并由此与期望值、离散程度等相联系，对风险进行衡量时应着重考虑以下几个方面的因素：

（一）概率和概率分布

在现实生活中，某一事件在完全相同的条件下可能发生也可能不发生，既可能出现这种结果又可能出现那种结果，我们称这类事件为随机事件。概率是用百分数或小数表示随机事件发生可能性及出现某种结果可能性大小的数值。将随机事件各种可能的结果按一定的规则进行排列，同时列出各结果出现的相应概率，这一完整的描述称为概率分布。概率必须符合下列两个条件：

（1）$0 \leqslant P_i \leqslant 1$

（2）$\sum_{i=1}^{n} P_i = 1$

式中：P_i为概率，n为所有可能结果的个数。

（二）期望值

期望值是指一个概率分布中的所有可能结果，以各自相应的概率为权数计算的加权平均值。通常用符号$\overline{E}$表示。其计算公式为：

$$\overline{E} = \sum_{i=1}^{n} X_i P_i$$

式中：X_i为第i种情况可能出现的结果，P_i为第i种结果的相应概率。

对于某一投资方案，收益的期望值也称为预期收益，是指在各种不确定性因素影响下预测的未来可能实现的收益。它反映的是预期收益的平均化，代表着投资者的合理预期。

【例2-17】长城公司有A、B两个投资项目，两个投资项目的收益率及其概率分布见表2-2，试计算两个项目收益率的期望值。假定只有市场因素影响产品收益。

表2-2　两个投资项目的收益率及其概率分布

项目实施情况	出现的概率	投资收益率	
		A项目	B项目
好	0.2	40%	70%
一般	0.6	20%	20%
差	0.2	0	-30%

根据公式分别计算A项目和B项目的收益率的期望值分别为：

$\overline{E}_A = 40\% \times 0.2 + 20\% \times 0.6 + 0 \times 0.2 = 20\%$

$\overline{E}_B = 70\% \times 0.2 + 20\% \times 0.6 + (-30\%) \times 0.2 = 20\%$

从计算结果可以看出，两个项目收益率的期望值都是20%。但是否可以就此认为两个项目是等同的呢？我们还需要了解概率分布的离散情况，即计算标准离差和标准离差率。

（三）离散程度

投资的风险是投资收益的不确定性，其大小可用投资收益的离散程度来衡量。离散程度是指投资收益的各种可能结果与预期收益的离差。这里主要介绍反映随机变量离散程度的方差、标准离差和标准离差率三项指标。

1. 方差

方差通常用符号σ^2表示，其计算公式为：

$$\sigma^2 = \sum_{i=1}^{n}\left(X_i - \overline{E}\right)^2 \cdot P_i$$

式中：$\left(X_i - \overline{E}\right)$表示第$i$种情况可能出现的结果与期望值的离差，$\sigma^2$是离差的平方的加权平均数。

2. 标准离差

标准离差也叫均方差，是方差的平方根。通常用符号σ表示。其计算公式为：

$$\sigma = \sqrt{\sum_{i=1}^{n}\left(X_i - \overline{E}\right)^2 \cdot P_i}$$

标准离差以绝对数衡量决策方案的风险，在期望值相同的情况下，标准离差越大，说明各种可能结果与期望值的偏差越大，风险越大；反之，标准离差越小，说明各种可能结果越接近期望值，风险越小。

【例2-18】沿用【例2-17】的资料，分别计算A、B两个项目投资收益率的方差和标准离差。

$$\sigma_A^2 = \sum_{i=1}^{n}\left(X_i - \overline{E}\right)^2 \cdot P_i = (40\% - 20\%)^2 \times 0.2 + (20\% - 20\%)^2 \times 0.6 + (0 - 20\%)^2 \times 0.2 = 0.016$$

$$\sigma_A = \sqrt{\sum_{i=1}^{n}\left(X_i - \overline{E}\right)^2 \cdot P_i} = \sqrt{0.016} = 0.1265$$

$$\sigma_B^2 = \sum_{i=1}^{n}\left(X_i - \overline{E}\right)^2 \cdot P_i = (70\% - 20\%)^2 \times 0.2 + (20\% - 20\%)^2 \times 0.6 + (-30\% - 20\%)^2 \times 0.2 = 0.1$$

$$\sigma_B = \sqrt{\sum_{i=1}^{n}\left(X_i - \overline{E}\right)^2 \cdot P_i} = \sqrt{0.1} = 0.3162$$

以上计算结果表明B项目的风险要高于A项目的风险。

3.标准离差率

标准离差率是标准离差同期望值之比，通常用符号V表示。其计算公式为：

$$V = \frac{\sigma}{\overline{E}} \times 100\%$$

标准离差率是一个相对指标，它以相对数反映决策方案的风险程度。方差和标准离差作为绝对数，只适用于期望值相同的决策方案风险程度的比较。对于期望值不同的决策方案，评价和比较其各自的风险程度只能借助于标准离差率这一相对数值。在期望值不同的情况下，标准离差率越大，风险越大；反之，标准离差率越小，风险越小。

【例2-19】沿用【例2-17】的资料，分别计算A项目和B项目的标准离差率。

$$V_A = \frac{\sigma}{\overline{E}} \times 100\% = \frac{0.1265}{0.2} \times 100\% = 63.25\%$$

$$V_B = \frac{\sigma}{\overline{E}} \times 100\% = \frac{0.3162}{0.2} \times 100\% = 158.1\%$$

由于此例中A项目和B项目收益率的期望值相同，所以可以直接根据标准离差来比较两个项目的风险水平。但如果比较项目收益率的期望值不同，则一定要计算标准离差率才能进行比较。

通过上述方法将决策方案的风险加以量化后，决策者便可据此作出决策。对于单个方案来说，决策者可将其标准离差（率）与设定的可接受的此项指标最高限值进行对比，看前者是否低于后者，然后作出取舍。对于多个方案来说，决策者应选择低风险、高收益的方案，即选择标准离差率最低、期望收益最高的方案。然而高收益往往伴有高风险，低收益方案其风险程度往往也较低，究竟选择何种方案，就要权衡期望收益与风险，而且还要视决策者对风险的态度而定。对风险比较反感的人可能会选择期望收益较低，同时风险也较低的方案；愿意冒风险的人则可能选择风险虽高但同时收益也高的方案。

（四）风险对策

1.规避风险

当某项投资风险所造成的损失不能由该项投资可能获得的收益予以抵销时，应当放弃该项投资。例如，拒绝与不守信用的厂商业务往来，放弃可能明显导致企业亏损的投资项目。

2.减少风险

减少风险主要包含两层含义：一是控制风险因素，减少风险的发生；二是控制风险发生的频率和降低风险损害程度。减少风险的常用方法有：进行准确的预测；对决策进行多方案优选和替代；及时与政府部门沟通获取政策信息；在开发新产品前，充分进行市场调研；开展多领域、多项目、多品种的经营或投资以分散风险等。

3. 转移风险

对可能给企业带来灾难性损失的投资，企业应以一定的代价，采取某种方式转移风险，如向保险公司投保；采取合资、联营、联合开发等措施实现风险共担；通过技术转让、租赁经营和业务外包等实现风险转移。

4. 接受风险

接受风险包括风险自担和风险自保两种。风险自担是指风险损失发生时，直接将损失摊入成本或费用，冲减利润。风险自保是指企业预留一笔风险金或随着生产经营的进行，有计划地计提资产减值准备等。

三、风险与收益

微课

投资的风险与收益

为了简化决策分析工作，在短期财务决策中一般不考虑风险因素。在长期财务决策中，不得不考虑风险因素，需要计量风险程度。任何投资者都愿意接受确定的某一收益率，而不愿意接受不确定的同一收益率，这种现象称为风险反感。在风险反感普遍存在的情况下，吸引投资者进行风险投资的因素是风险收益。标准离差率虽然能正确评价投资风险程度的高低，但还无法将风险与收益结合起来进行分析。假设我们面临的决策不是评价与比较两个投资项目的风险水平，而是要决定是否对某一投资项目进行投资，此时我们就需要计算出该项目的风险收益率。

（一）计算必要的风险收益率

要将对风险的评价指标标准离差率转化为收益率指标，其间还需要借助一个参数，这便是风险价值系数，即单位风险所要求的平均报酬。风险收益率、风险价值系数和标准离差率之间的关系可用公式表示如下：

$$R_R = b \cdot V$$

式中：R_R为风险收益率；b为风险价值系数；V为标准离差率。

在实际工作中，单项投资的风险价值系数的确定可以采用以下三种方法：

方法一：对相关投资项目的总投资收益率和标准离差率，以及同期的无风险收益率的历史资料进行分析。

方法二：企业主管投资的人员会同有关专家进行定性评定。

方法三：专业咨询公司按不同行业进行定期发布。

在不考虑通货膨胀因素的情况下，投资收益率的计算公式为：

$$R = R_F + R_R = R_F + b \cdot V$$

式中：R为投资收益率；R_F为无风险收益率。

【例 2-20】沿用【例 2-17】的资料，假设无风险收益率为10%，风险价值系数为8%，请分别计算A、B两个项目应得的风险收益率和投资收益率。

A项目的风险收益率$R_{R(A)} = 8\% \times 63.25\% = 5.06\%$

A项目的投资收益率$R_A = 10\% + 8\% \times 63.25\% = 15.06\%$

B项目的风险收益率$R_{R(B)} = 8\% \times 158.1\% = 12.65\%$

B项目的投资收益率$R_B = 10\% + 8\% \times 158.1\% = 22.65\%$

从计算结果可以看出，B项目的投资收益率（22.65%）要高于A项目的投资收益率（15.06%），似乎B项目是一个更好的选择。但从我们前面的分析来看，两个项目的期望收益率是相等的，但B项目的风险要高于A项目，故应选择A项目。

（二）计算预测的风险收益率，权衡方案是否可取

按照上述程序计算出来的风险收益率，是在现有风险程度下要求的风险收益率。为了确定某一方案是否可取，可以计算预测的风险收益率，并与必要的风险收益率比较，当预测的风险收益率大于必要的风险收益率时，说明该方案预期风险收益高，其所冒风险相对较小，该方案可取；反之，该方案不可取。

$$预测的投资收益率 = \frac{预期收益额}{投资额} \times 100\%$$

$$预测的风险收益率 = 预测的投资收益率 - 无风险收益率$$

【例2-21】沿用【例2-17】和【例2-20】的资料，A项目预测的投资收益率为20%，无风险收益率为10%，则A项目预测的风险收益率 = 20% - 10% = 10%。

A项目必要的风险收益率为5.06%，预测的风险收益率为10%，因预测的风险收益率大于必要的风险收益率，所以A项目可取。

应当指出，风险价值计算的结果具有一定的假定性，并不十分精确。研究投资风险价值原理，主要是在进行投资决策时，树立风险价值观念，认真权衡风险与收益的关系，选择有可能避免风险、分散风险，并获得较多收益的投资方案。

【同步思考2-3】在投资中人们常说“高风险高回报”，这是否意味着承担更高风险就一定能获得更高收益？

任务解析

通过上述学习，可以解析【任务引入】中的问题：

（1）分别计算A、B两个项目的期望值（预期收益率）。

$\overline{E}_A = 0.2 \times 35\% + 0.6 \times 20\% + 0.2 \times 5\% = 20\%$

$\overline{E}_B = 0.3 \times 30\% + 0.4 \times 25\% + 0.3 \times 10\% = 22\%$

（2）分别计算A、B两个项目投资收益率的标准离差。

$$\sigma^2{}_A = \sum_{i=1}^{n}\left(X_i - \overline{E}\right)^2 \cdot P_i$$
$$= 0.2 \times (35\% - 20\%)^2 + 0.6 \times (20\% - 20\%)^2 + 0.2 \times (5\% - 20\%)^2 = 0.009$$

$$\sigma_A = \sqrt{\sum_{i=1}^{n}\left(X_i - \overline{E}\right)^2 \cdot P_i} = \sqrt{0.009} = 0.095$$

$$\sigma^2{}_B = \sum_{i=1}^{n}\left(X_i - \overline{E}\right)^2 \cdot P_i$$
$$= 0.3 \times (30\% - 22\%)^2 + 0.4 \times (25\% - 22\%)^2 + 0.3 \times (10\% - 22\%)^2 = 0.0066$$

$$\sigma_{B}=\sqrt{\sum_{i=1}^{n}\left(X_{i}-\overline{E}\right)^{2}\cdot P_{i}}=\sqrt{0.0066}=0.081$$

（3）分别计算A、B两个项目投资收益率的标准离差率。

$$V_{A}=\frac{0.095}{20\%}\times 100\%=47.5\%$$

$$V_{B}=\frac{0.081}{22\%}\times 100\%=36.82\%$$

（4）分别计算A、B两个项目必要的风险收益率和投资收益率。

$R_{R(A)}=0.2\times 47.5\%=9.5\%$

$R_{A}=10\%+9.5\%=19.5\%$

$R_{R(B)}=0.2\times 36.82\%=7.36\%$

$R_{B}=10\%+7.36\%=17.36\%$

（5）分别计算A、B两个项目预期的风险收益率，权衡方案是否可行。

根据（1）中的计算，A、B两个项目预期的投资收益率分别为20%和22%，那么A项目预期的风险收益率为20% − 10% = 10%，B项目预期的风险收益率为22% − 10% = 12%，均高于其必要的风险收益率9.5%和7.36%，所以A、B两个项目均可行。

经过以上论证，A、B两个项目均为可行项目。尚达家具公司可以根据项目规模和预计建设期，筹集资金，有序推进项目实施。

【明德善思】

投资者的血本之殇与行业警钟

FH作为曾经的“中国高校第一股”，背靠知名大学，拥有极大的资源优势和市场信任。自1993年上市后，不断扩展业务至生物医药、房地产等领域。自2013年至2017年，公司账外累计借贷7 500万元用于虚假平账，并且连续10年财报存在虚假记载。2024年8月5日，“FH被揭露违法违规，被中国证监会立案调查”的新闻曝出，公司的市值因财务造假事件“蒸发”了90亿元，形象严重受损，面临着监管部门的严厉调查和处罚。众多投资者基于对企业的信任，尤其是其高校背景的光环，没有充分分析公司的实际经营状况和潜在风险纷纷投资。截至造假行为被揭露时，该公司的股东人数已超过6万人，这些股东大多在股价暴跌中蒙受了巨大损失，许多家庭因此陷入困境。

启示：这一事件为市场主体各方都敲响了警钟。（1）诚信经营是企业立身之本。企业必须恪守法律底线，将诚信经营作为核心理念。唯有切实履行对投资者和社会的责任，才能赢得市场持久信任。作为未来的财务从业者，应当以“不做假账”为职业底线，助力构建诚信经营环境，维护市场公平秩序，这是时代赋予我们的专业使命。（2）理性投资是财富管理之道。投资市场最大的敌人是贪婪，投资者需保持清醒认知，警惕高收益承诺背后的风险陷阱。这一道理同样适用于人生抉择——唯有克制非理性欲望，才能避免坠入风险漩涡。（3）风险应对彰显人生智慧。风险本身并不可怕，关键在于保持积极应对的心态。无论面对的是投资波动还是人生困境，都需要冷静分析、灵活调整。正如我们的学业和职业发展，只要保持乐观坚韧，总能找到破局之路。

技能训练

一、单项选择题

1.资金时间价值的实质是（　　）。

A.利息率　　B.资金周转使用后的增值额

C.利润率　　D.差额价值

2.下列各项有关资金时间价值的说法错误的是（　　）。

A.资金时间价值在量上相当于资金的纯利率

B.在期数、利率相同的情况下，普通年金现值系数是其终值系数的倒数

C.递延年金的终值计算与普通年金的终值计算无本质区别

D.永续年金只有现值，没有终值

3.已知第5年年末本利和为10 000元，要求每年年末需存款的金额，应使用（　　）。

A.年金现值系数　　B.年金终值系数

C.复利现值系数　　D.复利终值系数

4.现在将1 000元存入银行，年利率为10%，按复利计算。4年后可从银行取出的本利和为（　　）元。

A.1 200　　B.1 300　　C.1 464　　D.1 350

5.投资者甘愿冒着风险进行投资，是因为（　　）。

A.进行风险投资可使企业获得报酬

B.进行风险投资可使企业获得等同于资金时间价值的报酬

C.进行风险投资可使企业获得超过资金时间价值的报酬

D.进行风险投资可使企业获得利润

6.为比较期望值不同的两个或两个以上的方案的风险程度，应采用的标准是（　　）。

A.标准离差　　B.标准离差率　　C.概率　　D.风险报酬率

7.甲乙两企业均投入1 000万元的资本，本年获利均为60万元，但甲企业的获利已经全部转化为现金，乙企业则全部是应收账款。如果在分析时得出两个企业收益水平相同的结论，得出此结论的原因是（　　）。

A.没有考虑利润的取得时间

B.没有考虑利润获得所承担风险的大小

C.没有考虑所获利润和投入资本的关系

D.没有考虑剩余产品的创造能力

8.企业发行债券，在名义利率相同的情况下，对其最不利的复利计息期是（　　）。

A.1年　　B.半年　　C.1季　　D.1月

二、多项选择题

1.下列各项有关资金时间价值的表述，正确的有（　　）。

A.资金时间价值是资金经过一定时期的投资而增加的价值

B. 资金时间价值是一种客观存在的经济现象

C. 资金时间价值是指不考虑风险和通货膨胀情况下的社会资金平均利润率

D. 资金时间价值必须按复利方式计算

2. 下列各项属于年金形式的有（　　）。

A. 年资本回收额　　B. 定期定额支付的养老金

C. 零存整取储蓄存款　　D. 偿债基金

3. 下列各项属于财务管理风险对策的有（　　）。

A. 规避风险　　B. 减少风险　　C. 转移风险　　D. 接受风险

4. 某项养老金规定，一次性缴纳本金10万元后，可无限期每季度获得2 000元现金，则下列说法中正确的有（　　）。

A. 该养老金的名义利率是2%

B. 该养老金的名义利率是8%

C. 该养老金的实际利率是8%

D. 若投资者要求的收益率为8.16%，则应投资于该养老金

5. 在不考虑通货膨胀的情况下，投资收益率包括（　　）。

A. 通货膨胀补偿率　　B. 无风险收益率

C. 资金成本率　　D. 风险收益率

6. 下列指标中，能够反映投资风险的有（　　）。

A. 标准离差率　　B. 标准离差　　C. 期望值　　D. 方差

三、判断题

1. 单利与复利是两种不同的计算方法，单利终值与复利终值在任何时候都不可能相等。（　　）

2. 预付年金的终值与现值，可在普通年金终值与现值的基础上乘 $(1+i)$ 得到。（　　）

3. 递延年金现值的大小与递延期无关，因此计算方法与普通年金现值一样 。（　　）

4. 预付年金与普通年金的区别仅在于计息时间的不同。（　　）

5. 在终值和折现率一定的情况下，计息期越多，计算出的现值就越小。（　　）

6. 使用插值法时，如果用8%测试得出的现值大于目标现值，则所求利率必定小于8%。（　　）

7. 拒绝与不守信用的厂商业务往来属于风险对策中的减少风险。（　　）

8. 在对比两个方案时，标准离差率越大，说明风险越大；同样，标准离差越大，说明风险也一定越大。（　　）

四、计算分析题

1. 东方公司2023年年初投资100 000元兴建一条生产线，该项目2025年初完工投产。2025年、2026年、2027年年末预期收益各为20 000元、30 000元、50 000元。年利率为10%。

要求：

（1）按复利计算2025年年初投资额的终值。

（2）按复利计算2025年年初起各年预期收益的现值之和。

2. 东方公司年初有一笔生产发展基金，在复利率为10%时，若每年年末支付100 000元用于小型技术改造，可连续支付3年。

要求：

（1）计算该笔生产发展基金的金额。

（2）计算该笔资金在第3年年末可支付的金额。

3. 东方公司拟购置一台柴油机，更新目前使用的汽油机，每月可节约燃料费60元，但柴油机价格较汽油机高出1 500元。假设年利率12%，每月复利一次。

要求：请确定柴油机至少使用多长时间才合算。

4. 按照债务合同，东方公司每年末必须从税后利润中提取固定数额的资金存入一家投资公司作为偿债基金，以便在10年后偿还一笔1 000万元的抵押贷款，投资公司保证这笔偿债基金每年能获得9%的收益。

要求：如果东方公司在第10年年末偿还该项抵押贷款，计算东方公司每年应存入的金额。

5. 东方公司2025年1月1日向沈阳信托投资公司融资租赁一台万能机床，双方在租赁协议中明确：租期到2030年12月31日为止，年租金5 600元，于每年年末支付一次。沈阳信托投资公司要求的利息及手续费率为5%。

要求：

（1）计算系列租金的现值和终值。

（2）如果年租金改按每年年初支付一次，计算系列租金的现值和终值。

6. 东方公司2025年8月拟在东北某大学设立一笔“助成奖学基金”。每年的奖励计划为：特等奖1名，金额为10 000元；一等奖2名，每名金额为5 000元；二等奖3名，每名金额为3 000元；三等奖4名，每名金额为1 000元。目前银行存款年利率为4%，并预测短期内不会发生变动。

要求：分析东方公司为设此项奖学基金应一次性存入银行的金额。

7. 东方公司拟购置一处房产，房主提出以下两种付款方案：（1）从第1年起，每年年初支付200 000元，连续支付10次，共2 000 000元；（2）从第5年开始，每年年初支付250 000元，连续支付10次，共2 500 000元。

要求：假设该公司的投资收益率为10%，分析确定该公司应选择哪种方案。

8. 李超为购置一处房产于2025年年初从银行借款500 000元，计划于每年年末等额还款40 000元，连续20年还清。

要求：计算该笔借款的利率。

9. 东方公司由于生产发展需要，经与银行协商取得一笔3年期贷款600 000元，年利率6%，每半年计息一次，到期一次偿还。

要求：

（1）请确定该笔贷款的实际利率，并据以计算到期需偿还的本利和。

（2）不计算实际利率，请确定该笔贷款到期需偿还的本利和。

10.东方公司拟以500万元筹资建设电子管厂，根据市场预测，预计每年可获得的收益及概率见表2–3。

表2–3　东方公司预计收益及概率表

市场情况	预计每年收益（X_i）（万元）	概率（P_i）
繁荣	120	0.2
一般	100	0.5
较差	60	0.3

若电子行业的风险价值系数为6%，计划年度利率（资金时间价值）为8%。

要求：

（1）计算该项投资的收益期望值；

（2）计算该项投资的标准离差；

（3）计算该项投资的标准离差率；

（4）计算该方案要求的风险价值；

（5）计算该方案预测的风险价值，评价该投资方案是否可行。

实战模拟

（一）

【目的】资金时间价值的运用。

【资料】东方公司由于生产需要计划采用融资租赁方式租入一条生产线，租赁期10年。东方公司希望每年年末支付租金，然而出租方要求每年年初支付租金。经过多次协商，最终就以下内容达成一致意见：在市场利率为8%的条件下，若年初支付，则每年支付20 000元；若年末支付，则每年支付22 000元。

【要求】

（1）分析为什么东方公司融资租入生产线时要与出租方协商年初与年末支付租金的问题。

（2）分析如果不考虑资金时间价值，那么东方公司是否有必要与出租方协商租金支付的时间问题。

（二）

【目的】投资风险价值的运用。

【资料】东方公司有一项投资计划，现有A和B两个投资项目可供选择。A、B项目投资收益率及其概率分布见表2–4。

表2-4　　A、B项目投资收益率及其概率分布

项目实施情况	概率(P_i)		投资收益率(X_i)	
	项目A	项目B	项目A	项目B
好	0.2	0.3	15%	20%
一般	0.6	0.4	10%	15%
差	0.2	0.3	0	-10%

已知目前无风险收益率为6%，风险价值系数为2%。

【要求】分析东方公司的投资决策。

项目三

筹资管理

情境设计

尚达家具公司自创建以来，经过近10年的发展，规模、产值、利润均稳步增长。公司于2010年依法经批准变更为股份有限公司，更名为尚达家具股份有限公司（简称尚达家具公司）。

家具行业新材料、新工艺的应用和更新，定制化、智能化的市场需求，加速了家具产品的更新换代。尚达家具公司通过市场调查，及时了解消费者的喜好，不断改进产品设计。公司每年都会在家具市场上推出两至三种新型家具，并关闭陈旧过时的生产线，使用新的生产线或更新改造原生产线，因为其家具更新及时而持续受到市场的欢迎。随着尚达家具公司的发展壮大，其资金需要量也在不断地增加，资金筹集就成了企业发展经营中非常重要一个方面。预计本年年末公司需筹措一笔资金以满足营运资金增长和固定资产新增投资的需要。公司相关财务人员事先拟订了筹资方案并正式提交董事会予以讨论。

情境分析：企业为了保证生产经营的正常运行，必须持有一定数量的资金。资金筹集既是企业生产经营活动的前提，又是企业生产顺利进行的保障。同时，筹资也为投资提供了基础和前提，没有资金的筹集，就无法进行资金的投放。资金是企业的血液，为企业及时筹集足够的资金是财务人员工作中首先应解决的问题。

企业所需资金是通过多种方式筹集的。每种筹资方式都有其自身的特点，企业在筹资中应慎重选择。

知识目标

1. 理解筹资的含义、分类、动机及原则。
2. 掌握资金需要量预测的基本方法。
3. 熟悉筹资的渠道、方式和特点。
4. 掌握资本成本的计算方法和资本结构的决策方法。
5. 熟悉财务杠杆的原理和作用。

能力目标

1. 能根据相关资料预测企业资金需要量。
2. 能根据企业具体情况选择合适的筹资渠道与筹资方式。
3. 能运用适当决策方法作出最佳资本结构决策。
4. 能合理运用财务杠杆控制财务风险。

素质目标

1. 树立诚实守信的职业道德观念，坚持原则，遵守法律。
2. 培养创新思维与团队协作精神，提高解决问题的能力。
3. 培养风险意识和风险管理能力。
4. 养成持续学习和适应变化的能力。

项目结构

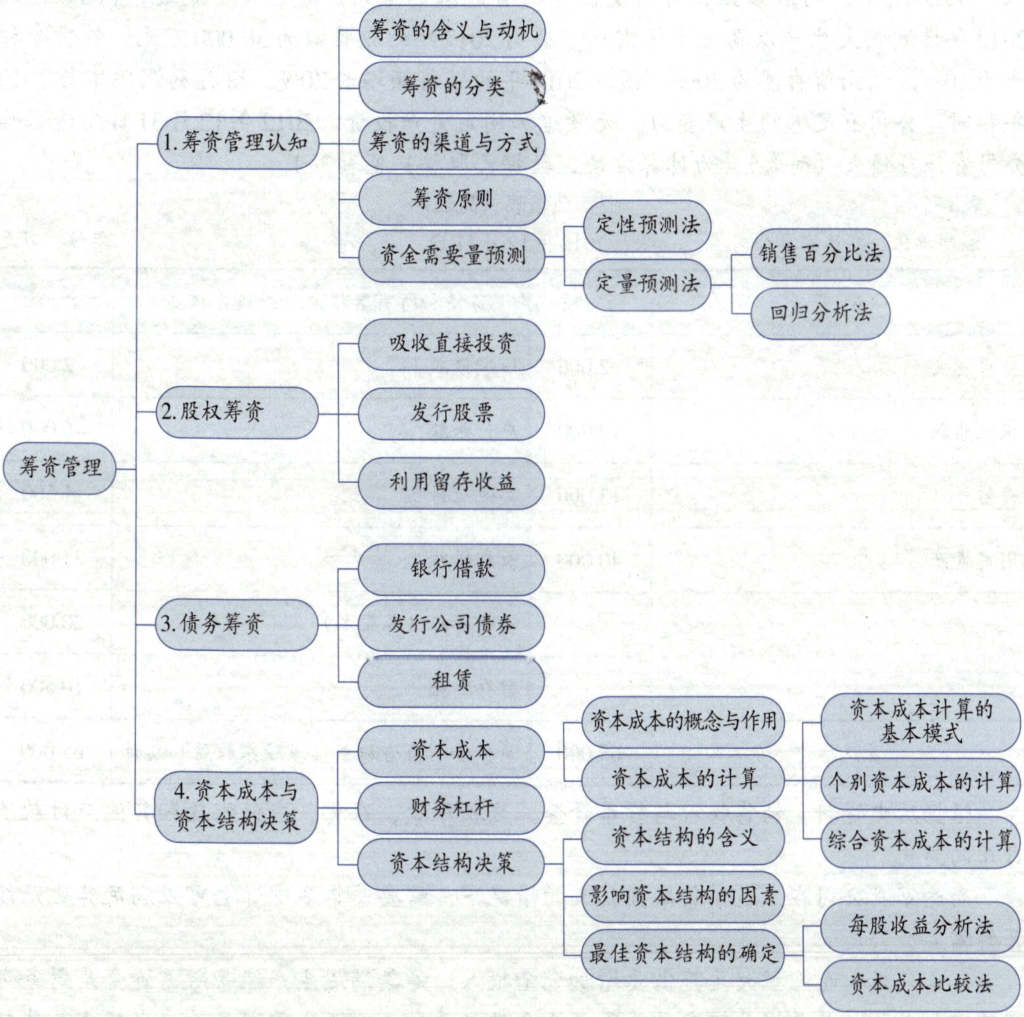

任务一　筹资管理认知

任务引入

随着市场对公司新产品认知度的提高，加之尚达家具公司的促销政策逐渐生效，公司的新产品销量大幅增加，其他产品的销售也保持良好增长态势。公司在2010年变更为股份有限公司之后，进一步加大开发新产品和开拓新市场的力度，持续增加资金投入。至2012年，尚达家具公司研发面市的智能家具系列产品已大受欢迎，供不应求。2013年计划扩大生产以满足市场需求。公司2012年的销售额为50 000万元，销售净利率为10%，利润留存率为20%。预计2013年的销售额增长20%，留存利润比率与2012年相同。公司有足够的生产能力，无须追加固定资产投资。2012年12月31日尚达家具公司资产负债表（简表）（为计算方便，数据已取整）见表3-1。

表3-1　资产负债表（简表）

编制单位：尚达家具公司　　2012年12月31日　　单位：万元

资　产	金　额	负债和所有者权益（或股东权益）	金　额
货币资金	2 000	短期借款	2 000
应收账款	10 000	应付账款	6 000
存货	13 000	其他应付款	1 500
固定资产	40 000	长期借款	25 000
		实收资本（或股本）	20 000
		留存收益	10 500
资产总计	65 000	负债和所有者权益（或股东权益）总计	65 000

根据历史资料，销售收入与货币资金、应收账款、存货、应付账款和其他应付款项目正向变化。

尚达家具公司在上述销售规模扩大的情况下，需要筹集多少资金可以满足其生产经营的需要？

任务分析：企业扩大生产需要增加资金投入，筹集满足生产经营所需资金是财务部门的重要工作，其前提是确定需要筹集资金的数量。企业资金需求数量应当根据具体翔实的数据资料，运用适当的方法进行科学合理的预测。企业资金需要量预测的基本目的是保证筹集的资金既能满足生产经营的需要，又不会产生闲置资金。

知识准备

一、筹资的含义与动机

筹资，是指企业为了满足经营活动、投资活动和调节资本结构等需要，通过一定的筹资渠道，采取适当的筹资方式获取所需资金的行为，是企业一项基本的财务活动。

企业筹资的基本目的，是维持企业的经营和发展，为企业的经营活动提供资金保障。但每次具体的筹资行为，往往受特定动机的驱动。企业筹资的动机主要表现为以下四类：

（1）设立性筹资动机，是在企业设立时，为取得资本金并形成开展经营活动的基本条件而产生的筹资动机。

（2）扩张性筹资动机，是企业为扩大生产经营规模或增加对外投资而产生的追加筹资的动机。

（3）调整性筹资动机，是企业因调整现有资金结构的需要而产生的筹资动机。

（4）混合型筹资动机，是企业同时既为扩张规模又为调整资金结构而产生的筹资动机。

二、筹资的分类

（一）按照企业所取得资金的权益性质不同，分为股权筹资和债务筹资

股权筹资是指企业通过发行股票、吸收直接投资、内部积累等方式筹集资金的活动。其筹集的资金属于企业的所有者权益，也称为企业的自有资本或股权资本，一般不用还本，形成企业的永久性资本，因而财务风险小，但付出的资本成本相对较高。

债务筹资是指企业通过发行债券、向金融机构借款、融资租赁等方式筹集资金的活动。其筹集的资金属于企业的债务，又称为企业的借入资金或负债资金，到期要归还本金和支付利息，债权人对企业的经营状况不承担责任，因而财务风险较大，但付出的资金成本相对较低。

（二）按照是否通过金融机构，分为直接筹资和间接筹资

直接筹资是指不通过金融机构，企业直接与资金供应者协商融通资金的活动。直接筹资的工具主要有商业票据、股票、债券。直接筹资的优点在于筹资领域广阔，有利于资金的快速合理配置和提高使用效率，提升企业的知名度和资信度。直接筹资也有其局限性，主要表现在：直接筹资手续比较复杂，筹资费用较高。

间接筹资是指企业通过银行等金融机构间接实现资金融通的活动。在间接筹资方式下，银行等金融机构发挥中介作用，预先聚集资金，然后提供给企业。典型的间接筹资是向银行借款。与直接筹资比较，间接筹资的优点在于手续相对比较简便，筹资效率高，筹资费用较低；其局限性主要是容易受金融政策的制约和影响。

（三）按照资金的来源不同，分为内部筹资和外部筹资

内部筹资是指企业通过利润留存而形成的筹资来源的活动。内部筹资数额大小主要取决于企业可分配利润的多少和利润分配政策，一般无须花费筹资费用，从而降低了资本成本。

外部筹资是指企业向外部筹措资金而形成的筹资来源的活动。处于初创期的企业，内部筹资的可能性是有限的；处于成长期的企业，内部筹资往往难以满足需要。这就需要企业广泛地开展外部筹资，如发行股票、债券，取得商业信用、银行借款等。企业向外部筹资大多需要花费一定的筹资费用，从而提高了筹资成本。

（四）按照所筹资金使用期限的长短，分为短期资金筹集和长期资金筹集

短期资金一般是指供1年以内使用的资金。短期资金主要用于现金、应收账款、存货等流动资产和资金日常周转，一般在短期内可收回。短期资金通常采用利用商业信用和取得短期银行借款等方式来筹集。

长期资金一般是指供1年以上使用的资金。长期资金主要用于新产品的开发和推广、生产规模的扩大、厂房和设备的更新，以提高企业的生产和经营能力，扩大企业的生产经营规模，一般需几年或十几年才能收回。长期资金通常采用吸收直接投资、发行股票、发行债券、取得长期借款、融资租赁和内部积累等方式来筹集。

三、筹资的渠道与方式

（一）筹资渠道

筹资渠道，是指筹集资金的来源方向与通道。一般来说，企业最基本的筹资渠道有两条：直接筹资和间接筹资。直接筹资是企业与投资者协议或通过发行股票、债券等方式直接从社会取得资金；间接筹资是企业通过银行等金融机构以信贷方式间接从社会取得资金。具体来说，企业的筹资渠道主要有：国家财政投资和财政补贴、银行与非银行金融机构信贷、资本市场筹集、其他法人单位与自然人投入、企业自身积累等。对于不同渠道的资金，企业可以通过不同的筹资方式来取得。

（二）筹资方式

筹资方式，是指企业筹集资金所采取的具体形式。它受到法律环境、经济体制、融资市场等筹资环境的制约，特别是受国家对金融市场和融资行为方面的法律法规制约。

一般来说，企业最基本的筹资方式就是两种：股权筹资和债务筹资。股权筹资形成企业的股权资金，通过吸收直接投资、发行股票等方式取得；债务筹资形成企业的债务资金，通过向银行借款、发行债券、融资租赁、利用商业信用等方式取得。

1.吸收直接投资

吸收直接投资，是指企业以投资合同、协议等形式定向地吸收国家、法人单位、自然人等投资主体资金的筹资方式。这种筹资方式通过签订投资合同或投资协议规定双方的权利和义务，主要适用于非股份制公司筹集股权资本。吸收直接投资是一种股权筹资方式。

2.发行股票

发行股票，是指企业以发售股票的方式取得资金的筹资方式，只有股份有限公司才

能发行股票。股票是股份有限公司发行的，表明股东按其持有的股份享有权益和承担义务的可转让的书面投资凭证。股票的发售对象，可以是社会公众，也可以是定向的特定投资主体。这种筹资方式只适用于股份有限公司，而且必须以股票作为载体。发行股票，是一种股权筹资方式。

3.利用留存收益

留存收益，是指企业从税后净利润中提取的盈余公积金以及从企业可供分配利润中留存的未分配利润。利用留存收益是企业将当年利润转化为股东对企业追加投资的过程，是一种股权筹资方式。

4.向金融机构借款

向金融机构借款，是指企业根据借款合同从银行或非银行金融机构取得资金的筹资方式。这种筹资方式广泛适用于各类企业，它既可以筹集长期资金，也可以用于短期融通资金，具有灵活、方便的特点。向金融机构借款，是一种债务筹资方式。

5.发行债券

发行债券，是指企业以发售公司债券的方式取得资金的筹资方式。所有公司制企业，均有资格发行债券。债券是公司依照法定程序发行、约定还本付息期限、标明债权债务关系的有价证券。发行债券适用于向法人单位和自然人两种渠道筹资。发行债券，是一种债务筹资方式。

6.租赁

租赁，是指在一定期间内，出租人将资产的使用权让与承租人以获取对价的合同。从承租人的角度，租赁是指企业与出租人签订租赁合同，取得租赁物资产，通过对租赁物的占有、使用取得资金的筹资方式。租赁方式不直接取得货币性资金，通过租赁信用关系，直接取得实物资产，快速形成生产经营能力，然后通过向出租人分期交付租金方式偿还资产的价款。租赁，是一种债务筹资方式。

7.利用商业信用

商业信用，是指企业之间在商品或劳务交易中，由于延期付款或延期交货所形成的借贷信用关系。商业信用是由于业务购销活动而形成的，它是企业短期资金的一种重要的和经常性的来源。利用商业信用，是一种债务筹资方式。

筹资渠道解决的是资金来源问题，筹资方式则解决通过何种方式取得资金的问题，它们之间存在一定的对应关系。企业在筹集资金时，须对其进行合理组合。

四、筹资原则

企业筹资是一项重要而复杂的工作，为了有效地筹集企业所需资金，必须遵循以下基本原则：

（一）筹措合法原则

不论是直接筹资还是间接筹资，企业最终都通过筹资行为向社会获取了资金。企业的筹资活动不仅为自身的生产经营提供资金来源，也会影响投资者的经济利益和社会经济秩序。企业必须遵循国家的相关法律法规，依法履行法律法规和投资合同约定的责任，合法合规筹资，依法披露信息，维护各方的合法权益。

（二）规模适当原则

企业筹资规模受到注册资本、债务契约及企业规模等多方面因素的影响，且不同时期企业的资金需求量并不是一个常数。因此，企业财务人员要认真分析科研、生产、经营状况，采用一定的方法，预测资金需要量，合理确定筹集规模。这样，既能避免因资金筹集不足，影响生产经营的正常运行，又可防止资金筹集过多，造成资金闲置。

（三）筹措及时原则

企业财务人员在筹集资金时必须熟知资金时间价值的原理和计算方法，以便根据资金需求的具体情况，合理安排资金的筹集时间，适时获取所需资金。这样，既能避免过早筹集资金所形成的资金投放前的闲置，又能防止取得资金的时间滞后，错过资金投放的最佳时间。一般说来，期限越长，手续越复杂的筹款方式，其筹款时效越差。

（四）来源合理原则

资金的来源渠道和资金市场为企业提供了资金的源泉和筹资场所，它反映资金的分布状况和供求关系，决定着筹资的难易程度。不同来源的资金，对企业的收益和成本有不同的影响，因此，企业应认真研究资金来源渠道和资金市场，合理选择资金来源。

（五）方式经济原则

在确定筹资数量、筹资时间、资金来源的基础上，企业在筹资时还必须认真研究各种筹资方式。企业筹集资金必然要付出一定的代价，不同筹资方式条件下的资金成本有高有低，为此，就需要对各种筹资方式进行分析、对比，选择经济、可行的筹资方式。与筹资方式相联系的问题是资金结构问题，企业应确定合理的资金结构，以便降低成本，减少风险。

【明德善思】

平衡与适度

《论语·先进》子贡问：“师与商也孰贤？”子曰：“师也过，商也不及。”曰：“然则师愈与？”子曰：“过犹不及。”这句话体现了孔子的中庸思想，即做事要恰到好处，既不能过头，也不能不足，强调了要把握事物的度，避免走向极端。

启示：在企业筹资过程中，“恰到好处”是保证企业稳健发展的关键。既不能筹资过多可能导致资金闲置、财务成本增加，甚至引发过度扩张的风险；也不可筹资不足限制企业的发展、错失市场机会。同时，筹资方式的选择也应适度，既要考虑股权融资的长期性，也要权衡债务融资的财务风险，避免因过度依赖某一种方式而陷入被动。在同学们的学习和成长过程中，平衡与适度尤为重要。既不能过度追求成绩导致压力过大、忽视身心健康；也不能因学习不足错失成长机会。在生涯规划中，过于激进的目标可能脱离实际，导致挫败感；过低的目标则可能限制发展空间。应根据自身能力和兴趣制订计划，既要有挑战性，也要有可行性。把握好“度”是实现目标的重要原则。

五、资金需要量预测

资金的需要量是筹集资金的数量依据，企业在筹资之前应当科学合理地进行预测。筹资数量预测的基本目的是保证筹集的资金既能满足生产经营的需要，又不会有太多的闲置。

（一）定性预测法

定性预测法是指利用直观的资料，依靠个人的经验和主观分析、判断能力，预测未来资金需要量的方法。其预测过程是：首先，由熟悉财务情况和经营情况的专家，根据过去所积累的经验进行分析判断，提出预测的初步意见；其次，通过召开座谈会或发出各种表格等形式，对上述预测的初步意见进行修正补充。这样经过一次或几次以后，得出预测的最终结果。这种方法通常在企业缺乏完备、准确的历史资料的情况下采用，预测结果的准确性和可行性较差，一般只作为预测的辅助方法。

（二）定量预测法

定量预测法是以历史资料为依据，采用数学模型对未来时期资金需要量进行预测的方法。这种方法预测的结果科学而准确，有较高的可行性，但计算较为复杂，要求具有完备的历史资料。定量预测法常用的方法有销售百分比法和回归分析法。

1. 销售百分比法

销售百分比法，是以资产负债表中某些项目与销售额的比率为基础，按照计划期销售额的增长情况来预测资金需要量的一种方法。

微课

资金需要量预测——销售百分比法

（1）基本假设。应用销售百分比法预测资金需要量是建立在以下假定基础之上的：第一，企业的部分资产和负债与销售额同比例变化；第二，企业各项资产、负债与所有者权益结构已达到最优。

（2）基本步骤。

第一步，确定随销售额变动而发生变动的资产项目和负债项目，计算其销售百分比。在资产负债表中，有一些项目会随销售额增长而相应增加，通常将这些项目称为敏感项目或变动项目，包括货币资金、应收账款、存货、应付账款、应付票据、其他应付款等。而其他如对外投资、无形资产、短期借款、长期负债、实收资本等项目，一般不会随销售额的增长而增加，因此将其称为非敏感项目或固定项目。

第二步，确定需要增加的资金数额。

第三步，根据有关财务指标的约束确定对外筹资数额。

【例3-1】长城公司2024年12月31日的资产负债表见（简表）表3-2。

表3-2　资产负债表（简表）

编制单位：长城公司　　2024年12月31日　　单位：元

资　产	期末余额	负债和所有者权益（或股东权益）	期末余额
货币资金	40 000	应付票据	30 000
应收账款	90 000	应付账款	70 000
存货	100 000	长期负债	120 000
固定资产	200 000	实收资本（或股本）	250 000
无形资产	80 000	留存收益	40 000
资产总计	510 000	负债和所有者权益（或股东权益）总计	510 000

假定该公司2024年度的实际销售收入为1 000 000元，销售净利率为20%，股利支

付率为60%，公司现有生产能力已经饱和，增加销售需追加固定资产投资。经预测，2025年该公司销售收入将提高到1 500 000元，企业销售净利率和利润分配政策不变。

要求：预测2025年需要追加资金的数量。

现将销售百分比法的预测过程说明如下：

（1）确定随销售额变动而变动的资产项目和负债项目，计算其销售百分比。

该公司资产负债表中，资产项目除无形资产外都将随销售量的增加而增加，因为较多的销售量需要占用较多的存货，发生较多的应收账款，增加固定资产投资，导致现金需求增加。在负债与所有者权益（或股东权益）项目中，应付账款和应付票据也会随销售的增加而增加，但长期负债、实收资本等不会自动增加。公司的利润额如果不全部分配出去，留存收益也会有适当的增加。销售额比率表见表3-3。

表3-3 销售额比率表

资　产	占销售收入的百分比（%）	负债和所有者权益（或股东权益）	占销售收入的百分比（%）
货币资金	4	应付票据	3
应收账款	9	应付账款	7
存货	10	长期负债	不变动
固定资产	20	实收资本（或股本）	不变动
无形资产	不变动	留存收益	不变动
资产总计	43	负债和所有者权益（或股东权益）总计	10

在表3-3中，不变动是指该项目不随销售额变化而变化。各项目占销售收入的百分比是以表3-2中的有关项目的数字除以销售收入求得的，如存货占销售收入的$10\%\left(\dfrac{100\,000}{1\,000\,000}\times 100\%\right)$。

（2）确定需要增加的资金数额。

从表3-3中可以看出，销售收入每增加100元，必须增加43元的资金占用，但同时增加10元的资金来源。从43%的资金需求中减去10%自动产生的资金来源，还剩下33%的资金需求。因此，每增加100元的销售收入，该公司必须取得33元的资金来源。在本例中，销售收入从1 000 000元增加到1 500 000元，增加了500 000元，按照33%的比率可预测将增加165 000元的资金需求。即：

（43% - 10%）×（1 500 000 - 1 000 000）= 165 000（元）

（3）根据有关财务指标的约束条件，确定企业需向外界筹集资金的数额。

上述165 000元的资金需求有些可通过企业内部来筹集。依题意，该公司2025年预计净利润为300 000元（1 500 000×20%），公司股利支付率为60%，则将有40%的利润即120 000元被留存下来，从165 000元中减去120 000元的留存收益，则还有45 000元的资金必须通过外界来融通。即：

首先，确定企业内部筹集资金数额即企业预计的留存收益数额。

1 500 000 × 20% ×（1 − 60%）= 120 000（元）

其次，确定需要向企业外部筹集资金的数额。

165 000 − 120 000 = 45 000（元）

上述预测过程可用下列公式表示：

$$对外筹资需要量 = \frac{A}{S_1}\cdot\Delta S - \frac{B}{S_1}\cdot\Delta S - S_2\cdot P\cdot E$$

$$或：对外筹资需要量 = \frac{\Delta S}{S_1}\cdot(A - B) - S_2\cdot P\cdot E$$

式中：A为随销售额变化的资产（变动资产）；B为随销售额变化的负债（变动负债）；S_1为基期销售额；S_2为预测期销售额；ΔS为销售的变动额；P为销售净利率；E为收益留存比率；$\frac{A}{S_1}$为变动资产占基期销售额的百分比；$\frac{B}{S_1}$为单位销售额所产生的自然负债数量，即变动负债占基期销售额的百分比。

根据上述资料可求得2025年该公司对外界筹集资金的数额为：

43% × 500 000 − 10% × 500 000 − 1 500 000 × 20% ×（1 − 60%）= 45 000（元）

2.回归分析法

回归分析法是根据若干期产销量和资金占用的历史资料，运用最小平方法原理，来确定产销量和资金占用总量之间的关系，并据以预测计划期间资金需要量的一种方法。

回归分析法是资金习性预测法的一种。资金习性，是指资金的变动与产销量变动之间的依存关系。按照资金习性，可以把资金区分为不变资金、变动资金和半变动资金。

不变资金是指在一定的产销量范围内，不受产销量变动的影响而保持固定不变的那部分资金。这部分资金包括：为维持经营而占用的最低数额的现金、原材料的保险储备、必要的成品储备，以及厂房、机器设备等固定资产占用的资金。

变动资金是指随产销量的变动而同比例变动的那部分资金。一般包括直接构成产品实体的原材料、外购件等占用的资金。另外，在最低储备以外的现金、存货、应收账款等也具有变动资金的性质。

半变动资金是指虽然受产销量变化的影响，但不成同比例变动的资金，如一些辅助材料所占用的资金。半变动资金可采用一定的方法划分为不变资金和变动资金两部分。

由于企业资金需要量与产销量之间存在一定的线性关系，从而可以根据这种对应关系，按照线性方程模型，预测计划期间的资金需要量。其基本模型为：

$$y = a + bx$$

式中：y为资金需要量；a为不变资金；b为单位产销量所需要的变动资金；x为产销量。

在实际运用中，需要利用历史资料来确定a、b的值，然后在已知业务量（x）的基础上，确定资金需要量y。a、b的计算公式为：

$$b = \frac{n\sum xy - \sum x \sum y}{n\sum x^2 - \left(\sum x\right)^2}$$

$$a = \frac{\sum y - b\sum x}{n}$$

【例3–2】长城公司2020年至2024年产销量和资金需要量见表3–4。假定长城公司预计2025年的产销量为90万件。

表3–4　长城公司2020年至2024年产销量和资金需要量

年度	产销量（x）（万件）	资金需要量（y）（万元）
2020	15	200
2021	25	220
2022	40	250
2023	35	240
2024	55	280

要求：确定2025年的资金需要量。

预测过程如下：

（1）根据表3–4计算的回归方程有关数据见表3–5。

表3–5　回归方程有关数据

年度	产销量（x）（万件）	资金需要量（y）（万元）	xy	x^2
2020	15	200	3 000	225
2021	25	220	5 500	625
2022	40	250	10 000	1 600
2023	35	240	8 400	1 225
2024	55	280	15 400	3 025
$n=5$	$\sum x=170$	$\sum y=1\,190$	$\sum xy=42\,300$	$\sum x^2=6\,700$

（2）将表3–5的数据代入公式，解得：

$a=170$，$b=2$

（3）把$a=170$，$b=2$代入$y=a+bx$得：

$y=170+2x$

（4）将2025年预计产销量90万件代入上式，得出：

$y=170+2\times 90=350$（万元）

在2025年预计产销量90万件的情况下，企业需要的资金总量为350万元。

【同步思考3–1】销售百分比法与回归分析法预测的结果有什么不同？

需要注意的是，定量预测法与定性预测法并不是相互排斥，而是相辅相成、相互补充的。在社会经济活动中，许多因素极为复杂多变，很难甚至无法进行量化，因而纯粹的定量预测法无法使用。即使很多因素可以进行定量描述，为了保证定量预测法的使用效果，也需要依靠使用者的综合分析判断。如果数据资料比较完备，可以先用某种定量预测法进行加工处理，找出有关变量之间的关系，然后再用定性预测法对预测结论进行综合分析。可以说，定量预测法通常依赖定性预测法发挥其主导作用。因此，在经营预测中，预测人员只有根据企业的具体情况和预测对象的不同将定量预测法和定性预测法结合起来应用，才能全面认识和把握预测对象的未来发展趋势，使预测的结果更加接近实际。

本项目讨论长期资金筹集问题，短期资金筹集将在“项目五　营运资金管理”中讨论。

任务解析

通过上述学习，可以解析【任务引入】中的问题：

首先，确定有关项目及其销售额百分比。

$$资产项目的销售百分比 = \frac{2\,000 + 10\,000 + 13\,000}{50\,000} \times 100\% = 50\%$$

$$负债项目的销售百分比 = \frac{6\,000 + 1\,500}{50\,000} \times 100\% = 15\%$$

其次，确定需要增加的资金量。

$$\left[50\,000 \times (1 + 20\%) - 50\,000\right] \times (50\% - 15\%) = 3\,500(万元)$$

最后，确定向外部筹集资金的数量。

$$3\,500 - 50\,000 \times (1 + 20\%) \times 10\% \times 20\% = 2\,300(万元)$$

尚达家具公司在预计明年销售额增长20%的情况下，需增加筹资3 500万元，其中企业利用留存收益可以解决1 200万元，其余2 300万元需向企业外部筹集。尚达家具公司需结合企业资本结构状况确定外部筹集资金的渠道和方式，制订筹资方案。

任务二　股权筹资

任务引入

根据任务一的预测，2013年尚达家具公司需要向企业外部筹集资金2 300万元。公司结合企业发展规划和资本构成状况，计划利用债务筹资1 000万元，再筹集股权资金1 300万元。该股权资金公司计划发行普通股股票筹集，发行普通股100万股，每股面值1元、发行价格13元，预计第一年每股发放现金股利0.8元，以后每年增长6%。

尚达家具公司需筹集的2 300万元资金为什么没有全部以负债的方式筹集？尚达家具公司还可以利用什么方式筹集股权资金？

任务分析：股权资金是企业的自有资本，其数量反映了公司的实力，是其他筹资方式的基础，尤其可为债权人提供信用保障，增加公司的举债能力。一个企业股权资本比例过低，会降低企业信用，增加企业的财务风险。因此企业在筹资活动中，需结合各种筹资方式的特点及其对资本结构的影响作出筹资方式的选择。

知识准备

股权筹资的方式主要有吸收直接投资、发行股票和利用留存收益。

一、吸收直接投资

吸收直接投资，是指企业按照“共同投资、共同经营、共担风险、共享利润”的原则，直接吸收国家、法人、外商和社会公众投资的一种筹资方式。吸收直接投资是非股份制企业筹集权益资本的基本方式，资本不分为等额股份，无须公开发行任何证券作为媒介，通常以合同或协议明确双方的权利和义务。

（一）吸收直接投资的形式

企业吸收的直接投资，根据投资者的出资方式可分为吸收现金投资和吸收非现金投资。

1.吸收现金投资

吸收现金投资，是指企业吸收投资者投入的货币资金，是吸收直接投资中最主要的形式。企业在筹建时，必须吸收一定量的现金，各国的法律法规对现金在资本总额中的比例均有一定的规定。

2.吸收非现金投资

（1）吸收实物投资。吸收实物投资，是指企业吸收投资者以房屋、建筑物、设备等固定资产和原材料、商品等流动资产所进行的投资。一般来说，企业吸收的实物应符合下列条件：①确为企业科研、生产、经营所需；②技术性能比较好；③作价公平合理。实物出资所涉及的实物作价方法应按国家的有关规定执行。

（2）吸收工业产权投资。吸收工业产权投资，是指企业吸收投资者以专有技术、商标权、专利权等无形资产所进行的投资。一般来说，企业吸收的工业产权应符合下列条件：①有助于企业研究、开发和生产新的高科技产品；②有助于企业改进产品质量，提高生产效率；③有助于企业降低生产消耗和能源消耗；④作价公平合理。

（3）吸收土地使用权投资。吸收土地使用权投资，是指企业吸收投资者用土地使用权进行的投资。土地使用权是指按有关法规和合同的规定使用土地的权利。企业吸收土地使用权投资应符合下列条件：①确为企业科研、生产、经营所需；②交通、地理条件比较适宜；③作价公平合理。

（二）吸收直接投资的程序

1. 确定筹资数额

企业吸收的直接投资份额达到一定比例时，就会对企业的经营控制权产生影响，对此企业必须重视。因此，对于吸收直接投资的数量，一方面要考虑投资需要及其对资本结构的影响；另一方面应考虑对投资者投资份额的影响。

2. 确定投资者及筹资的具体形式

在吸收投资资金的过程中，投资和受资双方应是双向选择。受资者要选择条件适宜的投资者，投资者要选择收益理想或对自身发展有利的受资者。为此，受资者应做好信息收集和交流工作，既要广泛了解有关投资者的财力和意向，又要主动介绍自身的经营状况和盈利能力，以利于在较多的投资者中寻求最好的合作者。确定了投资者之后，双方便可以协商确定具体的出资方式。

3. 签署合同或协议

吸收直接投资的合同应明确双方的权利与义务，包括投资者的出资数额、出资形式、资产交付期限、资产违约责任、投资收回、收益分配或损失分摊、控制权分割、资产管理等内容。投资合同对于投资、受资双方都是非常重要的，应经过周密考虑和反复协商，并应取得投资各方的认可。

4. 取得资金来源

受资者应督促投资者按时缴付出资，以便及时办理有关资产验证、注册登记等手续。

（三）吸收直接投资的优缺点

1. 吸收直接投资的优点

（1）有利于增强企业信誉。吸收直接投资所筹集的资金属于自有资金，能增强企业的信誉和借款能力，对扩大企业经营规模、壮大企业实力具有重要作用。

（2）有利于尽快形成生产能力。吸收直接投资不仅可以取得一部分货币资金，而且能够直接获得所需的先进设备和先进技术，尽快形成生产能力，尽快开拓市场。

（3）有利于降低财务风险。吸收直接投资可以根据企业的经营状况向投资者支付报酬，企业经营状况好，可以向投资者多支付一些报酬；企业经营状况不好，就可以不向投资者支付报酬或少支付报酬，比较灵活，所以财务风险较小。

2. 吸收直接投资的缺点

（1）资金成本较高。一般而言，采用吸收直接投资方式筹集资金所需负担的资金成本较高，特别是在企业经营状况较好、盈利较多时，负担的资金成本更高。因为向投资者支付的报酬是根据其出资的数额和企业实现利润的多寡来计算的。

（2）公司控制权集中，不利于公司治理。采用吸收直接投资方式筹集资金，投资者一般都要求获得与投资数量相适应的经营管理权，当某一投资者的投资较多时会拥有相当大的管理权，甚至会对企业实行完全控制，容易损害其他投资者的利益。

二、发行股票

股票是股份有限公司为筹措股权资本而发行的有价证券，是公司签发的、证明股东持有公司股份的凭证。股票作为一种所有权凭证，代表着对发行公司净资产的所有权。股票只能由股份有限公司发行，具有永久性、流通性和风险性等特征。

（一）股票的分类

1.按股东的权利和义务，分为普通股股票和优先股股票

普通股股票简称普通股，是公司发行的代表着股东享有平等的权利和义务，不加特别限制的股利不固定的股票。普通股是最基本的股票，在通常情况下，股份有限公司只发行普通股。

优先股股票简称优先股，是公司发行的相对于普通股具有一定优先权的股票。其优先权利主要表现为股利分配优先权和分取剩余财产优先权。优先股股东在股东大会上无表决权，在参与公司经营管理上受到一定限制，仅对涉及优先股权利的问题有表决权。

2.按票面是否记名，分为记名股票和无记名股票

记名股票是在股票票面上记载有股东姓名或将名称记入公司股东名册的股票；无记名股票不登记股东名称，公司只记载股票数量、编号及发行日期。

《中华人民共和国公司法》（以下简称《公司法》）规定，公司向发起人、国家授权投资机构和法人发行的股票，为记名股票；向社会公众发行的股票，可以为记名股票，也可以为无记名股票。

3.按发行对象和上市地点，分为A股、B股、H股、N股和S股等

A股即人民币普通股票，由我国境内公司发行，境内上市交易，它以人民币标明面值，以人民币认购和交易。B股即人民币特种股票，由我国境内公司发行，境内上市交易，它以人民币标明面值，以外币认购和交易。H股是指在内地注册、在香港上市的股票。N股和S股分别是指在纽约和新加坡上市的股票。

（二）发行普通股股票

1.股份有限公司的设立

设立股份有限公司，应当有2人以上200人以下为发起人，其中须有半数以上的发起人在中国境内有住所，可以采取发起设立或者募集设立的方式。发起设立，是指由发起人认购公司应发行的全部股份而设立公司；募集设立，是指由发起人认购公司应发行股份的一部分，其余股份向社会公开募集或者向特定对象募集而设立公司。

以募集设立方式设立股份有限公司的，发起人认购的股份不得少于公司股份总数的35%；法律、行政法规另有规定的，从其规定。

2.股票的发行方式

（1）公开间接发行股票。公开间接发行股票，是指股份有限公司通过中介机构向社会公众公开发行股票。采用募集设立方式成立的股份有限公司向社会公开发行股票时，必须由有资格的证券经营中介机构（如证券公司、信托投资公司等）承销。这种发行方式的发行范围广，发行对象多，易于足额筹集资本。公开发行股票，同时还有利于提高公司的知名度，扩大其影响力，但公开发行方式审批手续复杂严格，发行成本高。

（2）非公开直接发行股票。非公开直接发行股票，是指股份有限公司只向少数特定对象直接发行股票，不需要中介机构承销。用发起设立方式成立和向特定对象募集方式发行新股的股份有限公司，向发起人和特定对象发行股票，采用直接将股票销售给认购

者的自销方式。这种发行方式弹性较大，企业能控制股票的发行过程，节省发行费用；但发行范围小，不易及时足额筹集资本，发行后股票的变现性差。

3. 股票的发行价格

股票发行价格通常有等价、时价和中间价三种。等价是指以股票面额为发行价格，即股票的发行价格与其面额等价，也称平价发行或面值发行。时价是以公司原发行同种股票的现行市场价格为基准来选择增发新股的发行价格，也称市价发行。中间价是取股票市场价格与面额的中间值作为股票的发行价格。以中间价和时价发行都可能是溢价发行，也可能是折价发行。值得注意的是，《公司法》规定公司发行股票不准折价发行，即不准以低于股票面额的价格发行。

根据《中华人民共和国证券法》（以下简称《证券法》）的规定，股票采取溢价发行的，其发行价格由发行人与承销的证券公司协商确定。发行人通常会参考公司的经营业绩、净资产、发展潜力、发行数量、行业特点和股市状态等来确定发行价格。

4. 股票的上市交易

股票上市，是指已经发行的股票经证券交易所批准后，在交易所公开挂牌交易的法律行为。股票上市是联结股票发行和股票交易的"桥梁"。

（1）股票上市的目的

公司股票上市的目的是多方面的，主要包括：

① 便于筹措新资金。证券市场是一个资本商品的买卖市场，证券市场上有众多的资金供应者。同时股票上市要经过政府机构的审查批准并接受严格的管理，执行股票上市和信息披露的规定，容易吸引社会资本投资者。另外，公司上市后，还可以通过增发、配股、发行可转换债券等方式进行再融资。

② 促进股权流通和转让。股票上市后，提高了股权的流动性和股票的变现力，便于投资者认购和交易。

③ 便于确定公司价值。股票上市后，公司股价有市价可循，便于确定公司的价值。对于上市公司来说，即时的股票交易行情，就是对公司价值的市场评价。同时，市场行情也能够为公司收购、兼并等资本运作提供询价基础。

但股票上市也有对公司不利影响的一面，主要有：上市成本较高，手续复杂严格；公司将负担较高的信息披露成本；信息公开的要求可能会暴露公司商业机密；股价有时会歪曲公司的实际情况，影响公司声誉；可能会分散公司的控制权，造成管理上的困难。

（2）股票上市的条件

公司公开发行的股票进入证券交易所交易，必须受到严格的条件限制。我国《证券法》规定，申请证券上市交易，应当符合证券交易所上市规则规定的上市条件。

我国对各板块企业的上市要求不同，为了促进股票市场的健康发展，证券交易所对各板块企业上市交易的股票规定了相应的上市条件。《上海证券交易所股票上市规则（2024年修订）》《深圳证券交易所股票上市规则（2024年修订）》规定，对发行人首次公开发行股票后申请其股票在证券交易所上市，应当符合下列条件.

①符合《证券法》、中国证监会规定的发行条件。

②发行后的股本总额不低于5 000万元。

③ 公开发行的股份达到公司股份总数的25%以上；公司股本总额超过4亿元的，公开发行股份的比例为10%以上。

④市值及财务指标应当至少符合下列标准中的一项：最近3年净利润均为正，且最近3年净利润累计不低于2亿元，最近1年净利润不低于1亿元，最近3年经营活动产生的现金流量净额累计不低于2亿元或营业收入累计不低于15亿元；预计市值不低于50亿元，且最近1年净利润为正，最近1年营业收入不低于6亿元，最近3年经营活动产生的现金流量净额累计不低于2.5亿元；预计市值不低于100亿元，且最近1年净利润为正，最近1年营业收入不低于10亿元。

⑤（上海/深圳）证券交易所要求的其他条件。

注：科创板、创业板股票的上市条件参见《上海证券交易所科创板股票上市规则（2024年修订）》《深圳证券交易所创业板股票上市规则（2024年修订）》。

（3）上市公司的股票发行

上市的股份有限公司在证券市场上发行股票包括公开发行股票和非公开发行股票两种类型。公开发行股票又分为首次上市公开发行股票和上市公开发行股票。

① 首次上市公开发行股票。首次上市公开发行股票（Initial Public Offering，IPO），是指股份有限公司第一次对社会公众出售股票并上市流通和交易。实施IPO的公司，自股份有限公司成立后，持续经营时间应当在3年以上（经国务院特别批准的除外），应当符合中国证券监督管理委员会发布的《首次公开发行股票并上市管理办法》的相关条件，并经中国证券监督管理委员会核准。

② 上市公开发行股票。上市公开发行股票，是指股份有限公司上市以后，通过证券交易所在证券市场上对社会公开发行股票。上市公开发行股票包括增发和配股两种方式。增发是指上市公司向社会公众发售股票的再融资方式；配股是指上市公司向原有股东配售股票的再融资方式。

③ 非公开发行股票。非公开发行股票，是指上市公司采用非公开方式，向特定对象发行股票的行为，也叫定向增发。定向增发的对象可以是老股东，也可以是新投资者，但发行对象不超过35名，发行对象为境外战略投资者的，应当经国务院相关部门事先批准。

5. 普通股股东的权利

（1）公司管理权

股东对公司的管理权主要体现在重大决策参与权、经营者选择权、财务监控权、公司经营的建议和质询权、股东大会召集权等方面。

（2）收益分配权

普通股股东有权凭其持有的股份参加公司盈利分配，可按出资比例通过股利方式获取公司的税后利润。

（3）股份转让权

股东有权将其所持有的股票出售或转让。

（4）优先认股权

原有股东拥有优先认购本公司增发股票的权利。

（5）剩余财产要求权

当公司解散、清算时，股东有对清偿债务、清偿优先股股东以后的剩余财产索取的权利。

6.普通股筹资的优缺点

（1）普通股筹资的优点

① 有利于稳定企业的资本基础。利用普通股筹集的资金没有固定的到期日，无须偿还，是企业的永久性资本，除非企业清算时才有可能予以偿还。这对于保障企业对资本的最低需求、促进企业长期持续稳定经营具有重要意义。

② 有利于保障企业的良好信誉。股权资本作为企业最基本的资本，代表了公司的资本实力，是企业与其他单位开展经营业务的信誉基础。同时，也是其他方式筹资的基础，尤其可为债务筹资，包括银行借款、发行公司债券等提供信用保障。

③ 有利于降低企业的财务风险。普通股不用在企业正常营运期内偿还，对股东股利的支付可以根据企业经营状况和业绩情况而定，没有还本付息的财务压力。

④ 筹资限制少。相对于债务资金而言，普通股筹资限制少，资本使用上也无特别限制。

（2）普通股筹资的缺点

① 资本成本较高。一般来说，普通股的筹资成本要大于债务资金的筹资成本。这主要是股利要从净利润中支付，而债务资金的利息可在税前扣除。此外，由于普通股投资的风险较大，收益具有不确定性，投资者就会要求较高的风险补偿。

② 控制权变更可能影响企业长期稳定发展。发行普通股进行筹资时，出售新股票引进新的投资者，导致公司控制权结构发生变化。控制权变更过于频繁，势必影响公司管理层的人事变动和决策效率，影响公司的正常经营。

③ 沟通与披露成本较大。企业需要通过各种渠道和方式加强与投资者的关系管理，保障投资者的权益。特别是上市公司，其股东众多而分散，股东只能通过公司的公开信息披露了解公司状况，这就需要公司花费更多的精力，有些公司还需要设置专门的部门进行公司的信息披露和投资者关系管理。

（三）发行优先股股票

优先股是一种特别的股票，它既与普通股有许多相似之处，又具有债券的某些特征。但从法律的角度来讲，优先股属于股权资金。

1.优先股的种类

（1）按股利能否累积，分为累积优先股和非累积优先股

累积优先股是指在任何营业年度内未支付的股利可累积起来，同以后营业年度的盈利一起支付的优先股股票；非累积优先股是仅按当年利润分取股利，而不予以累积补付的优先股股票。

（2）按是否可转换为普通股股票，分为可转换优先股和不可转换优先股

可转换优先股是指可在规定时间内按照一定的转换比率将优先股转换成普通股的股

票。转换的比率是事先确定的，其数值大小取决于优先股与普通股的现行价格；不可转换优先股是指不能转换成普通股的股票。不可转换优先股只能获得固定股利报酬，而不能获得转换收益。

（3）按是否参与剩余利润分配，分为参与优先股和非参与优先股

参与优先股是指不仅能获得固定股利，还有权与普通股股东一起参与剩余利润分配的股票。对于优先股股东参与剩余利润分配的比例、条件等事项公司章程应予以明确；非参与优先股是指不能参与剩余利润分配，只能取得固定股利的优先股。

（4）按是否有回购优先股股票的权利，分为可回购优先股和不可回购优先股

可回购优先股是指允许发行公司按发行价加上一定比例的补偿收益回购的优先股。公司通常在认为可以用较低股息率发行新的优先股时，用此方法回购已发行的优先股股票；不附有回购条款的优先股，则被称为不可回购优先股。回购优先股包括发行人要求赎回优先股和投资者要求回售优先股两种情况，应在公司章程和招股文件中规定其具体条件。发行人要求赎回优先股的，必须完全支付所欠股息。

（5）按股息是否调整，分为固定股息率优先股和浮动股息率优先股

固定股息率优先股是指股息率在股权存续期内不作调整的优先股；浮动股息率优先股是指股息率在股权存续期内根据约定的计算方法进行调整的优先股。采用浮动股息率的优先股，在其存续期内票面股息率的计算方法在公司章程中要事先明确。

（6）按是否必须分配优先股股利，分为强制分红优先股与非强制分红优先股

在公司章程中应规定，当有可分配税后利润时必须向优先股股东分配利润，即为强制分红优先股，否则为非强制分红优先股。

2.优先股的发行

（1）发行人范围

公开发行优先股的发行人限于上市公司；非公开发行优先股的发行人限于上市公司（含注册地在境内的境外上市公司）和非上市公众公司（含股东超过200人的新三板挂牌公司）。

（2）发行条件

公司已发行的优先股不得超过公司普通股股份总数（发行前总股本）的50%，且筹资金额不得超过发行前净资产的50%，已回购、转换的优先股不纳入计算。

我国自2014年3月21日起施行的《优先股试点管理办法》规定，优先股每股票面金额通常为100元（非强制规定）；上市公司不得发行可转换为普通股的优先股；上市公司公开发行的优先股，应当在公司章程中规定以下事项：

① 采取固定股息率；

② 在有可分配税后利润的情况下必须向优先股股东分配股息；

③ 未向优先股股东足额派发股息的差额部分应当累积到下一会计年度；

④ 优先股股东按照约定的股息率分配股息后，不再同普通股股东一起参加剩余利润分配。

3.优先股股东的权利

优先股的“优先”是相对普通股而言的，这种“优先”主要表现在以下几个方面：

(1) 优先分配股利权

优先分配股利的权利，是优先股的最主要特征。优先股通常有固定股利，一般按面值的一定百分比来计算，且必须在支付普通股股利之前予以支付。对于累积优先股来说，这种优先权就更为突出。

(2) 优先分配剩余财产权

在企业破产清算时，出售资产所得的收入，优先股位于债权人的求偿之后，但优于普通股。其金额只限于优先股的票面价值加上累积未支付的股利。

(3) 部分管理权

优先股股东的管理权限是有严格限制的。优先股股东一般没有选举权和被选举权，对公司的重大经营事项无表决权，仅在股东大会表决与优先股股东自身利益直接相关的特定事项时，具有有限表决权。例如，修改公司章程中与优先股股东利益相关的事项条款时，优先股股东有表决权。

4.优先股筹资的优缺点

(1) 优先股筹资的优点

① 有利于调整资本结构。优先股没有固定到期日，不用偿还本金，事实上等于使用的是一笔无限期的贷款，无偿还本金义务。大多数优先股附有回购条款，这就使得使用这种资金更有弹性。当财务状况较弱时发行，当财务状况转强时收回，有利于结合企业的资金需求，同时也能调整资本结构。

② 有利于降低财务风险。优先股的股利支付既固定又有一定弹性。如果财务状况不佳，则可暂时不支付优先股股利，优先股股东不能像债权人一样迫使公司破产。

③ 有利于增强公司信誉。优先股属于权益资金，扩大权益资金的规模，可适当增加公司的信誉，提高公司的借款能力。

(2) 优先股筹资的缺点

① 筹资成本高。由于优先股筹资对投资者来说具有较大的风险，因而优先股股东要求较高的资本报酬率，并且股利要从税后净利润中支付，不同于债务利息可在税前扣除。因此，优先股成本远高于债务筹资成本。

② 财务负担重。优先股的股息支付虽然没有法律约束，但是经济上的约束使公司倾向于按时支付股息。因此，优先股的股息通常被视为固定成本，与债务筹资没有什么差别，会成为企业一项较重的财务负担。

三、利用留存收益

(一) 留存收益的性质

从性质上看，企业通过合法有效的经营所实现的税后利润，都属于企业的所有者。因此，属于所有者的利润包括分配给所有者的利润和尚未分配留存于企业的利润。

企业将本年度的利润部分甚至全部留存下来的原因主要包括：(1) 收益的确认和计量是建立在权责发生制基础上的，企业有利润但不一定有相应的现金净流量，因而企业不一定有足够的现金将利润全部或部分派给所有者。(2) 法律法规从保护债权人利益和要求企业可持续发展等角度出发，限制企业将利润全部分配出去。《公司法》规定，企业每年的税后利润，必须提取10%的盈余公积金。(3) 企业基于自身的扩大再生产和筹资需求，也会将一部分利润留存下来。

(二) 留存收益的筹资途径

1. 盈余公积金

盈余公积金，是指有指定用途的留存净利润，其提取基数是抵减年初累计亏损后的本年度净利润。盈余公积金主要用于企业未来的经营发展，经投资者审议后也可以用于转增股本（实收资本）和弥补以前年度经营亏损。盈余公积金不得用于以后年度的对外利润分配。

2. 未分配利润

未分配利润，是指未限定用途的留存净利润。未分配利润有两层含义：(1) 这部分净利润本年没有分配给公司的股东或投资者；(2) 这部分净利润未指定用途，可以用于企业未来经营发展、转增股本（实收资本）、弥补以前年度亏损、以后年度利润分配。

(三) 利用留存收益筹资的优缺点

1. 利用留存收益筹资的优点

(1) 不发生筹资费用。与普通股筹资相比较，留存收益筹资不需要发生筹资费用，资本成本较低。

(2) 维持公司的控制权分布。利用留存收益筹资，不用对外发行新股或吸收新投资者，由此增加的权益资本不会改变公司的股权结构，不会稀释原有股东的控制权。

(3) 增强公司信誉。留存收益与股票筹集的资金一样属于权益资本，都能为公司增强信誉，保障公司债权人和其他相关利益主体的利益。

2. 利用留存收益筹资的缺点

利用留存收益筹资数额有限。当期留存收益的最大数额是当期的净利润，不能像外部筹资一样可以一次性筹资大量资金。此外，股东或投资者从自身期望出发，往往希望企业每年发放一定股利，保持一定的利润分配比例，也限制了留存收益筹资的数额 。

【明德善思】

股权筹资助力绘就发展宏图

2015年，原中国南车与原中国北车合并成立中国中车，实现了优势资源的深度整合，推动中国轨道交通装备行业迈入新阶段。同年，中国中车在沪港两地成功上市，不仅获得资本市场的广泛关注，更为企业后续发展提供了强劲的资金支持。依托股权融资优势，中国中车加速技术创新，组建顶尖科研团队，攻克多项“卡脖子”技术，形成自主知识产权体系，成为全球轨道交通行业的领军企业。在国内，中国中车深度参与交通基础设施建设，助力构建高效便捷的轨道交通网络，促进区域经济协同发展；在海外，通过设立研发中心和生产基地，推动技术本地化与产业国际化，产品和服务覆盖全球多个国家和地区，成为中国高端制造业的“国家名片”。

启示：中国中车的实践表明，唯有战略远见、创新精神和务实行动，才能在时代浪潮中行稳致远。中国中车的成功经验为企业发展提供了有益借鉴：一是企业在发展中要重视战略规划，审视自身资源与市场需求，适时进行资源整合，提升核心竞争力；二是要结合自身发展阶段与战略目标，合理融资并聚焦技术研发、人才培养和市场拓展，将融资优势转化为创新势能；三是要持开放心态，立足国内，放眼全球，以创新驱动国际化发展。

对个人成长而言，中国中车的历程同样具有启示意义：一是要清晰地认识自己的优势和兴趣，制订明确的成长规划；二是要坚持持续学习，与时俱进，提升专业能力，适应时代需求；三是要积极应对挑战，将困难视为成长机遇，以坚韧的毅力和科学的策略实现突破和成长。

【知识拓展】

买壳上市与借壳上市

与一般企业相比，上市公司最大的优势是能在证券市场上大规模筹集资金，以此促进公司规模的快速增长。因此，上市公司的上市资格已成为一种稀有资源，所谓壳就是指上市公司的上市资格。由于有些上市公司机制转换不彻底，不善于经营管理，其业绩表现不尽如人意，丧失了在证券市场进一步筹集资金的能力，要充分利用上市公司的这种壳资源，就必须对其进行资产重组，买壳上市和借壳上市就是更充分地利用上市资源的两种资产重组形式。

买壳上市是指一些非上市公司通过收购一些业绩较差、筹资能力较弱的上市公司，剥离被收购公司资产，注入自己的资产，从而实现间接上市的目的。国内证券市场上已发生过多起买壳上市的事件。

借壳上市是指上市公司的母公司（集团公司）通过将主要资产注入上市的子公司来实现母公司的上市。例如，强生集团由上海出租汽车公司改制而成，拥有较多的优质资产和投资项目。近年来，强生集团充分利用控股的上市子公司——浦东强生的壳资源，通过三次配股集资，先后将集团下属的第二和第五分公司注入浦东强生，从而完成了集团借壳上市的目的。

买壳上市和借壳上市的共同之处在于，它们都是一种对上市公司壳资源进行重新配置的活动，都是为了实现间接上市。它们的不同点在于，买壳上市的企业首先需要获得对一家上市公司的控制权，而借壳上市的企业已经拥有了对上市公司的控制权。

从具体操作的角度看，当非上市公司准备进行买壳或借壳上市时，首先碰到的问题便是如何挑选理想的壳公司。一般来说，壳公司具有这样一些特征，即所处行业大多为夕阳行业，主营业务增长缓慢，盈利水平微薄甚至亏损。此外，公司的股权结构较为单一，有利于对其进行收购控股。

在实施手段上，借壳上市的一般做法是：第一步，集团公司先剥离一块优质资产上市；第二步，通过上市公司大比例的配股筹集资金，将集团公司的重点项目注入上市公司；第三步，通过配股将集团公司的非重点项目注入上市公司实现借壳上市。与借壳上市略有不同，买壳上市可分为买壳、借壳两步走，即先收购并控股一家上市公司，然后将买壳者的其他资产通过配股、收购等方式注入这家上市公司。

买壳上市和借壳上市一般都涉及大宗的关联交易。为了保护中小投资者的利益，这些关联交易的信息皆需要根据有关的监管要求，充分、准确、及时地予以公开披露。

任务解析

通过上述学习，可以解析【任务引入】中的问题：

根据尚达家具公司2012年资产负债表（简表）（见表3-1）的数据，计算出资产负债率为53%，偏高。如果此次外部筹资的2 300万元资金全部以债务方式筹集，势必进一步提高负债比例，加大公司的财务风险。因此，公司2013年共需追加的3 500万元资金，内部筹资（利用留存利润）解决1 200万元（见任务一）；其余外部筹资2 300万元，采用债务筹资方式筹集1 000万元，采用发行普通股股票的方式筹集1 300万元。增资之后，公司的负债比例降至51.8%，股权资金比例增至48.2%。在满足企业资金需要的同时，使资本结构趋于合理。

筹集股权资金的方式包括吸收直接投资、发行股票、利用留存收益。尚达家具公司可以采用发行股票的方式筹集股权资金，也可以利用留存收益方式筹集股权资金，但留存收益通常数额有限，不像外部筹资可以一次性筹集大量资金。吸收直接投资是非股份制企业筹集权益资金的基本方式，尚达家具公司已变更为股份有限公司，不宜采用吸收直接投资方式筹集股权资金。

任务三　债务筹资

任务引入

根据任务一的预测，2013年尚达家具公司需要向企业外部筹集资金2 300万元，除任务二中述及以股权方式筹集1 300万元以外，其余1 000万元计划以债务方式筹集，其中筹集短期债务资金300万元以满足流动资金周转的需要，筹集长期债务资金700万元以满足新增新型设备的资金需要。有以下几种可以利用的筹资方式：

（1）向商业银行取得短期借款300万元，利率6%，期限1年，银行要求保留20%的补偿性余额；

（2）公司的原材料供应单位星源公司同意以“2/10，*n*/50”的信用条件向尚达家具公司销售原材料；

（3）新增设备的700万元拟通过租赁方式解决，设备的市场价格为700万元，租期8年，每年年末等额支付租金，租赁公司要求的必要报酬率为12%（暂不考虑期满残值问题）；

（4）向银行取得长期借款700万元，利率8%，手续费0.5%，期限5年。银行为了降低贷款风险，在贷款合同中对公司资本性支出规模、再举债规模均作出了限制。

面对企业刚性的资金需求，尚达家具公司选择哪种方式筹集资金比较合适？

（短期资金300万元的筹资决策见项目五任务五，本任务进行长期资金700万元的筹资决策）

任务分析：企业通过债务融资的主要方式包括银行借款、发行公司债券、租赁及商业信用等。这些筹资方式各具特点：银行借款手续相对简便但额度有限；公司债券融资规模较大但发行门槛较高；租赁集融资与融物于一体；商业信用则具有自发性和灵活性。企业在选择筹资方式时，应当综合考虑资金需求规模、使用期限、成本效益及自身偿债能力等因素，审慎作出最优决策。

知识准备

银行借款、发行公司债券和融资租赁是债务筹资的三种基本形式。商业信用也是一种债务资金，但它是企业间的商品或劳务交易形成的，属于营运资本筹资，故在“项目五 营运资金管理”中予以介绍。

一、银行借款

银行借款是指企业向有关银行或其他非银行金融机构借入的、需要还本付息的款项，包括偿还期限超过1年的长期借款和不足1年的短期借款，主要用于企业购建固定资产和满足流动资金周转的需要。

（一）银行借款的种类

1.按提供贷款的机构，分为政策性银行贷款、商业性银行贷款和其他金融机构贷款

（1）政策性银行贷款。政策性银行贷款是指执行国家政策性贷款业务的银行向企业发放的贷款，通常为长期贷款。如国家开发银行贷款，主要满足企业承建国家重点建设项目的资金需要；中国进出口信贷银行贷款，主要为大型设备的进出口提供买方信贷或卖方信贷；中国农业发展银行贷款，主要用于确保国家对粮、棉、油等政策性收购资金的供应。

（2）商业性银行贷款。商业性银行贷款是指由各商业银行（如中国工商银行、中国建设银行、中国农业银行、中国银行等）向工商企业提供的贷款，用以满足企业生产经营的资金需要，包括短期贷款和长期贷款。

（3）其他金融机构贷款。其他金融机构贷款，如从信托投资公司取得实物或货币形式的信托投资贷款，从财务公司取得的各种中长期贷款，从保险公司取得的贷款等。其他金融机构贷款一般较商业银行贷款的期限要长，要求的利率较高，对借款企业的信用要求和担保的选择比较严格。

2.按机构对贷款有无担保要求，分为信用贷款和担保贷款

（1）信用贷款。信用贷款是指以借款人的信誉或保证人的信用为依据而获得的贷款。企业取得这种贷款，无须以财产做抵押。对于这种贷款，由于风险较高，银行通常要收取较高的利息，往往还附加一定的限制条件。

（2）担保贷款。担保贷款是指由借款人或第三方依法提供担保而获得的贷款。担保包括保证责任、财产抵押、财产质押，担保贷款包括保证贷款、抵押贷款和质押贷款三种基本类型。

① 保证贷款是指按《中华人民共和国民法典》规定的保证方式，以第三方作为保证人承诺在借款人不能偿还借款时，按约定承担一定保证责任或连带责任而取得的贷款。

② 抵押贷款指按《中华人民共和国民法典》规定的抵押方式，以借款人或第三方的财产作为抵押物而取得的贷款。抵押，是指债务人或第三方并不转移对财产的占有，只将该财产作为对债权人的担保。债务人不能履行债务时，债权人有权将该财产折价或者以拍卖、变卖的价款优先受偿。作为贷款担保的抵押品，可以是不动产、机器设备、交通运输工具等实物资产，也可以是依法有权处分的土地使用权，还可以是股票、债券等有价证券等，它们必须是能够变现的资产。贷款到期时，如果借款企业不能或不愿偿还贷款，则银行可取消企业对抵押品的赎回权。抵押贷款有利于降低银行贷款的风险，提高贷款的安全性。

③ 质押贷款是指按《中华人民共和国民法典》规定的质押方式，以借款人或第三方的动产或财产权利作为质押物而取得的贷款。质押，是指债务人或第三方将其动产或财产权利移交给债权人占有，将该动产或财产权利作为债权的担保。债务人不能履行债务时，债权人有权以该动产或财产权利折价或者以拍卖、变卖的价款优先受偿。作为贷款担保的质押品，可以是汇票、支票、债券、存款单、提单等信用凭证，也可以是依法转让的股份、股票等有价证券，还可以是依法可以转让的商标专用权、专利权、著作权中的财产权等。

3. 按企业取得贷款的用途，分为基本建设贷款、专项贷款和流动资金贷款

（1）基本建设贷款。基本建设贷款是指企业因从事新建、改建、扩建等基本建设项目需要资金而向银行申请借入的款项。

（2）专项贷款。专项贷款是指企业因专门用途而向银行申请借入的款项，包括技术改造和设备更新贷款、大修理贷款、研发和新产品研制贷款、小型技术措施贷款、出口专项贷款、引进技术转让费周转金贷款、进口设备外汇贷款、进口设备人民币贷款及国内配套设备贷款等。

（3）流动资金贷款。流动资金贷款是指企业为满足流动资金的需求而向银行申请借入的款项，包括流动资金借款、生产周转借款、临时借款、结算借款和卖方信贷。

（二）银行借款的程序

1. 提出申请，银行审批

企业根据筹资需求向银行提出书面申请，按银行要求的条件和内容填报借款申请书。银行按照有关政策和贷款条件，对借款企业进行信用审查，核准公司申请的借款金额和用款计划。银行审查的主要内容包括：公司的财务状况、信用情况、盈利的稳定性、发展前景、借款投资项目的可行性、抵押品和担保情况。

2. 签订合同，取得借款

借款申请获批准后，银行与企业进一步协商贷款的具体条件，签订正式的借款合同，规定贷款的数额、利率、期限和一些约束性条款。借款合同签订后，企业在核定的

贷款指标范围内，根据用款计划和实际需要，一次或分次将贷款转入公司的存款结算户，以便使用。

（三）长期借款的保护性条款

长期借款的金额高、期限长、风险大，除借款合同的基本条款之外，债权人通常还在借款合同中附加各种保护性条款，以确保企业按要求使用借款和按时足额偿还借款。保护性条款一般有以下三类：

1. 例行性保护条款

这类条款作为常规保护性条款，在大多数借款合同中都会出现。例行性保护条款主要内容包括：（1）定期向提供贷款的金融机构提交公司财务报表，以使债权人随时掌握公司的财务状况和经营成果；（2）保持存货储备量，不准在正常情况下出售较多的非产成品存货，以保持企业正常生产经营能力；（3）及时清偿债务，包括到期清偿应缴纳税金和其他债务，以防被罚款而造成不必要的现金流失；（4）不准以资产作为其他承诺的担保或抵押；（5）不准折现应收票据或出售应收账款，以避免或有负债等。

2. 一般性保护条款

一般性保护条款是对企业资产的流动性及偿债能力等方面的要求条款，这类条款应用于大多数借款合同。一般性保护条款主要内容包括：（1）保持企业资产的流动性。要求企业需持有一定最低额度的货币资金及其他流动资产，以保持企业资产的流动性和偿债能力，一般会规定企业必须保持的最低营运资金数额和最低流动比率数值。（2）限制企业非经营性支出。如限制支付现金股利、购入股票和职工加薪的数额规模，以减少企业资金的过度外流。（3）限制企业资本支出的规模。控制企业资产结构中的长期性资产的比例，以减少公司日后不得不变卖固定资产以偿还贷款的可能性。（4）限制公司再举债规模。目的是防止其他债权人取得对公司资产的优先索偿权。（5）限制公司的长期投资。如规定公司不准投资于短期内不能收回资金的项目，不能未经银行等债权人同意而与其他公司合并等。

3. 特殊性保护条款

这类条款是针对某些特殊情况而出现在部分借款合同中的条款，只有在特殊情况下才能生效。主要包括：要求公司的主要领导人购买人身保险；借款的用途不得改变；违约惩罚条款等。

【提示】上述各项条款结合使用，将有利于全面保护银行等债权人的权益。但借款合同是经双方充分协商后决定的，其最终结果取决于双方的谈判能力，而不是完全取决于银行等债权人的主观愿望。

（四）银行借款筹资的优缺点

1. 银行借款筹资的优点

（1）筹资速度快。向银行借款通常只需银行审批，而无须向其他行政管理部门或社会中介机构申请。只要企业具备条件，就可以在较短时间内，花较少的费用取得借款。

（2）筹资成本低。企业利用银行借款筹资，其筹资成本不仅低于股票等权益筹资的成本，而且比发行债券和融资租赁的利息负担都低，也无须支付证券发行费用和租赁手续费用等筹资费用。

（3）筹资灵活性较大。企业与银行可以直接接触，可通过直接商谈来确定借款的时间、数额和条件。在借款期间，如果企业情况发生了变化，也可与银行进行协商，变更借款的数额和条件，延期或提前偿还本息。因此，银行借款筹资对企业具有较大的灵活性，特别是短期借款更是如此。

2. 银行借款筹资的缺点

（1）财务风险较大。企业向银行借款，必须定期还本付息，在经营不利的情况下，可能会产生不能偿付的风险，甚至会导致破产。

（2）限制条款较多。银行借款合同对借款用途有明确规定，通过借款的保护性条款，对企业资本支出额度、再筹资、股利支付等行为有严格的约束，这在一定程度上会影响企业的生产经营活动和财务政策。

（3）筹资数额有限。受贷款企业资本实力的制约，银行一般不愿借出巨额的长期借款。因此，利用银行借款筹资都有一定的上限，无法像发行公司债券、股票那样可以一次筹集到大笔资金。

二、发行公司债券

公司债券又称企业债券，是企业依照法定程序发行的、约定在一定期限内还本付息的有价证券。债券是持券人拥有公司债权的书面证明，它代表债券持券人与发债公司之间的债权债务关系。

公司债券可以公开发行，也可以非公开发行。

（一）公司债券的种类

公司债券可以从各种不同的角度进行分类，现说明其主要的分类方式。

1. 按公司债券有无特定财产担保，分为信用债券和抵押债券

（1）信用债券。信用债券是无担保债券，是仅凭债券发行公司的自身信用发行的、没有抵押品作抵押担保的债券。在公司清算时，信用债券的持有人因无特定的财产作担保，只能作为一般债权人参与剩余财产的分配。由于这种债券没有财产作抵押，因此，只有历史悠久、信誉良好的公司才能发行这种债券。

（2）抵押债券。抵押债券是指以特定财产作抵押，担保发行人按期还本付息的债券。当公司没有足够的资金偿还债券时，债权人可将抵押品拍卖以获取资金。抵押债券按抵押品的不同，又可分为不动产抵押债券、动产抵押债券和证券信托抵押债券。

2. 按公司债券是否记名，分为记名债券和无记名债券

（1）记名债券。记名债券是指在券面上注明债权人姓名或名称等信息，同时在发行公司的债券存根簿上进行相关登记的债券。记名债券由债券持有人以背书方式或者法律、行政法规规定的其他方式转让。转让后由公司将受让人的姓名或名称及住所等信息记载于公司债券存根簿。这种债券的优点是安全性较高，缺点是转让手续较复杂。

（2）无记名债券。无记名债券是指债券票面未注明债权人姓名或名称，也不用在债券存根簿上进行相关登记的债券。无记名债券的转让，是在债券交付给受让人后即发生转让效力，无须背书，因而比较方便。

3. 按公司债券是否能够转换为公司股权，分为可转换债券和不可转换债券

（1）可转换债券。可转换债券是指债券持有者可以在规定时间内按规定的价格转换为发债公司股票的一种债券。这种债券在发行时，对债券转换为股票的价格和比率等都做了详细规定。《公司法》规定，可转换债券的发行主体是股份有限公司中的上市公司。

（2）不可转换债券。不可转换债券是指不能转换为发债公司股票的一种债券。大多数公司债券属于这种类型。

（二）债券的发行

1. 债券发行的条件

根据《公司法》的规定，股份有限公司和有限责任公司都具有发行公司债券的资格。

根据《证券法》的规定，公开发行公司债券，应当符合下列条件：（1）具备健全且运行良好的组织机构；（2）最近3年平均可分配利润足以支付公司债券1年的利息；（3）国务院规定的其他条件。

公开发行公司债券筹集的资金，必须用于核准的用途，不得用于弥补亏损和非生产性支出。

根据《证券法》《上海证券交易所公司债券上市规则》《深圳证券交易所公司债券上市规则》的规定，公开发行的公司债券申请上市交易，应当进一步符合下列条件：（1）公司债券的剩余期限为1年以上；（2）公司债券实际发行额不少于人民币5 000万元；（3）发行人最近3年无债务违约，且债券评级AA级以上；（4）公司申请债券上市时仍符合法定的公司债券发行条件。

2. 债券发行的程序

（1）作出发债决议。拟发行公司债券的公司，需由公司董事会制订公司债券发行的方案，并由公司股东大会批准，作出决议。

（2）提出发债申请。公司作出发债决议后，应向国务院证券监督管理部门报请批准。报请批准需提供以下文件资料：公司登记证明、公司章程、公司债券募集办法、资产评估报告和验资报告等正式文件。

（3）公告募集办法。公司发行债券的申请经批准后，要向社会公告公司债券的募集办法。公司债券募集办法中应载明的主要事项包括：公司名称、债券总额和债券的票面金额、债券的利率、还本付息的期限和方式、债券付息的起止日期、公司净资产额、已发行的尚未到期的公司债券总额、公司债券的承销机构等。

公司债券募集分为公募发行和私募发行两种。公募发行是指在证券市场上以非特定的广大投资者为募集对象公开发行债券，又分为直接公募和间接公募两种；私募发行是指以特定的少数投资者为指定对象发行债券。

（4）委托证券经营机构发售。按照我国公司债券发行的相关法律规定，公司债券的公募发行采取间接发行方式。在这种发行方式下，发行公司与承销团签订承销协议。承销团由数家证券公司或投资银行组成，承销方式有代销和包销两种。代销是指承销机构代为推销债券，在约定期限内未售出的余额可退还发行公司，承销机构不承担发行风险；包销是由承销团先购入发行公司拟发行的全部债券，然后再售给社会上的投资者，

如果约定期限内未能全部售出，余额要由承销团负责认购。

（5）交付债券，收缴债券款。首先，债券购买人向债券承销机构付款购买债券，承销机构向购买人交付债券；然后，债券发行公司向债券承销机构收缴债券款，登记债券存根簿，并结算发行代理费。

3.债券发行价格

债券的发行价格有三种：等价发行、折价发行和溢价发行。等价发行又叫面值发行，是指按债券的面值出售；折价发行是指以低于债券面值的价格出售；溢价发行是指按高于债券面值的价格出售。

对于债券的发行价格，发行公司与投资者是从不同角度来看待的。发行公司考虑的是发行收入能否补偿未来所应支付的本息；投资者考虑的是放弃资金使用权应该获取的收益。由于公司债券的还本期限一般在1年以上，因此确定债券发行价格时，不仅应考虑债券面值与市场利率之间的关系，还应考虑债券资金所包含的时间价值。

债券之所以会存在溢价发行和折价发行，是因为资金市场上的利息率是经常变化的，公司债券的利息率，一经印出，便不能再进行调整。从债券的开印到正式发行，往往需要经过一段时间，在这段时间内如果资金市场上的利率发生变化，就要靠调整发行价格来使债券顺利发行。但无论以哪种价格发行债券，投资者的收益都保持在与市场利率相当的水平上。在分期付息，到期一次还本，且不考虑发行费用的情况下，债券发行价格的计算公式为：

$$债券发行价格 = R\cdot(P/F,\ i,\ n) + R\cdot r\cdot(P/A,\ i,\ n)$$

式中：R为债券面值；n为债券期限；i为市场利率；r为票面利率。

【例3-3】长城公司发行面值为1 000元、票面年利率为10%、期限为10年、每年年末付息的债券。在公司决定发行债券时，认为10%的利率是合理的。如果到债券正式发行时，市场上的利率发生变化，就要调整债券的发行价格。现按以下三种情形分别讨论。

（1）资金市场上的利率保持不变，长城公司的债券利率为10%仍然合理，则可采用等价发行。债券的发行价格为：

$1\,000\times(P/F,\ 10\%,\ 10)+1\,000\times10\%\times(P/A,\ 10\%,\ 10)$

$=1\,000\times0.3855+100\times6.1446=1\,000$（元）

（2）资金市场上的利率有较大幅度的上升，达到15%，应采用折价发行。发行价格为：

$1\,000\times(P/F,\ 15\%,\ 10)+1\,000\times10\%\times(P/A,\ 15\%,\ 10)$

$=1\,000\times0.2472+100\times5.0188=749$（元）

也就是说，只有按749元的价格出售，投资者才能购买此债券，并获得15%的报酬。

（3）资金市场上的利率有较大幅度的下降，达到5%，则应采用溢价发行。发行价格为：

$1\,000\times(P/F,\ 5\%,\ 10)+1\,000\times10\%\times(P/A,\ 5\%,\ 10)$

$=1\,000\times0.6139+100\times7.7217=1\,386$（元）

也就是说，投资者把1 386元的资金投资于长城公司面值为1 000元的债券，便可获得5%的报酬。

如果公司发行不计复利、到期一次还本付息的债券，则其发行价格的计算公式为：

$$债券发行价格=R\cdot(1+r\cdot n)\cdot(P/F,\ i,\ n)$$

【例3-4】长城公司发行面值为1 000元、票面年利率为6%（不计复利）、期限为10年、到期一次还本付息的债券。已知目前市场利率为5%，则其发行价格为：

债券发行价格 $=1\,000\times(1+6\%\times10)\times(P/F,\ 5\%,\ 10)$

$=1\,000\times(1+6\%\times10)\times0.6139$

$=982$（元）

（三）债券筹资的优缺点

1. 债券筹资的优点

（1）资金成本较低。利用债券筹资的成本要比股票筹资的成本低，这主要是因为债券利息在税前支付，降低了企业的成本负担。

（2）有利于保障股东的权益。由于债券持有人无权参与企业的经营管理，也无权分享利润，因而不会改变股东对企业的控制权，也不会损失股东原有的收益。

（3）发挥财务杠杆作用。债券利息按固定的面值和利率计算，利息支出的数额是固定的，当企业的投资收益率高于债券利息率时，与长期借款一样，可产生财务杠杆作用，增加股东收益。

（4）一次筹资数额大。利用发行公司债券筹资，能够筹集大额的资金，满足公司大规模使用资金的需要，这是企业选择发行公司债券筹资的主要原因，大额筹资能够适应大型公司经营规模的需要。

（5）募集资金的使用限制条件少。与银行借款相比，发行债券募集的资金在使用上具有灵活性和自主性的特点，特别是对于资金流动性较差的公司来说，发行债券所筹集的大额资金可以用来购建长期资产。

2. 债券筹资的缺点

债券筹资财务风险高。债券有固定的到期日，要承担还本付息的法定义务。当企业经营不景气时，易使企业陷于财务困境，甚至成为企业破产的“加速器”。

三、租赁

租赁，是指通过签订资产出让合同的方式，使用资产的一方（承租方）通过支付租金，向出让资产的一方（出租方）取得资产使用权的一种交易行为。其经济实质是承租人通过取得所需资产的使用权完成资金的筹集。

根据《企业会计准则第21号——租赁》（2018年12月修订），对于短期租赁和低价值资产租赁，承租人可以选择不确认使用权资产和租赁负债。作出该选择的承租人应当将短期租赁和低价值资产租赁的租赁付款额，在租赁期内各个期间按照直线法或其他系统合理的方法计入相关资产成本或当期收益。除此之外，对其他所有租赁均确认使用权资产和租赁负债。

短期租赁，是指在租赁期开始日，租赁期不超过12个月的租赁。

低价值资产租赁，是指单项租赁资产为全新资产时价值较低的租赁。

使用权资产，是指承租人可在租赁期内使用租赁资产的权利。使用权资产应当按照成本进行初始计量。

租赁负债应当按照租赁期开始日尚未支付的租赁付款额的现值进行初始计量。

（一）租赁的基本形式

按照当事人之间的关系，租赁通常可以分为直接租赁、售后租回和杠杆租赁三种类型。

1. 直接租赁

直接租赁是融资租赁的主要形式。先由承租人提出租赁申请，出租人按照承租人的要求选购设备，再出租给承租人。

2. 售后租回

售后租回是承租人出于急需资金等原因，根据协议，先将某资产出售给出租人，然后再以租赁的形式从出租人租回该资产的使用权。采用这种租赁形式，承租人可得到相当于资产售价的一笔资金，同时仍然可以使用该资产。当然，在此期间，承租人要分期支付租金，并失去财产所有权。

3. 杠杆租赁

杠杆租赁是指涉及承租人、出租人和资金出借人三方的租赁业务。从承租人的角度来看，这种租赁与直接租赁形式并无区别，同样是按合同的规定，在基本租赁期内定期支付定额租金，取得资产的使用权。但对出租人却不同，出租人只出购买资产所需的部分资金（通常为资产价值的20%～40%），其余款项则以该资产作为抵押担保向资金出借人（通常为银行）申请贷款。出租人将购买的设备租给承租人，用收取的租金偿还贷款，同时拥有对资产的所有权。这样，出租人利用自己的少量资金就推动了大额的租赁业务，故称为杠杆租赁。出租人既是债权人也是债务人，既要收取租金又要偿付债务。

（二）租赁的基本程序

1. 选择租赁公司，提出委托申请

选择租赁公司主要应考虑租赁公司的经营范围、资信状况、融资条件、费用水平等因素，以保证租赁资产的来源并相对降低成本。选定租赁公司以后，便可向其提出租赁申请，办理租赁委托。

2. 签订购货协议

租赁委托被接受后，由承租企业和租赁公司中的一方或双方，与选定的设备供应厂商进行购买设备的技术谈判和商务谈判，在此基础上与设备供应厂商签订购货协议。

3. 签订租赁合同

承租企业与租赁公司签订租赁设备的合同，如需要进口设备，还应办理设备进口手续。租赁合同是租赁业务的重要文件，具有法律效力。租赁合同的内容可分为一般条款和特殊条款两部分。

4. 交货验收

设备供应厂商将设备发运到指定地点，承租企业要办理验收手续。验收合格后签发交货及验收证书交给租赁公司，作为其支付货款的依据。

5. 定期交付租金

承租企业按租赁合同的规定，分期交纳租金，这就是承租企业对所筹资金的分期还款。

6. 合同期满设备处理

承租企业根据合同的约定，对设备续租、退租或留购。

（三）租金的计算

在租赁筹资方式下，承租企业要按合同规定向租赁公司支付租金。租金的数额和支付方式对承租企业的未来财务状况具有直接的影响，也是租赁筹资决策的重要依据。

1. 租金的构成

租金包括设备价款和租息两部分。

（1）设备价款。设备价款是租金的主要内容，包括设备的买价、运杂费、安装调试费和保险费等。

（2）租息。租息又分为租赁公司的融资成本、租赁手续费。融资成本，是指租赁公司为购买租赁设备垫付资金的成本，即设备租赁期间的利息。租赁手续费，指租赁公司承办租赁设备所发生的营业费用和一定的盈利。租赁手续费的高低一般无固定标准，可由承租企业与租赁公司协商确定。

2. 租金的支付方式

租金的支付方式会影响每期的租金额。一般而言，租金的支付有以下几种：

（1）按支付时期的长短，分为年付、半年付、季付和月付等方式。

（2）按支付时点不同，分为先付租金和后付租金两种。先付租金是指在期初支付；后付租金是指在期末支付。

（3）按每期支付金额是否相等，分为等额支付和不等额支付。

3. 租金计算方法

我国租赁实务中，租金的计算大多采用等额年金法。等额年金法下，通常需要根据利率和租赁手续费率确定一个租费率，作为折现率，运用年金现值原理计算每期应付的租金。

（1）后付租金的计算。在实务中，承租企业与租赁公司商定的租金支付方式，大多为后付等额租金，即普通年金。根据普通年金现值计算公式，可确定后付租金方式下每年年末支付租金数额的计算公式为：

$$A=\frac{P}{(P/A,\ i,\ n)}$$

【例 3-5】长城公司采用租赁方式于2025年1月1日从某租赁公司租入一台设备，租金总额为40 000元，租期为8年，到期后设备归企业所有，为了保证租赁公司完全弥补融资成本、相关的手续费并有一定盈利，双方商定采用18%的折现率。试计算该企业每年年末应支付的等额租金。

$$每年年末应付租金 = \frac{40\,000}{(P/A，18\%，8)} = \frac{40\,000}{4.0776} = 9\,809.69（元）$$

（2）先付租金的计算。承租企业有时可能会与租赁公司商定，采取先付等额租金的方式支付租金。根据预付年金现值计算公式，可得出先付等额租金的计算公式为：

$$A = \frac{P}{(P/A，i，n-1)+1}$$

【例3-6】沿用【例3-5】的资料，采用先付等额租金方式，则每年年初支付的租金额可计算如下：

$$每年年初应付租金 = \frac{40\,000}{(P/A，18\%，7)+1} = \frac{40\,000}{3.8115+1} = 8\,313.42（元）$$

（四）租赁筹资的优缺点

1. 租赁筹资的优点

（1）无须大量资金就能迅速获得资产。在资金缺乏情况下，租赁能迅速获得所需资产。租赁集"融资"与"融物"于一身，使企业在资金短缺的情况下引进设备成为可能。特别是对中小企业、新创企业而言，租赁是一条重要的融资途径。大型企业的大型设备、工具等固定资产，也经常通过租赁方式解决巨额资金的需要，如商业航空公司的飞机，大多是通过租赁取得的。

（2）财务风险小，财务优势明显。租赁与购买的一次性支出相比，能够避免一次性支付的负担，而且租金支出是未来的、分期的，企业无须一次筹集大量资金偿还。还款时，租金可以通过项目本身产生的收益来支付，是一种基于未来的"借鸡生蛋、卖蛋还钱"的筹资方式。

（3）限制条款少。如前所述，债券和长期借款都规定有相当多的限制条款，虽然类似的限制在租赁公司中也有，但一般比较少，从而为公司筹资提供了更大的弹性空间。

（4）能延长资金融通的期限。通常为购置设备而贷款的借款期限比该资产的物理寿命要短得多，而租赁的融资期限可接近其全部使用寿命期限，并且其金额随设备价款金额而定，无融资额度的限制。

（5）税收效应。承租人所支付的利息部分可以在税前扣除，因此可以减少公司所得税负担。

2. 租赁筹资的缺点

（1）资本成本较高。租赁的租金通常比银行借款或发行债券所负担的利息高得多，租金总额通常要比设备价值高出30%。在企业财务困难时，高额的固定租金会构成一项沉重的经营负担。

（2）资产处置权有限。由于承租企业在租赁期内无资产所有权，因而不能根据自身的要求自行处置租赁资产。

【明德善思】

讲信修睦

党的二十大报告指出，要“弘扬诚信文化，健全诚信建设长效机制”“讲信修睦”，这是提高全社会文明程度，实施公民道德建设工程的重要一环。人无信不立，国无信不兴。中国自古以来就强调“讲信修睦”，这不仅是我国由来已久的历史文化传统，更是中华民族世代相传的道德圭臬，是为人之本、处世之方、立国之基。“讲信修睦”出自《礼记·礼运》：“大道之行也，天下为公，选贤与能，讲信修睦。”寓指讲究信用，睦邻修好。

启示：(1) 对个体层面而言，“信”是人格基础，是立身行道必须坚守的道德底线。据《论语·述而》记载：“子以四教：文、行、忠、信。”孔子以“信”为“四教”科目之一，强调把诚信作为培养教育学生的重要内容。更将“信”同“恭”“宽”“敏”“惠”并列为“五德”，足见诚信在传统道德体系中的核心地位。践行诚信之道，需把握三个维度：其一，慎于承诺，量力而行；其二，言出必践，行必有果；其三，以诚立身，以信服人。(2) 对社会层面而言，人们对“信”的恪守是维持和谐、促进团结的重要纽带。唯有社会成员间实现互信，整个社会才能正常运转。在经济活动中，无论是筹措资金还是追求利润，诚信为本、货真价实才能赢得信赖、长久获利。管子曾言：“非诚贾不得食于贾”，明确指出商德的根本就是诚信。诚信是经济交往的保障、社会信任的基础、文明进步的标尺。(3) 对国家层面而言，“信”是政权稳固的基石。“信，国之宝也，民之所庇也。”诚信犹如宝器，在为国从政中发挥着至关重要的作用。我国传统思想将道德原则放在论政的首要位置，其中尤以政治诚信为重。“为政以德”，展现了中华民族责任先于权利、义务先于自由、群体高于个人、和谐高于冲突的崇高价值追求。作为中华民族古已有之的优良传统，“讲信修睦”的主体虽关涉人我，但其重点落在对道德主体讲信义、守信用的修养自持之中。时至今日，中国共产党再次强调要弘扬诚信文化，正是以我国传统诚信文化为汩汩源泉。新时代如果每个公民都能守持诚信，中华民族伟大复兴就有了坚实的基础。

【知识拓展】

衍生工具筹资

衍生工具筹资，包括兼具股权和债务性质的混合融资和其他衍生工具融资。我国上市公司目前最常见的混合融资方式是可转换债券融资，最常见的其他衍生工具融资是认股权证融资。

(1) 可转换债券。可转换债券是一种混合型证券，是公司普通债券与证券期权的组合体。可转换债券的持有人在一定期限内，可以按照事先规定的价格或者转换比例，自由地选择是否转换为公司普通股。可转换债券给予债券持有者未来的选择权，在事先约定的期限内，投资者可以选择将债券转换为普通股票，也可以放弃转换权利，持有至债券到期还本付息。由于可转换债券持有人具有在未来按一定的价格购买股票的权利，因此可转换债券实质上是一种未来的买入期权。可转换债券筹资具有筹资灵活、资本成本较低、筹资效率高、存在一定的财务压力等特点。

（2）认股权证。认股权证是一种由上市公司发行的证明文件，持有人有权在一定时间内以约定价格认购该公司发行的一定数量的股票。认股权证本质上是一种股票期权，属于衍生金融工具，具有实现融资和股票期权激励的双重功能。但认股权证本身是一种认购普通股的期权，它没有普通股的红利收入，也没有普通股相应的投票权。认股权证的发行人是发行标的股票的上市公司，认股权证通过以约定价格认购公司股票的契约方式，能保证公司在规定的期限内完成股票发行计划，顺利实现融资。

任务解析

通过上述学习，可以解析【任务引入】中的问题：

$$融资租赁租金=\frac{700}{(P/A，12\%，8)}=\frac{700}{4.9676}=140.91(万元)$$

$$长期借款的成本=\frac{700\times 8\%\times(1-25\%)}{700\times(1-0.5\%)}\times 100\%=6.03\%$$

按每年年末支付140.91万元租金计算，该项租赁筹资的成本为12%；长期借款由于抵税的原因其实际成本仅为6.03%。显然租赁比长期借款的成本要高很多，但租赁筹资对企业限制少，且租金分期支付，可以降低集中还款的偿债压力；长期借款的筹资成本虽远低于租赁筹资的成本，但银行在信贷合同中对尚达家具公司资本性支出额度、再举债规模等方面有严格约束，会对公司的生产经营活动和财务政策产生一定的影响和制约。尚达家具公司尚处在规模扩张期，设备、研发、营运资金等方面资金投入的增长还会持续。结合公司经营发展现状，该笔长期资金的筹集采用租赁筹资方式较为适宜。

任务四　资本成本与资本结构决策

任务引入

任务二、任务三的资料显示，尚达家具公司新一轮的筹资方案最终确定为：

（1）向商业银行取得短期借款300万元，利率为6%，期限1年，银行要求保留20%的补偿性余额，企业所得税税率为25%。

（2）通过租赁方式筹资700万元，设备的市场价格为700万元，租期8年，租赁期满时预计残值为10万元，归租赁公司。每年年末等额支付租金140.91万元。

（3）普通股筹资1 300万元，发行普通股100万股，每股面值1元，发行价格为13元，本年预计每股发放现金股利0.8元，以后每年增长6%。筹资费率为5%。

尚达家具公司所筹集的2 300万元资金的综合资本成本为多少？尚达家具公司还可以作出其他筹资方案的选择吗？

任务分析：企业的筹资决策直接决定了其资本结构的形成。资本结构优化是企业筹资管理的基本目标，不仅影响着企业的财务风险与价值创造能力，更对经营战略的实施形成约束。资本成本作为衡量融资效率的关键指标，是资本结构决策的主要依据。企业需要通过对股权资本成本与债务资本成本的精准测算，在财务杠杆效应与风险控制之间寻求最优平衡，作出最优资本结构决策。

知识准备

一、资本成本

（一）资本成本的概念与作用

1. 资本成本的概念

资本成本是指企业为筹集和使用资金而付出的代价，也称资金成本。资本成本包括用资费用和筹资费用两部分。

用资费用即资金占用费，是指企业在生产经营、投资过程中因占用资本而付出的代价，如向股东支付的股利、向债权人支付的利息等。用资费用随资金使用时间的长短及使用金额的大小而变化，这是资本成本的主要内容。

筹资费用是指企业在筹措资本过程中为获取资金而付出的代价，如向银行支付的借款手续费，因发行股票、债券而支付的发行费等。筹资费用与用资费用不同，它通常在筹措资金时一次支付、在用资过程中不再发生，因此，被视为筹资总额的扣除项目。

2. 资本成本的作用

资本成本是企业财务管理的重要概念，它的作用主要表现在以下几个方面：

（1）资本成本是企业筹资决策的主要依据。资本成本是决定企业筹资活动的首要因素，因为在不同的资金来源和筹资方式下，资本成本不同。企业必须分析各种筹资渠道和方式的资本成本，并进行合理的配置，以提高资金的使用效果。

（2）资本成本是评价投资项目的重要标准。资本成本通常被视为投资项目的“最低收益率”和评价标准。如果一个投资项目的预期收益率超过资本成本，这个项目是可行的；否则，就是不可行的。

（3）资本成本可以作为衡量企业经营成果的尺度。当企业经营利润率大于资本成本时，说明经营业绩好；否则，说明经营业绩欠佳。

（二）资本成本的计算

资本成本按用途不同，可以分为个别资本成本、综合资本成本和边际资本成本。个别资本成本主要用来比较不同的筹资方式；综合资本成本主要用来进行资本结构决策；边际资本成本主要在筹集资本时用于追加筹资决策。

1. 资本成本计算的基本模式

微课

资本成本

资本成本可以用绝对数表示，也可用相对数表示，但在财务管理中，一般用相对数表示。

（1）一般模式。为了便于分析和比较，资本成本通常用不考虑资金时间价值的一般模式计算，表示为年用资费用与实际筹得资金（即筹资总额扣除筹资费用后的差额，称为筹资净额）的比率。其通用计算公式为：

$$资本成本率 = \frac{年用资费用}{筹资总额 - 筹资费用} \times 100\%$$
$$= \frac{年用资费用}{筹资总额 \times \left(1 - 筹资费用率\right)} \times 100\%$$

（2）折现模式。对于金额大、时间超过1年的长期资本，更为准确的资本成本计算方式是采用折现模式，即将债务未来还本付息或股权未来股利分红的折现值与目前筹资净额相等时的折现率作为资本成本率。即：

由：　筹资净额现值 - 未来资本清偿额现金流量现值 = 0

得：　资本成本率 = 所采用的折现率

2. 个别资本成本的计算

个别资本成本是指单一融资方式的资本成本。主要包括：银行借款成本、债券成本、租赁成本、优先股成本、普通股成本和留存收益成本，其中前三种为负债资本成本，后三种为权益资本成本。

（1）银行借款成本

银行借款成本是指借款利息和筹资费用。借款利息计入税前成本费用，可以起到抵税的作用。银行借款成本的计算公式为：

$$K_i = \frac{I(1 - T)}{L\left(1 - f\right)} = \frac{i \cdot L \cdot (1 - T)}{L\left(1 - f\right)}$$

式中：K_i为银行借款成本；I为银行借款年利息；L为银行借款筹资总额；T为企业所得税税率；i银行借款利息率；f为银行借款筹资费率。

由于银行借款的手续费很低，常常可以忽略不计，上式可简化为：

$$K_i = i(1 - T)$$

【例3-7】长城公司欲从银行取得一笔长期借款500万元，筹资费率0.2%，年利率10%，期限5年，每年结息一次，到期一次还本。企业所得税税率为25%，则该笔银行借款的成本为：

$$K_i = \frac{500 \times 10\% \times (1 - 25\%)}{500 \times (1 - 0.2\%)} \times 100\% = 7.52\%$$

若不考虑筹资费率，则该笔银行借款的成本为：

$$K_i = 10\% \times (1 - 25\%) = 7.5\%$$

（2）债券成本

债券成本主要是指债券利息和筹资费用。债券利息在税前支付，具有抵税作用，其利息的处理与银行借款相同。债券的筹资费用一般较高，这类费用主要包括申请发行债券的手续费、债券注册费、印刷费及承销费等，其计算公式为：

$$K_b = \frac{I(1-T)}{B_0(1-f)} = \frac{B \cdot i \cdot (1-T)}{B_0(1-f)}$$

式中：K_b为债券成本；I为债券每年支付的利息；T为企业所得税税率；B为债券面值；f为债券筹资费率；B_0为按发行价格确定的债券筹资总额；i为债券票面利息率。

【例3-8】长城公司发行一笔期限为10年的债券，债券面值为500万元，票面利率为12%，每年付息一次，发行费率为6%，企业所得税税率为25%，债券按面值等价发行。则该笔债券的成本为：

$$K_b = \frac{500 \times 12\% \times (1-25\%)}{500 \times (1-6\%)} \times 100\% = 9.57\%$$

若溢价发行，发行价格为600万元，则该笔债券的成本为：

$$K_b = \frac{500 \times 12\% \times (1-25\%)}{600 \times (1-6\%)} \times 100\% = 7.98\%$$

若折价发行，发行价格为450万元，则该笔债券的成本为：

$$K_b = \frac{500 \times 12\% \times (1-25\%)}{450 \times (1-6\%)} \times 100\% = 10.64\%$$

（3）优先股成本

企业发行优先股，既要支付筹资费用，又要定期支付股利。它与债券不同的是股利在税后支付，且没有固定到期日。当企业破产时，优先股股东的求偿权位于债权人之后，优先股股东的风险大于债券持有人的风险，这就使得优先股的股利率一般要高于债券的利息率。另外，优先股股利要从净利润中支付，不能抵减所得税，所以，优先股成本通常要高于债券成本。其计算公式为：

$$K_p = \frac{D}{P_n(1-f)}$$

式中：K_p为优先股成本；D为优先股每年固定股利；P_n为优先股筹资总额；f为优先股筹资费率。

【例3-9】长城公司发行面值100元的优先股20万股，按面值发行，规定的年股息率为12%，筹资费率为6%。则该优先股的成本为：

$$K_p = \frac{100 \times 12\%}{100 \times (1-6\%)} \times 100\% = 12.77\%$$

（4）普通股成本

普通股成本的计算比较复杂，从理论上讲，股东的投资期望收益率即为公司普通股的资本成本。在计算时，常常将此作为计算的依据，并假定各期股利的变化有一定的规律，采用折现模式计算。假定资本市场有效，股票市场价格与价值相等，其基本计算公式为：

$$K_s = \frac{D_1}{P_0 \times (1-f)} + g$$

式中：K_s为普通股成本；D_1为预期下一年的股利；P_0为普通股筹资额，即当前股票市场价格；f为普通股筹资费率；g为未来股利年增长率。

【例3-10】长城公司准备增发普通股，每股发行价格为15元，筹资费率为5%。预计第一年分派现金股利每股1.8元，以后每年股利增长4%，其资本成本为：

$$K_s = \frac{1.8}{15 \times (1 - 5\%)} + 4\% = 16.63\%$$

（5）留存收益成本

留存收益是企业资金的一种重要来源，一般企业都不会把全部收益以股利的形式分给股东。企业留存收益，其实质是股东对企业的追加投资，股东对这部分投资与以前投给企业的股本一样，也要求有相应的报酬，所以，留存收益也要计算成本。留存收益成本的计算与普通股成本的计算基本相同，但不用考虑筹资费用。其计算公式为：

$$K_e = \frac{D_1}{V_0} + g$$

式中：K_e为留存收益成本；V_0为留存收益金额；其他符号的含义与普通股成本计算公式相同。

普通股和留存收益都属于所有者权益，股利的支付不固定。企业破产后，股东的求偿权位于最后。与其他投资者相比，普通股股东所承担的风险最大，因此，普通股的报酬也最高。所以，在各种资金来源中，普通股的成本最高。

【同步思考3-2】既然留存收益不是一种无成本的融资来源，为什么它又颇受欢迎呢？

3.综合资本成本的计算

企业可以从多种渠道、利用多种方式来筹集资金，其筹资成本各不相同。而企业的资金往往不可能是单一形式的，需要将各种筹资方式进行组合。为了正确进行筹资和投资决策，就必须计算企业的综合资本成本。综合资本成本是以各种资金占全部资金的比重为权数，对各种资金的成本进行加权平均计算出来的，也称为加权平均资本成本。其计算公式为：

$$K_w = \sum_{j=1}^{n} W_j K_j$$

式中：K_w为综合资本成本；W_j为第j种资金占总资金的比重；K_j为第j种资金的成本。

【例3-11】长城公司共有资金8 000万元，其中银行借款1 200万元、债券1 600万元、优先股640万元、普通股2 800万元、留存收益1 760万元，各种资金的成本分别为7.52%、9.57%、12.77%、16.63%、16%。

要求：计算该企业综合资本成本。

计算过程如下：

（1）计算各种资金所占的比重。

$$W_i = \frac{1\,200}{8\,000} \times 100\% = 15\%$$

$$W_b = \frac{1\,600}{8\,000} \times 100\% = 20\%$$

$$W_p=\frac{640}{8\ 000}\times 100\%=8\%$$

$$W_s=\frac{2\ 800}{8\ 000}\times 100\%=35\%$$

$$W_e=\frac{1\ 760}{8\ 000}\times 100\%=22\%$$

（2）计算综合资本成本。

$$K_w=15\%\times 7.52\%+20\%\times 9.57\%+8\%\times 12.77\%+35\%\times 16.63\%+22\%\times 16\%$$
$$=13.40\%$$

应当指出的是，上述计算中的个别资金占全部资金的比重，通常是按账面价值确定的，其资料容易取得。但当资金的账面价值与市场价值差别较大时，如股票、债券的市场价格发生较大变动，计算结果会与资本市场现行实际筹资成本有较大的差距。为了克服这一缺陷，个别资金占全部资金比重的确定还可以按市场价值或目标价值确定，分别称为市场价值权数、目标价值权数。

市场价值权数指债券、股票以市场价格确定权数。这样计算的综合资本成本能反映企业目前的实际情况。同时，因证券市场价格变动频繁，也可选用平均价格。

目标价值权数是指债券、股票以未来预计的目标市场价值确定权数。这种权数能体现期望的资本结构，而不是像账面价值权数和市场价值权数那样只反映过去和现在的资本结构，所以按目标价值权数计算得出的综合资本成本更适用于企业筹措新资金。然而，企业很难客观合理地确定证券的目标价值，所以这种计算方法不易推广。

4.边际资本成本的计算

边际资本成本是企业追加筹资的成本。企业的个别资本成本和综合资本成本，是企业过去筹集的单项资本的成本或目前使用全部资本的成本。然而，企业在追加筹资时，不能仅仅考虑目前所使用资本的成本，还要考虑新筹集资本的成本，即边际资本成本。边际资本成本是企业进行追加筹资的决策依据。筹资方案组合时，边际资本成本的权数采用目标价值权数。

【例3-12】长城公司设定的目标资本结构为：银行借款20%、公司债券15%、股东权益65%。现拟追加筹资300万元，按此资本结构来筹资。个别资本成本预计分别为：银行借款7%、公司债券12%、股东权益15%。追加筹资的边际资本成本见表3-6。

表3-6 追加筹资的边际资本成本

资本种类	目标资本结构	追加筹资（万元）	个别资本成本	边际资本成本
银行借款	20%	60	7%	1.4%
公司债券	15%	45	12%	1.8%
股东权益	65%	195	15%	9.75%
合计	100%	300	—	12.95%

【明德善思】

资本成本重构与共同富裕

浙江省部分农村地区曾长期面临“融资难、融资贵”问题。传统金融机构对农户缺乏信用数据，往往要求抵押担保或收取高利率，导致许多农民因资金短缺无法扩大生产，城乡收入差距难以缩小。2019年，浙江省农村信用社联合社（2022年改为“浙江农村商业联合银行股份有限公司”）联合地方政府推出“农户小额普惠贷款”模式，核心措施包括：（1）政府主导信用建档：村委、乡镇政府协助采集农户经营数据、道德诚信记录等，建立“信用画像”，替代传统抵押担保；（2）普惠利率补贴：地方政府对首贷农户提供3%的财政贴息，银行执行基准利率（4.35%），实际融资成本降至1.35%；（3）数字化授信：通过“浙里贷”平台实现“无感授信”，农户手机端3分钟即可完成贷款申请。截至2022年，浙江省农户贷款覆盖面从32%提升至85%，户均贷款成本下降60%，不良率仅0.8%，带动农村居民人均可支配收入增长9.2%，显著高于城镇居民增速（6.7%）。

启示：（1）破解“金融排斥”，实现机会公平。秉持“以人民为中心”的发展思想，通过政策干预纠正市场失灵，让农民、小微企业等群体获得平等的金融参与权。（2）优化资源配置，缩小城乡差距。践行“共同富裕是全体人民的富裕”，避免资本向高收益领域过度集中（如房地产投机），引导资源流向乡村振兴、小微创新等民生领域。（3）构建“包容性金融伦理”。政府建立风险补偿基金（如浙江省设立20亿元农业信贷担保资金），降低银行对弱势群体放贷的风险溢价需求； 金融机构不能仅以利润最大化定价，需承担服务实体经济的社会责任；同时通过信用档案纳入道德评价（如是否参与村集体事务），将社会主义核心价值观嵌入金融契约。（4）数字化赋能与金融民主化。大数据风控替代人工尽调，单户授信成本从2 000元降至20元，使“小额普惠”具备商业可持续性。充分体现“创新驱动发展”战略，使资本成本定价权从华尔街精英转向田间地头的劳动者。降低弱势群体融资成本不是简单的“输血式扶贫”，而是通过制度创新重构资本成本的形成机制，在金融领域践行“初次分配注重效率与公平的统一”，在资本逻辑中注入人民性、公平性的社会主义基因。

二、财务杠杆

（一）财务杠杆的概念

微课

财务杠杆

不论企业营业利润多少，债务的利息和优先股的股利通常都是固定不变的。当息税前利润增大时，每1元盈余所负担的固定财务费用就会相对减少，这能给普通股股东带来更多的盈余；反之，当息税前利润减少时，每1元盈余所负担的固定财务费用就会相对增加，这就会大幅度减少普通股的盈余。由于固定资本成本的存在而导致每股利润的变动率大于息税前利润变动率的杠杆效应，称作财务杠杆。现用表3-7加以说明。

在表3-7中，甲、乙两个公司的资金总额相等，息税前利润相等，息税前利润的增长率也相同，不同的只是资金结构。甲公司全部资金都是普通股，乙公司的资金中普通股和债券各占一半。在甲、乙两个公司息税前利润增长均为20%的情况下，甲公司每股

表3-7 甲、乙两个公司的资金结构与普通股利润表 金额单位：万元

时间	项　目	甲公司	乙公司	备　注
2024年	普通股发行在外的股数（万股）	2 000	1 000	（1）已知
	普通股股本（每股面值100元）	200 000	100 000	（2）已知
	债务（年利率8%）	0	100 000	（3）已知
	资金总额	200 000	200 000	（4）=（2）+（3）
	息税前利润	20 000	20 000	（5）已知
	债务利息	0	8 000	（6）=（3）×8%
	税前利润	20 000	12 000	（7）=（5）-（6）
	企业所得税（税率25%）	5 000	3 000	（8）=（7）×25%
	净利润	15 000	9 000	（9）=（7）-（8）
	每股利润（元）	7.50	9.00	（10）=（9）÷（1）
2025年	息税前利润增长率	20%	20%	（11）已知
	增长后的息税前利润	24 000	24 000	（12）=（5）×［1+（11）］
	债务利息	0	8 000	（13）=（6）
	税前利润	24 000	16 000	（14）=（12）-（13）
	企业所得税（税率25%）	6 000	4 000	（15）=（14）×25%
	净利润	18 000	12 000	（16）=（14）-（15）
	每股利润（元）	9.00	12.00	（17）=（16）÷（1）
	每股利润增加额（元）	1.50	3.00	（18）=（17）-（10）
	普通股利润增长率	20%	33.3%	（19）=（18）÷（10）

利润增长20%，乙公司每股利润增长33.3%，这就是财务杠杆效应。当然，如果息税前利润下降，乙公司每股利润的下降幅度要大于甲公司每股利润的下降幅度。

（二）财务杠杆的计量

从上述分析可知，只要在企业的筹资方式中有固定财务费用支出的债务和优先股，就会存在财务杠杆效应。但不同企业财务杠杆的作用程度是不完全一致的，为此，需要对财务杠杆进行计量。对财务杠杆进行计量的最常用指标是财务杠杆系数。财务杠杆系数是普通股每股利润变动率相当于息税前利润变动率的倍数。其计算公式为：

$$财务杠杆系数=\frac{普通股每股利润变动率}{息税前利润变动率}$$

或：

$$DFL=\frac{\Delta EPS/EPS}{\Delta EBIT/EBIT}$$

式中：DFL为财务杠杆系数；ΔEPS为普通股每股利润变动额；EPS为基期每股利润；$\Delta EBIT$为息税前利润变动额；$EBIT$为基期息税前利润。

【例3-13】以表3-8中所列甲、乙两个公司为例，将有关资料代入公式，可求得甲、

乙两个公司2025年的财务杠杆系数。

$$甲公司财务杠杆系数 = \frac{20\%}{20\%} = 1$$

$$乙公司财务杠杆系数 = \frac{33.3\%}{20\%} = 1.67$$

上述公式是计算财务杠杆系数的理论公式，必须以已知变动前后的相关资料为前提，比较麻烦。通常可用以下简化公式计算：

$$DFL = \frac{EBIT}{EBIT - I}$$

对于既存在银行借款等债务，又发行优先股的企业来说，可以按以下公式计算财务杠杆系数：

$$DFL = \frac{EBIT}{EBIT - I - \frac{D}{1 - T}}$$

式中：D为优先股股利。$EBIT$、I、D均为基期值。

从上式可见，影响企业财务杠杆系数的因素包括息税前利润、企业资金规模、企业的资本结构、固定财务费用水平等多个因素。财务杠杆系数将随固定财务费用的变化呈同方向变化，即在其他因素一定的情况下，固定财务费用越高，财务杠杆系数越大，企业财务风险越大。如果企业固定财务费用为零，则财务杠杆系数为1；财务杠杆系数将随息税前利润的变化呈反方向变化，即在固定财务费用等一定的情况下，息税前利润越高，单位盈余所分摊的固定财务费用越少，财务杠杆系数越小，企业财务风险越小。

【例3-14】沿用【例3-13】的资料，将表3-8中2024年的有关资料代入上式，可求得甲、乙两个公司2025年的财务杠杆系数：

$$甲公司财务杠杆系数 = \frac{20\,000}{20\,000 - 0} = 1$$

$$乙公司财务杠杆系数 = \frac{20\,000}{20\,000 - 8\,000} = 1.67$$

这说明，在利润增加时，乙公司每股利润的增长幅度大于甲公司每股利润的增长幅度；当然，当利润减少时，乙公司每股利润减少得也更快。因此，当公司息税前利润较多、增长幅度较大时，适当地利用债务资金，发挥财务杠杆的作用，可增加每股利润，使股票价格上涨，增加企业价值。

同理，按表3-7中2025年资料，可求出甲、乙两个公司2026年财务杠杆系数分别为1和1.5。

（三）财务杠杆与财务风险的关系

财务风险是指企业为取得财务杠杆利益而利用负债资金时，增加的破产机会或普通股利润大幅度变动的机会所带来的风险。企业为取得财务杠杆利益，就要增加负债，一旦企业息税前利润下降，不足以补偿固定利息支出，企业的每股利润就会下降得更快。

【例3-15】丙、丁两个公司的资金结构与获利水平见表3-8。

表3-8　丙、丁两个公司的资金结构与获利水平　单位：万元

项　目	丙公司	丁公司	备　注
普通股股本	20 000	10 000	（1）已知
公司债券（年利率8%）	0	10 000	（2）已知
资金总额	20 000	20 000	（3）=（1）+（2）
计划息税前利润	2 000	2 000	（4）已知
实际息税前利润	600	600	（5）已知
借款利息	0	800	（6）=（2）×8%
税前利润	600	－200	（7）=（5）－（6）

从表3-8中可以看出，丙公司没有负债，就没有财务风险；丁公司有负债，当息税前利润比计划减少时，就有了比较大的财务风险。如果不能及时扭亏为盈，可能会引起破产。

【明德善思】

高杠杆风险与可持续发展的警示

2008年国际金融危机中，雷曼兄弟的破产是一个标志性事件。作为全球知名的投资银行，雷曼兄弟长期奉行激进的高杠杆经营策略，其杠杆率一度高达30∶1。这种高杠杆策略在市场繁荣时期带来了巨额利润，但也使其在次贷危机爆发时面临巨大风险。当房地产市场崩盘、资产价值暴跌时，雷曼兄弟无法应对巨额债务，最终宣布破产，引发了全球金融市场的连锁反应。

启示：在全球经济金融环境日益复杂的今天，重温雷曼兄弟的教训，对于加强风险意识与实现企业的可持续发展仍具重要的警示意义。（1）财务杠杆是把双刃剑。高杠杆虽然能在市场向好时放大收益，但在市场下行时也会加速企业的崩溃。雷曼兄弟过度依赖财务杠杆，忽视了潜在的市场风险。其失败提醒我们，无论是企业还是个人，在追求利益时都必须有风险意识，不能盲目乐观或过度冒险。（2）短期利益与长期稳健的平衡。雷曼兄弟的高杠杆策略本质上是追求短期利益最大化，忽视了企业的长期稳健发展。这种急功近利的经营模式最终使其在危机中无力自救。企业的可持续发展需要建立在稳健的财务基础上，不能为了一时的利润而牺牲未来的生存能力。稳健经营不是保守，而是智慧；风险控制不是成本，而是投资。因此，企业只有时刻保持风险意识，注重长期规划，才能在充满不确定性的环境中行稳致远。

【知识拓展】

杠杆效应

财务管理中存在着类似于物理学中的杠杆效应，表现为：由于特定固定支出或费用的存在，当某一财务变量以较小幅度变动时，另一相关变量会以较大幅度变动。财务管理中的杠杆效应，包括经营杠杆、财务杠杆和总杠杆三种效应形式。杠杆效应既可以产生杠杆利益，也可能带来杠杆风险。

（1）经营杠杆。经营杠杆，是指固定性经营成本的存在，使得企业的资产报酬（息税前利润）变动率大于业务量变动率的现象。经营杠杆反映了资产报酬的波动性，用以

评价企业的经营风险。用息税前利润（*EBIT*）表示资产总报酬。当产品成本中存在固定成本时，如果其他条件不变，产销业务量的增加虽然不会改变固定成本总额，但会降低单位产品分摊的固定成本，从而提高单位产品利润，使息税前利润的增长率大于产销业务量的增长率，进而产生经营杠杆效应。当不存在固定性经营成本时，所有成本都是变动性经营成本，边际贡献等于息税前利润，此时息税前利润变动率与产销业务量的变动率完全一致。

（2）总杠杆。经营杠杆和财务杠杆可以独自发挥作用，也可以综合发挥作用，总杠杆是用来反映两者之间共同作用结果的，即权益资本报酬与产销业务量之间的变动关系。由于固定性经营成本的存在，产生经营杠杆效应，导致产销业务量变动对息税前利润变动有放大作用；同样，固定性资本成本的存在，产生财务杠杆效应，导致息税前利润变动对普通股每股收益变动有放大作用。两种杠杆共同作用，将导致产销业务量稍有变动，就会引起普通股每股收益更大的变动。总杠杆，是指固定经营成本和固定资本成本的存在，导致普通股每股收益变动率大于产销业务量的变动率的现象。

三、资本结构决策

资本结构是企业筹资管理的核心问题。企业应综合考虑有关影响因素，运用适当的方法确定最佳资本结构，并在以后追加筹资中继续保持。如果企业现有资本结构不合理，应通过筹资活动优化调整，使其趋于合理。

（一）资本结构的含义

资本结构是指企业各种资金的构成及其比例关系。筹资管理中，资本结构有广义和狭义之分。狭义的资本结构是指长期资金结构，即长期负债与股东权益的构成比例；广义的资本结构是指全部资金的结构，即全部负债与股东权益的构成比例。一般情况下，公司财务管理中的资本结构多指狭义的资本结构，即本教材所指的资本结构。

企业资本结构是由企业采用的各种筹资方式筹集资金而形成的，各种筹资方式不同的组合决定着企业资本结构及其变化。企业筹资方式虽然很多，但总的来看分为债务资本和权益资本两大类。权益资本是企业必备的基础资本，因此资本结构问题总的来说是债务资本的比例问题，即债务资本在企业全部资本中所占的比重。

（二）影响资本结构的因素

1.企业经营状况的稳定性和成长率

企业产销业务量的稳定程度对资本结构有重要影响：如果产销业务量稳定，企业可较多地负担固定的财务费用；如果产销业务量和盈余有周期性，企业负担固定的财务费用将承担较大的财务风险。经营发展能力表现为未来产销业务量的增长率，如果产销业务量能够以较高的水平增长，企业可以采用高负债的资本结构，以提升权益资本的报酬。

2.企业的财务状况和信用等级

企业财务状况良好，信用等级高，债权人愿意向企业提供信用，企业容易获得债务资金。相反，如果企业财务状况欠佳，信用等级不高，债权人投资风险大，这样会降低企业获得信用的能力，加大债务筹资的资本成本。

3.企业的资产结构

资产结构是企业筹集资本后进行资源配置和使用后的资金占用结构，包括长短期资产构成和比例，以及长短期资产内部的构成和比例。资产结构对企业资本结构的影响主要包括：拥有大量固定资产的企业主要通过发行股票融通资金；拥有较多流动资产的企业更多地依赖流动负债融通资金；资产适用于抵押贷款的企业负债较多，以技术研发为主的企业则负债较少。

4.企业所有者和管理当局的态度

从企业所有者的角度看，如果企业股权分散，企业可能更多地采用权益资本筹资以分散企业风险。如果企业为少数股东控制，股东通常重视企业控股权问题，为防止控股权稀释，企业一般尽量避免普通股筹资，而是采用优先股或债务资金筹资。从企业管理当局的角度看，高负债资本结构的财务风险高，一旦经营失败或出现财务危机，管理当局将面临市场接管的威胁或者被董事会解聘。因此，稳健的管理当局偏好于选择低负债比例的资本结构。

5.行业特征和企业发展周期

不同行业资本结构差异很大。产品市场稳定的成熟产业经营风险低，因此可提高债务资金比重，发挥财务杠杆作用。高新技术企业产品、技术、市场尚不成熟，经营风险高，因此可降低债务资金比重，控制财务杠杆风险。

在同一企业的不同发展阶段上，资本结构安排不同。企业初创阶段，经营风险高，在资本结构安排上应控制负债比例；企业发展成熟阶段，产品产销业务量持续增长，经营风险低，可适度增加债务资金比重，发挥财务杠杆效应；企业收缩阶段，产品市场占有率下降，经营风险逐步加大，应逐步降低债务资金比重，保证经营现金流量能够偿付到期债务，保持企业持续经营能力，减少破产风险。

6.经济环境的税务政策和货币政策

资本结构决策必然要研究理财环境因素，特别是宏观经济状况。政府调控经济手段包括财政税收政策和货币金融政策。当企业所得税税率较高时，债务资金的抵税作用大，企业充分利用这种作用以提高企业价值。货币金融政策影响资本供给，从而影响利率水平的变动，当国家执行了紧缩的货币政策时，市场利率较高，企业债务资金成本增大。

（三）最佳资本结构的确定

企业利用负债资金具有双重作用。适当利用负债，可以降低企业资金成本，但当企业负债比率过高时，会带来较大的财务风险。为此，企业必须权衡财务风险和资本成本的关系，确定最优的资本结构。所谓最优资本结构是指在一定条件下使企业综合资本成本最低、企业价值最大的资本结构。

由于企业内部条件和外部环境经常发生变化，动态地保持最佳资本结构十分困难。下面我们探讨的有关确定资本结构的方法，可以有效地帮助财务管理人员确定合理的资本结构。但这些方法并不能当作绝对的判别标准，在应用这些方法时，还应结合企业自身实际，以便使资本结构趋于最优。确定最优资本结构的方法有每股收益分析法和资本成本比较法。

1. 每股收益分析法

微课

每股收益分析法

每股收益分析法是指用每股收益的变化来判断资本结构是否合理，即能够提高普通股每股收益的资本结构，就是合理的资本结构。在资本结构管理中，利用债务资本筹资的目的之一，就在于债务资本能够带来财务杠杆效应，利用债务筹资的财务杠杆作用来增加股东财富。

每股收益受到经营利润水平、债务资本成本水平等因素的影响，分析每股收益与资本结构的关系，可以找到每股收益无差别点。所谓每股收益无差别点，是指不同筹资方式下每股收益都相等时的息税前利润水平。根据每股收益无差别点，可以分析判断不同的息税前利润水平适合的筹资组合方式，进而确定企业的资本结构。每股收益分析法也称为每股收益无差别点法或*EBIT－EPS*分析法。

【例3-16】长城公司目前有资金750 000万元，现因生产发展需要准备再筹集250 000万元资金，这些资金可以通过发行股票来筹集，也可以通过发行债券来筹集。长城公司筹资前后资金结构变化情况见表3-9。

表3-9 长城公司筹资前后资金结构变化情况 单位：万元

筹资方式	原资金结构	增加筹资后资金结构	
		增发普通股（A方案）	增发公司债券（B方案）
公司债券（利率8%）	100 000	100 000	350 000
普通股（面值10元）	200 000	300 000	200 000
资本公积	250 000	400 000	250 000
留存收益	200 000	200 000	200 000
资金总额	750 000	1 000 000	1 000 000
普通股股数（万股）	20 000	30 000	20 000

说明：发行新股票时，每股发行价格为25元，筹资250 000万元需发行10 000万股，普通股股本增加100 000万元，资本公积增加150 000万元。

根据资金结构的变化情况，我们可采用每股收益分析法分析资金结构对普通股每股利润的影响。详细的分析情况见表3-10。

表3-10 长城公司不同资金结构的每股利润 单位：万元

项 目	增发普通股	增发公司债券
预计息税前利润（*EBIT*）	200 000	200 000
减：利息	8 000	28 000
税前利润	192 000	172 000
减：企业所得税（25%）	48 000	43 000
净利润	144 000	129 000
普通股股数	30 000	20 000
每股利润（元）	4.80	6.45

从表3-10中可以看到，在息税前利润为200 000万元的情况下，利用增发公司债券

的方式筹集资金能使每股利润增加较多，这可能更有利于股票价格上涨，更符合财务管理目标。

那么，究竟息税前利润为多少时发行普通股有利，息税前利润为多少时发行公司债券有利呢？这就要测算每股收益无差别点的息税前利润。其计算公式为：

$$\frac{(\overline{EBIT}-I_1)(1-T)-D_1}{N_1}=\frac{(\overline{EBIT}-I_2)(1-T)-D_2}{N_2}$$

式中：$\overline{EBIT}$为每股收益无差异点的息税前利润；I_1，I_2为两种筹资方式下的年利息；D_1，D_2为两种筹资方式下的优先股股利；N_1，N_2为两种筹资方式下的流通在外的普通股股数。

【例3–17】沿用【例3–16】的资料，现把表3–10中的数据代入上式得：

$$\frac{(\overline{EBIT}-8\,000)\times(1-25\%)}{30\,000}=\frac{(\overline{EBIT}-28\,000)\times(1-25\%)}{20\,000}$$

求得：$\overline{EBIT}=68\,000$（万元）

这就是说，当息税前利润大于68 000万元时，利用债务筹资较为有利；当息税前利润小于68 000万元时，不应再增加负债，以发行普通股为宜；当息税前利润等于68 000万元时，采用两种方式筹资没有差别。该公司预计息税前利润为200 000万元，故采用发行债券的方式筹资较为有利。

依据表3–10的资料，可以绘制*EBIT*–*EPS*分析图，如图3–1所示。

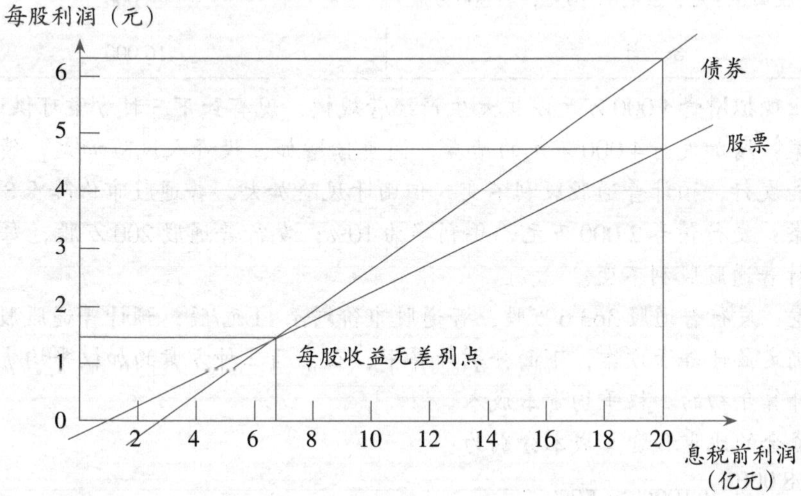

图3–1　*EBIT*–*EPS*分析图

在绘图时需要选择两个点来确定直线。第一个点是当*EBIT*为200 000万元时，普通股融资的*EPS*为4.80元，债务融资的*EPS*为6.45元。第二个点是当*EPS*为0时，普通股融资必须负担的利息为8 000万元，债务融资必须负担的利息为28 000万元。

EBIT–*EPS*分析图简单明了，从图3–1中可以看到，当*EBIT*大于68 000万元时，债务融资的*EPS*大于普通股融资的*EPS*；当*EBIT*小于68 000万元时，普通股融资的*EPS*大于债务融资的*EPS*；当*EBIT*等于68 000万元时，两种筹资方式的*EPS*相等。

应当说明的是，这种分析方法只考虑了资本结构对每股利润的影响，并假定每股利润最大时，股票价格也最高。但是如果不考虑资本结构对风险的影响，则分析是不全面的。因为随着负债的增加，投资者的风险加大，股票价格和企业价值也会有下降的趋势，所以，单纯地使用*EBIT-EPS*分析法有时会导致决策失误。但在资本市场不完善的时候，投资人主要根据每股利润来进行投资决策，每股利润的增加也的确有利于股票价格的上升。

2. 资本成本比较法

微课

资本成本比较法

资本成本比较法是指通过计算各方案加权平均资本成本，并根据加权平均资本成本的高低来确定资本结构的方法。这种方法确定的最佳资本结构亦即加权平均资本成本最低的资本结构。

【例3-18】长城公司原来的资本结构见表3-11。普通股每股面值1元，发行价格10元，目前价格也为10元，今年期望股利为1元/股，预计以后每年增加股利5%。该公司企业所得税税率为25%，假设发行的各种证券均无筹资费。

表3-11 资本结构 单位：万元

筹资方式	金　额
债券（年利率10%）	8 000
普通股（每股面值1元，发行价10元，共800万股）	8 000
合　计	16 000

该企业现拟增资4 000万元以扩大生产经营规模，现有如下三种方案可供选择。

甲方案：增加发行4 000万元的债券，因负债增加，投资人风险加大，债券利率增至12%才能发行，预计普通股股利不变，但由于风险加大，普通股市价降至8元/股。

乙方案：发行债券2 000万元，年利率为10%；发行普通股200万股，每股发行价10元，预计普通股股利不变。

丙方案：发行普通股363.6万股，普通股市价增至11元/股，预计普通股股利不变。

为了确定最佳筹资方案，下面分别计算甲、乙、丙三种方案的加权平均资本成本。

（1）计算年初的加权平均资本成本。

各种资金的比重和资本成本分别为：

$$W_b = \frac{8\,000}{16\,000} \times 100\% = 50\%$$

$$W_s = \frac{8\,000}{16\,000} \times 100\% = 50\%$$

$$K_b = 10\% \times (1 - 25\%) = 7.5\%$$

$$K_s = \frac{1}{10} + 5\% = 15\%$$

年初加权平均资本成本为：

$$K_w = 50\% \times 7.5\% + 50\% \times 15\% = 11.25\%$$

（2）计算甲方案的加权平均资本成本。

各种资金的比重和资金成本分别为：

$$W_{b1} = \frac{8\,000}{20\,000} \times 100\% = 40\%$$

$$W_{b2} = \frac{4\,000}{20\,000} \times 100\% = 20\%$$

$$W_{s} = \frac{8\,000}{20\,000} \times 100\% = 40\%$$

$$K_{b1} = 10\% \times (1 - 25\%) = 7.5\%$$

$$K_{b2} = 12\% \times (1 - 25\%) = 9\%$$

$$K_{s} = \frac{1}{8} + 5\% = 17.5\%$$

甲方案加权平均资本成本为：

$$K_{w甲} = 40\% \times 7.5\% + 20\% \times 9\% + 40\% \times 17.5\% = 11.8\%$$

（3）计算乙方案的加权平均资本成本。

各种资金的比重分别为50%、50%；资本成本分别为7.5%、15%。（计算过程略）

乙方案加权平均资本成本为：

$$K_{w乙} = 50\% \times 7.5\% + 50\% \times 15\% = 11.25\%$$

（4）计算丙方案的加权平均资本成本。

各种资金的比重分别为40%、60%；资金成本分别为7.5%、14.1%。（计算过程略）

丙方案加权平均资本成本为：

$$K_{w丙} = 40\% \times 7.5\% + 60\% \times 14.1\% = 11.46\%$$

从以上计算可以看出，乙方案的加权平均资本成本最低，所以应选用乙方案，即该企业应保持原来的资金结构，50%为负债资金，50%为自有资金。

这种方法通俗易懂，计算过程也不是十分复杂，是确定资本结构的一种常用方法。但因拟订的方案数量有限，故有把最优方案漏掉的可能。

任务解析

通过上述学习，可以解析【任务引入】中的问题：

$$短期借款资本成本 = \frac{6\% \times (1 - 25\%)}{1 - 20\%} \times 100\% = 5.63\%$$

租赁资本成本：

租赁各期的租金中，包含本金每期的偿还额和租息（即融资成本和租赁手续费），其资本成本只能按折现模式计算。K为租赁资本成本，则：

$700 - 10 \times (P/F,\ K,\ 8) = 140.91 \times (P/A,\ K,\ 8)$

采用逐次测试的方法确定K的值。将上式移项得：

$700 = 140.91 \times (P/A,\ K,\ 8) + 10 \times (P/F,\ K,\ 8)$

首先令$K = 12\%$，则等式右侧为：

$140.91 \times (P/A,\ 12\%,\ 8) + 10 \times (P/F,\ 12\%,\ 8) = 140.91 \times 4.9676 + 10 \times 0.4039$

$$= 704.02 > 700$$

需提高折现率再试，令K=14%，则等式右侧为：

$$140.91 \times (P/A, 14\%, 8) + 10 \times (P/F, 14\%, 8) = 140.91 \times 4.6389 + 10 \times 0.3506 = 657.17 < 700$$

由此可以判断，使等式右侧恰好等于700所对应的折现率介于12%~14%，运用插值法得：

$$K = 12\% + (14\% - 12\%) \times \frac{704.02 - 700}{704.02 - 657.17} = 12.17\%$$

$$普通股资本成本 = \frac{0.8}{13 \times (1 - 5\%)} + 6\% = 12.48\%$$

$$综合资本成本 = 5.63\% \times \frac{300}{2\,300} + 12.17\% \times \frac{700}{2\,300} + 12.48\% \times \frac{1\,300}{2\,300} = 11.48\%$$

尚达家具公司此筹资方案的综合资本成本为11.48%。

企业在筹资活动中，考虑资本市场条件和企业经营及融资状况，可以拟订若干个筹资方案，加以比较之后作出最佳选择。尽可能多地拟订筹资方案，可以避免把最优方案漏掉。

技能训练

一、单项选择题

1. 下列各项能够引起企业权益资本增加的筹资方式是（　　）。
   A. 吸收直接投资　　B. 发行公司债券
   C. 利用商业信用　　D. 留存收益转增资本
2. 下列各项不属于普通股股东权利的是（　　）。
   A. 公司管理权　　B. 分享盈余权
   C. 优先认股权　　D. 优先分配剩余财产权
3. 相对于债务融资方式而言，采用吸收直接投资方式筹措资金的优点是（　　）。
   A. 有利于降低资本成本　　B. 有利于集中企业控制权
   C. 有利于降低财务风险　　D. 有利于发挥财务杠杆作用
4. 出租人既出租某项资产，又以该项资产为担保借入资金的租赁方式是（　　）。
   A. 直接租赁　　B. 售后回租　　C. 杠杆租赁　　D. 经营租赁
5. 下列各项常用来筹措长期资金的是（　　）。
   A. 商业信用　　B. 短期融资券　　C. 应收账款转让　　D. 融资租赁
6. 用线性回归法预测筹资需要量的理论依据是（　　）。
   A. 筹资规模与业务量间的对应关系　　B. 筹资规模与投资间的时间关系
   C. 筹资规模与筹资方式间的对应关系　　D. 长短期资金间的比例关系
7. 下列各项不属于融资租赁租金构成项目的是（　　）。

A.租赁设备的价款　　B.租赁期间利息

C.租赁手续费　　D.租赁设备维护费

8.下列各种筹资方式中，最有利于降低公司财务风险的是（　　）。

A.发行普通股　　B.发行优先股

C.发行公司债券　　D.发行可转换债券

9.某公司拟发行面值为1 000元（不计复利）、5年后一次还本付息、票面利率为10%的债券。已知发行时资本市场的年利率为12%，（P/F，10%，5）= 0.6209，（P/F，12%，5）= 0.5674。则该公司债券的发行价格为（　　）元。

A.851.10　　B.907.84　　C.931.35　　D.993.44

10.最佳资本结构是指企业在一定时期最适宜其有关条件下的（　　）。

A. 企业利润最大的资本结构

B. 企业目标资本结构

C. 风险最低的目标资本结构

D. 加权平均资本成本最低、企业价值最大的资本结构

11.下列各项中，运用每股收益无差别点确定最佳资金结构时，需计算的指标是（　　）。

A.息税前利润　　B.营业利润　　C.净利润　　D.利润总额

12.下列各项不会加大财务杠杆作用的是（　　）。

A.增发普通股　　B.融资租赁

C.增发公司债券　　D.增加银行借款

13.某公司全部资产为120万元，负债比率为40%，负债利率为10%，息税前利润为20万元，则财务杠杆系数为（　　）。

A.1.25　　B.1.32　　C.1.43　　D.1.56

二、多项选择题

1.留存收益筹资区别于普通股筹资的特点有（　　）。

A.资金成本较普通股低　　B.保持普通股股东的控制权

C.增强公司的信誉　　D.筹资限制少

2.留存收益的资本成本，正确的说法有（　　）。

A. 它不存在成本问题

B. 它的成本计算不考虑筹资费用

C. 它相当于股东投资于某种股票所要求的必要收益率

D. 在企业实务中一般不予考虑

3.普通股的资本成本高于债券资本成本的原因有（　　）。

A. 股利不能抵税

B. 股东的投资风险大于债券持有人的风险

C. 股票筹资要考虑筹资费

D. 股票筹资有固定的股利负担

4.下列各项关于资本成本的说法，正确的有（　　）。

A. 资本成本的本质是企业为筹集和使用资金而发生的代价
B. 资本成本并不是企业筹资决策中所要考虑的唯一因素
C. 资本成本的计算主要以年度的相对比率为计量单位
D. 资本成本可以视为项目投资或使用资金的机会成本

5. 下列各项属于资本成本用资费用的有（　　）。
A. 借款手续费　B. 股票发行费　C. 利息　D. 股利

6. 影响租赁每期租金的因素有（　　）。
A. 设备买价　B. 租赁成本　C. 租赁手续费　D. 租金支付方式

7. 从承租人的角度来看，租赁是为了（　　）。
A. 通过租赁而融资　B. 通过租赁取得短期使用权
C. 通过租赁而最后购入该设备　D. 通过租赁增加长期资金

8. 相对于普通股股东而言，优先股股东可以优先行使的权利有（　　）。
A. 优先认股权　B. 优先表决权
C. 优先分配股利权　D. 优先分配剩余财产权

9. 下列各项会加大财务杠杆作用的有（　　）。
A. 增发普通股　B. 利用留存收益
C. 增发公司债券　D. 增加银行借款

10. 确定企业资本结构时，下列各项的说法正确的有（　　）。
A. 如果企业的销售不稳定，则可较多地筹措负债资金
B. 为了保证原有股东的绝对控制权，一般应尽量避免普通股筹资
C. 若预期市场利率会上升，企业应尽量利用短期负债
D. 所得税税率越高，举借负债利益越明显

11. 企业筹集长期资金通常的方式包括（　　）。
A. 发行债券　B. 租赁　C. 留存收益　D. 商业信用

三、判断题

1. 资本成本是指企业筹资付出的代价，一般用相对数表示，即资金占用费加上资金筹集费之和除以筹资总额。（　　）

2. “财务费用”账户的发生额可以大体上反映企业债务资本成本的实际数额。（　　）

3. 留存收益是企业利润所形成的，所以留存收益没有资本成本。（　　）

4. 企业按照销售百分比法预测出来的资金需要量，是企业在未来一定时期资金需要量的增量。（　　）

5. 在各种资金来源中，凡是需要支付固定性用资费用的资金都能产生财务杠杆作用。（　　）

6. 在个别资本成本一定的情况下，综合资本成本取决于资金总额。（　　）

7. 资本结构优化的每股收益分析法，是从账面价值的角度进行资本结构优化分析，没有考虑市场反应，即没有考虑风险因素。（　　）

8. 在确定企业的资本结构时，应考虑资产结构的影响。一般来说，拥有大量固定资

产的企业主要是通过长期负债和发行股票筹集资金，而拥有较多流动资产的企业主要依赖流动负债筹集资金。（　）

9. 财务杠杆系数是由企业资本结构决定的，财务杠杆系数越大，财务风险越大。（　）

10. 由于银行借款的利息是固定的，所以相对而言，这一筹资方式的弹性较小。（　）

四、计算分析题

1. 东方公司上年年末的资产负债表（简表）见表3-12。

表3-12　资产负债表（简表）　单位：万元

资　产	上年年末余额	负债和所有者权益（或股东权益）	上年年末余额
流动资产合计	240	短期借款	46
		应付票据	18
		应付账款	25
长期股权投资	3	其他应付款	7
		流动负债合计	96
固定资产	65	长期负债合计	32
无形资产	12	实收资本（或股本）	90
		资本公积	35
		留存收益	67
		所有者权益（或股东权益）合计	192
资产总计	320	负债和所有者权益（或股东权益）总计	320

东方公司历年财务数据显示，销售收入与流动资产、固定资产、应付票据、应付账款和其他应付款等项目成正比，东方公司上年度销售收入4 000万元，实现净利润100万元，支付股利60万元。预计本年度销售收入5 000万元，销售净利率增长10%，股利支付率与上年度相同。

要求：

（1）采用销售百分比法预测外部融资额。

（2）假设其他条件不变，预计本午度销售净利率与上午度相同，董事会提议股利支付率增长10%以稳定股价。如果从外部融资20万元，请分析是否可行。

2. 东方公司2020年至2024年的产销量和资金需要量见表3-13，若预测2025年的产销量为7.8万吨。

表3-13　东方公司2020年至2024年的产销量与资金需要量

年 度	产销量（x）（万吨）	资金需要量（y）（万元）
2020	6.0	500
2021	5.5	475
2022	5.0	450
2023	6.5	520
2024	7.0	550

要求：建立资金的回归直线方程，并预测2025年的资金需要量。

3. 东方公司拟发行一种面额为500元、年利率为10%、期限为5年的债券。假设市场利率为8%。

要求：

（1）计算到期一次还本付息且单利计息方式下的发行价格。

（2）计算本金到期一次偿还，利息每年年末支付一次方式下的发行价格。

（3）计算本金到期一次偿还，利息每半年支付一次方式下的发行价格。

4. 东方公司2024年销售收入为20 000万元，营业净利润率为12%，净利润的60%分配给投资者。2024年12月31日的资产负债表（简表）见表3-14。

表3-14 资产负债表（简表）

2024年12月31日 单位：万元

资产	期末余额	负债和所有者权益（或股东权益）	期末余额
货币资金	1 000	应付账款	1 000
应收账款	3 000	应付票据	2 000
存货	6 000	长期借款	9 000
固定资产	7 000	实收资本（或股本）	4 000
无形资产	1 000	留存收益	2 000
资产总计	18 000	负债和所有者权益（或股东权益）总计	18 000

东方公司2025年计划销售收入比上年增长30%，为实现这一目标，需新增设备一台，价值148万元。该公司历年财务数据显示，流动资产与流动负债随销售额同比率增减。公司如需对外筹资，可按面值发行票面年利率为10%、期限为10年、每年年末付息的公司债券。假定该公司2025年的销售净利率和利润分配政策与上年保持一致，公司债券的发行费用可以忽略不计，适用的企业所得税税率为25%。

要求：

（1）计算2025年公司需增加的营运资金额。

（2）预测2025年需要对外筹集的资金额。

（3）计算发行债券的资本成本。

5. 东方公司采用租赁方式从租赁公司租入设备，设备价款100万元，租期6年，到期后设备归东方公司所有。双方商定的折现率为14%。现有两种付款方式可供选择：

方式一：从租赁当年的年末起每年年末等额付款25万元；

方式二：从租赁当年的年初起每年年初等额付款23万元。

要求：

（1）计算东方公司应该支付的每年先付租金和后付租金。

（2）根据（1）的计算结果判断企业选择何种付款方式较合理。

6. 东方公司产销A产品30万件，单价80元，单位变动成本50元，固定成本总额300万元。企业负债总额1 000万元，年利率为10%。适用的所得税税率为25%。

要求：

（1）计算财务杠杆系数。

（2）如果预计明年息税前利润增长率为10%，计算预计明年的每股收益增长率；如果普通股数量保持100万股，计算预计明年的每股收益。

7. 东方公司2025年年初的负债及所有者权益（或股东权益）总额为9 000万元，其中：公司债券为1 000万元（按面值发行，票面年利率为8%，每年年末付息，3年后到期）；普通股股本为4 000万元（面值为1元，4 000万股）；资本公积为2 000万元；其余为留存收益。

2025年该公司为扩大生产经营规模，需要再筹集资金1 000万元，有以下两种筹资方案可供选择。

方案一：增发普通股，预计每股发行价格为5元；

方案二：增加发行同类公司债券，按面值发行，票面年利率为8%。

预计2025年可实现息税前利润2 000万元，适用的企业所得税税率为25%。

要求：

（1）计算方案一的下列指标：①2025年增发普通股股份数；②2025年全年债券利息。

（2）计算方案二的2025年全年债券利息。

（3）计算每股收益无差别点，并据此进行筹资方案的选择。

8. 东方公司在筹资过程中通常采用多种筹资方式，该公司本年发生了下列筹资行为：

（1）取得10年期借款100万元，年利率为8%，每年付息一次，到期一次还本。已知筹资费率为1%。

（2）发行5年期的债券，面值为1 200万元，票面年利率为10%，每年付息一次，发行价为1 200万元，发行费用率为3%。

（3）按面值发行100万元的优先股股票，筹资费率为4%，年优先股股利率为10%。

（4）发行普通股600万股，每股10元，筹资费率为5%，第一年年末每股发放股利2元，预计未来股利每年增长率为4%。

（5）留存收益为600万元。

假定东方公司适用的企业所得税税率为25%。

要求：计算各种筹资方式的个别资本成本和综合资本成本。

实战模拟

【目的】资本结构决策。

【资料】东方公司目前拥有资金2 000万元，其中：长期借款800万元，年利率10%；权益资金1 200万元，股数100万股，上年支付的每股股利2元，预计股利增长率为5%，目前价格为20元。该公司计划筹集资金100万元投入新项目，新项目投产后预计可实现息税前利润480万元，适用的企业所得税税率为25%。有下列两种筹资方案：

方案一：增加长期借款100万元，借款利率上升至12%，股价下降至19元，假设公司其他条件不变。

方案二：增发普通股47 619股，普通股市价增加至每股21元，假设公司其他条件不变。

【要求】

（1）计算该公司筹资前加权平均资本成本。

（2）分别计算采用方案一和方案二后的加权平均资本成本。

（3）计算采用方案一和方案二后的每股收益无差别点。

（4）分别采用每股收益分析法和资本成本比较法确定该公司的最佳资本结构，并分析两种方法下决策一致或不一致的原因。

项目四
投资管理

情境设计

尚达家具公司总经理在第三季度收到两份投资计划书：

第一份是项目投资计划书。随着业务的不断扩大，尚达家具公司需要的原材料也在逐年增加，由于原材料资源匮乏，其价格在逐渐上涨，经常出现一些原材料供货不足的情况。尚达家具公司开发部经过研发，成功地开发了新工艺家具——竹家具。竹家具是一个新兴的低碳产业：首先，竹子生长速度快，三四年就可成材，且砍伐后还可再生，材质硬度高、韧性强，对于环境恶化、天然林存量甚低的我国来说，不失为一种优质的替代材料；其次，由于竹子的吸湿性和吸热性高于其他木材，故冬暖夏凉，给人以舒适的感受；最后，保持了竹子原有的天然纹路，带给人一种质朴、古典的感觉。竹家具的研发、生产和销售契合了中国家具制造行业的环保、智能、定制、个性化的未来发展方向，所以公司准备与国大农垦有限公司合作竹家具项目（相关资料参见本项目任务二）。

第二份是证券投资计划书。尚达家具公司计划利用一笔长期资金于2025年1月1日投资购买证券，现有东风公司股票和慧华公司债券可供选择（相关资料参见本项目任务四）。

情境分析：投资管理是企业为了寻求发展而进行的经济行为，同时投资是一项较为复杂的经济活动，由于其工作组织的各个环节所存在的不确定性因素，无论是技术改造类或是基础建设类的项目投资，还是证券投资，都是需要占用企业大量的人力、物力和时间。投资成功会对企业发展壮大起到推动作用，可是一旦投资失败，对于任何一个企业来说不但是极大的浪费，甚至还可能会引发企业财务危机。因此，如何保证投资的顺利实施，真正实现投资效益，从而促进企业加速发展，成为企业不可回避的研究课题。

知识目标

1. 理解企业投资的含义、类型和原则。
2. 掌握项目投资现金流量的构成及其计算方法。
3. 熟练掌握项目投资决策的基本方法。
4. 掌握债券投资决策方法。
5. 掌握股票投资决策方法。

能力目标

1. 能进行项目投资的现金流量分析。
2. 能运用适当的项目投资决策方法对最佳投资方案作出选择，具备项目投资分析与决策的能力。
3. 能进行证券投资决策。

素质目标

1. 树立正确的投资价值观念，坚持长期思维和理性决策。
2. 培养创新意识和团队精神，提高解决问题和应对挑战的能力。
3. 培养良好的职业素养，提升个人竞争力和职业发展能力。

项目结构

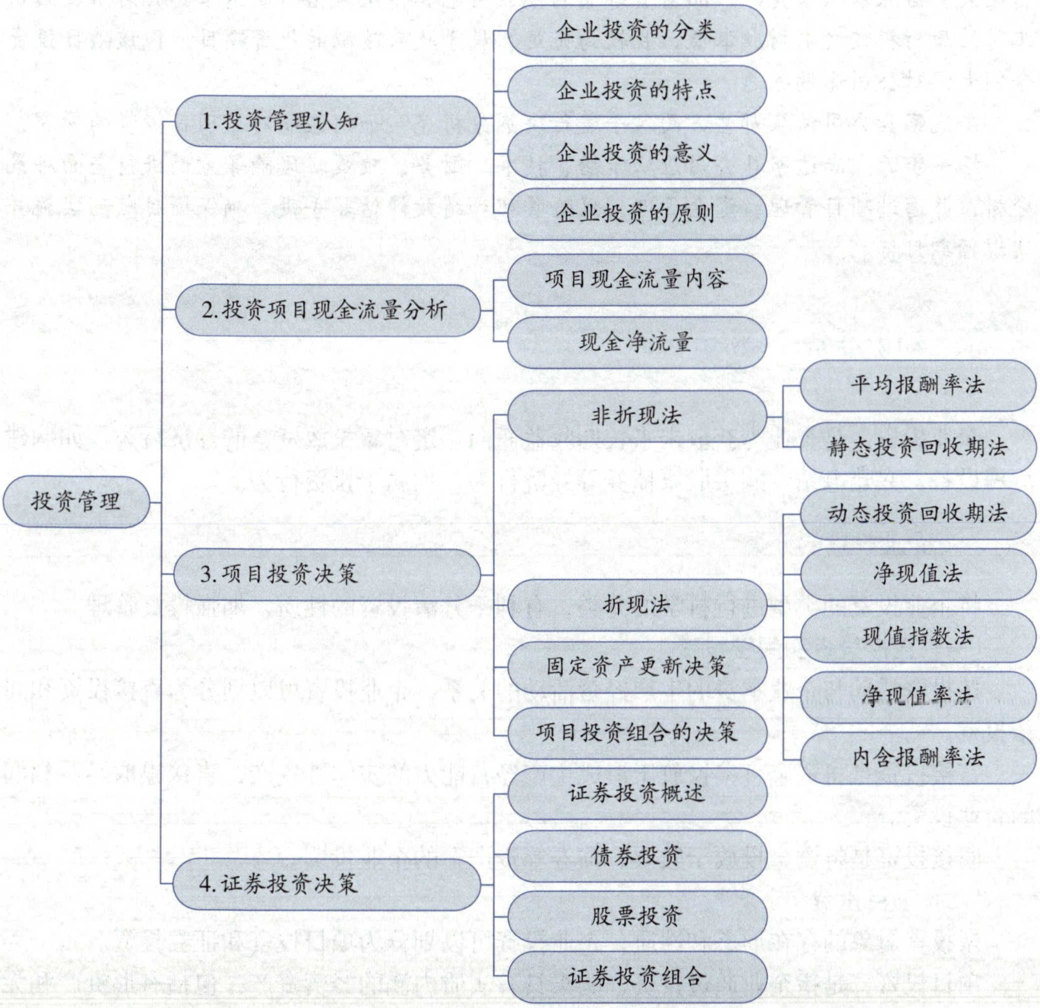

任务一 投资管理认知

任务引入

尚达家具公司与国大农垦有限公司合作的竹家具项目属于竹制品深加工项目。我国南方诸省多产竹子，民间常用竹子制作各类家具，相传竹家具已有600多年的历史，其造型大多仿照木制家具，产品富有鲜明的民族特色和传统风格。尚达家具公司研发的新工艺的原材料较之木材成本低，且较为充足，属于政府鼓励的投资项目。但该项目投资金额大，对公司影响深远。

尚达家具公司该从哪些方面入手进行决策分析呢？如何组织对该项目投资的管理？

任务分析：尚达家具公司应从市场、技术、财务、政策、风险等方面进行全面决策分析，并通过项目管理、资金管理、风险管理和绩效评估等手段，确保项目顺利实施并实现预期目标。

知识准备

企业投资，是企业为获取未来长期收益而向一定对象投放资金的经济行为。如购建厂房设备、兴建电站、购买股票债券等经济行为，均属于投资行为。

一、企业投资的分类

将企业投资的类型进行科学的分类，有利于分清投资的性质，加强投资管理。

（一）直接投资和间接投资

按投资活动与企业本身的生产经营活动的关系，企业投资可以划分为直接投资和间接投资。

直接投资是将资金直接投放于形成生产经营能力的实体性资产，直接谋取经营利润的企业投资。

间接投资是将资金投放于股票、债券等资产上的企业投资。

（二）项目投资和证券投资

按投资对象的存在形态和性质，企业投资可以划分为项目投资和证券投资。

项目投资，是指企业通过投资，购买具有实质内涵的经营资产，包括有形资产和无形资产，形成具体的生产经营能力，开展实质性的生产经营活动，谋取经营利润。项目投资属于直接投资。

证券投资，是指企业可以通过投资，购买证券资产，通过证券资产上所赋予的权利，间接控制被投资企业的生产经营活动，获取投资收益，即购买属于综合生产要素的权益性权利资产的企业投资。证券投资属于间接投资。

（三）发展性投资和维持性投资

按投资活动对企业未来生产经营前景的影响，企业投资可以划分为发展性投资与维持性投资。

发展性投资，也称为战略性投资，是指对企业未来生产经营发展全局有重大影响的企业投资，如企业合并、转换新行业和开发新产品等。

维持性投资，也称为战术性投资，是指为了维持企业现有生产经营的正常进行，不改变企业未来生产经营发展全局的企业投资，如更新设备、增加配套流动资金等。

（四）对内投资和对外投资

按投资活动资金投出的方向，企业投资可以划分为对内投资和对外投资。

对内投资，是指对本企业内部的资金投放，用于购买和配置各种生产经营所需的经营性资产。

对外投资，是指对本企业外部其他单位的资金投放。对外投资多以现金、有形资产、无形资产等形式，通过联合投资、合作经营、换取股权等方式，向企业外部其他单位投放资金。

（五）独立投资和互斥投资

按投资项目之间的关联关系，企业投资可以划分为独立投资和互斥投资。

独立投资是相容性投资，各个投资项目之间互不关联、互不影响，可以同时存在。独立投资项目决策考虑的是方案本身是否符合某种决策标准。

互斥投资是非相容性投资，各个投资项目之间相互关联、相互替代，不能同时存在。互斥投资项目决策考虑的是各方案之间的排斥性，也许每个方案都是可行方案，但互斥决策需要从中选择最优方案。

二、企业投资的特点

企业的投资活动与经营活动是不相同的，投资活动的结果对企业的经济利益有较长期的影响。与日常经营活动相比，企业投资主要具有以下特点：

（一）属于企业的战略性决策

企业的投资活动一般涉及企业未来的经营发展方向、生产能力规模等问题，如厂房设备的新建与更新、新产品的研制与开发、对其他企业的股权控制等。企业的投资活动先于经营活动，这些投资活动往往需要一次性投入大量的资金，并在较长的一段时间内发生作用，对企业经营活动的方向产生重大影响。

（二）属于企业的非程序化管理

企业有些经济活动是日常重复进行的，有一定的规律，可以按既定的程序和步骤进行，如原材料的购买等，称为例行性活动。对这类重复性的日常经营活动进行的管理，称为程序化管理。企业有些经济活动往往不会经常重复出现，如新产品的开发、设备的更新、企业兼并等，称为非例行性活动。非例行性活动只能针对具体问题，按特定的影响因素、相关条件和具体要求来进行审查和抉择。对这类非重复性特定经济活动进行的管理，称为非程序化管理。

企业的投资活动涉及企业的未来经营发展方向和规模等重大问题，是不经常发生的。投资活动具有一次性和独特性的特点，投资管理属于非程序化管理。每一次投资的背景、特点、要求等都不一样，无明显的规律性可遵循，管理时更需要慎重考虑。

（三）投资价值的波动性大

投资项目的价值，是由投资的标的资产的内在获利能力决定的。这些标的资产的形态是不断转换的，未来收益的获得具有较强的不确定性，加之外部因素（如市场利率、物价等）的变化，使其价值具有较强的波动性。企业确定投资决策时，要充分考虑投资项目的时间价值和风险价值。

三、企业投资的意义

企业需要通过投资配置资产，才能形成生产能力，取得未来的经济利益。

（一）投资是企业生存与发展的基本前提

通过投资，确定企业的经营方向，配置企业的各类资产，并将它们有机地结合起来，形成企业的综合生产能力。如果企业想要进军一个新兴行业，或者开发一种新产品，都需要先行投资。因此，投资决策的正确与否，直接关系到企业的兴衰成败。

（二）投资是获取利润的基本前提

企业投资的目的，是通过预先垫付一定数量的货币或实物形态的资本，购建和配备企业的各类资产，从事某类经营活动，获取未来的经济利益。只有通过投资形成了生产经营能力，企业才能开展具体的经营活动，获取经营利润。那些以购买股票、债券等有价证券方式向其他单位的投资，可以通过取得股利或债息来获取投资收益，也可以通过转让证券来获取资本利得。

（三）投资是企业风险控制的重要手段

企业的经营面临着各种风险，有来自市场竞争的风险，有资金周转的风险，还有原材料涨价、费用居高等成本风险。投资，是企业风险控制的重要手段。通过投资，可以将资金投向企业生产经营的薄弱环节，使企业的生产经营能力配套、平衡和协调。通过投资，可以实现多元化经营，将资金投放于与经营相关程度较低的产品或行业，分散风险，稳定收益来源，降低资产的流动性风险、变现风险，增强资产的安全性。

四、企业投资的原则

（一）可行性分析原则

投资项目的金额大，资金占用时间长，一旦投资后具有不可逆转性，对企业的财务状况和经营前景影响重大。因此，在投资决策时，必须建立严密的投资决策程序，进行科学的可行性分析。投资项目可行性分析主要包括环境可行性、技术可行性、市场可行性和财务可行性等方面。

（二）结构平衡原则

如何合理配置资源，使有限的资金发挥最大的效用，是投资管理中资金投放所面临的重要问题。投资不仅涉及固定资产等生产能力和生产条件的构建，还涉及使生产能力和生产条件正常发挥作用所需要的流动资产的配置。投资项目实施后，资金就长期地固化在具体项目上，退出和转向都不太容易。只有遵循结构平衡的原则，合理分布资金，才能保证项目实施后正常顺利地运行，避免资源的闲置和浪费。

（三）动态监控原则

投资的动态监控，是指投资项目实施过程中的进程控制。特别是对那些工程量大、工期长的建造项目，需要按工程预算逐步进行资金拨付和资金结转，控制工程的资金耗费，防止资金浪费。

【明德善思】

全球化视野下的企业投资之道

华为作为全球领先的信息与通信技术（ICT）解决方案供应商，在面对日益激烈的国际竞争环境时，积极实施国际化投资战略。通过在全球范围内建立研发中心、生产基地和销售网络，华为不仅提升了自身的技术水平和市场份额，还为全球经济的发展作出了贡献。

启示：华为的国际化投资战略是经济伦理观念、大局观和战略思维的典范。(1) 华为在投资过程中始终秉持诚信经营的原则，尊重各国的法律和文化差异，注重文化嵌入与合规创新，建立“本土化生存”机制，将当地文化价值观融入管理流程，这不仅有助于提升公司的国际声誉，也为公司的长期发展奠定了坚实的基础。(2) 华为能够站在全局的高度，运用生态型投资思维，关注投资对当地经济、社会和环境的影响，构建“利益共享生态圈”，联合当地高校、企业共建产业链，兼顾经济效益与社会责任，这种大局观和“投资即赋能”的模式使得公司在国际市场上赢得了广泛认可和支持，同时显著降低了地缘政治风险。(3) 华为凭借卓越的战略思维能力，精准把握市场趋势和机遇，将战略柔性与长期目标相结合，制定科学合理的投资策略，为公司的可持续发展注入了强大的动力，使其在激烈的国际竞争中始终保持领先地位。通过将伦理责任、全局视野与战略智慧相结合，华为不仅提升了自身竞争力，还为全球可持续发展贡献了重要力量。

任务解析

通过上述学习，可以解析【任务引入】中的问题：

尚达家具公司与国大农垦有限公司合作的竹家具项目属于竹制品深加工项目，具有广阔的市场前景和政策支持，但也面临投资金额大、风险高等挑战。首先，必须建立严密的投资决策程序，制订详细计划，组建专业团队，明确职责分工；其次，对项目的可行性进行分析，包括环境可行性、市场可行性、技术可行性和财务可行性的分析，确保项目具有竞争优势与盈利；最后，合理配置资源与风险管控，按工程预算实施有效的动态投资控制，使有限的资金发挥最大的效用。

任务二 投资项目现金流量分析

任务引入

尚达家具公司竹家具项目总投资3 931.16万元，其中：建设投资3 450.16万元，占总投资的87.76%；流动资金481万元，占总投资的12.24%。本项目建设期1年。在项目总投资中，建设投资3 450.16万元应在建设期期初一次全部投入使用，流动资金481万元在投产第1年年初一次投入使用。项目生产期为15年。固定资产残值率为14.31%，假设不考虑增值税。城市维护建设税和教育费附加等已考虑在相关费用中。企业所得税税率按25%计算，本项目选择16%作为折现率和基准收益率，每年销售收入为4 800万元。总成本费用见表4-1。

表4-1 总成本费用 单位：万元

序号	项目	第2至6年	第7至16年
1	原材料	1 801.16	1 801.16
2	燃料及动力	125	125
3	直接人工	43.78	43.78
4	制造费用	350.08	350.08
	其中：折旧费	197.08	197.08
5	合计	2 320.02	2 320.02
6	管理费用	138.47	84.27
	其中：累计折旧	4.27	4.27
	累计摊销	54.2	
7	销售费用	288	288
8	总成本	2 746.49	2 692.29

要求公司财务人员分析测算项目的现金流量。

任务分析：现金流量是企业评价项目可行性的主要指标，在作出投资决策时，企业必须明确在可预见的风险下预期的未来收益是否大于当前的支出。现金流量比传统的利润指标更能说明企业的盈利质量，决定企业兴衰存亡的是现金流，最能反映企业本质的是现金流，在众多价值评价指标中基于现金流的评价是最具权威性的。

知识准备

一、项目现金流量内容

（一）项目现金流量的含义

由一个项目引起的在未来一定期间所发生的现金收支，叫作项目现金流量。其中，现金收入称为现金流入量，现金支出称为现金流出量，现金流入量与现金流出量相抵后的差额，称为现金净流量。

现金流量的计算以收付实现制为基础。这里的“现金”是广义的现金，既包括各种货币资金，又包括与投资项目有关的非货币性资产（如原材料、设备等）的变现价值。一个投资项目能否顺利进行、有无经济效益，不一定取决于有无会计期间利润，而在于能否带来正现金流量，即整个项目能否获得超过项目投资的现金回收。

（二）确定现金流量的假设

为简化现金流量的计算过程，在确定项目投资的现金流量时作以下假设：

1. 投资项目的类型假设

假设投资项目只包括新建项目和更新改造项目，新建项目按其涉及的内容又可分为单纯固定资产投资项目和完整工业投资项目。单纯固定资产投资项目是指仅涉及固定资产投资的项目，主要关注的是固定资产的购置、安装、调试等环节，其投资内容相对单一；完整工业投资项目是指包含固定资产投资和配套流动资金投入的综合性项目，通常涉及完整的生产或经营流程。

2. 环境可行性、技术可行性及市场可行性假设

假设投资决策是从企业投资者的立场出发，投资决策者确定现金流量就是为了进行项目财务可行性的研究，该项目已经具备环境可行性、技术可行性和市场可行性。

3. 全投资假设

假设在确定项目现金流量时，仅站在投资者的立场考虑全部投资的运行情况，而不具体区分投资资金是自有资金还是借入资金等具体形式的现金流量。即使实际存在借入资金也将其作为自有资金对待（但在计算固定资产原值和投资总额时，还需考虑借款利息因素）。

4. 项目计算期假设

项目从投资开始到最后报废清理结束的全部时间称为项目计算期，分为建设期和生产经营期两个阶段。项目计算期的第一年年初记为0年，称为建设起点，项目计算期的最后一年年末称为终结点。假定项目最终报废清理均发生在终结点，项目计算期如图4-1所示。

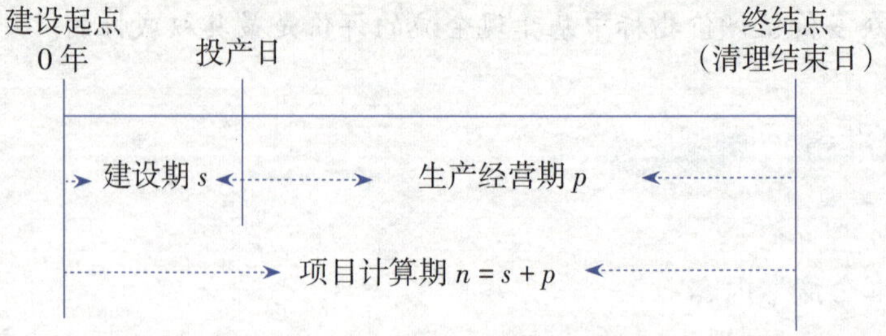

图4-1　项目计算期

5.建设期投入全部资金假设

项目投入资金包括建设投资和营运资金投资，是企业为使项目达到设计生产能力、开展正常经营而投入的全部现实资金，称为项目的原始投资。

建设投资是指按一定生产经营规模和建设内容进行的投资，包括固定资产投资、无形资产投资和其他投资。营运资金投资是指在投资项目中发生的用于生产经营期周转使用的资金。

不论项目的原始总投资是一次投入还是分次投入，假设它们都是在建设期内投入的。

6.经营期与折旧年限一致假设

假设项目主要固定资产的折旧年限或使用年限与经营期相同。

7.时点指标假设

为便于利用资金时间价值形式，不论现金流量具体内容所涉及的价值指标实际上是时点指标还是时期指标，均假设按照年初或年末的时点指标处理。其中：建设投资在建设期内有关年度的年初或年末发生，营运资金投资则在经营期期初发生；经营期内各年的收入、成本、折旧、摊销、利润、税金等项目的确认均在年末发生；项目最终报废或清理均发生在终结点（但更新改造项目除外）。

8.确定性假设

假设与项目现金流量有关的价格、产销量、成本水平、企业所得税税率等因素均为已知常数。

9.产销平衡假设

假设经营期间每一年的产量等于该年销量。这样，即可在会计利润的基础上计算出现金流量。

（三）现金流量的内容

微课

项目投资现金流量分析——现金流量内容

项目投资的现金流量包括现金流入量和现金流出量。现金流入量是指能够使一个项目投资方案的现实货币资金增加的数额，简称现金流入，通常以正号“+”来表示。现金流出量是指能够使一个项目投资方案的现实货币资金减少或需要动用现金的数额，简称现金流出，通常以负号“-”来表示。现金流入量与现金流出量的差额为现金净流量。

1.现金流入量的内容

（1）营业收入。营业收入是指项目投产后在生产经营期内每年实现的全部营业收入，为了简化计算，假定正常生产经营年度内，每期发生的赊销额与回收的应收账款大致相等。根据时点假设，生产经营期发生的营业收入均在每期期末。营业收入是生产经营期主要的现金流入量项目。

（2）垫支营运资金的收回。垫支营运资金的收回是指在项目终结时，原来垫支的营运资金得到回收。

（3）固定资产的变价净收入。是指投资项目结束时，收回的固定资产报废清理的残值收入或转让的变价收入扣除清理费用后的净收入。

回收垫支的营运资金和回收固定资产的变价净收入统称为回收额。

（4）其他现金流入量。其他现金流入量是指以上三项指标以外的现金流入量项目。如多交的税金退回或国家特殊项目的补贴等。

2.现金流出量的内容

（1）建设投资。建设投资是指项目的直接投资支出，是因项目形成生产能力而发生的各种现金支出，包括在项目建设期内所发生的固定资产、无形资产和开办费等投资。

（2）垫支的营运资金。垫支的营运资金是指投资项目建成投产后，为开展正常生产经营活动而投放在流动资产上的周转资金。营运资金一般是在项目开始投产时投入的，到项目结束时才能全额收回。

（3）付现的营运成本。付现的营运成本是指在投资项目生产经营期内每年发生的用现金支付的成本，简称付现成本。它是生产经营期内最主要的现金流出量。

（4）支付的各项税款。支付的各项税款是指在投资项目生产经营期内实际支付的各项税款。

（5）其他现金流出量。其他现金流出量是指不包括在以上内容中的现金流出项目，如营业外净支出等。

【同步思考4-1】折旧是一项非付现成本，这是否意味着折旧构成了项目投资的现金收入？

二、现金净流量

现金净流量又称净现金流量，是指在项目计算期内每年现金流入量与现金流出量的差额。如果现金流入量大于现金流出量，现金净流量大于零，用正号“+”表示现金净流量为流入量；如果现金流入量小于现金流出量，现金净流量小于零，用负号“-”表示现金净流量为流出量。现金净流量的计算公式如下：

微课

项目投资现金流量分析——现金净流量计算

$$某年现金净流量(NCF) = 该年现金流入量 - 该年现金流出量$$

项目投资现金流量分析涉及项目的整个计算期，从投资项目的经济寿命周期来看，大致可以分为三个阶段：第一阶段投资期即建设期所发生的现金流量；第二阶段经营期即正常生产经营阶段所发生的现金流量；第三阶段终结期即在经营期终结点项目结束时发生的现金流量。

（一）建设期现金净流量的简化计算公式

在建设期内，由于没有现金流入量，只有现金流出量，所以建设期的现金净流量总为负值。

$$建设期某年现金净流量(NCF)=-该年发生的投资额$$

（二）经营期现金净流量的简化计算公式

生产经营期某年现金净流量（NCF）

= 该年营业收入 − 该年付现成本 − 该年企业所得税

= 该年营业收入 −（该年营运总成本 − 该年非付现成本）− 该年企业所得税

= 该年税后利润 + 该年非付现成本

= 该年营业收入 ×（1 − 企业所得税税率）− 该年付现成本 ×（1 − 企业所得税税率）+ 该年非付现成本 × 企业所得税税率

式中：非付现成本主要是固定资产折旧费用、长期资产摊销费用等。

（三）终结点现金净流量的简化计算公式

$$终结点现金净流量(NCF)=经营期现金净流量+回收额$$

【例 4-1】长城公司进行一项固定资产投资，在建设起点一次投入2 000万元，无建设期，该项目的生产经营期为10年，该固定资产报废时预计残值为200万元。生产经营期每年预计获得税后利润470万元。固定资产按直线法计提折旧。

要求：计算该项目投资在项目计算期内各年的现金净流量。

计算过程如下：

固定资产年折旧额 =（2 000 − 200）÷10 = 180（万元）

项目计算期 = 建设期 + 生产经营期 = 0 + 10 = 10（年）

$NCF_0=-2\,000$ 万元

$NCF_{1-9}=470+180=650$（万元）

$NCF_{10}=650+200=850$（万元）

【例 4-2】长城公司投资新建一个分厂，投资均为贷款，固定资产总投资500万元，建设期为2年，第1年年初投入300万元，第1年应计贷款利息30万元；第2年年初投入200万元，第2年应计贷款利息55万元。第2年年末投入流动资产92万元。该项目的生产经营期为10年，预计期满报废时有残值收入45万元。固定资产按直线法计提折旧。生产经营期各年实现的税后利润分别为21万元、23万元、38万元、45万元、50万元、59万元、62万元、54万元、40万元、24万元。

要求：计算该项目投资在项目计算期内各年的现金净流量。

计算过程如下：

固定资产原值 =（300 + 200）+（30 + 55）= 585（万元）

固定资产年折旧额 =（585 − 45）÷ 10 = 54（万元）

项目计算期 = 建设期 + 生产经营期 = 2 + 10 = 12（年）

$NCF_0=-300$ 万元

$NCF_1=-200$ 万元

$NCF_2=-92$ 万元

$NCF_3=21+54=75$（万元）

$NCF_4=23+54=77$（万元）

$NCF_5=38+54=92$（万元）

NCF_6= 45 + 54 = 99（万元）

NCF_7= 50 + 54 = 104（万元）

NCF_8= 59 + 54 = 113（万元）

NCF_9= 62 + 54 = 116（万元）

NCF_{10}= 54 + 54 = 108（万元）

NCF_{11}= 40 + 54 = 94（万元）

NCF_{12}= 24 + 54 + 45 + 92 = 215（万元）

【例4-3】长城公司购置1台现代化设备，价值530万元，建设期1年，第1年年末投入流动资产80万元。该项目生产经营期为10年，固定资产按直线法计提折旧，期末有残值30万元。预计投产后，公司前5年每年发生600万元的营业收入，并发生付现成本400万元；后5年每年发生900万元的营业收入，并发生付现成本600万元。企业所得税税率为25%。

要求：计算该项目投资在项目计算期内各年的现金净流量。

计算过程如下：

解法一：

固定资产年折旧额 =（530 - 30）÷ 10 = 50（万元）

项目计算期 = 建设期 + 生产经营期 = 1 + 10 = 11（年）

NCF_0= - 530万元

NCF_1= - 80万元

$NCF_{2\sim6}$= 600 ×（1 - 25%）- 400 ×（1 - 25%）+ 50 × 25% = 162.5（万元）

$NCF_{7\sim10}$= 900 ×（1 - 25%）- 600 ×（1 - 25%）+ 50 × 25% = 237.5（万元）

NCF_{11}= 237.5 + 30 + 80 = 347.5（万元）

解法二：

生产经营期前5年每年应交所得税 =［600 -（400 + 50）］× 25% = 37.5（万元）

生产经营期后5年每年应交所得税 =［900 -（600 + 50）］× 25% = 62.5（万元）

NCF_0= - 530万元

NCF_1= - 80万元

$NCF_{2\sim6}$= 600 - 400 - 37.5 = 162.5（万元）

$NCF_{7\sim10}$= 900 - 600 - 62.5 = 237.5（万元）

NCF_{11}= 237.5 + 30 + 80 = 347.5（万元）

【明德善思】

现金流量预测的多维价值思考

我国“十四五”规划重申“推进能源革命，建设清洁低碳、安全高效的能源体系”的战略部署，光伏产业成为实现“双碳”目标的关键力量。新能源企业纷纷响应国家“双碳”政策，创造了众多“光伏+”的创新应用。例如，“光伏+沙漠+农业”“光伏+沙漠+林草”“光伏+矿山治理”等“新能源+”生态治理模式。该类项目初期需投入数亿元资金，在预测未来现金流量时需综合考虑政府补贴、碳交易收益、生态修复成本及电力销售价格波动等因素，最终目标是实现企业盈利与环境治理的双赢。可见，项目投资决策不仅关乎财务数字，更需与国家战略同频共振。

启示：光伏项目投资现金流量预测不仅是技术工具的运用，也是国家战略、企业社会责任与民生需求的交汇，让每笔投资都成为推动共同富裕的“绿色引擎”。(1) 社会效益维度。现金流量预测突破传统财务框架，将项目对区域就业、产业链带动、公共服务提升等外溢效应纳入考量，使资本流动方向与社会价值创造形成正向循环。(2) 可持续发展观。在预测周期中嵌入环境成本动态评估，通过动态调整现金流模型中的生态修复成本参数，实现能源开发与生态保护的正向耦合。(3) 合法合规底线。现金流测算必须严守国家法规红线，遵守法律法规、符合会计准则、尊重合同约定、防范财务风险、保护投资者权益、履行社会责任及接受监管审查，使现金流测算成为投资决策的可靠依据，同时维护企业声誉和市场秩序。(4) 创新驱动引擎。高科技项目投资应建立研发投入与现金流增长的联动模型，既确保科研持续投入，又平衡股东回报诉求，充分考虑技术创新带来的成本降低和效率提升，同时评估技术风险，确保项目的稳健推进。(5) 民生关怀温度。光伏项目建设为当地提供了稳定的就业机会和收入来源，同时改善了当地的能源结构，降低了用电成本。在现金流量预测中，需关注项目对当地民生的积极影响，将其作为项目社会价值的重要体现。

任务解析

通过上述学习，可以解析【任务引入】中的问题：

(1) 建设期现金流量。

$NCF_0 = -3\,450.16$ 万元

$NCF_1 = -481$ 万元

(2) 经营期现金流量（见表4-2）。

表4-2 经营期现金流量测算表 单位：万元

项目	第2至6年	第7至16年
销售收入	4 800	4 800
减：总成本	2 746.49	2 692.29
利润总额	2 053.51	2 107.71
减：所得税（25%）	513.38	526.93
净利润	1 540.13	1 580.78
加：折旧等非付现成本	255.55	201.35
经营现金净流量	1 795.68	1 782.13

(3) 终结期现金流量

$NCF_{16} = 1\,782.13 + 481 + 3\,450.16 \times 14.31\% = 2\,756.85$（万元）

经过以上计算可以看出尚达家具公司预测各年现金净流量较稳定。

任务三　项目投资决策

任务引入

尚达家具公司的竹家具投资项目投资金额较大，投资回收期长，期间涉及的不确定因素较多，而且对企业而言巨额投资一旦投出就难以改变，这些都使该项目投资具有很大的风险性。因此，尚达家具公司对此投资项目的可行性研究至关重要。目前，财务人员已经完成了对该项目投资现金流量的预测，下一步在此基础上判断此项目是否具有投资价值。公司要求财务人员预测项目的平均报酬率、静态投资回收期、净现值和内含报酬率等评价指标，综合分析此项目投资的财务可行性。

任务分析：由于尚达家具公司该投资项目金额较大，周期较长，所形成的时间价值必然也会较多。因而在对项目财务可行性进行分析和评价时，应充分考虑资本成本和风险因素，合理选择折现率，运用时间价值观念，将折现指标与非折现指标相结合，对项目作出综合、客观的评价。

知识准备

项目投资的决策方法按是否考虑资金时间价值，可以分为折现法和非折现法两大类。所谓折现法是指考虑了资金时间价值因素的决策方法，又称动态分析法。动态分析法计算较复杂，但更贴近实际，更为科学合理，其主要包括动态投资回收期法、净现值法、净现值率法、现值指数法和内含报酬率法；非折现法是指没有考虑资金时间价值因素的决策方法，又称静态分析法。该方法计算简单，便于理解，主要包括平均报酬率法和静态投资回收期法。

一、非折现法

（一）平均报酬率法

平均报酬率（*ARR*），又称会计报酬率，是指投资项目投产后的年平均利润与原始投资额的百分比。其计算公式为：

$$平均报酬率(ARR)=\frac{年平均利润}{原始投资额}\times 100\%$$

1. 平均报酬率法的决策标准

采用平均报酬率法对投资项目进行分析评价时，需要事先确定企业所希望达到的期望报酬率，以便与项目的平均报酬率进行比较，从而决定取舍。

对相互独立的备选方案进行决策时，如果平均报酬率大于或等于期望报酬率，则方案可行；如果平均报酬率小于期望报酬率，则方案不可行。

对相互排斥的备选方案进行决策时，如果有两个或两个以上方案的平均报酬率都大于或等于期望报酬率，应选择平均报酬率最大的方案。

【例4–4】长城公司有一个投资方案，投资总额为100万元，当年投产当年开始盈利，生产经营期为8年，每年预测利润见表4–3，该企业希望达到的期望报酬率为8%。

表4–3 每年预测利润 单位：元

项目计算期	预测利润
1	85 000
2	107 000
3	110 000
4	133 000
5	165 000
6	136 000
7	114 000
8	110 000
合计	960 000

要求：计算该投资方案的平均报酬率，并分析该方案的可行性。

计算如下：

$$\text{平均报酬率}(ARR)=\frac{\text{年平均利润}}{\text{原始投资额}}\times 100\%=\frac{960\,000\div 8}{1\,000\,000}\times 100\%=12\%$$

该方案平均报酬率为12%，大于该企业的期望报酬率8%，所以该方案可行。

【例4–5】长城公司准备投资一个项目，有A、B两个方案。A方案投资总额为106 250元，B方案投资总额130 000元。该企业期望平均报酬率为11%，A、B两个方案其他资料见表4–4。

表4–4 A、B两个方案其他资料 单位：元

项目计算期	A方案		B方案	
	固定资产投资	利润	固定资产投资	利润
0	−106 250		−130 000	
1		17 000		11 000
2		17 000		15 000
3		17 000		20 000
4		17 000		34 000
5		17 000		40 000
合计		85 000		120 000

要求：计算A、B两个方案的平均报酬率，并评价其可行性。

计算如下：

$$A方案平均报酬率(ARR)=\frac{17\,000}{106\,250}\times 100\%=16\%$$

$$B方案平均报酬率(ARR)=\frac{120\,000\div 5}{130\,000}\times 100\%=18.46\%$$

A、B两个方案的平均报酬率分别为16%和18.46%，都超过了该企业期望的平均报酬率11%，所以两个方案都具有可行性。由于B方案的平均报酬率大于A方案的平均报酬率，因此，应选择B方案。

2. 平均报酬率法的优缺点

平均报酬率是一个静态的相对量正指标。优点是计算简单，便于理解；缺点是没有考虑货币的时间价值，对时间跨度大的投资方案，不能反映投资方案的风险程度，所以有时会作出错误的决策。在应用时一般只作为辅助指标。

（二）静态投资回收期法

投资回收期（*PP*），是指投资项目收回原始投资所需要的时间，一般以年为单位。

投资者投入的资本希望能以某种方式尽快地收回，收回的时间越长，所承担风险就越大。因而，投资回收期的长短是投资者十分关心的问题，也是评价方案优劣的标准之一。用投资回收期指标评价方案时，投资回收期越短越好。

静态投资回收期是指在不考虑货币时间价值的情况下，收回全部投资额所需要的时间。

1. 静态投资回收期的计算方法

在计算静态投资回收期时，根据投资项目的现金流量特点，可以分为以下两种情况：

（1）当投资项目生产经营期内每年的现金净流量相等时，静态投资回收期的计算公式为：

$$静态投资回收期=\frac{原始投资额}{年现金净流量}+建设期$$

（2）当投资项目生产经营期内每年的现金净流量不相等时，用累计现金净流量的方法计算。先逐年计算累计现金净流量，当累计现金净流量正好为零时，此年限即为静态投资回收期；当累计现金净流量无法直接找到零时，静态投资回收期的计算公式为：

$$静态投资回收期=\begin{matrix}累计现金净流量最后\\一项负值对应的年限\end{matrix}+\frac{累计现金净流量最后一项负值的绝对值}{下年现金净流量}$$

2. 静态投资回收期法的决策标准

采用投资回收期法对投资项目进行分析评价时，需要事先确定企业所希望达到的期望回收期，以便与项目的投资回收期进行比较，从而决定取舍。

对相互独立的备选方案进行决策时，如果投资回收期短于或等于期望回收期，则方案可行；如果投资回收期长于期望回收期，则方案不可行。

对相互排斥的备选方案进行决策时，如果有两个或两个以上方案的投资回收期都短于或等于期望回收期，应选择投资回收期最短的方案。

【例4-6】长城公司准备购建一项固定资产，需投资1 100万元，按直线法计提折旧，生产经营期为10年，期末有固定资产残值100万元。预计投产后每年税后利润为160万元。假定企业期望投资回收期为5年。该投资项目各年的现金净流量见表4-5。

表4-5 投资项目现金净流量 单位：万元

项目计算期	原始投资额	税后利润	年折旧	回收残值	年现金净流量（*NCF*）
0	-1 100				-1 100
1		160	100		260
2		160	100		260
3		160	100		260
4		160	100		260
5		160	100		260
6		160	100		260
7		160	100		260
8		160	100		260
9		160	100		260
10		160	100	100	360

要求：计算该方案的静态投资回收期，并分析该方案的可行性。计算如下：

该投资项目生产经营期内只有最后一年的现金净流量为360万元，其余各年现金净流量为260万元，因此，可用以下公式计算：

$$\text{静态投资回收期}=\frac{\text{原始投资额}}{\text{年现金净流量}}=\frac{1\,100}{260}=4.2\text{（年）}$$

因为该方案的静态投资回收期4.2年小于企业期望回收期5年，所以该投资方案可行。

【例4-7】长城公司有A、B两个投资方案，它们的具体资料见表4-6。该企业期望的投资回收期为4.5年。

表4-6 投资项目现金净流量 单位：万元

项目计算期	A方案现金净流量（*NCF*）	B方案现金净流量（*NCF*）
0	-600	-700
1	0	180
2	100	230
3	200	240

续表

项目计算期	A方案现金净流量（*NCF*）	B方案现金净流量（*NCF*）
4	300	300
5	460	420
6	320	350
7	290	310
8	270	290
9	230	260
10	200	240

要求：计算A、B两个方案的静态投资回收期，并评价其可行性。

计算如下：

A、B两个方案的累计现金净流量见表4-7。

表4-7　A、B两个方案的累计现金净流量　单位：万元

项目计算期	A方案		B方案	
	现金净流量（*NCF*）	累计现金净流量	现金净流量（*NCF*）	累计现金净流量
0	-600	-600	-700	-700
1	0	-600	180	-520
2	100	-500	230	-290
3	200	-300	240	-50
4	300	0	300	250
5	460	460	420	670
6	320	780	350	1 020
7	290	1 070	310	1 330
8	270	1 340	290	1 620
9	230	1 570	260	1 880
10	200	1 770	240	2 120

从表4-7中可知，A方案的静态投资回收期为4年。B方案在表中无法直接找到累计现金净流量为零，但累计净现金流量从第3年到第4年时由负转正，可知投资回收期在第3年至第4年之间。可按下面的方法计算：

$$B方案静态投资回收期 = 3 + \frac{50}{300} = 3.17\ （年）$$

由于A、B两个方案的静态投资回收期分别为4年和3.17年，都小于该企业期望的投资回收期4.5年，因此两个方案都可行。B方案的投资回收期较短，所以应选择B方案。

3. 静态投资回收期法的优缺点

静态投资回收期是一个静态的绝对量反指标。优点是计算简单，便于理解，在一定程度上反映备选方案的风险程度；缺点是没有考虑货币的时间价值，没有考虑投资回收期满后的现金流量情况，忽略了投资回收以后的经济效益，不利于反映项目全部期间的实际情况。

二、折现法

（一）动态投资回收期法

动态投资回收期也称为折现投资回收期，需要将各年的现金净流量进行折现，以现金净流量的现值确定投资回收期。

【例4-8】沿用【例4-7】的资料。假设折现率为10%，计算该项目的累计折现现金流量（见表4-8）。

表4-8　A、B两个方案的累计折现现金净流量　单位：万元

项目计算期	复利现值系数	A方案			B方案		
		现金净流量（NCF）	净流量现值	累计现值	现金净流量（NCF）	净流量现值	累计现值
0	1.000 0	−600	−600	−600	−700	−700	−700
1	0.909 1	0	0	−600	180	163.638	−536.362
2	0.826 4	100	82.64	−517.36	230	190.072	−346.29
3	0.751 3	200	150.26	−367.1	240	180.312	−165.978
4	0.683 0	300	204.9	−162.2	300	204.9	38.922
5	0.620 9	460	285.614	123.414	420	260.778	299.7
6	0.564 5	320	180.64	304.054	350	197.575	497.275
7	0.513 2	290	148.828	452.882	310	159.092	656.367
8	0.4665	270	125.955	578.837	290	135.285	791.652
9	0.4241	230	97.543	676.38	260	110.266	901.918
10	0.3855	200	77.1	753.48	240	92.52	994.438

$$\text{A方案动态投资回收期} = 4 + \frac{162.2}{285.614} = 4.57\text{（年）}$$

$$\text{B方案动态投资回收期} = 3 + \frac{165.978}{204.9} = 3.81\text{（年）}$$

显然，动态投资回收期要长于静态投资回收期，因为考虑了资金时间价值，故更符合投资回收的实际情况。

动态投资回收期的其他特征及决策标准与静态投资回收期基本相同。

（二）净现值法

微课

净现值法

净现值（*NPV*），是指在项目计算期内，按一定折现率计算的经营期各年现金净流量的现值之和与原始投资额的现值之间的差额。其计算公式为：

$$净现值(NPV)=\sum 经营期各年现金净流量的现值-\sum 原始投资额的现值=\sum_{t=0}^{n}\frac{NCF_t}{(1+i)^t}$$

式中：NCF_t为第t年项目的现金净流量；n为项目计算期；i为折现率。

1.净现值法的决策标准

对相互独立的备选方案进行决策时，如果净现值大于或等于零，则方案可行；如果净现值小于零，则方案不可行。

对相互排斥的备选方案进行决策时，如果有两个或两个以上方案的净现值都大于或等于零，应选择净现值最大的方案。

【例4-9】长城公司购入设备一台，价值400万元，按直线法计提折旧，项目计算期为5年，期末无残值。假定折现率为10%，预计投产后每年可获得税后利润分别为200万元、230万元、300万元、340万元、400万元。

要求：计算该方案的净现值，评价方案的可行性。

计算过程如下：

固定资产年折旧额 = 400 ÷ 5 = 80（万元）

原始投资额现值 = 400万元

$NCF_1=200+80=280$（万元）

$NCF_2=230+80=310$（万元）

$NCF_3=300+80=380$（万元）

$NCF_4=340+80=420$（万元）

$NCF_5=400+80=480$（万元）

$$NPV=\frac{280}{(1+10\%)^1}+\frac{310}{(1+10\%)^2}+\frac{380}{(1+10\%)^3}+\frac{420}{(1+10\%)^4}+\frac{480}{(1+10\%)^5}-400$$

$$=280\times0.9091+310\times0.8264+380\times0.7513+420\times0.6830+480\times0.6209-400$$

$$=254.548+256.184+285.494+286.86+298.032-400$$

$$=1\ 381.118-400$$

$$=981.12（万元）$$

由于该方案的净现值为981.12万元大于零，因此该方案可行。

【例4-10】长城公司进行一项固定资产投资，有A、B、C三个方案，假定折现率为10%，A、B、C三个方案各年现金净流量见表4-9。

表4-9　　A、B、C三个方案各年现金净流量　　单位：万元

项目计算期	A方案现金净流量	B方案现金净流量	C方案现金净流量
0	-200	-200	-100
1	100	0	-100
2	100	100	80
3	100	120	100
4	100	140	110
5	100	150	130
6	100	110	140

要求：计算A、B、C三个方案的净现值，并评价其可行性。

计算过程如下：

由于A方案经营期每年的现金净流量都相等，可以由普通年金求现值：

$NPV_A = 100 \times (P/A, 10\%, 6) - 200$

$= 100 \times 4.3553 - 200$

$= 435.53 - 200$

$= 235.53$（万元）

$NPV_B = 100 \times (P/F, 10\%, 2) + 120 \times (P/F, 10\%, 3) + 140 \times (P/F, 10\%, 4) + 150 \times (P/F, 10\%, 5) + 110 \times (P/F, 10\%, 6) - 200$

$= 100 \times 0.8264 + 120 \times 0.7513 + 140 \times 0.6830 + 150 \times 0.6209 + 110 \times 0.5645 - 200$

$= 82.64 + 90.156 + 95.62 + 93.135 + 62.095 - 200$

$= 423.646 - 200$

$= 223.65$（万元）

$NPV_C = 80 \times (P/F, 10\%, 2) + 100 \times (P/F, 10\%, 3) + 110 \times (P/F, 10\%, 4) + 130 \times (P/F, 10\%, 5) + 140 \times (P/F, 10\%, 6) - [100 + 100 \times (P/F, 10\%, 1)]$

$= 80 \times 0.8264 + 100 \times 0.7513 + 110 \times 0.6830 + 130 \times 0.6209 + 140 \times 0.5645 - (100 + 100 \times 0.9091)$

$= 66.112 + 75.13 + 75.13 + 80.717 + 79.03 - (100 + 90.91)$

$= 376.119 - 190.91$

$= 185.21$（万元）

由于A、B、C三个方案的净现值分别为235.53万元、223.65万元、185.21万元，都大于零，三个方案均可行。又因为$NPV_A > NPV_B > NPV_C$，所以选择A方案。

2.净现值法的优缺点

净现值法的优点是充分考虑了货币的时间价值，并且能够利用项目计算期内的全部现金净流量信息，反映了投资项目的可获收益。

净现值法的缺点是不能反映投资项目的实际收益率水平；当各方案的投资额或经济寿命不等时，用净现值难以进行评价；折现率的确定较为困难。

（三）现值指数法

微课

现值指数法

现值指数（PI），是指项目投产后按一定折现率计算的在经营期内各年现金净流量的现值之和与原始投资额现值的比值。其计算公式为：

$$现值指数(PI)=\frac{\sum 经营期各年现金净流量的现值}{\sum 原始投资额的现值}$$

1. 现值指数法的决策标准

对相互独立的备选方案进行决策时，如果现值指数大于或等于1，则方案可行；否则方案不可行。

对相互排斥的备选方案进行决策时，如果有两个或两个以上方案的现值指数都大于或等于1，应选择现值指数最大的方案。

【例4-11】沿用【例4-10】的资料，计算A、B、C三个方案的现值指数，并评价其可行性。

计算过程如下：

$PI_A = 100 \times 4.3553 \div 200 = 2.18$

$PI_B =（100 \times 0.8264 + 120 \times 0.7513 + 140 \times 0.6830 + 150 \times 0.6209 + 110 \times 0.5645）\div 200$

$= 2.12$

$PI_C =（80 \times 0.8264 + 100 \times 0.7513 + 110 \times 0.6830 + 130 \times 0.6209 + 140 \times 0.5645）\div$

$（100 + 100 \times 0.9091）$

$= 1.97$

由于A、B、C三个方案的现值指数分别为2.18、2.12和1.97，均大于1，所以方案都可行。又因为$PI_A > PI_B > PI_C$，所以选择A方案。

2. 现值指数法的优缺点

现值指数法的优点是考虑了货币的时间价值，能够真实地反映投资项目的盈亏程度，有利于在原始投资额不同的投资项目之间进行排序。其缺点是无法直接反映投资项目的实际收益率，忽略了互斥项目之间投资规模上的差异，所以在多个互斥项目的选择中，可能会得出错误的结论。

（四）净现值率法

净现值率（$NPVR$），是指投资项目的净现值与原始投资额现值的比值。其计算公式为：

$$净现值率(NPVR)=\frac{净现值}{\sum 原始投资额的现值}$$

1. 净现值率法的决策标准

对相互独立的备选方案进行决策时，如果净现值率大于或等于零，则方案可行；否则，方案不可行。

对相互排斥的备选方案进行决策时，如果有两个或两个以上方案的净现值率都大于或等于零，应选择净现值率最大的方案。

【例4-12】沿用【例4-10】的资料，计算A、B、C三个方案的净现值率，并评价其可行性。

计算过程如下：

$NPVR_A = 235.53 \div 200 = 1.18$

$NPVR_B = 223.65 \div 200 = 1.12$

$NPVR_C = 185.21 \div (100 + 100 \times 0.9091) = 0.97$

由于A、B、C三个方案的净现值率分别为1.18、1.12和0.97，都大于0，方案都可行。又因为 $NPVR_A > NPVR_B > NPVR_C$，所以选择A方案。

由本例和【例4-11】可知：

$PI_A = NPVR_A + 1 = 1.18 + 1 = 2.18$

$PI_B = NPVR_B + 1 = 1.12 + 1 = 2.12$

$PI_C = NPVR_C + 1 = 0.97 + 1 = 1.97$

所以，净现值率与现值指数有如下关系：现值指数 = 净现值率 + 1。

2. 净现值率法的优缺点

净现值率法的优点是考虑了货币的时间价值，能够真实地反映投资项目的盈亏程度。其缺点是无法直接反映投资项目的实际收益率。

（五）内含报酬率法

微课

内含报酬率法

内含报酬率（*IRR*），又称内部收益率，是指投资项目可望达到的收益率，即能使投资项目的净现值等于零时的折现率。

1. 内含报酬率的计算方法

根据内含报酬率的概念可知，内含报酬率（*IRR*）应满足下列等式：

$$\sum_{t=0}^{n} NCF_t (P/F, IRR, t) = 0$$

式中：NCF_t 为第 t 年的现金净流量；*IRR* 为内含报酬率；n 为项目计算期。

根据投资项目各年现金净流量的特点不同，内含报酬率的求解方法可以分为以下两种情形：

（1）若经营期内各年现金净流量相等，且全部投资均于建设起点一次投入，建设期为零，则：

经营期每年相等的现金净流量 × 年金现值系数 − 原始投资额 = 0

内含报酬率的计算步骤如下：

①计算年金现值系数。

年金现值系数 = 原始投资额 ÷ 经营期每年相等的现金净流量

②根据计算出来的年金现值系数与已知的年限 n，查年金现值系数表，确定内含报酬率的范围。在系数表上找到同期略大于和略小于该系数的两个临界值及所对应的两个折现率。

③用插值法求出内含报酬率。

（2）若投资项目在经营期内各年现金净流量不相等，必须采用逐次测试的方法，计算能使净现值等于零的折现率，即为内含报酬率。其计算步骤如下：

① 估计一个折现率，用它来计算净现值。如果净现值为正数，说明方案本身的报酬率大于估计的折现率，应提高折现率再进一步测试；如果净现值为负数，说明方案本身的报酬率小于估计的折现率，应降低折现率再进行测算。如此反复测试，找出使净现值由正到负或由负到正且接近零的两个折现率。假设 $NPV_1 > 0$，对应的折现率为 i_1；$NPV_2 < 0$，对应的折现率为 i_2。

② 根据上述相邻的两个折现率用插值法求出该方案的内含报酬率。其计算公式为：

$$IRR = i_1 + \frac{NPV_1}{NPV_1 - NPV_2}(i_2 - i_1)$$

2. 内含报酬率法的决策标准

对相互独立的备选方案进行决策时，如果内含报酬率大于或等于企业的资本成本率或期望报酬率，则方案可行；否则，方案不可行。

对相互排斥的备选方案进行决策时，如果有两个或两个以上方案的内含报酬率都大于或等于企业的资本成本率或期望报酬率，应选择内含报酬率最大的方案。

【例 4–13】长城公司拟购建一项固定资产，需投资 1 000 万元，按直线法计提折旧，使用寿命为 10 年。预计投产后每年可获得的现金净流量为 200 万元，假定该项目要求最低收益率为 10%。

要求：计算该方案的内含报酬率，评价方案的可行性。

计算过程如下：

$$\text{年金现值系数}(P/A,\ i,\ 10) = \frac{\text{原始投资额}}{\text{经营期每年相等的现金净流量}} = \frac{1\,000}{200} = 5$$

查 $n = 10$ 的年金现值系数表可知：

$(P/A,\ 15\%,\ 10) = 5.0188$

$(P/A,\ 16\%,\ 10) = 4.8332$

折现率	年金现值系数
15%	5.0188
IRR	5
16%	4.8332

则：

$$IRR = 15\% + \frac{5.0188 - 5}{5.0188 - 4.8332} \times (16\% - 15\%) = 15.1\%$$

由于该方案的内含报酬率 $IRR = 15.1\% >$ 项目要求最低收益率 10%，所以方案可行。

【例 4–14】长城公司进行一项固定资产投资，投入资金为 30 000 元，假设该项目要求最低收益率为 12%，项目计算期为 6 年。各年现金净流量见表 4–10。

表4–10 投资项目现金净流量 单位：元

项目计算期	现金净流量
0	−30 000
1	8 000

续表

项目计算期	现金净流量
2	8 000
3	9 000
4	9 000
5	10 000
6	11 000

要求：计算该方案的内含报酬率，并评价方案的可行性。

计算过程如下：

由于该方案的各年现金净流量不相等，因此，必须逐次进行测算，测算过程见表4-11。

表4-11 投资项目内含报酬率测算 金额单位：元

项目计算期	现金净流量	折现率 = 16%		折现率 = 18%		折现率 = 20%	
		现值系数	现值	现值系数	现值	现值系数	现值
0	-30 000	1	-30 000	1	-30 000	1	-30 000
1	8 000	0.862 1	6 896.8	0.847 5	6 780	0.833 3	6 666.4
2	8 000	0.743 2	5 945.6	0.718 2	5 745.6	0.694 4	5 555.2
3	9 000	0.640 7	5 766.3	0.608 6	5 477.4	0.578 7	5 208.3
4	9 000	0.552 3	4 970.7	0.515 8	4 642.2	0.482 3	4 340.7
5	10 000	0.476 2	4 762.0	0.437 1	4 371.0	0.401 9	4 019.0
6	11 000	0.410 4	4 514.4	0.370 4	4 074.4	0.334 9	3 683.9
净现值			2 855.8		1 090.6		-526.5

折现率	净现值
18%	1 090.6
IRR	0
20%	- 526.5

则：

$$IRR = 18\% + \frac{1\,090.6 - 0}{1\,090.6 + 526.5} \times (20\% - 18\%) = 19.35\%$$

由于该方案的内含报酬率 $IRR = 19.35\%$ > 项目要求最低收益率12%，所以方案可行。

3. 内含报酬率法的优缺点

内含报酬率法的优点是考虑了货币的时间价值，反映了投资项目的实际报酬率。其缺点是计算过程比较复杂，当在经营期间进行多次追加投资时，会出现多个*IRR*，给决策带来不便。

（六）净现值、现值指数、净现值率和内含报酬率之间的关系

当$NPV>0$时，$PI>1$，$NPVR>0$，$IRR>i$；

当$NPV=0$时，$PI=1$，$NPVR=0$，$IRR=i$；

当$NPV<0$时，$PI<1$，$NPVR<0$，$IRR<i$。

【明德善思】

科学决策与长远规划

辽渔集团冷冻厂隶属于辽宁省大连海洋渔业集团公司，成立于1966年，是国内领先的水产品冷藏企业。经过多年发展，已建成由6座大型现代化冷库组成的国内最大的水产品冷藏基地，企业拥有正式员工400余人，固定资产1.2亿元。辽渔集团冷库投资项目是一个涉及资金、技术、市场等多方面因素的复杂项目。在项目实施过程中，企业综合运用投资决策方法、比较优势分析、规模经济效益评估、市场预测和经济技术评价等，确保了项目决策的科学性和合理性。

启示：辽渔集团冷库投资项目的实施经验告诉我们：无论是企业还是个人，都需通过科学决策、发挥优势、关注长期效益和动态调整，在复杂环境中实现可持续发展与价值创造。(1) 当企业进行重大项目投资决策时，一是要运用科学的投资决策方法。通过优势分析和效益评估，更好地理解自身的核心竞争力，并确定最优的投资规模和方向，提高资源利用效率，降低投资风险。二是要重视市场预测与技术评估。在投资前，进行全面的市场调研和技术可行性分析，确保项目符合市场需求并具备长期盈利能力，以避免盲目投资带来损失。三是要灵活应对变化。通过动态调整投资策略建立灵活的应对机制，及时应对市场和技术变化，保持竞争优势，确保在面对外部环境变化时能够迅速作出反应。(2) 当学生面临职业选择和生涯规划问题时，首先，要明确自己的兴趣、特长和职业目标，选择适合自己的发展路径，找到自己的“比较优势”，才能在未来的职业生涯中脱颖而出。其次，要树立终身学习的理念，不断提升自身的专业技能和综合素质，以适应快速变化的社会需求。最后，生涯规划也应具备全局视野和战略思维，不仅要考虑当前的职业选择，还要为未来的职业发展做好长远规划。通过设定阶段性目标和长期愿景，逐步实现个人的职业理想。

三、固定资产更新决策

随着科学技术的快速发展，固定资产的更新周期在大大缩短。当科技含量更高的新设备出现时，原来旧的设备即使仍旧能使用，但由于消耗大，维修费用高，企业也面临着是否更新设备的问题。因此，固定资产更新的决策成为项目投资决策中的重要内容。

（一）寿命期限相等的更新决策

寿命期限相等的固定资产更新决策中，经常采用差额净现值（ΔNPV）或者差额内含报酬率（ΔIRR）的方法进行方案分析。

在此方法下，一般以投资额大的方案减投资额小的方案，当$\Delta NPV\geqslant 0$或$\Delta IRR\geqslant i$时，投资额大的方案较优；反之，则投资额小的方案为优。

差额净现值ΔNPV或差额内含报酬率ΔIRR的计算过程和计算方法同净现值NPV或内含报酬率IRR完全一样，只是所依据的是ΔNCF。

【例4-15】长城公司考虑用一台新的、效率更高的设备来代替旧设备，以减少成本、增加收益。旧设备原购置成本为40 000元，已使用5年，估计还可使用5年，已提折旧20 000元，假定使用期满后无残值，如果现在销售可得价款20 000元，使用该设备每年可获收入50 000元，每年的付现成本为30 000元。新设备的购置成本为60 000元，估计可使用5年，预计净残值为10 000元，使用新设备后，每年收入可达80 000元，每年付现成本为40 000元。假定该公司的折现率为10%，企业所得税税率为25%，新旧设备均用直线法计提折旧。

要求：作出该公司是继续使用旧设备还是对其进行更新的决策。

计算过程如下：

（1）用差额净现值法求解：

①计算差额现金净流量。

$\Delta NCF_0 = -60\,000-(-20\,000) = -40\,000$（元）

$\Delta NCF_{1\sim4} = (80\,000-50\,000)\times(1-25\%)-(40\,000-30\,000)\times(1-25\%)+[(60\,000-10\,000)\div5-(40\,000-20\,000)\div5]\times25\%$

$= 30\,000\times(1-25\%)-10\,000\times(1-25\%)+6\,000\times25\%$

$= 16\,500$（元）

$\Delta NCF_5 = 16\,500+10\,000 = 26\,500$（元）

②计算差额净现值。

$\Delta NPV = 16\,500\times(P/A,\ 10\%,\ 4)+26\,500\times(P/F,\ 10\%,\ 5)-40\,000$

$= 16\,500\times3.169\,9+26\,500\times0.620\,9-40\,000$

$= 28\,757.20$（元）

由于差额净现值为28 757.20元，大于零，应更新设备。

（2）用差额内含报酬率法求解：

用$i=32\%$测算ΔNPV：

$\Delta NPV = 16\,500\times(P/A,\ 32\%,\ 4)+26\,500\times(P/F,\ 32\%,\ 5)-40\,000$

$= 16\,500\times2.095\,7+26\,500\times0.249\,5-40\,000$

$= 1\,190.80$（元）

用$i=36\%$测算ΔNPV：

$\Delta NPV = 16\,500\times(P/A,\ 36\%,\ 4)+26\,500\times(P/F,\ 36\%,\ 5)-40\,000$

$= 16\,500\times1.965\,8+26\,500\times0.214\,9-40\,000$

$= -1\,869.45$（元）

用插值法计算ΔIRR：

折现率	净现值
32%	1 190.80
IRR	0
36%	−1 869.45

$$\frac{\Delta IRR-32\%}{36\%-32\%}=\frac{1\,190.80}{1\,190.80+1\,869.45}$$

$$\Delta IRR=32\%+\frac{1\,190.80}{1\,190.80+1869.45}\times(36\%-32\%)=33.56\%$$

由于差额内含报酬率为33.56%，大于折现率10%，公司应更新设备。

【知识拓展】

项目财务基准收益率

项目财务基准收益率是项目财务内部收益率指标的基准判断依据，也是项目在财务上是否可行的最低要求，还用作计算财务净现值的折现率。因此，财务基准收益率确定得是否合理，对决策项目在财务上是否可行至关重要。如果把该值确定得过高，就有可能把一些本来在财务上合理的项目以财务评价不可行为由拒之；反过来，如果把该值确定得过低，又有可能对一些财务上不具备生存能力的项目放行，造成投资的损失和浪费。如果有行业发布的本行业基准收益率，即以其作为项目的基准收益率；如果没有行业规定，则由项目评价人员设定。设定方法：一是参考行业一定时期的平均收益水平并考虑项目的风险系数来确定；二是按项目占用的资本成本加一定的风险系数来确定。

（二）寿命期限不等的更新决策

对寿命期限不等的备选方案，用净现值指标可能无法得出正确决策结果，应当采用年金净流量法决策。通常采用年等额净现值法和年均成本法对投资方案作出选择。

1.年等额净现值法

年等额净现值法是指通过比较所有投资方案的年等额净现值指标的大小来选择最优方案的决策方法。在此方法下，年等额净现值最大的方案为最优方案。

年等额净现值法的计算步骤如下：

（1）计算各方案的净现值NPV；

（2）计算各方案的年等额净现值，若折现率为i，项目计算期为n，则：

$$年等额净现值=\frac{净现值}{年金现值系数}=\frac{NPV}{(P/A,\ i,\ n)}$$

【例4-16】长城公司现有新设备甲和旧设备乙两项投资方案，其现金净流量见表4-12。

表4-12　甲、乙方案现金流量表　单位：元

项目计算期	新设备（甲方案）		旧设备（乙方案）	
	净收益	现金净流量	净收益	现金净流量
0		-200 000		-120 000
1	20 000	120 000	16 000	56 000
2	32 000	132 000	16 000	56 000
3			16 000	56 000

如果该企业期望达到的最低报酬率为12%，请确定最优方案。

计算过程如下：

（1）计算甲、乙方案的 *NPV*。

$$NPV_{甲} = 120\,000 \times (P/F，12\%，1) + 132\,000 \times (P/F，12\%，2) - 200\,000$$
$$= 120\,000 \times 0.8929 + 132\,000 \times 0.7972 - 200\,000$$
$$= 12\,378.4（元）$$

$$NPV_{乙} = 56\,000 \times (P/A，12\%，3) - 120\,000$$
$$= 56\,000 \times 2.401\,8 - 120\,000$$
$$= 14\,500.8（元）$$

（2）计算甲、乙方案的年等额净现值。

$$甲方案年等额净现值 = \frac{12\,378.4}{(P/A，12\%，2)} = \frac{12\,378.4}{1.6901} = 7\,324.06（元）$$

$$乙方案年等额净现值 = \frac{14\,500.8}{(P/A，12\%，3)} = \frac{14\,500.8}{2.4018} = 6\,037.47（元）$$

（3）作出决策。

因为甲方案年等额净现值7 324.06元大于乙方案年等额净现值6 037.47元，所以应选择甲方案即更新设备。

2. 年均成本法

在实际工作中，有些投资项目不能单独计算盈亏，或者投资项目的收入基本相同且难以具体计量，一般可采用年均成本法进行投资决策。年均成本也称为年金成本，是指投资项目在项目计算期内现金流出量的现值之和与年金现值系数的比值，即平均每年的现金流出。年均现金流出量最小的方案最优。

【例4-17】长城公司现有新设备A和旧设备B，其每年现金流出量的情况见表4-13。如果折现率为8%，请确定最优方案。

表4-13　A、B方案的年现金流出量　单位：元

项目计算期	新设备A现金流出量	旧设备B现金流出量
0	－70 000	－75 000
1	－4 200	－4 000
2	－4 500	－4 000
3	－4 600	－4 000
4	－4 800	－4 000
5		－4 000

计算过程如下：

$$A方案的年均成本 = [70\,000 + 4\,200 \times (P/F，8\%，1) + 4\,500 \times (P/F，8\%，2) + 4\,600 \times (P/F，8\%，3) + 4\,800 \times (P/F，8\%，4)] \div (P/A，8\%，4)$$

$= (70\ 000 + 4\ 200 \times 0.9259 + 4\ 500 \times 0.8573 + 4\ 600 \times 0.7938 + 4\ 800 \times 0.7350) \div 3.3121$

$= 84\ 926.11 \div 3.3121$

$= 25\ 641.17$（元）

B方案的年均成本 $= \dfrac{75\ 000}{(P/A,\ 8\%,\ 5)} + 4\ 000 = \dfrac{75\ 000}{3.9927} + 4\ 000 = 22\ 784.28$（元）

由于B方案年均成本为22 784.28元，低于A方案的年均成本为25 641.17元，所以选择B方案，即应该继续使用旧设备。

四、项目投资组合的决策

投资组合决策涉及多个可行性投资方案，由于受资本总量所限，企业需要在多个备选方案中找出最佳投资组合，使得有限的资金得到充分利用。一般采用现值指数法和内含报酬率法。

【例4-18】长城公司拟进行一项投资活动，A、B、C、D四个投资项目均为可行项目，具体资料见表4-14。假定长城公司只有2 500万元可用于该项投资活动。

表4-14　A、B方案的原始投资、净现值和现值指数　金额单位：万元

方案	原始投资	净现值	现值指数
A	550	97.89	1.178
B	690	70.24	1.102
C	1 136	217.26	1.191
D	1 550	182.87	1.118

要求：作出投资组合决策。

计算过程如下：

按A、B、C、D四个方案的现值指数从大到小排序见表4-15。

表4-15　A、B、C、D的现值指数从大到小排序　金额单位：万元

序号	方案	现值指数	净现值	原始投资
1	C	1.191	217.26	1 136
2	A	1.178	97.89	550
3	D	1.118	182.87	1 550
4	B	1.102	70.24	690

长城公司在2 500万元原始投资额的限制下，可以选择的投资组合有：C + A + B；C + A；C + B；A + D；A + B；D + B。最优组合为：C + A + B，此时累计投资总额为2 376万元（1 136 + 550 + 690）< 2 500万元，实现的净现值比所有其他组合都多。

任务解析

通过上述学习，可以解析【任务引入】中的问题：

本项目计算了四个指标作为投资方案财务可行性判断的依据，其中前两个指标属于静态指标，后两个指标属于动态指标。

（1）本项目的平均报酬率。

$$平均报酬率=\frac{(1\,795.68\times 5+1\,782.13\times 10)\div 15}{3\,931.16}\times 100\%=45.45\%$$

（2）本项目静态投资回收期计算见表4-16。

表4-16 静态投资回收期计算 单位：万元

项目计算期	现金净流量	累计现金净流量
0	−3 450.16	−3 450.16
1	−481	−3 931.16
2	1 795.68	−2 135.48
3	1 795.68	−339.80
4	1 795.68	1 455.88

静态投资回收期 = 3 +（339.80 ÷ 1 795.68）= 3.19（年）

（3）本项目的净现值。

首先测算净现值。通过上述现金流量的分布可以看出第2至6年和第7至16年的现金流量是递延年金，可按年金的方法折现；其他现金流量可用复利现值的方法折现。

$NPV=1\,795.68\times[(P/A,16\%,6)-(P/A,16\%,1)]+1\,782.13\times[(P/A,16\%,15)-(P/A,16\%,6)]+2\,756.85\times(P/F,16\%,16)-3\,450.16-481\times(P/F,16\%,1)$

$=1\,795.68\times(3.6847-0.8621)+1\,782.13\times(5.5755-3.6847)+2\,756.85\times 0.098-3\,450.16-481\times 0.8621$

$=4\,843.48$（元）

NPV大于0，方案可行。

（4）本项目的内含报酬率。

假设$I=30\%$：

$NPV=1\,795.68\times(2.6427-0.7692)+1\,782.13\times(3.2682-2.6427)+2\,756.85\times 0.015-3\,450.16-481\times 0.7692$

$=700.14$（元）

假设$I=32\%$：

$NPV=1\,795.68\times(2.5342-0.7567)+1\,782.13\times(3.0764-2.5342)+2\,756.85\times$

$0.0118-3\,450.16-481\times 0.7567$

$=376.56$（元）

假设 $I=40\%$：

$NPV=1\,795.68\times(2.1680-0.7143)+1\,782.13\times(2.4839-2.1680)+2\,756.85\times 0.0046-3\,450.16-481\times 0.7143$

$=-607.71$（元）

可见，IRR 处于32%和40%之间，采用插值法：

$$IRR=32\%+\frac{376.56}{376.56+607.71}\times 8\%=35.06\%$$

$IRR>$ 基准收益率16%，方案可行。

由于本方案净现值远远大于0，内含报酬率35.06%远远大于基准收益率16%，说明本方案经济效益良好，具有很强的抗风险能力，在财务上是可行的。

通过以上分析得出结论：尚达家具公司对该项目投资是可行的。

任务四 证券投资决策

任务引入

尚达家具公司计划利用一笔长期资金于2025年1月1日投资购买有价证券，现有东风公司股票和慧华公司债券可供选择。如果购买时东风公司股票市价为每股120元，2024年每股股利为2元，预计以后每年以8%的增长率增长，必要报酬率为10%；慧华公司债券是2025年1月1日平价发行的债券，每张面值为1 000元，票面利率为5%，4年后到期，每年12月31日付息，预计购买时市场利率为4%，市价为960元。

如果你是财务经理，该如何进行投资决策？

任务分析：证券投资不仅是资金优化配置和收益多元化的手段，还可以支持企业战略发展、增强财务灵活性、提升市场影响力和管控经营风险。合理的证券投资有助于企业在竞争中获得更大优势。对尚达家具公司来说，选择何种证券投资是非常重要的决策。

知识准备

一、证券投资概述

（一）证券投资及其种类

证券投资是指企业以获取投资收益或控股为目的将资金用于购买股票、债券等金融资产的投资行为。证券投资和实物资产投资不同，实物资产投资是购买固定资产或流动资产等实物资产的投资行为，属于直接投资；证券投资是购买股票、债券等金融资产的投资行为，属于间接投资。

证券投资按其投资的对象不同，可以分为以下几种：

1.债券投资

债券投资是指企业将资金投入各种债券，如国债、公司债券和短期融资债券等。相对于股票投资而言，债券投资一般风险较小，能获得稳定收益，但要注意投资对象的信用等级。

2.股票投资

股票投资是指企业购买其他企业发行的股票作为投资，如普通股、优先股股票。股票投资风险比较大，收益也相对较高。

3.组合投资

组合投资是指企业将资金同时投放于债券、股票等多种证券，这样可分散证券投资风险。组合投资是企业证券投资的常用投资方式。

4.基金投资

基金投资，是指投资者通过购买投资基金股份或收益凭证来获取收益的投资方式。这种方式可使投资者享受专家服务，有利于分散风险，获得较大投资收益。

（二）证券投资的目的

1.充分利用闲置资金

企业的资金在生产经营活动中，有时出现资金短缺，有时出现资金闲置。当出现资金闲置时，可以将闲置资金暂时投资于有价证券；当出现资金短缺时，可以将证券出售换回企业所需的资金。

2.为了取得对相关企业的控制权

如果证券投资的比例达到国家法律所规定的可以取得被投资企业控制权的股份，那么投资方就可以取得被投资企业的控制权。

3.满足季节性经营对现金的需求

从事季节性经营的企业在一年内的某些月份有剩余资金，而在另外几个月份会出现现金短缺，这些企业通常在现金有剩余时购入证券，在现金短缺时出售证券。

4.满足未来的财务需求

假如企业在不久的将来有一笔现金需求，如建一座厂房或归还到期债务，可将现有资金投资于证券，以便到时出售，满足所需要的现金。

（三）证券投资的风险

证券投资风险是指投资者在证券投资过程中遭受损失或达不到预期收益的可能性，这是证券投资的基本特征之一。证券投资风险主要来自以下几个方面：

1.违约风险

违约风险是指证券发行人无法按期支付利息或偿还本金的风险。一般而言，政府发行的证券违约风险较小，金融机构发行的证券次之，企业发行的证券风险较大。造成企业证券违约的原因有以下几个方面：（1）政治、经济形势发生重大变动；（2）发生自然灾害，如水灾、火灾等；（3）企业经营管理不善，导致经营成本高和资源浪费；（4）企业在市场竞争中失败，主要顾客消失；（5）企业财务管理失误，不能及时清偿到期债务。

2.利息率风险

利息率风险是指由于利息率的变动引起证券价格的波动而使投资者遭受损失的风险。证券的价格随利息率变动而变动。一般而言，银行利率下降，证券价格上升；银行利率上升，证券价格下降。因此，即使是没有违约风险的国库券，也会有利息率风险。证券的到期时间越长，利息率风险越大。

3.购买力风险

由于通货膨胀而使证券到期或出售时所获得的货币资金的购买力降低的风险，称为购买力风险。在通货膨胀时期，购买力风险对投资者有重要影响。一般而言，预期报酬率会上升的资产，其购买力风险会低于报酬率固定的资产。例如，房地产、普通股等投资受到的影响较小，而收益长期固定的证券受到的影响较大，前者更适合作为减少通货膨胀损失的避险工具。

4.流动性风险

流动性风险是指在投资者想出售有价证券获取现金时，证券不能立即出售的风险。一种能在短期内按市价大量出售的资产，是流动性较好的资产，这种资产的流动性风险较小；反之，如果一种资产不能在短时间内按市价大量出售，则属于流动性较差的资产，这种资产的流动性风险较大。例如，购买小公司的债券，想立即出售比较困难，因而流动性风险较大；购买国库券，几乎可以立即出售，流动性风险较小。

5.期限性风险

由于证券期限长而给投资者带来的风险，叫期限性风险。一项投资，到期日越长，投资者遭受的不确定性因素就越多，承担的风险越大。例如，同一家企业发行的十年期债券要比一年期债券的风险大，这便是证券的期限性风险。

【知识拓展】

普通股股票、债券、基金的基本交易规则

交易时间：每周一至周五，每天上午9：30至11：30，下午1：00至3：00。法定公众假期除外。

交易原则：价格优先、时间优先。

成交顺序：价格优先——较高价格买进申报优先于较低价格买进申报，较低价格卖出申报优先于较高价格卖出申报；时间优先——买卖方向、价格相同的，先申报者优先于后申报者。先后顺序按交易主机接受申报的时间确定。

报价单位：A股、B股以股为报价单位；基金以基金单位为报价单位；债券以“100元面额”为报价单位；国债回购以“资金年收益率”为报价单位。

价格变化档位：A股、债券、基金为0.01元；B股为0.01港元；国债回购为0.01%。

委托买卖单位与零股交易：A股、B股、基金的委托买卖单位为“股”，但为了提高交易系统的效率，必须以100股或其整数倍进行委托买卖。如有低于100股的零股需要交易，必须一次性委托卖出，不能分次卖出，同时也不能委托买进零股。债券的委托单位为1 000元面值。

【明德善思】

证券市场规范与诚信建设的重要性

西科农业集团股份有限公司（简称西科集团）是四川绵阳一家非上市股份有限公司，主营种子研发与销售，曾在新三板挂牌。2022年，该公司通过虚构交易、操控供应商账户与54个自然人经销商进行无真实购销业务的资金循环，虚增当年营业收入1.31亿元（占披露营业收入的43.38%）、利润总额3 309.75万元（占披露利润总额的115.57%），扣除虚增利润后，公司净利润为亏损。此外，公司未披露关联方资金占用等重大事项，导致2022年年报存在严重虚假记载。

2025年5月，中国证券监督管理委员会四川监管局认定其违反《中华人民共和国证券法》及《非上市公众公司信息披露管理办法》，对西科集团责令改正，给予警告，并处以400万元罚款；对集团实控人周小东、财务总监张仁超、董事副总经理周思来给予警告，分别处以260万元、160万元及60万元罚款。该案被列入2025年资本市场"黑名单"，成为非上市公众公司监管典型案例。

启示：此案给投资者造成巨大损失，严重影响资本市场公信力，具有深刻警示意义。(1) 制度规范是市场健康发展的基石。西科集团的系统性造假行为严重违反《中华人民共和国证券法》等法律法规，扰乱了正常的市场秩序。也暴露出当前对非上市公众公司的监管仍存在薄弱环节，必须从制度建设入手，完善信息披露机制，建立"不敢违、不能违、不愿违"的全链条监管体系。特别要加强对资金流水、关联交易等关键环节的穿透式监管，堵塞制度漏洞。(2) 诚信文化是企业立身之本。资本市场本质上是一个信用市场。此案中，投资者基于对信息披露的信任作出决策，而财务造假行为直接动摇了这一信任基础。企业应当认识到，诚信不是成本而是竞争力，虚假记载或许能带来短期利益，但终将付出更大的代价。现代企业要培育以诚信为核心的企业文化，将合规经营融入发展战略，这既是市场要求，更是企业可持续发展的内在需要。(3) 监管执法必须形成有效震慑。中国证券监督管理委员会四川证监局对西科集团采取的处罚措施，充分体现了"零容忍"的监管态度。监管不仅要"长牙齿"，更要"咬合有力"。要通过提高违法成本、强化责任追究，让违法者付出应有代价。同时，要推动监管科技应用，提升发现和查处违法行为的能力，持续净化市场生态。

二、债券投资

债券投资按照投资的期限，可分为短期债券投资和长期债券投资。企业进行短期债券投资的目的主要是为了合理利用暂时闲置的资金，调节现金余额并获得收益。企业进行长期债券投资的目的主要是为了获得稳定的收益。

（一）债券投资的特点

1. 投资风险较低

与股票相比，债券投资风险比较低。政府债券有政府的信誉作担保，安全可靠。金融债券由于其发行的金融机构资金实力雄厚，一般比较安全。企业债券由于其发行的企业需经过严格审批，资信度较高，投资风险也比较小。即使企业破产，企业债券的持有者拥有优先求偿权，优先于股东分得企业资产。

2. 投资收益稳定

债券的收益一般固定不变，发行人必须按照事先约定的利息率计算收益并按期支付，不会因为发行人的经济状况的好坏而变动。因此，债券投资的收益比较稳定。

3. 债券流动性强

许多债券都具有比较好的流动性。企业在资金短缺的情况下，随时可以把企业所持有的债券在金融市场上迅速出售，获得资金。如一些政府及大企业发行的债券流动性都非常强。

4. 没有经营管理权

债券投资人与债券发行企业之间产生的是债权债务关系。作为债权人，债券投资者没有参与发行企业的经营管理权。

5. 购买力风险大

由于债券面值和利率是固定的，如果投资期间通货膨胀率较高，则本金和利息的实际购买力降低。

（二）债券的价值

债券的价值，又称债券的内在价值，是指投资者预期可获得的现金流入的现值。债券的价值是进行债券投资决策时使用的主要指标之一。只有债券的价值大于购买价格时，企业才值得买入债券。

1. 债券价值计算的基本公式

典型的债券是固定利率，每年按复利计算并支付利息、到期归还本金。其计算公式为：

$$
\begin{aligned}
P &= F\times i\times (P/A,\ K,\ n)+F\times (P/F,\ K,\ n)\\
&= I\times (P/A,\ K,\ n)+F\times (P/F,\ K,\ n)
\end{aligned}
$$

式中：P为债券价值；i为债券票面利息率；I为债券利息；F为债券面值；K为市场利率或必要收益率；n为付息总期数。

【例4-19】长城公司于2025年1月1日，准备购买一张面值为10 000元的债券，其票面利率为6%，于2027年12月31日到期，每年1月1日支付一次利息。当前的市场利率为8%，债券的市价为9 100元。

请问：企业是否应该购买该债券?

计算过程如下：

$$
\begin{aligned}
\text{债券价值}P &= F\times i\times (P/A,\ K,\ n)+F\times (P/F,\ K,\ n)\\
&= 10\,000\times 6\%\times (P/A,\ 8\%,\ 3)+10\,000\times (P/F,\ 8\%,\ 3)\\
&= 600\times 2.5771+10\,000\times 0.7983\\
&= 9\,529.26(\text{元})
\end{aligned}
$$

因为债券的市价为9 100元低于其价值9 529.26元，所以购买此债券有利可图。

2. 一次还本付息的单利债券价值的计算公式

我国很多债券属于一次还本付息、单利计算的债券，其计算公式为：

$$P=\frac{F(1+i\times n)}{(1+K)^n}$$
$$=F(1+i\times n)\times(P/F,\ K,\ n)$$

公式中符号含义同前式。

【例4–20】长城公司拟购买黄河公司发行的债券作为投资，该债券面值为10 000元，期限为7年，票面利率为8%，单利计算，到期还本付息，当前市场利率为6%。

请问：计算该债券发行价格为多少时，企业才能购买？

计算过程如下：

$$\text{债券价值}P=F(1+i\times n)\times(P/F,\ K,\ n)$$
$$=10\,000\times(1+8\%\times7)\times(P/F,\ 6\%,\ 7)$$
$$=10\,000\times(1+0.56)\times0.6651$$
$$=10\,375.56(\text{元})$$

该债券发行价格必须低于其价值10 375.56元时，企业才能购买。

3.零票面利率的债券价值的计算公式

有些债券以折现方式发行，没有票面利率，到期按面值偿还。其计算公式为：

$$P=\frac{F}{(1+K)^n}$$
$$=F\times(P/F,\ K,\ n)$$

公式中符号含义同前式。

【例4–21】长城公司拟购买远大公司发行的债券作为投资，该债券面值为3 000元，期限为3年，以折现方式发行，期内不计利息，到期按面值偿还，当前的市场利率为6%。

请问：该债券发行价格为多少时，企业才能购买？

计算过程如下：

$$\text{债券价值}P=F\times(P/F,\ K,\ n)$$
$$=3\,000\times(P/F,\ 6\%,\ 3)$$
$$=3\,000\times0.8396$$
$$=2\,518.8(\text{元})$$

该债券发行价格必须低于其价值2 518.8元时，企业才能购买。

（三）债券的收益率

债券的收益率是进行债券投资时选购债券的重要标准，它可以反映债券投资按复利计算的实际收益率。如果债券的收益率高于投资人要求的必要收益率，则可购进债券；否则，就应该放弃此项投资。

1.短期债券的收益率

短期债券收益率的计算一般比较简单，因为期限较短，所以一般不用考虑货币的时间价值。其计算公式为：

$$K=\frac{(S_1-S_0)+I}{S_0}\times100\%$$

式中：K为债券投资收益率；S_1为债券卖出价格；S_0为债券买入价格；I为债券

利息。

【例4-22】长城公司于2025年4月5日以900元买入一张面值为1 000元的国债，票面利率为6%，每年年末支付一次利息。长城公司于2026年4月5日以960元的价格出售。

要求：计算该国债的投资收益率。

计算过程如下：

$$K = \frac{(S_1 - S_0) + I}{S_0} \times 100\% = \frac{(960 - 900) + 1\,000 \times 6\%}{900} \times 100\% = 13.33\%$$

该国债的投资收益率为13.33%。

2. **长期债券的收益率**

长期债券的收益率计算比较复杂，因为涉及的时间较长，所以要考虑货币的时间价值。长期债券的收益率是指按当前市场价格购进债券后，持有该债券至到期日或转让日可获取的收益率。它是能使未来现金流入现值等于债券买入价格的折现率。可按下列公式计算：

$$V = I \cdot (P/A，K，n) + F \cdot (P/F，K，n)$$

式中：V为债券的购买价格；I为每年获得的固定利息；F为债券到期收回的本金或中途出售收回的资金；K为债券的投资收益率；n为投资期限。

由于无法直接计算收益率，必须采用逐步测试法及插值法来计算。先设定一个折现率代入上式，如计算出的V正好等于债券买价，该折现率即为收益率；如计算出的V与债券买价不等，则继续测试，再用插值法求出收益率。

【例4-23】长城公司于2025年1月1日买入一张面值为1 000元的国债，买入价格为1 105元，其票面利率为8%，每年年末付息一次，5年后到期。该公司将持有该债券至到期日。

要求：计算该债券的收益率。

计算过程如下：该债券的收益率满足下面的公式：

$$V = I \cdot (P/A，K，n) + F \cdot (P/F，K，n)$$

即$1\,105 = 1\,000 \times 8\% \times (P/A，K，5) + 1\,000 \times (P/F，K，5)$

转化成净现值：

$NPV = 1\,000 \times 8\% \times (P/A，K，5) + 1\,000 \times (P/F，K，5) - 1\,105 = 0$

首先令$K = 8\%$，则：

$$\begin{aligned} NPV &= 1\,000 \times 8\% \times (P/A，8\%，5) + 1\,000 \times (P/F，8\%，5) - 1\,105 \\ &= 80 \times 3.9927 + 1\,000 \times 0.6806 - 1\,105 \\ &= -104.98(元) \end{aligned}$$

由于$NPV < 0$，应降低折现率进一步计算。

令$K = 6\%$，则：

$$\begin{aligned} NPV &= 1\,000 \times 8\% \times (P/A，6\%，5) + 1\,000 \times (P/F，6\%，5) - 1\,105 \\ &= 80 \times 4.2124 + 1\,000 \times 0.7473 - 1\,105 \\ &= -20.71(元) \end{aligned}$$

由于$NPV < 0$，应再降低折折现率进一步计算。

令$K = 4\%$，则：

$$NPV = 1\,000 \times 8\% \times (P/A，4\%，5) + 1\,000 \times (P/F，4\%，5) - 1\,105$$
$$= 80 \times 4.4518 + 1\,000 \times 0.8219 - 1\,105$$
$$= 73.04(元)$$

由于$NPV > 0$，可以判断，收益率介于4%～6%，用插值法求解：

折现率	净现值
4%	73.04
K	0
6%	−20.71

则：

$$\frac{K - 4\%}{6\% - 4\%} = \frac{73.04 - 0}{73.04 + 20.71}$$

$$K = 4\% + \frac{73.04 - 0}{73.04 + 20.71} \times (6\% - 4\%) = 5.56\%$$

债券的买入价格为1 105元时，债券的收益率为5.56%。

【提示】用逐步测试法比较麻烦，可用下面的简便算法求得近似结果。其计算公式为：

$$K = \frac{I + \frac{S_1 - S_0}{N}}{\frac{S_1 + S_0}{2}} \times 100\%$$

式中：K为债券投资收益率，S_1为到期归还本金，S_0为买入价格，I为年利息，N为期限。

将【例4-23】数据代入上式，得：

$$K = \frac{80 + \frac{1\,000 - 1\,105}{5}}{\frac{1\,000 + 1\,105}{2}} \times 100\% = 5.61\%$$

【例4-24】长城公司于2025年1月1日平价买入一张面值为10 000元的债券，其票面利率为12%，每年付息一次，6年后到期。该公司将持有该债券至到期日。

要求：计算该债券的收益率。

计算过程如下：

该债券的收益率满足下面的公式：

$$V = I \times (P/A，K，n) + F(P/F，K，n)$$

$$10\,000 = 10\,000 \times 12\% \times (P/A，K，6) + 10\,000 \times (P/F，K，6)$$

转化成净现值：

$$NPV = 10\,000 \times 12\% \times (P/A，K，6) + 10\,000 \times (P/F，K，6) - 10\,000 = 0$$

首先令$K = 12\%$，则：

$$NPV = 10\,000 \times 12\% \times (P/A，12\%，6) + 10\,000 \times (P/A，12\%，6) - 10\,000 = 0$$

可见，面值购入的每年付息一次的债券，其投资收益率正好等于票面利率。

【例4-25】长城公司于2025年1月1日平价买入一张面值为10 000元的债券，其票面利率为8%，按单利计息，5年后到期，一次还本付息。该公司将持有该债券至到期日。

要求：计算该债券的收益率。

计算过程如下：

$$10\,000 \times (1 + 5 \times 8\%) \times (P/F,\ K,\ 5) = 14\,000 \times (P/F,\ K,\ 5) = 10\,000\text{（元）}$$

$$(P/F,\ K,\ 5) = \frac{10\,000}{14\,000} = 0.7143$$

查复利现值系数表，$(P/F,\ 7\%,\ 5) = 0.7143$，即该债券的收益率为7%。

在单利计息的情况下，即使按面值购入债券，投资人的收益率也会低于票面利率。

三、股票投资

（一）股票投资的目的及特点

1. 股票投资的目的

企业进行股票投资的目的主要有两种：一是获利，即作为一般的证券投资，获取股利收入及股票买卖差价；二是控股，即通过购买某一企业的大量股票达到控制该企业的目的。

2. 股票投资的特点

（1）投资风险较大。股票的价格受多种因素的影响，波动的幅度较大。如政治因素、经济因素、投资人心理因素、企业的盈利情况和风险情况，都会影响股票价格，也使得股票投资具有较高的风险。

（2）投资报酬较高。股票投资的高风险与高报酬相辅相成。股票的投资风险大，同时也意味着投资人有可能获得较高的投资收益。当发行公司的经济效益相当好时，股票投资人有可能获得比债券投资人高得多的股息收入，而且可以利用股票价格的涨落谋取较大的资本利得报酬。

（3）投资者拥有一定的经营控制权。作为公司的股东，有权监督和控制企业的生产经营情况，投资者对股票发行单位有表决权、参与决策和管理权。投资者可以通过购买股票对其他企业的生产经营方向进行控制。

（4）求偿权居后。企业在破产时，投资者对被投资企业的资产求偿权居于最后，其投资有可能得不到全额补偿。

【知识拓展】

我国A股股票网上交易费用

（1）印花税为卖方按成交金额的0.1%缴纳，买方不需要缴纳。

（2）过户费是委托买卖股票双方变更股权登记所支付的费用，是证券登记结算机构的收入，由券商收取。深圳证券交易所不收过户费，上海证券交易所收过户费。

（3）交易佣金是客户通过证券公司买卖股票支付给券商的交易费用，最高不超过成交金额的3‰，最低5元起。交易佣金的具体标准应咨询各家证券商，投资者可在3‰以内与证券商协商达成一致。

（二）股票的价值

股票的价值，又称股票的内在价值，是进行股票投资所获得的现金流入的现值。股票带给投资者的现金流入包括两部分，即股利收入和股票出售时的售价。因此，股票的内在价值由一系列的股利和将来出售股票时售价的现值所构成。通常当股票的市场价格低于股票内在价值才适宜投资。

1. 短期持有、未来准备出售的股票价值模型

在一般情况下，投资者投资于股票，不仅希望得到股利收入，还希望在未来出售时从股票价格的上涨中获得好处。短期（这里为有限期）持有，未来准备出售的股票价值模型：

$$V=\sum_{t=1}^{n}\frac{d_t}{(1+K)^t}+\frac{V_n}{(1+K)^n}$$

式中：V为股票内在价值；d_t为第t期的预期股利；K为投资人要求的必要报酬率；V_n为未来出售时预计的股票价格；n为预计持有股票的期数。

【例4-26】长城公司准备购买一种股票，预计其未来2年的股利均为4元，2年后预计市场价格为30元，投资者预期收益率为12%。

要求：计算该股票的现值。

根据股票价值模型计算如下：

$$\begin{aligned}V&=\sum_{t=1}^{n}\frac{d_t}{(1+K)^t}+\frac{V_n}{(1+K)^n}\\&=\frac{4}{(1+12\%)}+\frac{4}{(1+12\%)^2}+\frac{30}{(1+12\%)^2}\\&=4\times0.8929+4\times0.7972+30\times0.7972\\&=30.68(\text{元})\end{aligned}$$

该股票的价值为30.68元。

2. 长期持有、股利固定增长的股票价值模型

如果一个公司的股利不断增长，投资人的投资期限又非常长（无限期），则股票的估价非常困难，只能计算近似数。这种情况下股票的内在价值为：

$$V=\sum_{t=1}^{\infty}\frac{d_0(1+g)^t}{(1+K)^t}$$

代入等比数列求前n项和公式，当$n\to\infty$时，普通股的内在价值模型为：

$$V=\frac{d_0(1+g)}{K-g}=\frac{d_1}{K-g}$$

式中：V为股票的内在价值；K为投资人要求的必要报酬率；d_0为上年股利；d_1为本年股利；g为每年股利的增长率。

【例4-27】长城公司拟购买方正集团的股票并准备长期持有，该股票上年每股股利为3元，预计每股股利每年以4%的增长率增长，必要报酬率为10%。

请问：该股票价格为多少元时可以投资？

根据股票价值模型计算如下：

$$V=\frac{d_0(1+g)}{K-g}=\frac{3\times(1+4\%)}{10\%-4\%}=52(\text{元})$$

由计算可知，该股票的价格低于52元时才可以投资。

3.长期持有、股利不增长的股票价值模型

股利不增长又称股利零增长，是股利固定增长模型的特例。投资人固定的股利收入就形成了永续年金。其股票价值模型为：

$$V = \frac{d}{K}$$

【例4-28】长城公司每年分配股利均为3元，必要报酬率为10%，若想长期持有该公司股票。

请问：该股票价格为多少时可以投资？

根据股票价值模型计算如下：

$V = \frac{d}{K} = \frac{3}{10\%} = 30$（元）

由计算可知，该股票的价格低于30元时才可以投资。

4.长期持有、股利多阶段增长的股票价值模型

股利多阶段增长又称非固定增长。有些公司的股票，在一段时间里高速增长，在另一段时间里又正常固定增长或固定不变，在这种情况下，就要分段计算才能确定股票的价值。股利多阶段增长的股票示意图如图4-2所示。

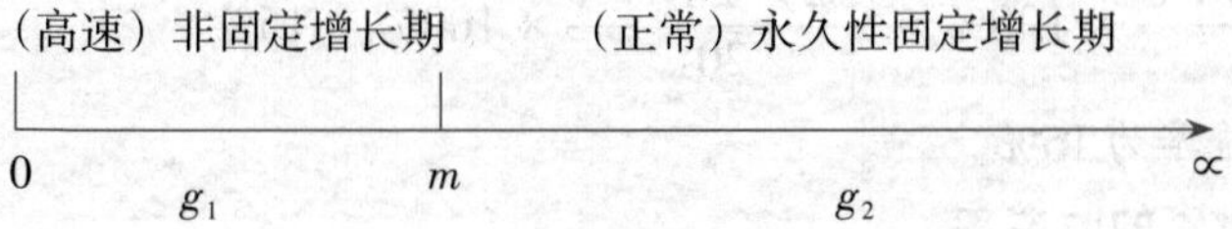

图4-2　股利多阶段增长的股票示意图

该类型股票的价值模型为：

$$V = \sum_{t=1}^{m} \frac{d_0(1+g_1)^t}{(1+K)^t} + \frac{d_m(1+g_2)}{k-g_2} \times \frac{1}{(1+K)^m}$$

式中：m为股利高速增长的年限；g_1为股利高速增长率；g_2为股利正常增长率。

【例4-29】长城公司长期持有三友公司的股票，其必要报酬率为10%，预计三友公司未来3年股利高速增长，增长率为20%（设为g_1）。此后转为正常增长，增长率为6%（设为g_2）。三友公司最近支付的股利为3元。

要求：计算该公司的股票价值。

计算过程如下：

（1）计算高速增长期（即前3年）的股利现值。

$3 \times (1+20\%) \cdot (P/F，10\%，1) + 3 \times (1+20\%)^2 \cdot (P/F，10\%，2) + 3 \times (1+20\%)^3 \cdot (P/F，10\%，3) = 3.6 \times 0.9091 + 4.32 \times 0.8264 + 5.184 \times 0.7513 = 10.7375$（元）

（2）计算第3年以后（不包含第3年）的股利现值。

$\frac{d_3(1+g_2)}{K-g_2} \cdot (P/F，10\%，3) = \frac{5.184 \times (1+6\%)}{10\% - 6\%} \times 0.7513 = 103.2106$（元）

（3）计算股票目前的内在价值。

$V = 10.7375 + 103.2106 = 113.95$（元）

由计算可知，该股票的价值为113.95元。

（三）股票的收益率

股票的收益率，即股票投资可望达到的内在收益率。股票的收益率是股票投资决策的重要依据之一。如果股票的收益率高于投资人要求的必要收益率，则应投资该股票；否则，就应放弃此项投资。

1.短期股票投资的收益率

如果投资者持有股票的时间不超过一年，就不用考虑货币的时间价值，其收益包括股票投资买卖差价和股利两部分。其收益率公式为：

$$K = \frac{(S_1 - S_0) + d}{S_0} \times 100\%$$

式中：K为股票的收益率；S_0为股票买价；S_1为股票售价；d为股利。

【例4-30】2024年2月1日，长城公司购买远洋公司每股市价为20元的股票。2025年1月，长城公司每股获现金股利1元。2025年2月1日，长城公司将股票以每股22元的价格出售。

要求：计算该股票的收益率。

计算如下：

$$K = \frac{(S_1 - S_0) + d}{S_0} \times 100\% = \frac{(22 - 20) + 1}{20} \times 100\% = 15\%$$

该股票的收益率为15%。

2.长期股票投资的收益率

投资期限在一年以上的股票投资由于涉及的时间较长，收益率的计算需要考虑货币的时间价值。长期股票投资的收益率，是使投资人未来现金流入的现值之和等于股票买价的折现率。

（1）长期持有、股利不增长的股票收益率

长期持有、股利不增长的股票收益率公式为：

$$K = \frac{d}{V} \times 100\%$$

【例4-31】长城公司发行的股票，每股市价为20元，预期每年支付股利均为4元。

要求：计算该股票的收益率。

计算如下：

$$K = \frac{d}{V} \times 100\% = \frac{4}{20} \times 100\% = 20\%$$

该股票的收益率为20%。

（2）长期持有、股利固定增长的股票收益率

长期持有、股利固定增长的股票收益率公式为：

$$K = \frac{d_1}{V} + g$$

【例4-32】长城公司发行的股票，每股市价为40元，预期下一年度股利为2.40元，预期股利增长率为6%。

要求：计算该股票的收益率。

计算如下：

$$K=\frac{d_1}{V}+g=\frac{2.40}{40}+6\%=12\%$$

该股票的收益率为12%。

（3）短期持有、未来准备出售的股票投资收益率

此种情况下，企业进行股票投资可以获得股利，股票出售时可按售价收回一定的资金。短期（一年以上的有限期）持有、未来准备出售的股票投资收益率，就是使各期股利及股票售价的复利现值之和等于股票买价时的折现率。可按下列公式，通过逐次测试，运用插值法求得股票投资的收益率：

$$V=\sum_{t=1}^{n}\frac{d_t}{(1+K)^t}+\frac{F}{(1+K)^t}$$

式中：V为股票的买价；d_t为第t期的预期股利；K为股票的投资收益率；F为股票出售的价格；n为持有股票的期数。

【例4-33】长城公司于2022年5月1日投资600万元购买某种股票100万股，在2023年、2024年和2025年的4月30日分得每股现金股利分别为0.60元、0.80元和0.90元，并于2025年4月30日以每股8元的价格将股票全部出售。

要求：计算该项投资的收益率。

计算过程如下：

$$600=\frac{100\times0.60}{(1+K)}+\frac{100\times0.80}{(1+K)^2}+\frac{100\times0.90}{(1+K)^3}+\frac{100\times8}{(1+K)^3}$$

转化成净现值：

即：$NPV=\frac{60}{(1+K)}+\frac{80}{(1+K)^2}+\frac{90}{(1+K)^3}+\frac{800}{(1+K)^3}-600=0$

令$K=20\%$，则：

$$\begin{aligned}NPV&=\frac{60}{(1+20\%)}+\frac{80}{(1+20\%)^2}+\frac{90}{(1+20\%)^3}+\frac{800}{(1+20\%)^3}-600\\&=60\times0.8333+80\times0.6944+890\times0.5787-600\\&=20.59(\text{元})\end{aligned}$$

由于$NPV>0$，应提高K再试，令$K=24\%$，则：

$$\begin{aligned}NPV&=\frac{60}{(1+24\%)}+\frac{80}{(1+24\%)^2}+\frac{90}{(1+24\%)^3}+\frac{800}{(1+24\%)^3}-600\\&=60\times0.8064+80\times0.6504+890\times0.5245-600\\&=-32.78(\text{元})\end{aligned}$$

由于$NPV<0$，可知该股票收益率介于20%～24%，用插值法求解：

折现率	净现值
20%	20.59
K	0
24%	−32.78

$$\frac{K-20\%}{24\%-20\%}=\frac{20.59-0}{20.59+32.78}$$

$$K = 20\% + \frac{20.59 - 0}{20.59 + 32.78} \times (24\% - 20\%) = 21.54\%$$

该股票的收益率为21.54%。

四、证券投资组合

(一)证券投资组合的意义

证券投资组合又称证券组合,是指在进行证券投资时,不是将所有的资金都投向单一的某种证券,而是有选择地投向一组证券,这种同时投资多种证券的做法叫作证券投资组合。由于证券投资存在着较高的风险,而各种证券的风险大小又不相同,因此,企业在进行证券投资时,不应将所有的资金都集中投资于一种证券,而应同时投资于多种证券,这就形成了证券投资组合。证券投资组合对分散和降低投资风险具有重要的作用,正因为这样,一些国家的法律和制度都规定银行、保险公司、各类共同基金、信托公司等其他金融机构都必须将其投资分散,以形成高度多角化的投资组合,起到避免风险的作用。从投资者的角度看,某一特定股票价格的涨跌并不重要,重要的是对它们所组成的证券组合的风险和收益的影响。证券投资组合是证券投资的重要武器,它可以帮助投资者全面捕捉投资机会,降低投资风险。

(二)证券投资组合的风险与收益

1.证券投资组合的风险

证券投资组合的风险可以分为非系统性风险和系统性风险两种性质的风险。

(1)非系统性风险。非系统性风险又称可分散风险或公司特有风险,是指某些因素对单个证券造成经济损失的可能性。它源于公司本身的商业活动和财务活动,它表现为个股报酬率变动脱离整个股市平均报酬率的变动。这种风险,可以通过多元化投资来分散,即多买几家公司的股票,其中某些公司的股票收益可能下降,而另一些股票的收益却可能上升,从而将风险抵销。因而,这种风险称为可分散风险。

(2)系统性风险。系统性风险又称不可分散风险或市场风险,是指由于某些因素给市场上所有的证券都带来经济损失的可能性。它源于公司之外,如世界能源价格上涨、通货膨胀和经济衰退等,所有公司都会受到影响,表现为整个股市平均报酬率的降低。这类风险,无法通过有价证券的组合予以分散。对于投资者来说,这种风险是无法消除的。

面对系统性风险,不同股票的反应是不一样的,有的发生剧烈变动,有的只发生较小的变动。系统性风险通常用β系数来计量。β系数是反映个别股票相对于平均风险股票的变动程度的指标,它可以衡量个别股票的市场风险。整体的证券市场的β系数为1。如果某种股票的风险情况与整个市场的风险情况一致,则该股票的β系数等于1;如果某种股票的β系数大于1,说明其风险大于整个市场的风险;如果某种股票的β系数小于1,说明其风险小于整个市场的风险。

单个证券的β系数可以从有关的投资服务机构获得。投资组合的β系数是单个证券β系数的加权平均数,权数为各种证券在投资组合中所占的比重。其计算公式为:

$$\beta_p = \sum_{i=1}^{n} \beta_i \cdot W_i$$

式中：β_p为证券组合的综合β系数；W_i为证券组合中第i种股票所占的比重；β_i为第i种股票的β系数；n为证券组合中股票的数量。

【例4-34】长城公司持有价值10万元的A、B两种股票，其中：A股票6万元，β系数为1.5；B股票4万元，β系数为0.6，则该投资组合综合β系数为：

$$\beta_p = \frac{6}{10} \times 1.5 + \frac{4}{10} \times 0.6 = 1.14$$

通过计算，说明该投资组合的市场风险是整个市场股票风险的1.14倍。

2. 证券投资组合的风险收益

证券投资组合的风险收益是投资者因承担不可分散风险而要求的、超过时间价值的那份额外收益，通常用风险收益率表示。其计算公式为：

$$R_p = \beta \cdot (R_m - R_F)$$

式中：R_p为证券投资组合的风险收益率；β为证券投资组合的β系数；R_m为市场上所有股票组成的证券组合的平均收益率，即市场收益率；R_F为无风险收益率，一般用政府公债的利息率来衡量。

【例4-35】沿用【例4-34】的资料，如果股票的市场收益率为10%，无风险收益率为7%，则该投资组合的风险收益率为：

$R_p = 1.14 \times (10\% - 7\%) = 3.42\%$

在其他因素不变的情况下，风险收益取决于证券投资组合的β系数。β系数越大，风险收益越大；β系数越小，风险收益越小。

3. 风险和收益率的关系

风险与收益率密不可分，风险越大，投资者期望的收益率就越高。在西方金融学和财务管理学中，有许多论述风险和收益率关系的模型，其中最重要的一个模型为资本资产定价模型（CAPM），该模型为：

$$R_i = R_F + \beta_i \cdot (R_m - R_F)$$

式中：R_i为第i种股票或第i种证券投资组合的预期必要收益率；R_m为市场收益率；R_F为无风险收益率；β_i为第i种股票的β系数。

在资本资产定价模型中，计算风险收益率时只考虑了系统性风险，没有考虑非系统性风险。这是因为非系统性风险可以通过资产组合消除，一个充分投资组合几乎没有非系统性风险。财务管理研究中假设投资人都是理智的，都会选择充分投资组合，非系统性风险与资本市场无关。资本市场不会对非系统性风险给予任何价格补偿。

【例4-36】长城公司股票的β系数为2，无风险收益率为4%，市场平均收益率为10%。

请问：该股票的预期投资收益率为多少时投资者才会购买？

计算如下：

必要收益率$R_i = 4\% + 2 \times (10\% - 4\%) = 16\%$

该公司股票的收益率达到或超过必要收益率16%时，投资方才肯进行投资。否则，投资者不会购买该公司的股票。

（三）证券投资组合的策略与方法

1.证券投资组合的策略

在证券投资组合理论的发展过程中，形成了各种各样的组合策略，以下是其中最常见的几种：

（1）保守型策略。该策略认为，最佳证券投资组合策略应当尽量模仿市场现状，将尽可能多的证券包括进来，从而分散掉全部非系统风险，得到与市场所有证券的平均收益相同的收益。这种投资组合具有以下优点：①能分散掉全部可分散风险；②不需要高深的证券投资专业知识；③证券投资的管理费用较低。但这种组合获得的收益不会高于证券市场上所有证券的平均收益。因此，这种策略属于收益不高、风险不大的策略，故称之为保守型策略。

（2）冒险型策略。该策略认为，只要组合得好，证券投资组合就能取得远高于平均水平的收益。在这种组合中，成长型股票居多，而那些低风险、低收益的股票较少。这种策略属于收益高、风险大的策略，故称之为冒险型策略。

（3）适中型策略。该策略介于保守型与冒险型策略之间。持这种策略的投资者认为，证券的价格是由特定企业的经营业绩来决定的。市场上股票价格的一时沉浮并不重要，只要公司业绩好，股票价格一定会反映其本来的价值水平。采用这种策略的人必须具备丰富的投资经验和证券投资的各种专业知识，善于对证券进行分析。通过分析，选择高质量的证券组成投资组合。采用这种策略风险不太大，收益却比较高。

2.证券投资组合的方法

（1）选择足够数量的证券进行组合。采用这种方法时，不是进行有目的的组合，而是随机地选择证券，随着证券数量的增加，非系统风险会逐步减少，当数量足够时，大部分非系统风险都能分散掉。

（2）将风险大、风险中等和风险小的证券放在一起进行组合。这种方法又称为1/3法，即将全部资金的1/3投资于风险大的证券，1/3投资于风险中等的证券，1/3投资于风险小的证券。这种组合方法虽不可能获得太高的收益，但也不会承担太大的风险，这是一种常见的组合方法。

（3）将投资收益呈负相关的证券放在一起组合。一种股票的收益上升而另一种股票的收益下降的两种股票，被称为负相关股票。将投资收益呈负相关的证券组合在一起，能有效地分散风险。

【明德善思】

居安思危，思则有备

“居安思危，思则有备，有备无患”，出自《尚书》的这句话的意思是：在安定的时候要考虑到潜在的危险，通过思考和准备来应对潜在的危险，有了充分的准备就可以避免祸患的发生。原意强调的是作为领导者或管理者，在国家和社会处于稳定繁荣时期，仍然要时刻警惕可能出现的各种危机，并提前做好应对潜在危机的准备工作，以确保国家和社会的长治久安。

启示：“居安思危，思则有备，有备无患”不仅是古代治国理政的重要理念，也是现代人在面对各种挑战时应遵循的基本原则。它提醒我们，在任何时候都要保持清醒的头脑，未雨绸缪，防患于未然。(1) 在证券投资中，一是做好风险管理，即使市场表现良好，也要时刻关注潜在的风险，进行合理的资产配置和风险控制；二是制订详细的应急计划，以便在市场波动或突发事件发生时能够迅速反应，减少损失；三是持续学习，不断更新知识和技能，了解最新的市场动态和技术分析方法，增强应对复杂环境的能力。(2) 在个人成长过程中，即使目前生活顺遂工作稳定，也要时刻关注行业动态和技术变化，避免因技术更新换代或行业衰退而导致掉队或被淘汰的风险。要树立终身学习的理念，持续学习新知识、新技术，跟上时代的步伐。只有通过持续学习，积累知识和技能、提升个人能力，才能在面对不确定性时更加从容不迫，从而实现更高质量的成长和进步。

任务解析

通过上述学习，可以解析【任务引入】中的问题：

（1）$P = 2 \times (1 + 8\%) \div (10\% - 8\%) = 108$（元）

东风公司股票价格120元高于其价值108元，尚达家具公司投资该股票不合算。

（2）$V = 1\,000 \times 5\% \times (P/A, 4\%, 4) + 1\,000 \times (P/F, 4\%, 4)$

$= 50 \times 3.6299 + 1\,000 \times 0.8548 = 1\,036.30$（元）

债券市价960元低于其价值1 036.30元，尚达家具公司可以购买慧华公司债券。

根据以上计算，只有在东风公司股票和慧华公司债券的市场价格都低于其本身价值时购买，尚达家具公司才可能获取收益。东风公司股票价格高于价值，不适宜投资；慧华公司债券市场价格低于其本身价值，有利可图，尚达家具公司可以投资购买该债券。

技能训练

一、单项选择题

1. 下列各项不属于折现的指标是（　　）。

A. 净现值　　B. 现值指数　　C. 静态投资回收期　　D. 内含报酬率

2. 一般来说，流动资金回收发生于（　　）。

A. 建设起点　　B. 投产起点　　C. 项目终结点　　D. 经营期的任一时点

3. 经营现金流出的内容是（　　）。

A. 本期现销收入　　B. 本期赊销收入　　C. 付现成本　　D. 残值收入

4. 企业投资方案的年税后利润为40万元，年折旧额为20万元，则该投资方案的年营业净现金流量为（　　）万元。

A. 40　　B. 50　　C. 60　　D. 70

5.当折现率为12%时，某项目的净现值为450万元，则说明该项目的内含报酬率（　　）。

A.高于12%　　B.等于12%　　C.低于12%　　D.无法确定

6.内含报酬率小于预定的折现率时意味着（　　）。

A.$NPV > 0$　　B.$PI < 1$　　C.$NPVR > 0$　　D.$IRR > i$

7.下列各项不属于静态投资回收期缺点的是（　　）。

A.没有考虑回收期满后继续发生的现金流量

B.无法直接利用净现金流量信息

C.不能正确反映不同投资方式对项目的影响

D.没有考虑资金时间价值因素

8.净现值和净现值率两个评价指标共同的缺点是（　　）。

A.不能反映投入与产出之间的关系　　B.没有考虑资金的时间价值

C.无法利用全部净现金流量的信息　　D.不能直接反映投资项目的实际收益率

9.下列各项不属于投资项目现金流出量内容的是（　　）。

A.固定资产投资　　B.折旧与摊销　　C.无形资产投资　　D.新增经营成本

10.下列各项不属于证券的是（　　）。

A.股票　　B.股利　　C.票据　　D.债券

11.公司发行的股票，预期报酬率为20%，上一期支付的股利为每股2元，估计股利年增长率为10%，则该种股票的价值为（　　）元。

A.23　　B.24　　C.22　　D.18

12.下列各项属于债券投资特点的是（　　）。

A.求偿权居后　　B.投资报酬较高

C.投资者拥有一定的经营控制权　　D.投资收益稳定

13.一般认为，企业进行长期债券投资的目的是（　　）。

A.控制被投资企业　　B.调剂现金余额

C.获得稳定收益　　D.增强资产流动性

14.进行短期债券投资的主要目的是（　　）。

A.获得稳定的收益　　B.获取控制权

C.调节现金余额　　D.避免利息率风险

15.对证券持有人来说，证券发行人无法按期支付债券利息或偿还本金风险的是（　　）。

A.流动性风险　　B.系统风险　　C.违约风险　　D.购买力风险

二、多项选择题

1.完整的工业投资项目的资金流入主要包括（　　）。

A.营业收入　　B.回收固定资产变现净值

C.固定资产折旧　　D.回收流动资金

2.投资项目终结点年度税后利润100万元，折旧10万元，回收流动资金20万元，回收固定资产残值5万元，下列各项表述正确的有（　　）。

A.回收额为25万元　　B.回收额为5万元

C.经营净现金流量为110万元　　D.终结点净现金流量为135万元

3.采用净现值法评价投资项目的可行性时，所使用的折现率通常有（　　）。

A.投资项目的资本成本率　　B.投资机会成本率

C.行业平均资金收益率　　D.投资项目的内含报酬率

4.下列各项属于计算现金流量的假设有（　　）。

A.财务可行性假设　　B.全投资假设

C.项目计算期和折旧期一致假设　　D.时点指标假设

5.下列各项不会影响投资利润率指标的有（　　）。

A.建设期　　B.投资方式　　C.回收额　　D.净现金流量

6.下列各项投资决策评价指标中，其数值越大越好的指标有（　　）。

A.净现值率　　B.投资回收期　　C.内含报酬率　　D.现值指数

7.与股票投资相比，债券投资的主要优点有（　　）。

A.收益稳定性强　　B.投资风险较小

C.收益较高　　D.没有经营控制权

8.证券投资的目的包括（　　）。

A.满足季节性经营对现金的需求　　B.满足未来的财务需求

C.充分利用闲置资金　　D.为了取得对相关企业的控制权

9.与股票投资相比，债券投资的主要缺点有（　　）。

A.购买力风险大　　B.流动性风险大

C.没有经营管理权　　D.投资收益不稳定

10.股票投资的缺点有（　　）。

A.求偿权居后　　B.价格不稳定　　C.收入不稳定　　D.购买力风险大

三、判断题

1. 财务管理上讲的项目投资，就是固定资产投资。（　　）

2. 项目计算期等于建设期与经营期之和。（　　）

3. 投资利润率与静态投资回收期的共同缺陷是均没有考虑资金时间价值。（　　）

4. 在多方案的比较选优过程中，净现值大的方案，其净现值率也一定较大。（　　）

5. 在对同一个独立投资项目进行评价时，用净现值、净现值率和内含报酬率指标会得出完全相同的决策结论，采用静态投资回收期则有可能得出与前述结论相反的决策结论。（　　）

6. 更新改造投资项目决策中，如果差额投资内含报酬率小于折现率，就应当进行更新改造。（　　）

7. 在财务管理中，证券投资与项目投资均属于投资，区别仅在于投资的对象不同。（　　）

8. 任何债券的风险均比股票小。（　　）

9. 股票投资收益率实质上是股票投资现金流量的内含报酬率。（　　）

10. 股票的价值是预期的未来现金流入量的现值，它是股票的真实价值，是股票本身的价值，但它与股票的价格不一定相同。 （ ）

四、计算分析题

1. 东方公司拟于2025年年初用自有资金购置设备一台，需要一次投资100万元，折旧期5年，设备投入运营后每年可新增净利润20万元。假设设备采用直线法计提折旧，预计的残值率为5%；已知（*P*/*A*，10%，5）= 3.7908，（*P*/*F*，10%，5）= 0.6209。不考虑建设期和企业所得税。

要求：

（1）计算项目计算期内各年的净现金流量；

（2）计算设备的静态回收期；

（3）计算项目的平均报酬率；

（4）如果以10%为折现率，计算其净现值。

2. 东方公司拟建造一项生产设备，预计建设期1年，所需固定资产投资200万元于建设起点一次投入。该设备预计使用期为5年，期满无残值，设备采用直线法计提折旧，投产后每年可增加净利润60万元。假设适用的行业基准折现率为10%。

要求：

（1）确定该项目的计算期；

（2）计算项目的计算期内各年的净现金流量；

（3）计算项目的净现值，并评价项目的财务可行性。

3. 东方公司某投资项目按16%的折现率计算的净现值为90万元，按18%的折现率计算的净现值为 - 10万元。企业资本成本为12%。

要求：

（1）不用计算直接判断该项目是否具备财务可行性，并说明理由。

（2）计算该项目的内含报酬率，并判断该项目是否具备可行性。

4. 东方公司拟进行一项固定资产投资，该项目的净现金流量表（部分）见表4–17。

表4–17 净现金流量表（部分） 单位：万元

项目	建设期		经营期					合计
	0	1	2	3	4	5	6	
净现金流量	−1 000	−1 000	100	1 000	（B）	1 000	1 000	2 900
累计净现金流量	−1 000	−2 000	−1 900	（A）	900	1 900	2 900	—
折现净现金流量	−1 000	−943.4	89	839.6	1 425.8	747.3	705	1 863.3

要求：

（1）计算表4–17中用英文字母表示的项目的数值。

（2）计算或确定下列指标：①静态投资回收期；②净现值；③原始投资现值；④净现值率；⑤现值指数。

（3）评价项目的财务可行性。

5. 东方公司拟购入一设备以扩充生产能力。现有甲、乙两个方案可供选择：甲方案需投资200 000元，建设期为1年，需垫支流动资金30 000元，使用寿命4年，采用直线法计提折旧，假设设备无残值，设备投产后每年销售收入150 000元，付现成本30 000元；乙方案需投资200 000元，采用直线法计提折旧，使用寿命5年，5年后设备无残值。5年中每年的销售收入110 000元，付现经营成本第一年40 000元，以后逐年增加修理费2 000元，假设所得税率25%，投资人要求的必要收益率为10%。

要求：

（1）计算甲、乙方案计算期的现金净流量；

（2）计算甲、乙方案的净现值、现值指数和内含报酬率，并评价其财务可行性。

6. 东方公司准备购买某种7年期债券，面值10 000元，票面利率为8%，每年付息一次，到期还本。东方公司准备持有该债券至到期。

要求：

（1）如果发行时市场利率为6%，计算债券价格为多少元时才值得购买。

（2）若债券发行价为9 900元，计算实际利率。

7. 东方公司于2025年1月5日以每张1 020元的价格购买B企业发行的利随本清的企业债券。该债券的面值为1 000元，期限为3年，票面年利率为10%，不计复利。购买时市场年利率为8%，不考虑企业所得税。

要求：

（1）利用债券估价模型评价东方公司购买此债券是否合算。

（2）如果东方公司于2026年1月5日将该债券以1 130元的市价出售，计算该债券的投资收益率。

8. 东方公司拟长期投资某公司股票，该股票上年每股股利为2元，预计年增长率为2%，必要投资报酬率为7%。

要求：计算该股票价格为多少元时可以投资。

9. 东方公司计划利用一笔长期资金投资购买股票。现有M公司股票和N公司股票可供选择，东方公司只准备投资一家公司的股票。已知M公司股票现行市价为9元，上年每股股利为0.15元，预计以后每年以6%的增长率增长。N公司股票现行市价为每股7元，上年每股股利为0.60元，股利分配一贯坚持固定股利政策。东方公司要求的投资必要报酬率为8%。

要求：

（1）利用股票估价模型，分别计算M、N公司股票价值。

（2）代东方公司作出股票投资决策。

10. 股票市场预期东方公司股票的股利将在未来3年内高速增长，增长率达15%，以后转为正常增长，增长率为10%。已知东方公司最近支付的股利为每股3元，投资者要求的最低报酬率为12%。

要求：计算该公司股票目前的价值。

11. 东方公司在2022年7月1日投资600万元购买A种股票200万股，在2023年、2024年和2025年的6月30日每股各分得现金股利0.30元、0.50元和0.60元，并于2025

年7月1日以每股4元的价格将股票全部出售。企业要求的必要报酬率为15%。

要求：计算该股票的价值和投资收益率。

12.投资者姜东以每股20元的价格买入ABC公司股票100股，当年3月2日公司按10送2的比例发放股票股利，8月5日进行每股1.50元的现金红利发放，过后该投资者以每股25元的价格将所持有的股票全部售出。

要求：计算投资者在持有期间的投资收益率。

13.第一信托投资是一家共同基金公司，它投资了6家公司的普通股股票。这6家公司股票的市场价值和β值见表4-18。

表4-18 6家公司股票的市场价值和β值

公司	股票市场价值（百万元）	β
A	90	0.6
B	110	1.2
C	60	0.7
D	130	1.8
E	70	0.9
F	40	2.5

要求：

（1）计算共同基金的β值。

（2）设$R_m = 16\%$，$R_F = 6\%$，计算证券投资组合的期望收益率。

（3）利用每种证券的β值计算各自的期望收益率，证明每种证券收益率的加权平均值等于（2）算出的证券组合期望收益率。

14.东方公司股票的β系数为1.2，无风险收益率为8%，市场证券组合的平均收益率为14%。假定该股票为固定成长股票，成长率为5.2%，预期一年后的股利是2元。

要求：确定该股票的价值。

实战模拟

（一）

【目的】掌握新建项目投资决策方法。

【资料】东方公司计划进行一项投资活动，有甲、乙两个备选的互斥投资方案，资料如下：

（1）甲方案原始投资150万元，其中固定资产投资100万元，流动资金投资50万元，全部资金于建设起点一次投入，建设期为0，经营期为5年，到期净残值收入5万元，预计投产后年营业收入90万元，年总成本60万元。

（2）乙方案原始投资200万元，其中固定资产投资120万元，流动资金投资80万元。建设期2年，经营期5年，建设期资本化利息10万元，固定资产投资于建设期起点投入，流动资金投资于建设期结束时投入，固定资产净残值收入10万元。项目投产后，年营业收入170万元，年经营成本（付现成本）80万元。固定资产按直线法计提折旧，全部流动资金于终结点收回。企业所得税税率为25%。

【要求】

（1）计算甲、乙两个方案各年的现金净流量；

（2）计算甲、乙两个方案包括建设期的静态投资回收期；

（3）该公司所在行业的基准折现率为10%，计算甲、乙两个方案的净现值；

（4）计算甲、乙两个方案的年等额净回收额，并比较两个方案的优劣。

（二）

【目的】掌握更新改造项目投资决策方法。

【资料】东方公司原有设备一台，账面折余价值为11.561万元，目前出售可获得收入7.5万元，预计可使用10年，已使用5年，预计净残值为0.75万元。现在该公司拟购买新设备替换原设备，建设期为零，新设备购置成本为40万元，使用年限为5年，预计净残值与使用旧设备的净残值一致，新、旧设备均采用直线法计提折旧。该公司使用新设备后，每年销售额从150万元上升到165万元，经营（付现）成本从110万元上升到115万元。该公司的企业所得税税率为25%，资本成本为10%。已知（P/A，12%，5）= 3.6048，（P/A，14%，5）= 3.4331。

【要求】

（1）计算更新改造增加的年折旧；

（2）计算更新改造增加的各年净利润；

（3）计算更新改造增加的各年现金净流量；

（4）利用插值法计算更新改造方案的差额投资内含报酬率，并作出是否进行更新改造的决策（保留小数点后2位）。

项目五

营运资金管理

情境设计

2016年，尚达家具股份有限公司正式更名为尚达家居股份有限公司（简称尚达家居）。2016年4月20日，尚达家居成功上市。自上市以来，尚达家居规模快速扩张，在产品品类、质量、销量及销售额等方面均呈现强劲增长态势，行业竞争力持续提升。然而，通过对2022—2024年财务报告的分析，发现以下需重点关注的问题：

（1）现金管理效率不足。2024年第三季度，因现金持有量不足导致公司错失低成本采购机会。公司现金管理面临两难困境：现金持有不足将制约经营灵活性，现金持有过多则造成资金闲置。因此，建立科学的现金持有量决策机制至关重要。

（2）应收账款与现金流失衡。虽然近3年主营业务收入持续增长，但应收账款的增速接近甚至高于营业收入的增速，导致经营净现金流持续偏低。如果较长时间“有利润无现金”，则可能存在资金链断裂风险，影响企业正常运营和产能扩张。

（3）材料采购批量决策待优化。采购部门招标计划显示，为完成2025年6 000台SD5-12型智能餐桌的生产目标，需采购36 000件板材。目前供应商招标工作已启动，后续需科学确定采购批量，以平衡库存成本与生产需求。

情境分析：在企业的流动资产中，来源于流动负债的部分由于面临债权人的短期求偿权，而无法供企业在较长期限内自由运用，只有扣除短期负债之后的剩余流动资产即营运资金，才能为企业提供一个宽裕的自由使用期间。所以，营运资金作为流动资产的有机组成部分，因其较强的流动性而成为企业日常生产经营活动的润滑剂和衡量企业短期偿债能力的重要指标。现实中，由于现金流入量与流出量的不同步和不确定性，企业保持适量的营运资金至关重要。企业营运资金越多，风险越小，但收益率也越低；相反，营运资金越少，风险越大，但收益率也越高。企业需要在风险和收益之间进行权衡，合理控制营运资金的规模，既要防止营运资金不足影响运营，也要避免营运资金过多闲置导致效益损失。

尚达家居管理层需完善内部控制体系，将公司营运资金即现金、应收账款及存货控制在一个合理的水平，为公司的可持续发展提供坚实的基础保障。

知识目标

1. 理解营运资金的含义及管理原则。
2. 掌握现金管理的目标及最佳持有量的确定方法。
3. 掌握应收账款管理的目标及信用政策的决策方法。
4. 掌握存货管理模型及经济进货批量的确定方法。
5. 掌握短期融资的方式及其优缺点。

能力目标

1. 能够进行营运资金需求的预测与分析。
2. 具备制定和执行现金管理策略的能力。
3. 能够制定和实施应收账款信用政策。
4. 具备优化存货管理及控制库存水平的能力。
5. 能够选择合适的短期融资方式。

素质目标

1. 培养爱岗敬业、诚实守信、客观公正、保守秘密的职业道德素养。
2. 树立成本效益观念，提高资金使用效率的意识。
3. 培养责任担当意识，具有奉献精神和正确的荣誉观。
4. 培养系统性思维，注重整体优化与协同效应。

项目结构

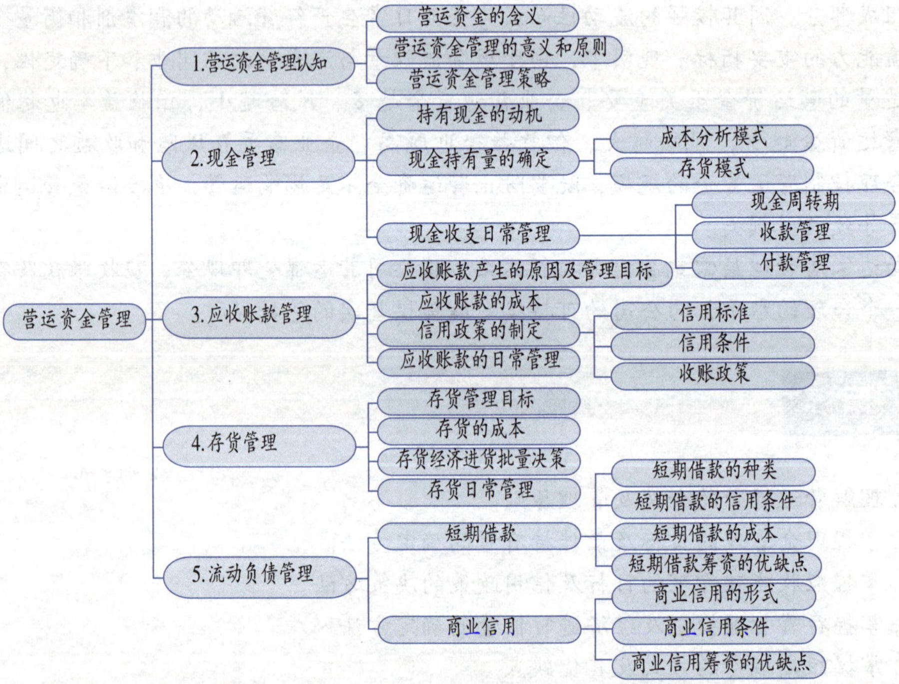

任务一　营运资金管理认知

任务引入

根据“情境设计”提供的资料显示，尚达家居管理层已充分认识到，要实现经济效益与利润的同步提升，必须加强企业内部管理体系建设。公司需要在扩大生产经营规模、提升销量的同时，着力提高资金使用效率，从而有效控制成本。为此，财务部门应当结合营运资金的特点，严格遵循相关管理原则，制定适合公司实际的营运资金管理制度。

尚达家居现阶段适合什么样的营运资金管理策略？如何组织营运资金的管理？

任务分析：尚达家居在快速扩张过程中面临营运资金管理的挑战：如何在扩大销售规模的同时，提升资金使用效率、保障现金流健康。这要求公司科学规划现金持有、优化应收账款回收、合理控制采购成本，通过建立系统的营运资金管理机制，实现规模增长与经营效益的平衡。

营运资金的管理既包括流动资产的管理，也包括流动负债的管理，结合行业特征和尚达家居应收账款增多等自身实际情况，从流动资产和流动负债的特点着手分析，探索符合本企业特点和发展阶段的营运资金管理策略。

知识准备

一、营运资金的含义

营运资金，是指投入日常经营活动（营业活动）的资金。营运资金有广义和狭义之分，广义的营运资金是指一个企业流动资产的总额；狭义的营运资金是指流动资产减去流动负债后的余额。通常我们所提到的营运资金主要是指狭义的营运资金。

营运资金管理包括流动资产管理和流动负债管理两个方面，前者是对营运资本投资的管理，后者是对营运资本筹资的管理。

（一）流动资产

流动资产是指可以在一年或者超过一年的一个营业周期内变现或运用的资产，主要包括现金、交易性金融资产、应收及预付款项和存货等。

流动资产又称经营性投资，与固定资产相比，具有以下特点：

1. 投资回收期短

投资于流动资产的资金一般在一年或一个营业周期内收回，对企业影响的时间比较短。

2. 流动性强

流动资产相对固定资产等长期资产来说比较容易变现，在满足财务临时性资金需求方面具有重要意义。

3. 具有并存性

流动资产在循环周转过程中，各种不同形态的流动资产在空间上同时并存，在时间上依次继起。因此，合理地配置流动资产各项目的比例，是保证流动资产顺利周转的必要条件。

4. 具有波动性

流动资产易受到企业内外环境的影响，其资金占用量的波动往往很大，财务人员应有效地预测和控制这种波动，以防止其影响企业正常的生产经营活动。

（二）流动负债

流动负债是指将在一年或者超过一年的一个营业周期内必须清偿的债务，主要包括短期借款、应付账款、应付票据和预收账款等。

流动负债即营运资本筹资，与非流动负债相比，具有以下特点：

1. 速度快

申请短期借款往往比申请长期借款更容易、更便捷，通常在较短时间内便可获得。

2. 弹性大

与长期债务相比，短期借款给债务人带来更大的灵活性。

3. 成本低

在正常情况下，短期债务筹资所发生的利息支出低于长期债务筹资的利息支出。

4. 风险大

尽管短期债务的成本低于长期债务的成本，但其风险却高于长期债务。

二、营运资金管理的意义和原则

（一）营运资金管理的意义

1. 营运资金是企业生产经营活动的重要组成部分

企业现金流量预测的不确定性以及现金流入和现金流出的非同步性，使营运资金成为企业生产经营活动的重要组成部分。营运资金的持有额越多，其偿还到期债务的能力及支付能力越强，这就要求企业保持一定数量的营运资金。

2. 营运资金周转是整个企业资金周转的依托，是公司生存与发展的基础

只有营运资金能够正常周转，公司供产销各个环节才能正常进行，进而通过实现销售收入来补偿生产经营中的耗费，并赚取一定的利润用于未来的发展。

3. 完善的营运资金决策管理是企业生存的保障

如果营运资金决策失误，会导致企业营运资金周转不灵，甚至破产倒闭。因此，企业的财务经理常常把大量的时间用于营运资金管理，中小企业尤为如此。一个企业经营失败而陷入财务危机往往首先表现为营运资金管理的失败。

4. 营运资金管理水平决定着财务报表所披露的企业形象

现金管理水平直接影响着现金流量表；应收账款、存货管理水平直接影响着销售收

入、销售成本，进而影响利润表；流动资产、流动负债管理水平直接影响着资产负债表等。

（二）营运资金管理的原则

1. 合理确定营运资金的需要数量

企业营运资金的需要数量与企业生产经营活动有直接关系。当企业产销两旺时，流动资产不断增加，流动负债也会相应增加；当企业产销量不断减少时，流动资产和流动负债也会相应减少。因此，企业财务人员应认真分析生产经营状况，采用一定的方法正确预测营运资金的需要数量，以便合理使用营运资金。

2. 节约营运资金使用成本

在营运资金管理中，必须正确处理保证生产经营需要和节约使用资金两者之间的关系。在保证生产经营需要的前提下，尽力降低资金使用成本。一方面，遵守勤俭节约原则，挖掘资金潜力，精打细算地使用资金；另一方面，积极拓展融资渠道，筹措低成本资金服务于生产经营。

3. 提高营运资金的利用效率

营运资金周转是指企业的营运资金从现金投入生产经营开始，到最终转化为现金为止的过程。因为营运资金的周转是从现金开始到现金结束，所以又称现金周转。现金的周转过程主要包括以下三个方面：

（1）存货周转期，是指将原材料转化成产成品并出售所需要的时间。

（2）应收账款周转期，是指将应收账款转化为现金所需的时间。

（3）应付账款周转期，是指从原材料采购开始到现金支出之间所用的时间。

上述三个方面与营运资金周转期之间的关系，如图5-1所示。

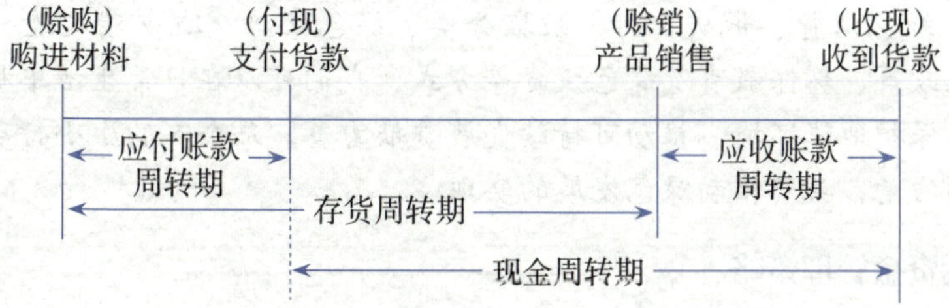

图5-1　营运资金周转期示意图

营运资金周转期（现金周转期）的计算公式为：

$$\text{现金周转期}=\text{存货周转期}+\text{应收账款周转期}-\text{应付账款周转期}$$

在其他条件不变的情况下，营运资金周转期越短，所需的营运资金就越少，企业可以用有限的资金取得最优的经济效益，有效提高资金的利用效果。加速营运资金的周转即缩短营运资金的周转期，通常可以采用的途径有缩短存货周转期、缩短应收账款周转期、延长应付账款周转期。

4. 保证足够的短期偿债能力

偿债能力是企业财务风险高低的标志之一。合理安排流动资产与流动负债的比例关系，保持流动资产结构与流动负债结构的适配性，保证企业有足够的短期偿债能力是营运资金管理的重要原则之一。流动资产、流动负债以及两者之间的关系能够较好地反映企业的短期偿债能力。流动负债是在短期内需要偿还的债务，流动资产则是在短期内可以转化为现金的资产。因此，如果一个企业的流动资产比较多，流动负债比较少，则说明企业的短期偿债能力较强；反之，则说明短期偿债能力较弱。但如果企业的流动资产太多，流动负债太少，也并不是正常现象，这可能是因流动资产闲置或流动负债不足所致。

【明德善思】

小米营运资金周转与绿色发展

小米公司作为全球知名的科技企业，在激烈的市场竞争中，始终高度重视营运资金的周转。通过优化供应链管理、采用先进的库存管理系统及与供应商建立紧密的合作关系等一系列措施，小米公司实现了资金的快速周转。例如，小米公司采用了“零库存”管理模式，显著减少了库存积压带来的资金占用和浪费风险；与供应商建立了良好的信用体系，获得了较长的付款周期，进一步提高了资金使用效率。这种高效的营运资金周转模式不仅为小米公司赢得了市场竞争优势，还为其带来了显著的经济效益。据统计，小米公司的营运资金周转率远高于行业平均水平，这使其能够将更多的资金投入研发和市场拓展，持续推动公司的创新和发展。

启示：小米公司通过高效的营运资金周转模式，不仅提升了公司的经济效益，还在实践中推动了绿色发展理念的落实。减少库存、优化供应链、推动绿色创新等措施，与绿色发展的核心目标——资源高效利用、减少环境影响、推动可持续发展——密切相关。小米公司的营运资金周转模式是一种与绿色发展理念相契合的切实践行。从宏观视角来看，绿色发展理念不仅仅局限于企业或政府的行动，它需要每个人的积极参与。通过节约资源、绿色消费、低碳出行、垃圾分类、绿色家居、减少碳足迹、参与环保活动、支持绿色政策、环保教育及绿色投资等方式，我们可以在日常生活中积极践行绿色发展理念，为保护地球环境、推动可持续发展贡献力量。每个人的小小行动，汇聚起来将形成巨大的力量，共同推动绿色发展的实现。

三、营运资金管理策略

营运资金管理涉及营运资金投资决策和营运资金筹资决策，是对公司短期财务活动的概括，是公司财务管理的重要内容。

（一）营运资金投资策略

营运资金的投资策略主要解决在既定的总资产水平下，流动资产和非流动资产各自占有比例的关系问题。一般而言，持有大量流动资产可以降低企业的风险，因为当企业不能及时清偿债务时，流动资产可以迅速地转化为现金，非流动资产的变现能力则较差。但是，由于流动资产的收益性一般低于非流动资产，如果流动资产太多，较多资金投放在流动资产上，则会降低企业整体的投资收益水平。

因此，企业流动资产投资规模的确定，需要在收益和风险之间进行权衡，选择与其业务需要和管理风格相符合的流动资产投资策略。

1.流动资产投资策略基本类型

（1）紧缩型流动资产投资策略。在紧缩的流动资产投资策略下，企业维持低水平的流动资产与销售收入比率。这里的流动资产通常只包括生产经营过程中产生的存货、应收账款以及现金等生产性流动资产，不包括股票、债券等金融性流动资产。

紧缩的流动资产投资策略可以节约流动资产的持有成本，增加收益；但是同时也增加了由于资金不足而不能按期支付到期债务的情形，提高了企业的风险水平。这种策略的特点是收益高、风险大。敢于冒险、偏好收益的财务经理一般采用该策略，这无疑对企业的管理水平有较高的要求。

（2）宽松型流动资产投资策略。在宽松的流动资产投资策略下，企业通常会维持高水平的流动资产与销售收入比率。企业将保持较多的现金、应收账款和存货，能够按期支付到期债务，并且为应付不确定情况保留了大量资金，使企业的财务与经营风险大大降低。但是，过多的流动资产投资，增加了流动资产持有成本，降低了企业的收益水平。这种策略的特点是收益低、风险小。趋于保守、偏好安全的财务经理倾向采用该策略。

（3）适中型流动资产投资策略。适中的流动资产投资策略要求在销售水平一定的情况下，保持适中的流动资产投资，既不过高也不过低，权衡得失，确定其最佳投资需要量，也就是短缺成本和持有成本之和最小的投资额。这种策略的特点是收益和风险平衡。

2.制定流动资产投资策略应考虑的因素

（1）权衡资产的收益性与风险性。从理论上说，最优的流动资产投资应该是使流动资产的持有成本与短缺成本之和最低。

（2）考虑企业经营的内外部环境。企业流动性水平是债权人确定信用额度和借款利率的主要依据，而企业融资的难易程度会影响流动资产投资策略的制定。融资困难的企业通常采用紧缩的流动资产投资策略。

（3）产业因素。流动资产占用具有明显的行业特征。例如：在机械行业，存货通常占用全部流动资产的50%左右；在商业零售行业，其流动资产占用要超过机械行业。

（4）企业政策的决策者。保守的决策者更倾向于宽松的流动资产投资策略，风险承受能力较强的决策者则倾向于紧缩的流动资产投资策略。

（二）营运资金筹资策略

按照资产的流动性，可以把企业的资产分为流动资产和长期资产。按照流动资产的用途可以进一步划分为波动性流动资产和永久性流动资产。波动性流动资产或称临时性流动资产，是指受季节性、周期性影响的流动资产，如季节性存货、销售旺季的应收账款等，其占用量随当时的需求而波动；永久性流动资产是指企业为持续经营而必须持有的最低限额的现金、存货以及应收账款等，其占用量是相对稳定的。

与流动资产的分类相对应，流动负债也可以分为临时性流动负债和自发性流动负债。临时性流动负债，又称为筹资性流动负债，是指为了满足临时性流动资金需要所发生的负债，如商业零售企业春节前为满足节日销售需要，超量购入货物而举借的短期银行借款，一般只能供企业短期使用；自发性流动负债，又称为经营性流动负债，是指直接产生于企业持续经营中的负债，如商业信用筹资和日常运营中产生的其他应付款，以及应付职工薪酬、应付利息、应交税费等。自发性流动负债虽然属于流动负债，但是旧的自发性流动负债消失之后，随着经营活动的进行又会产生新的自发性流动负债，所以属于长期来源，可供企业长期使用。

企业的营运资金筹资策略就是对波动性流动资产、永久性流动资产和长期资产的资金来源进行管理，一般分为期限匹配型、保守型和激进型三种筹资策略。

1. 期限匹配型筹资策略

期限匹配型筹资策略，又称为配合型筹资策略，是指波动性流动资产所需要的资金用临时性流动负债筹集，永久性流动资产和长期资产所需要的资金用自发性流动负债、长期负债和权益资本筹集。

在这种策略下，如果企业短期筹资计划严密、现金流动与预期安排一致，则在经营低谷时，企业除了自发性流动负债外没有其他流动负债，在经营高峰时，企业才举借临时性流动负债。

该策略虽然风险与收益都相对适中，但是在实践中，由于现金流和各类资产使用寿命的不确定性，往往做不到资产与负债的完全配合。资金来源的有效期与资产的有效期的匹配，只是一种战略性的概念匹配，而不要求实际金额完全匹配。期限匹配型筹资策略如图5-2所示。

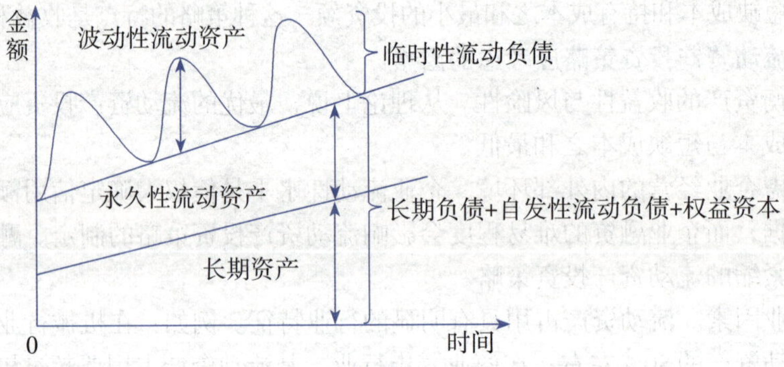

图5-2 期限匹配型筹资策略

2. 保守型筹资策略

保守型筹资策略，又称稳健型筹资策略，是指企业用临时性流动负债筹资来支持部分波动性流动资产；用长期负债、自发性流动负债和权益资本筹资来支持永久性流动资产、长期资产和其余波动性流动资产的筹资策略。极端的保守型筹资策略完全不使用临时性流动负债筹资。

在这种策略下，临时性流动负债在企业的全部资金来源中所占比例较小，可降低企业无法偿还到期债务的风险。同时，遭受短期利率变动损失的风险也较小，但是降低风险的同时也降低了企业的收益，因为长期负债和权益资本在企业资金来源中所占的比例较大，并且两者的资本成本高于临时性流动负债的资本成本，在生产经营的淡季，企业仍要负担长期债务的利息。即使将过剩的长期资本投资于短期有价证券，其投资收益一般也会低于长期债务的利息。所以，该策略是一种风险较小、收益也较低的营运资金筹资策略。保守型筹资策略如图5-3所示。

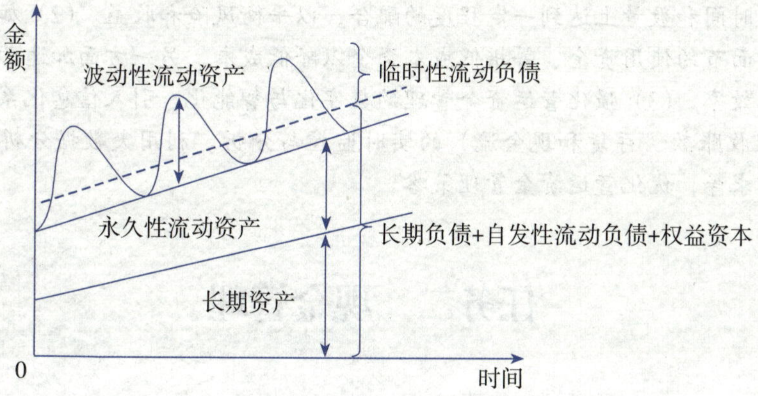

图5-3　保守型筹资策略

3.激进型筹资策略

激进型筹资策略，是指企业不仅用临时性流动负债筹资来支持波动性流动资产，还用临时性流动负债筹资来支持部分永久性流动资产，甚至用临时性流动负债筹资来支持长期资产的筹资策略。

由于临时性流动负债的资本成本相对于长期负债和权益资本来说一般较低，而激进型筹资策略下的临时性流动负债所占的比例较大，因此，该策略下企业的资本成本低于期限匹配型筹资策略。但是，由于企业为满足永久性流动资产长期、稳定的资本需要，必然要在临时性流动负债到期后重新举债或申请债务展期，这样不断地举债和还债，加大了筹资和还债的风险。因此，激进型筹资策略是一种风险大、收益高的营运资金筹资策略。激进型筹资策略如图5-4所示。

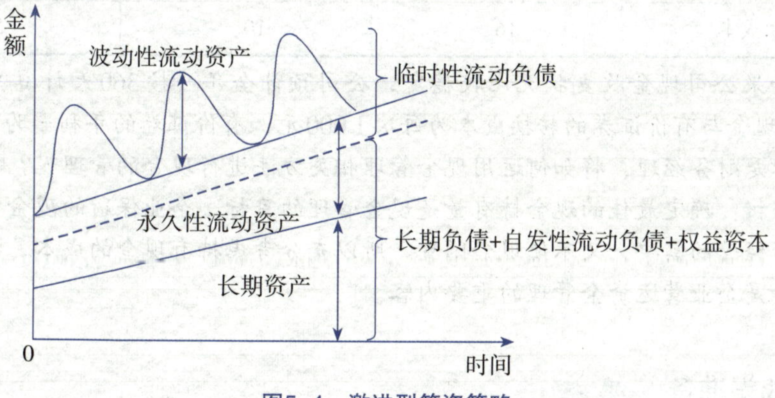

图5-4　激进型筹资策略

任务解析

通过上述学习，可以解析【任务引入】中的问题：

（1）应根据企业的实际情况和发展阶段，选择适合的营运资金管理策略。由于尚达家居上市后处于快速扩张阶段，可以考虑采用配合型或稳健型策略，公司的资金来源和资金占用在时间和数量上达到一定程度的配合，以平衡风险和收益。(2) 加强成本效益管理。一方面节约使用资金、筹措低成本资金以降低成本，另一方面加速营运资金的周转提高利用效率。(3) 强化营运资金管理的数字化与智能化。引入信息化系统，实现营运资金（应收账款、存货和现金流）的实时监控与分析。利用大数据分析客户付款行为、市场需求等，优化营运资金管理策略。

任务二　现金管理

任务引入

尚达家居2024年第三季度由于持有的现金不足，让公司错失了低成本进货的机会。为了加强对现金的管理，财务经理要求财务人员提供如下相关资料：

(1) A、B、C三种现金持有方案，有关资料见表5-1。

表5-1　现金持有备选方案　金额单位：万元

项　目	A方案	B方案	C方案
现金持有量	100	200	400
机会成本率	10%	10%	10%
短缺成本	16	10	5

(2) 如果公司现金收支状况比较稳定，公司预计全年（按360天计算）需要现金200万元，现金与有价证券的转换成本为每次1 000元，有价证券的年利率为10%。

如果你是财务经理，将如何运用现金管理相关方法进行现金的管理呢？

任务分析：确定最佳的现金持有量是现金管理的目标。企业保留的现金量应既能满足日常生产经营的需要，又不使现金闲置。所以充分考虑持有现金的成本，确定适当的现金持有量是企业营运资金管理的重要内容。

知识准备

广义的现金是指在生产过程中暂时停留在货币形态的资金，包括库存现金、银行存款和其他货币资金等。狭义的现金仅指库存现金。这里所讲的现金是指广义的现金。

一、持有现金的动机

企业持有一定数量的现金主要基于三个方面的动机，即交易动机、预防动机和投机动机。

（一）交易动机

交易动机，即企业在正常生产经营秩序下应当保持一定的现金支付能力。企业经常得到收入，也经常发生支出，两者不可能同步同量。企业必须持有一定的现金以满足日常业务的现金支出需要，如购买原材料、支付工资、缴纳税款、偿付到期债务、派发现金股利等。一般说来，为满足交易动机所持有的现金余额主要取决于企业销售水平。企业销售扩大，销售额增加，所需现金余额也增加。

（二）预防动机

预防动机，即企业为应付紧急情况而需要保持的现金支付能力。由于市场行情的瞬息万变和其他各种不测因素的存在，企业通常难以对未来现金流入量和流出量作出准确的估计和预期。因此，在正常业务活动现金需要量的基础上，追加一定数量的现金余额以应付未来现金流入和流出的随机波动，是企业在确定必要现金持有量时应当考虑的因素。企业预防性现金余额的多少主要取决于三个方面：一是企业愿意承担风险的程度；二是企业临时举债能力的强弱；三是企业对现金流量预测的可靠程度。

（三）投机动机

投机动机，即企业为了抓住各种瞬息即逝的市场机会、获取较大的利益而准备的现金金额。如遇到廉价原材料或其他资产供应的机会，或者在适当时机购入价格有利的股票和其他有价证券。投机动机只是企业确定现金余额时所需考虑的次要因素之一，其持有量大小往往与企业在金融市场的投资机会及企业对待风险的态度有关。

企业持有的现金总额并不等于各种动机所需要现金余额的简单相加，前者通常小于后者，因为某一需求持有的现金可以用于满足其他需求。各种动机所需保持的现金，并不要求必须是货币形态，也可以是能够随时变现的有价证券以及能够随时转换成现金的其他各种存在形态的资产。

现金的首要特点是普遍的可接受性，即可以有效地立即用来购买商品、货物、劳务或偿还债务。因此，现金是企业中流动性最强的资产。现金管理的目标就是在现金的流动性与收益性之间进行权衡选择，通过现金管理，使现金收支不但在数量上，而且在时间上相互衔接，保证企业经营活动的现金需要，降低企业闲置的现金数量，提高资金收益率。

【同步思考 5-1】现金具有高流动性和使用便利性。但这是否表明企业持有的现金资产越多越有利呢？

二、现金持有量的确定

确定最佳现金持有量的方法很多，下面仅介绍常用的成本分析模式和存货模式。

（一）成本分析模式

成本分析模式是根据现金有关成本，分析预测其总成本最低时现金持有量的一种方法。成本分析模式考虑的现金持有成本包括机会成本、管理成本和短缺成本。

1. 机会成本

现金的机会成本，是指企业因保留一定现金余额，从而放弃将其用于其他投资机会而可能获得的投资收益。放弃的再投资收益通常用有价证券的收益来衡量，是企业不能同时用该现金进行有价证券投资所产生的机会成本，这种成本在数额上等同于资金成本。机会成本属于变动成本，它与现金持有量成正比例关系，其计算公式为：

机会成本 = 现金持有量 × 有价证券利率（或报酬率）

2. 管理成本

企业保留现金，会发生一定的管理费用，如支付给现金管理人员的工资和安全措施费用等。这部分费用具有固定成本的性质，它在一定范围内与现金持有量之间没有明显的比例关系。

3. 短缺成本

现金短缺成本，是指在现金持有量不足而又无法及时通过有价证券变现加以补充而给企业造成的损失。例如，不能及时支付材料款而停工待料给企业造成的经济损失，包括直接损失和间接损失。现金短缺成本与现金持有量呈反方向变动关系，即现金的短缺成本随现金持有量的增加而下降，随现金持有量的减少而上升。

成本分析模式下，使机会成本、管理成本和短缺成本这三项成本之和最小的现金持有量就是最佳现金持有量。则：

最佳现金持有量的现金相关成本 = Min(管理成本 + 机会成本 + 短缺成本)

式中：管理成本属于固定成本，机会成本与现金持有量呈正比例变动关系，短缺成本与现金持有量成反比例变动关系。现金的成本同现金持有量之间的关系如图5-5所示。

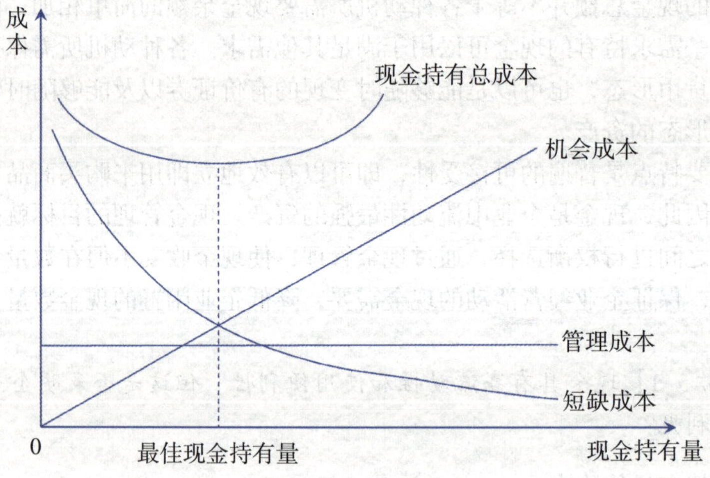

图5-5 成本分析模式的现金持有成本

从图5-5可以看出，各项成本同现金持有量的变动关系不同，使得总成本曲线呈抛物线型，抛物线的最低点所对应的现金持有量便是最佳现金持有量，此时总成本最低。

在实际工作中，运用成本分析模型确定最佳现金持有量的步骤如下：

（1）根据不同现金持有量方案测算并确定有关成本数值；

（2）按照不同现金持有量及其有关成本资料编制最佳现金持有量测算表；

（3）在测算表中找出总成本最低时的现金持有量，即最佳现金持有量。

【例5-1】长城公司有四种现金持有方案，有关成本资料见表5-2。假设现金的机会成本率为10%。

表5-2　　　　四种方案的成本资料　　　　单位：万元

项目	甲方案	乙方案	丙方案	丁方案
现金持有量	10 000	20 000	30 000	40 000
机会成本	1 000	2 000	3 000	4 000
管理成本	5 000	5 000	5 000	5 000
短缺成本	6 000	4 000	2 000	0

要求：确定最佳现金持有量。

计算过程如下：

根据表5-2，采用成本分析模式编制该企业的最佳现金持有量测算表，具体内容见表5-3。

表5-3　　　　最佳现金持有量测算表　　　　单位：万元

项目	甲方案	乙方案	丙方案	丁方案
机会成本	1 000	2 000	3 000	4 000
管理成本	5 000	5 000	5 000	5 000
短缺成本	6 000	4 000	2 000	0
总成本	12 000	11 000	10 000	9 000

通过比较分析各方案的总成本可知，丁方案的相关总成本最低，因此40 000万元是长城公司最佳现金持有量。

（二）存货模式

微课

现金最佳持有量确定——存货模式

存货模式源自存货的经济批量模型，最早由美国学者鲍曼（W.J. Baumol）于1952年提出，因此又称鲍曼模型。该模型假设一定时期企业的现金需求总量可以预测且既定，现金的支出均匀发生，每隔一段时间通过转让有价证券等额补充现金持有量。图5-6形象地描述了这一过程。

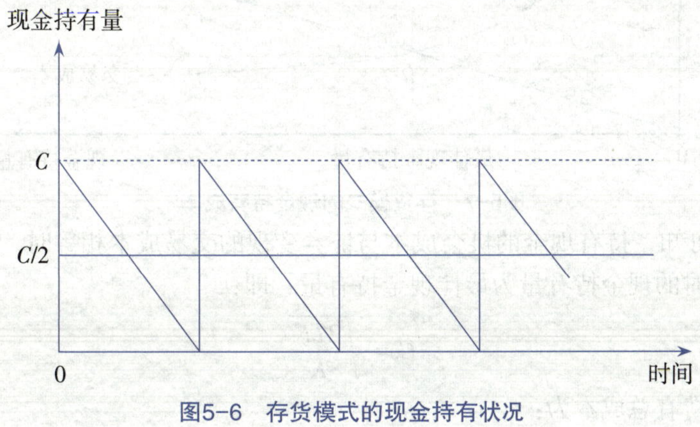

图5-6　存货模式的现金持有状况

现金与有价证券之间的转换需要付出代价，称为现金的交易成本或转换成本，是指企业用现金购入有价证券以及转让有价证券换取现金时付出的交易费用。交易成本分为两部分：一是与委托金额相关的费用，如买卖佣金、印花税等，在一定时期现金总需求量即转换的证券总额既定的前提下，这部分费用都是相同的，属于决策的无关成本，在此不予考虑；二是与委托金额无关，只与转换次数有关的费用，如委托手续费、过户费等。假定每次的证券交易成本是固定的，在现金需求量既定的前提下：证券交易次数 = 现金需求总量 ÷ 现金持有量，交易成本总额 = 证券交易次数 × 每次交易成本。现金持有量越少，需要证券变现的次数就越多，相应的交易成本就越大；反之，现金持有量越多，需要证券变现的次数就越少，交易成本就越小。现金交易成本与现金持有量成反比。

利用存货模式确定最佳现金持有量时，只对机会成本和交易成本予以考虑。因而能够使现金管理的机会成本与交易成本之和保持最低的现金持有量，即为最佳现金持有量。

设 T 为一个周期内现金总需求量；F 为每次出售证券以补充现金所需的交易成本；C 为最佳现金持有量（每次证券变现的数量）；K 为有价证券利息率；TC 为现金持有总成本。则：

现金持有总成本 = 机会成本 + 交易成本

即：
$$TC = \frac{C}{2} \times K + \frac{T}{C} \times F$$

现金持有总成本与机会成本、交易成本的关系如图5-7所示。

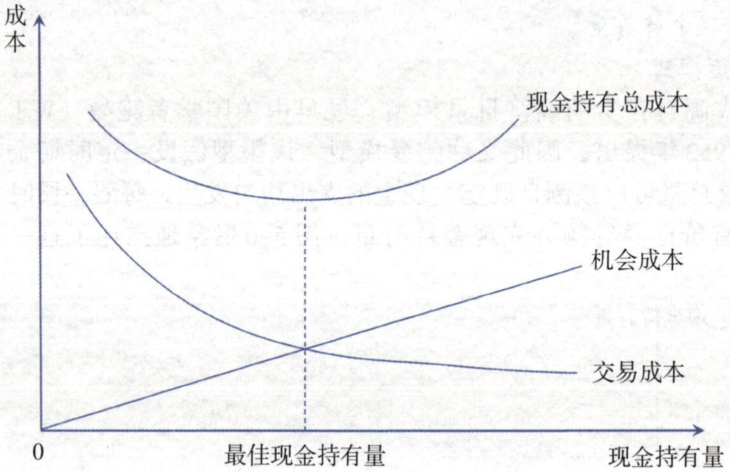

图5-7　存货模式的现金持有成本

由图5-7可知，持有现金的机会成本与证券变现的交易成本相等时，现金持有的总成本最低，此时的现金持有量为最佳现金持有量，即：

$$C = \sqrt{\frac{2TF}{K}}$$

最低现金持有总成本为：

$$TC = \sqrt{2TFK}$$

【例5-2】长城公司现金收支状况比较稳定，预计全年（按360天计算）需要现金25万元，现金与有价证券的交易成本为每次500元，有价证券的年利率为10%，则：

$$最佳现金持有量(C)=\sqrt{\frac{2\times 250\,000\times 500}{10\%}}=50\,000（元）$$

$$最低现金持有总成本(TC)=\sqrt{2\times 250\,000\times 500\times 10\%}=5\,000（元）$$

其中：

交易成本 $=(250\,000\div 50\,000)\times 500=2\,500$（元）

机会成本 $=(50\,000\div 2)\times 10\%=2\,500$（元）

有价证券交易次数 $=250\,000\div 50\,000=5$（次）

有价证券交易间隔期 $=360\div 5=72$（天）

三、现金收支日常管理

（一）现金周转期

现金周转期，是指介于企业支付现金与收到现金之间的时间段。要缩短现金周转期，可以从以下方面着手：加快制造与销售产成品来减少存货周转期；加速应收账款的回收来减少应收账款周转期；减缓支付应付账款来延长应付账款周转期。

（二）收款管理

1. 收款系统

一个高效率的收款系统能够使收款成本和收款浮动期达到最小，同时能够保证客户汇款及其他现金流入来源相关的信息的质量。

（1）收款成本。收款成本包括收款浮动期成本、管理收款系统的相关费用（如银行手续费）及第三方处理费用或清算相关费用。

（2）收款浮动期。收款浮动期是指从支付开始到企业收到资金的时间间隔。收款浮动期主要是由纸基（或称纸质）支付工具导致的，有下列三种类型：

① 邮寄浮动期。邮寄浮动期是指从付款寄出支票到收款人或收款人的处理系统收到支票的时间间隔。

② 处理浮动期。处理浮动期是指支票的接受方处理支票和将支票存入银行以收回现金所需的时间。

③ 结算浮动期。结算浮动期是指通过银行系统进行支票结算所需的时间。

2. 收款方式的改善

电子支付方式对比纸基支付方式是一种改进。

（1）结算时间和资金可用性可以预计。

（2）向任何一个账户或任何金融机构的支付具有灵活性，不受人工干扰。

（3）客户的汇款信息可与支付同时传送，更容易更新应收账款。

（4）客户的汇款从纸基方式转向电子方式，减少或消除了收款浮动期，降低了收款成本，收款过程更容易控制并且提高了预测精度。

（三）付款管理

现金支出管理的关键是尽可能延缓现金的支出时间。企业应根据风险与收益权衡原则选用适当方法延期支付账款。延期支付账款的方法一般有以下几种：

1. 合理利用“浮游量”

所谓现金“浮游量”是指企业账户上现金余额与银行账户上所示的存款余额之间的差额。

2. 推迟支付应付款

企业可在不影响信誉的情况下，尽可能推迟应付款的支付期。

3. 采用汇票付款

在使用支票付款时，只要受票人将支票存入银行，付款人就要无条件付款，但汇票不一定是“见票即付”的付款方式，这样就有可能合法地延期付款。

4. 透支

透支是企业开出支票的金额大于活期存款余额，是银行向企业提供的信用。透支的限额，由银行和企业共同商定。

5. 争取现金流出与现金流入同步

企业应尽量使现金流出与现金流入同步，这样就可以减少交易性现金余额，同时可以减少有价证券转换为现金的次数，提高现金的利用效率，节约转换成本。

6. 使用零余额账户

企业与银行合作，保持一个主账户和一系列子账户。企业只在主账户保持一定的安全储备，一系列子账户不需要保持安全储备。当从某子账户签发的支票需要现金时，立即从主账户划拨过来，从而可以使更多资金得到充分使用。

【同步思考5-2】改变工资支付方式对企业有利，对职工是否无害？

【明德善思】

“制度+技术+思政”模式：企业现金管理的创新实践与启示

深圳某精密制造企业通过构建“制度+技术+思政”三位一体的现金管理体系，实现资金安全、运营效率与社会责任的同步提升。其核心举措包括：（1）制度筑基：建立“收支分离、双人复核”机制，所有现金流动必须通过指定账户并附电子凭证，日终由出纳与财务主管共同盘点，误差超500元即触发审计程序。（2）技术赋能：引入智能监控系统，实时追踪每一笔现金流向，并与银行数据交叉验证。系统可自动识别异常交易（如单次提现超限额），立即冻结账户并推送预警至风控部门。（3）思政引领：开设“现金管理伦理课”，将职业道德纳入绩效考核。若员工舞弊被系统识别，不仅退还资金（情节严重应承担相应的法律责任），还需参加“诚信修复”培训，案例编入企业警示教材。该模式使企业坏账率下降60%，现金流预测准确率提升至95%，并入选深圳市工商业联合会评选的“产融结合示范企业”。

启示：现金资产具有流动性强、普遍接受性、易被挪用等特点。为确保现金的安全与合理使用，企业均制定一系列严格的现金管理制度和内部控制流程。对于初入职场的现金管理人员来说，既要做好本职工作，又要保护自己。需要特别注意以下几个方面：（1）熟悉规章制度，严守操作流程。学习并遵守公司现金管理制度和财务制度，确保每一步操作合规合法；按权限操作，保留相关凭证；妥善保管现金、票据、印章等重要物品。(2) 保持职业操守，坚守道德底线。坚持诚实守信，廉洁自律，不做假账，不挪用公款，维护企业资金安全；抵制诱惑，不贪不占，拒绝任何形式的贿赂和利益输送；保守财务机密，不泄露任何敏感信息。(3) 提高风险意识，加强自我保护。保持警惕，发现异常及时向上级报告；保留工作记录和凭证以备查验，遇到问题及时沟通，寻求帮助。(4) 持续学习提升，增强自身能力。积极参加培训和学习，关注行业动态，向同事学习工作经验和技巧，提升工作能力。

任务解析

通过上述学习，可以解析【任务引入】中的问题：

(1) 根据资料计算最佳现金持有量（见表5-4）。

表5-4　成本资料　单位：万元

项目	A方案	B方案	C方案
机会成本	10	20	40
短缺成本	16	10	5
总成本	26	30	45

根据以上计算结果，尚达家居利用成本分析模式确定A方案成本最低，所以A、B、C三个备选方案中选择A方案最合适。

(2) 根据资料计算如下：

$$\text{最佳现金持有量}(Q)=\sqrt{2\times 2\,000\,000\times\frac{1\,000}{10\%}}=200\,000(\text{元})$$

$$\text{最低现金管理相关总成本}(TC)=\sqrt{2\times 2\,000\,000\times 1\,000\times 10\%}=20\,000(\text{元})$$

根据以上计算结果，尚达家居利用存货模式确定最佳现金持有量为200 000元。

任务三　应收账款管理

任务引入

家具行业具有产品更新快、市场竞争激烈的特点。尚达家居凭借敏锐的市场洞察力和强大的产品研发能力，始终保持产品品类与市场需求的同步更新，其过硬的产品质量和领先行业的品种开发能力，使公司销售额呈现强劲增长态势。然而，根据“情境设计”提供的资料显示，2022—2024年，虽然公司主营业务收入持续增长，但应收账款增速明显过快，导致经营净现金流量处于较低水平。

尚达家居近3年的信用政策见表5-5。公司变动成本率为65%，有价证券利息率为20%，公司收账政策不变，固定成本不变。

表5-5　　信用政策方案表　　单位：万元

项目	第1年（n/30）	第2年（n/60）	第3年（n/90）
年赊销额	2 400	2 600	2 800
坏账损失	48	78	140
收账费用	25	42	58

由以上数据可知，尚达家居采取逐渐宽松的信用政策，因而销售量有所增加，但坏账损失也有所增加。如果第3年为了加速应收账款的回笼，尚达家居决定将信用条件改为“2/10，1/20，n/60”。预计60%的客户会在第10天付款，20%的客户会在第20天付款，其余20%的客户会在第60天付款。坏账损失率降低为3%，收账费用降低为32万元。

作为尚达家居的财务管理人员，请你为公司决策者作出以下分析：

（1）公司采用逐渐宽松的信用政策是否成功。

（2）如果公司准备对第3年的信用政策作出修订，能否采用这个修订后的信用方案。

任务分析：应收账款的发生主要是由于商业竞争，是企业主动提供商业信用给对方（购进）企业的行为。信用是各企业（或经济组织）以承诺事后付款为条件来获得产品、服务甚至现金的能力。信用也是一种交换媒介，因为事后付款的承诺并非都靠得住，比如会产生坏账，并且企业持有应收账款也有一定的成本，如机会成本及管理成本。如何利用这一媒介，促进销售的同时实现利润的增长，就成为了应收账款管理的目标。制定合理的信用政策，掌握应收账款的动态信息，在应收账款管理中尤为重要。

知识准备

应收账款是企业因对外赊销产品或材料、供应劳务等而应向购货方或接受劳务单位收取的款项。应收账款的主要功能是促进销售和减少存货。

一、应收账款产生的原因及管理目标

（一）应收账款产生的原因

企业产生应收账款的原因主要有两种：

第一，商业竞争。商业竞争是产生应收账款的主要原因。在市场经济条件下，企业的商品生产和经营活动面临着激烈的竞争。竞争机制的作用迫使企业用各种手段扩大销

售。除了依靠产品质量、价格、售后服务、广告等外，赊销也是扩大销售的手段之一，在其他条件相似的情况下，实行赊销的产品或商品的销售额将大于只采用现销的产品或商品的销售额，这是因为赊销可以给顾客带来好处。出于扩大销售的竞争需要，企业不得不以赊销或以其他优惠方式招揽顾客，于是就产生了应收账款，由竞争引起的应收账款是一种商业信用。

第二，销售和收款的时间差距。商品成交的时间和收到货款的时间常常不一致，这也导致产生了应收账款。虽然，现实生活中现金销售是很普遍的，特别是零售企业特别普遍。不过就一般批发和大量生产企业来讲，发货时间和收到货款的时间往往不同，这是因为货款结算需要时间的缘故。结算手段越是落后，结算所需时间就越长，销售企业承担由此引起的资金垫支（即应收账款）的金额也就越大。由于销售和收款时间差而造成的应收账款，不属于商业信用，也不是应收账款的主要内容。

（二）应收账款管理目标

既然企业发生应收账款的主要原因是扩大销售，增强竞争力，那么其管理目标就是获取利润。应收账款是企业的一项资金投放，是为了扩大销售和盈利而进行的投资。投资肯定要发生成本，这就需要在应收账款信用政策所增加的盈利和这种政策的成本之间作出权衡。只有当应收账款所增加的盈利超过所增加的成本时，才应当实施应收账款赊销。

二、应收账款的成本

应收账款作为企业为增加销售和盈利进行的投资，会发生一定的成本。应收账款的成本主要有：

微课

应收账款成本——机会成本

（一）机会成本

应收账款的机会成本是指因资金投放在应收账款上所丧失的其他投资所带来的收益，如投资债券便会有利息收入。

其计算公式如下：

（1）计算应收账款平均余额。

应收账款平均余额 = 日赊销额 × 平均收现期

= 年赊销额 ÷ 360 × 平均收现期

= 年赊销额 ÷ 应收账款周转次数

（2）计算应收账款占用资金。

应收账款占用资金 = 应收账款平均余额 × 变动成本率

（3）计算应收账款占用资金的应计利息（即机会成本）。

应收账款占用资金的应计利息 = 应收账款占用资金 × 资本成本

【例 5-3】若长城公司预测的年度赊销收入净额为1 000 000元，应收账款周转期为45天，变动成本率为80%，资本成本为10%。

要求：计算其应收账款的机会成本。

计算如下：

应收账款周转率 = 360 ÷ 45 = 8（次）

应收账款平均余额 = 1 000 000 ÷ 8 = 125 000（元）

应收账款占用资金 = 125 000 × 80% = 100 000（元）

应收账款机会成本 = 100 000 × 10% = 10 000（元）

【同步思考5-3】应收账款的机会成本是否会在企业利润表中体现？

（二）管理成本

应收账款的管理成本是指企业对应收账款进行管理而耗费的开支，是应收账款成本的重要组成部分。主要包括对客户的资信调查费用、账簿记录费用、收账费用、数据处理成本、相关管理人员成本和从第三方购买信用信息的成本等。

（三）坏账成本

应收账款基于商业信用而产生，存在无法收回的可能性，由此给应收账款持有企业带来的损失，即为坏账成本。坏账成本的计算公式为：

应收账款的坏账成本 = 赊销额 × 预计坏账损失率

三、信用政策的制定

微课

应收账款信用政策决策方法应用

信用政策即应收账款的管理政策，是企业对应收账款进行规划与管理而制定的基本原则和规范，是企业财务政策的重要组成部分。企业要管好、用好应收账款，必须事先制定合理的信用政策。信用政策主要包括信用标准、信用条件和收账政策三部分。

（一）信用标准

信用标准是客户获得企业商业信用所应达到的最低条件，通常以预期的坏账损失率作为判别标准，进而划分信用等级。如果企业把信用标准定得过高，将使许多客户因信用水平达不到所设的标准而被拒之门外，尽管有利于降低违约风险及收账费用，但不利于企业市场竞争能力的提高和销售收入的扩大。相反，如果企业接受较低的信用标准，虽然有利于企业扩大销售、提高市场竞争力和占有率，但同时也会导致坏账损失和收账费用的增加。为此，企业应在成本与收益比较原则的基础上，确定适合的信用标准。

具体客户坏账损失率需要通过对该客户进行信用评估来确认，常用的方法有定性分析和定量分析两种。

1. 定性分析

定性分析主要采用5C系统评估法。5C系统评估法是指重点分析影响信用的五个方面来评价客户信用状况的一种方法。这五个方面包括品质（Character）、能力（Capacity）、资本（Capital）、抵押（Collateral）和条件（Conditions）。因为这五个方面英文单词的第一个字母都是“C”，所以将其称为5C系统评估法。

（1）品质。品质是指客户的信誉，即履行偿债义务的可能性。企业必须设法了解客户过去的付款记录，看其是否有按期如数付款的一贯做法，以及与其他供货企业的关系是否良好。这一点经常被视为评价客户信用的首要因素。

（2）能力。能力是指客户的偿债能力，主要是其流动资产的数量、质量及与流动负债的比例。一般来说，企业的流动资产数量越多，质量越好，其支付货款的能力越强；

反之，就越弱。

（3）资本。资本是指客户的财务实力和财务状况，表明客户可能偿还债务的背景。

（4）抵押。抵押是指客户拒付款项或无力支付款项时能被用作抵押的资产。这对于信用状况有争议的客户尤为重要，如果客户能够提供足够的抵押，就可以向其提供商业信用。而一旦客户违约，便以抵押品抵补挽回损失。

（5）条件。条件是指可能影响客户付款能力的经济环境。例如，一旦经济不景气，会对客户付款产生什么影响，客户会如何做。这需要了解客户在困难时期的付款历史。

上述信息资料主要通过下列渠道取得：①商业代理机构或资信调查机构所提供的客户信息资料及信用等级资料；②委托往来银行信用部门向与客户有关联业务的银行索取信用资料；③与同一客户有信用关系的其他企业相互交换该客户的信用资料；④客户的财务报告；⑤企业自己总结的经验及其他可取得的资料等。

2. 定量分析

进行商业信用的定量分析可以从考察客户的财务报表开始。通常使用比率分析法评价客户的财务状况。常用的指标有：流动比率、速动比率、现金比率、利息保障倍数、资产负债率、存货周转率、应收账款周转率、销售净利率、总资产收益率、净资产收益率等。将这些指标与信用评估机构及其他协会发布的行业标准进行比较，可以分析客户的信用状况。

信用标准是企业评价客户信用等级，决定给予或拒绝客户信用的依据。坏账损失率越高，信用等级越低，要求的信用标准就越高；坏账损失率越低，信用等级越高，要求的信用标准就越低。

（二）信用条件

信用条件，是指企业接受客户信用订单时所提出的付款要求，包括信用期限、折扣期限和现金折扣三个要素，折扣期限和现金折扣构成折扣条件。

（1）信用期限。信用期限是指企业允许客户从购货到支付货款的时间间隔。企业产品销售量与信用期限存在一定的依存关系。信用期限的确定，主要分析改变现行信用期限对收入和成本的影响。通常，延长信用期限会使销售额增加；与此同时，会引起机会成本、坏账损失和收账费用的增加。当前者大于后者时，可以延长信用期限，否则不宜延长。如果缩短信用期限，情况则与此相反。

（2）折扣期限和现金折扣。延长信用期限会增加应收账款占用的时间和金额，许多企业为了加速资金周转，及时收回货款，减少坏账损失，往往在延长信用期限的同时，采用一定的优惠措施，即在规定的时间内提前偿付货款的客户可按销售收入的一定比率享受折扣，即现金折扣。例如，“2/10，1/20，*n*/30”表示赊销期限为30天，若客户在10天内付款可享受2%的折扣，在20天内付款可享受1%的折扣。现金折扣实际上是对销售收入的扣减，企业决定是否提供及提供多大程度的现金折扣，着重考虑的是提供折扣后所得的收益是否大于现金折扣的成本。

企业对信用条件的选择，应比较不同信用条件的销售收入及相关成本，确定净收益，并选择净收益最大的信用条件。

【例5-4】长城公司预测的2026年度赊销额为720万元，其信用条件为*n*/30，变动成本率为60%，有价证券利息率（或资金成本率）为10%。假设企业收账政策不变，固定成本总额不变。该企业准备了A、B、C三个信用条件的备选方案：

A方案：维持原信用条件；

B方案：将信用条件放宽到n/45；

C方案：将信用条件放宽到n/60。

各种备选方案估计的赊销水平、坏账百分比和收账费用等有关数据见表5-6。

表5-6 信用条件备选方案 金额单位：万元

项目	A方案（n/30）	B方案（n/45）	C方案（n/60）
年赊销额	720	756	792
应收账款平均收账期间（天）	30	45	60
应收账款平均余额	720 ÷ 360 × 30 = 60	756 ÷ 360 × 45 = 94.5	792 ÷ 360 × 60 = 132
应收账款占用资金	60 × 60% = 36	94.5 × 60% = 56.7	132 × 60% = 79.2
坏账损失/年赊销额	2%	3%	5%
坏账损失	720 × 2% = 14.4	756 × 3% = 22.68	792 × 5% = 39.6
收账费用	8	18	32

根据以上资料，三个备选方案信用条件分析评价见表5-7。

表5-7 信用条件分析评价 单位：万元

项目	A方案（n/30）	B方案（n/45）	C方案（n/60）
年赊销额	720	756	792
变动成本	720 × 60% = 432	756 × 60% = 453.6	792 × 60% = 475.2
信用成本前收益	288	302.4	316.8
信用成本：			
应收账款机会成本	36 × 10% = 3.6	56.7 × 10% = 5.67	79.2 × 10% = 7.92
坏账损失	720 × 2% = 14.4	756 × 3% = 22.68	792 × 5% = 39.6
收账费用	8	18	32
小计	26	46.35	79.52
信用成本后收益	262	256.05	237.28

根据表5-7中的资料可知，在这三种方案中，A方案（n/30）的获利最大，它比B方案（n/45）的收益多5.95万元；比C方案（n/60）的收益多24.72万元。因此，在其他条件不变的情况下，应选择A方案。

（三）收账政策

收账政策，是指当客户违反信用条件，拖欠甚至拒付账款时企业所采取的收账策略与措施。企业对不同过期账款的催收方式，包括准备为此付出的代价，就是它的收账政策。例如，对于逾期较短的客户，不过多打扰，以免将来失去这一市场；对逾期稍长的客户，可措辞婉转地写信催款；对逾期较长的客户，应以频繁的信件催款并电话催讨；对逾期很长的客户，可在催款时措辞严厉，必要时提请有关部门仲裁或提起诉讼。

催收账款要发生费用，某些催收方式的费用还会很高（如诉讼费）。一般来说，收账的花费越大，收账的措施越有力，可收回的账款就越多，坏账损失也就越小。依此制定收账政策，要在收账费用和所减少坏账损失之间作出权衡。

虽然企业在信用管理政策中，已对可接受的信用风险水平作了规定，但是当企业的生产经营环境发生变化时，仍然需要对信用管理政策中的某些规定进行修改和调整，并对改变条件的各种备选方案进行认真地评价。收账政策的优劣取决于应收账款总成本的大小，可以通过比较各收账方案成本对其加以选择。

【知识拓展】

应收账款保理

应收账款保理是指企业将赊销形成的未到期应收账款在满足一定条件的情况下，转让给商业银行，以获得银行的流动资金支持，加快资金周转。从理论上讲，保理可以分为买断型保理（非回购型保理）和非买断型保理（回购型保理）、有追索权保理和无追索权保理、明保理和暗保理、折扣保理和到期保理。中国企业应收账款的数量呈现逐年上升的趋势，企业流动资金短缺与大量债权无法变现之间的矛盾异常突出。应收账款的不断增长使不少企业运营资金拮据，应收账款占用资金加大了企业的机会成本，而应收账款难以收回又使公司的坏账增加，从而增加企业的费用，致使许多企业虚盈实亏，影响企业的利润。

四、应收账款的日常管理

对于已经发生的应收账款，企业还应进一步加强日常管理工作，采取有力的措施进行分析、控制，及时发现问题，提前采取措施。这些措施主要包括应收账款跟踪分析、应收账款账龄分析和应收账款收现保证率分析。

（一）应收账款跟踪分析

一旦发生应收账款，赊销企业就必须考虑如何按期足额收回的问题。要达到这一目的，赊销企业必须建立相应制度，责成有关人员，如销售人员对每项应收账款的运行过程进行跟踪分析。

对应收账款实施跟踪分析的重点应放在赊销商品的销售与变现方面。客户以赊销方式购入商品后，迫于获利和付款信誉的动力和压力，必然期望迅速实现销售并收回账款，如果这一期望能够顺利实现，而客户又有良好的信用品质，则赊销企业能够如期收回客户欠款。反之，如果客户所赊购的商品不能顺利地销售和变现，出现积压或赊销，则意味着与应付账款相对的现金支付能力匮乏。在这种情况下，客户能否如期付款，取决于两个因素：一是客户的信用品质；二是客户的现金持有量。如果客户的信用品质良好，持有一定的现金余额，客户大多是不愿以损失市场信誉为代价而拖欠赊销企业账款的。如果客户信用品质不佳，或者现金匮乏，那么赊销企业的账款遭受拖欠也就在所难免。

（二）应收账款账龄分析

企业已发生的应收账款时间有长有短，有的尚未超过收款期，有的则已逾期拖欠。一般来讲，拖欠的时间越长，款项收回的可能性越小，形成坏账的可能性越大。对此，企业应实施严密的监督，随时掌握回收情况。应收账款账龄分析就是考察研究应收账款的账龄结构，有针对性地制定不同的收账政策及收账方案。所谓应收账款的账龄结构，是指各账龄应收账款的余额占应收账款总计余额的比重。

对应收账款进行账龄分析，可以通过编制账龄分析表进行，具体内容见表5-8。

表5-8　　应收账款账龄分析表

应收账款账龄	账龄账户数量	金额（万元）	比重（%）
信用期内	200	120	60
超过信用期1个月内	100	20	10
超过信用期2个月内	40	16	8
超过信用期3个月内	30	14	7
超过信用期4个月内	18	10	5
超过信用期5个月内	15	8	4
超过信用期6个月内	10	10	5
超过信用期6个月以上	3	2	1
应收账款余额总计	—	200	100

利用应收账款账龄分析表，企业可以了解到以下情况：

第一，有多少应收账款尚在信用期内。表5-8显示，有120万元的应收账款处于信用期内，占全部应收账款的60%。这些款项未到偿付期，欠款是正常的；但到期后能否收回，还要待时再定，故及时的监督仍是必要的。

第二，有多少应收账款已超过了信用期，不同账龄的应收账款各占多少比重，有多少应收账款会因拖欠时间太久而可能成为坏账。表5-8显示，有80万元的应收账款已超过了信用期，占全部应收账款的40%。不过，其中逾期在1至6个月内的，分别为10%、8%、7%、5%、4%、5%。另有1%的应收账款逾期半年以上。此时，企业应分析逾期应收账款具体属于哪些客户，这些客户是否经常发生拖欠情况，发生拖欠的原因是什么。

一般而言，应收账款的逾期时间越短，收回的可能性越大，即发生坏账损失的程度相对越小；反之，收账的难度及发生坏账损失的可能性就越大。因此，对不同拖欠时间的应收账款及不同信用品质的客户，企业应采取不同的收账方法，制定经济可行的收账政策和收账方案。对可能发生的坏账损失需提前有所准备，充分估计这一因素对企业损益的影响；对尚未到期的应收账款，也不能放松管理与监督，防止发生新的逾期拖欠。

（三）应收账款收现保证率分析

由于企业当期现金支付需要量与当期应收账款收现额之间存在着非对称性矛盾，并呈现出预付性与滞后性的差异特征（如企业必须用现金支付与赊销收入有关的增值税和所得税，弥补应收账款资金占用等），这就决定了企业必须对应收账款收现水平制定一个必要的控制标准，即应收账款收现保证率。

应收账款收现保证率是为适应企业现金收支匹配关系的需要而确定的有效收现的应收账款应占全部应收账款的百分比，是两者应当保持的最低比例。其计算公式为：

$$\text{应收账款收现保证率}=\frac{\text{当期预计现金需要额}-\text{当期预计其他稳定可靠的现金来源额}}{\text{当期应收账款总计余额}}\times 100\%$$

式中：当期预计其他稳定可靠的现金来源额是指从应收账款收现以外的途径可以取得的各种稳定可靠的现金流入数额，包括短期有价证券变现净额、可随时取得的银行贷款等。

应收账款收现保证率指标反映了企业既定会计期间预期现金支付数额扣除各种可靠、稳定性来源后的差额，必须通过应收账款有效收现予以弥补的最低保证程度。其意义在于：应收账款未来是否可能发生坏账损失对企业并非最重要，更为关键的是实际收现的账款能否满足同期必需的现金支付要求，特别是满足具有刚性约束的应纳税款及偿付不得展期或调换的到期债务的需要。

【例5-5】长城公司预期必须以现金支付的款项有工人工资80万元、应纳税款50万元、应付账款60万元、其他现金支出8万元。预计该期稳定的现金回收数是90万元。记载在该期“应收账款”明细账上的客户有A（欠款120万元）、B（欠款180万元），应收账款收现保证率计算如下：

当期现金支付总额 = 80 + 50 + 60 + 8 = 198（万元）

当期应收账款总计金额 = 120 + 180 = 300（万元）

$$\text{应收账款收现保证率}=\frac{198-90}{300}\times 100\%=36\%$$

以上计算结果表明，长城公司当期必须收回应收账款的36%，才能最低限度保证当期必要的现金支出，否则企业便有可能出现支付危机。为此，企业应定期计算应收账款实际收现率，看其是否达到了既定的控制标准，如果发现实际收现率低于应收账款收现保证率，应查明原因，采取相应措施，确保企业有足够的现金满足同期必需的现金支付要求。

【明德善思】

从应收账款管理到产业生态共建

正泰集团股份有限公司（以下简称正泰）始创于1984年，是全球知名的智慧能源系统解决方案提供商。正泰通过搭建“正泰云”数字化平台，将应收账款管理嵌入供应链协同体系。一方面，利用区块链技术实现订单、发票、物流数据的实时共享，将平均账期缩短至30天以内；另一方面，联合金融机构为中小企业供应商提供“订单融资”“池化融资”服务，累计为2 000余家供应商提供超50亿元低息贷款支持，解决其资金周转难题，稳定产业链运行，实现生态共建。此外，正泰将数字化管理工具向上下游开放，帮助合作伙伴建立现代化财务体系，共享发展。

启示：优秀企业的应收账款管理已超越单纯财务操作，成为构建产业信任生态、践行可持续发展理念的战略工具，为其他企业提供有益借鉴。（1）公平交易是供应链健康发展的基础。企业应通过合理的信用政策，平衡自身与供应商、经销商的利益，避免因过度压榨合作伙伴而导致供应链断裂。公平交易有助于建立长期稳定的合作关系，提升供应链的整体竞争力。(2) 合作共赢是可持续发展的关键。企业应通过供应链金融、信息共享等方式，支持上下游合作伙伴的发展，形成互利共赢的生态圈。合作共赢不仅有助于提升企业的社会形象，还能增强供应链的抗风险能力。(3) 数字化技术是实现公平交易与合作共赢的重要工具。企业应利用大数据、区块链等技术，构建透明、高效的供应链管理平台，减少信息不对称，确保交易过程的公平性。数字化技术还可以帮助企业更好地评估合作伙伴的信用状况，制定更合理的信用政策。(4) 社会责任是企业发展的重要维度。企业在追求自身利益的同时，应关注供应链上下游企业的生存与发展，通过优化应收账款管理，支持中小企业融资，体现社会责任担当。这种责任感不仅有助于提升企业的品牌价值，还能为社会经济的可持续发展贡献力量。

任务解析

通过上述学习，可以解析【任务引入】中的问题：

不同信用政策下各因素数值以及计算出的净收益见表5-9。

表5-9　不同信用政策下各因素数值以及计算出的净收益　单位：万元

项目	第一年（n/30）	第二年（n/60）	第三年（n/90）
年赊销额	2 400	2 600	2 800
变动成本	1 560	1 690	1 820
信用成本前收益	840	910	980
应收账款机会成本	26	56	91
坏账损失	48	78	140
收账费用	25	42	58
信用成本后收益	741	734	691

(1) 从表5-9中可以看出，延长信用期间，导致企业扣除信用成本后收益逐年降低，说明尚达家居采用的信用政策不成功。

(2) 计算信用条件改变后的各个因素变化。

现金折扣成本 = 2 800 ×（2% × 60% + 1% × 20%）= 39.2（万元）

应收账款机会成本 = 2 800 ÷ 360 × 22 × 65% × 20% = 22.24（万元）

坏账损失 = 2 800 × 3% = 84（万元）

收账费用 = 32 万元

变动成本 = 2 800 × 65% = 1 820（万元）

信用成本后收益 = 2 800 − 1 820 − 39.2 − 22.24 − 84 − 32 = 802.56（万元）

由此可以看出，尚达家居信用条件改变之后的收益为802.56万元，比原来收益提高了，因此，尚达家居应采用这个修订后的信用方案。

任务四　存货管理

任务引入

尚达家居预计2025年生产SD5-12型号智能餐桌6 000台，需要板材36 000件，公司采购部门通过招标确定了长城公司作为板材供货商。一次订货量在6 000件以上可获得2%的折扣，平均每次进货费用为1 250元，每件板材的年存储成本为10元，该种板材的平均采购单价为150元。请财务人员运用存货管理的方法，确定板材的采购批量。

任务分析：企业在确定板材采购批量时，需综合考虑以下关键因素：(1) 要确保采购量能够满足正常生产需求，避免因原料短缺导致停产；(2) 需结合销售预测合理安排采购计划，以支持销售业务开展；(3) 应通过均衡采购维持生产稳定性，从而降低单位产品成本；(4) 需优化采购批量以降低订货成本、运输成本等存货取得成本；(5) 要预留适当的安全库存以防范供应中断等意外风险。总体而言，板材采购批量的确定，应当在保障生产经营需求的基础上，力求实现存货总成本的最小化。

知识准备

存货是指企业在生产经营过程中为销售或者耗用而储备的物资，包括原材料、低值易耗品、在产品、半成品、产成品、协作件、外购商品等。

一、存货管理目标

在生产经营过程中企业总有储存存货的需要，并因此占用一定的资金。这种存货的需要出自以下原因：

（一）保证生产或销售的经营需要

(1) 储存必要的原材料和在产品，以保证生产的正常进行。

(2) 储存必要的产成品，以利于销售。企业的产品一般不是生产一件就出售一件，而是成批生产、成批销售才合算。

(3) 适当储备各种存货，便于均衡生产，降低产品成本。各种存货的保险储备还可以防止意外事件造成的损失。

（二）出自价格的考虑

零购物资的价格往往较高，而整批购买通常能获得价格优惠。但是，过多的存货要占用较多的资金，形成机会成本，并且会增加包括仓储费、保险费、维护费、管理人员工资在内的各项开支，直接增加成本。

因此，存货管理的目标，就是要尽力在各种存货成本与存货效益之间作出权衡，在充分发挥存货的功能的同时降低成本、增加收益，达到两者的最佳结合。

二、存货的成本

保持一定数量的存货，必定会有一定的成本支出。存货的成本包括取得成本、储存成本和缺货成本。

（一）取得成本

取得成本是指为取得某种存货而支出的成本，通常用TC_a表示。它又分为订货成本和购置成本。

1. 订货成本

订货成本是指企业为组织进货而支出的费用，如办公费、差旅费、邮资、电话费、运输费、检验费、入库搬运费等支出。订货成本一部分与订货次数无关，如专设采购机构的基本开支等，称为固定的订货成本，是存货持有量决策的无关成本，用F_1表示；另一部分与订货次数有关，如差旅费、邮资、电话费等与进货次数成正相关变动，称为变动的订货成本，是存货持有量决策的相关成本，每次的订货成本（进货费用）用B表示，订货次数等于存货年需要量A与每次进货量Q之比。订货成本的计算公式为：

$$
\begin{aligned}
\text{订货成本} &= \text{固定订货成本} + \text{变动订货成本} \\
&= \text{固定订货成本} + \frac{\text{存货全年计划进货总量}}{\text{每次进货批量}} \times \text{每次进货费用} \\
&= F_1 + \frac{A}{Q} \cdot B
\end{aligned}
$$

2. 购置成本

购置成本是指购买存货本身所支出的成本，即存货本身的价值。在不存在批量折扣的条件下，购置成本取决于存货年需求量和单价（P），与存货持有量决策无关。购置成本的计算公式为：

$$
\begin{aligned}
\text{购置成本} &= \text{存货全年计划进货总量} \times \text{单价} \\
&= A \cdot P
\end{aligned}
$$

订货成本与购置成本之和即为存货的取得成本。其计算公式为：

$$
\begin{aligned}
\text{取得成本} &= \text{订货成本} + \text{购置成本} \\
&= \text{固定订货成本} + \text{变动订货成本} + \text{购置成本} \\
&= \text{固定订货成本} + \frac{\text{存货全年计划进货总量}}{\text{每次进货批量}} \times \text{每次进货费用} + \text{存货全年计划进货总量} \times \text{单价}
\end{aligned}
$$

$$TC_a = F_1 + \frac{A}{Q} \cdot B + A \cdot P$$

（二）储存成本

储存成本是指企业为持有存货而发生的费用，如存货占用资金的应计利息、仓储费用、保险费用、存货破损和变质损失等，通常用TC_b表示。

储存成本分为固定成本和变动成本：固定储存成本与存货数量的多少无关，如仓库折旧、仓库职工的固定工资等，是存货持有量决策的无关成本，用F_2表示；变动储存成本与存货的数量有关，与存货的库存量成正比，如存货占用资金的应计利息、存货的破损和变质损失、存货的保险费用等，是存货持有量决策的相关成本，单位存货变动储存成本用C表示。储存成本的计算公式为：

$$\text{储存成本} = \text{固定储存成本} + \text{变动储存成本}$$

$$= \text{固定储存成本} + \frac{\text{每次进货批量}}{2} \times \text{单位存货变动储存成本}$$

$$TC_b = F_2 + \frac{Q}{2} \cdot C$$

（三）缺货成本

缺货成本是指因存货不足而给企业造成的损失。主要包括：（1）由于材料供应中断造成的停工待料损失；（2）产成品供应中断导致的延误发货的损失、丧失销售机会的损失及信誉损失；（3）采取补救措施而发生的成本，如紧急采购代用材料而增加的额外支出等。缺货成本与存货的储存数量成反比，通常用TC_c表示。

如果用TC表示存货的总成本，则其计算公式为：

$$TC = TC_a + TC_b + TC_c = F_1 + \frac{A}{Q} \cdot B + A \cdot P + F_2 + \frac{Q}{2} \cdot C + TC_c$$

三、存货经济进货批量决策

经济进货批量是指能够使一定时期存货的总成本达到最低点的进货数量。

微课

存货经济进货批量基本模型

（一）存货经济进货批量基本模型

为了将问题简化，在进行经济进货批量决策时，常常做如下假设：（1）企业一定时期的进货总量可以较为准确地预测；（2）存货的流转比较均衡；（3）存货的价格稳定，且不考虑商业折扣；（4）进货日期完全由企业自行决定，并且采购不需要时间；（5）仓储条件及所需现金不受限制；（6）不允许出现缺货，即缺货成本为零；（7）所需存货市场供应充足，并能集中到货。

在满足以上假设前提下，经济进货批量考虑的仅仅是变动订货成本（简称订货成本）和变动储存成本（简称储存成本），使两者之和最低的进货批量即为经济进货批量。存货相关总成本计算公式为：

$$\mathrm{TC} = \frac{A}{Q} \times B + \frac{Q}{2} \times C$$

存货相关总成本与相关订货成本与相关储存成本的关系如图5-8所示。

从图5-8可以看出，当订货费用与储存成本相等时，存货相关总成本最低，此时的进货批量就是经济进货批量。

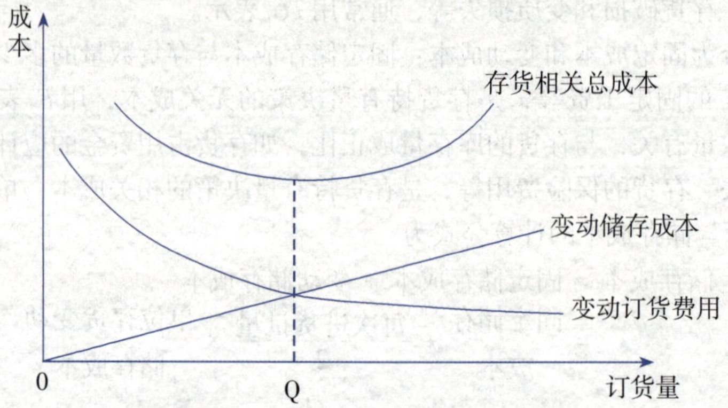

图5-8 存货成本与订货批量关系图

总成本TC的大小取决于进货批量Q。为了求出TC的极小值，对其进行求导演算，可以得出经济进货批量计算公式为：

$$经济进货批量(Q)=\sqrt{\frac{2AB}{C}}$$

$$经济进货批量的相关总成本(TC)=\sqrt{2ABC}$$

$$经济进货批量平均占用资金(W)=\frac{PQ}{2}=P\sqrt{\frac{AB}{2C}}$$

$$年度最佳进货批次(N)=\frac{A}{Q}=\sqrt{\frac{AC}{2B}}$$

【例5-6】长城公司2025年度计划耗用甲材料360 000千克，该材料的单位采购成本为100元，单位年储存成本为2元，平均每次进货费用为400元，则：

经济进货批量（Q）$=\sqrt{2\times360\,000\times400\div2}=12\,000$（千克）

经济进货批量的存货相关总成本（TC）$=\sqrt{2\times360\,000\times400\times2}=24\,000$（元）

经济进货批量平均占用资金（W）$=100\times\frac{12\,000}{2}=600\,000$（元）

年度最佳进货批次（N）$=\frac{360\,000}{12\,000}=30$（次）

【知识拓展】

存货陆续供应和使用的经济订货量模型

经济进货批量基本模型是建立在存货一次全部入库的假设之上的。实际上，各批存货一般都是陆续入库，库存量陆续增加。在这种情况下，需要对经济进货批量基本模型做一些修正。

假设每批订货数为Q，每日送货量为P，每日耗用量为d，存货年需要量为A，每次订货费用为B，单位存货存储费率为C。则：

$$送货期=\frac{Q}{p}$$

$$送货期耗用量=\frac{Q}{p}\times d$$

由于存货边送边用，所以每批送完时，送货期内平均库存量为：

$$送货期内平均库存量 = \frac{1}{2}\left(Q - \frac{Q}{p} \times d\right) = \frac{Q}{2}\left(1 - \frac{d}{p}\right)$$

$$变动订货成本 = 年订货次数 \times 每次订货成本 = \frac{A}{Q} \cdot B$$

$$变动储存成本 = 年平均库存量 \times 单位存货的年储存成本 = \frac{Q}{2} \cdot (1 - \frac{d}{p}) \cdot C$$

$$与批量相关的总成本(TC) = \frac{A}{Q} \cdot B + \frac{Q}{2} \cdot (1 - \frac{d}{p}) \cdot C$$

总成本 TC 最小时，即存货陆续供应和使用的经济订货量为：

$$Q = \sqrt{\frac{2AB}{C} \times \frac{p}{p - d}}$$

存货陆续供应和使用的经济订货量相关总成本公式为：

$$TC = \sqrt{2ABC \times (1 - \frac{d}{p})}$$

（二）实行数量折扣的经济进货批量模型

为了鼓励客户购买更多的商品，销售企业通常会给予不同程度的价格优惠，即实行商业折扣或称价格折扣。购买越多，所获得的价格优惠越大。此时，进货企业对经济批量的确定，除了考虑订货成本与变动储存成本外，还应考虑存货的购置成本，因为此时的存货购置成本已与进货数量的大小有了直接的联系，属于决策相关成本。

存货相关总成本的计算公式为：

存货相关总成本 = 购置成本 + 相关订货成本 + 相关储存成本

实行数量折扣的经济进货批量具体确定步骤如下：

第一步，按照基本经济进货批量模式确定经济进货批量。

第二步，计算按经济进货批量进货时的存货相关总成本。

第三步，计算按给予数量折扣的不同批量进货时的存货相关总成本。

第四步，比较不同批量进货时的存货相关总成本。此时最佳进货批量，就是使存货相关总成本最低的进货批量。

【例 5-7】沿用【例 5-6】的资料，假设一次订购甲材料 20 000 千克以上，可获得 2% 的商业折扣，此时应如何作出采购决策。

（1）按基本经济批量采购时的总成本。

总成本（一次采购 12 000 千克）

= 年需要量 × 单价 + 经济批量的存货变动相关总成本

= 360 000 × 100 + 24 000 = 36 024 000（元）

（2）按享受商业折扣的最低批量采购时的总成本。

总成本（一次采购 20 000 千克）

= 年需要量 × 单价 + 年储存成本 + 年采购费用

= 360 000 × 100 ×（1 − 2%）+ 2 × 20 000 ÷ 2 + 400 × 360 000 ÷ 20 000

= 35 307 200（元）

经比较，应享受商业折扣，即应一次采购20 000千克，这样可以节约716 800元的采购总成本。

【明德善思】

循环经济理念与可持续发展

格力电器作为中国家电制造行业的领军企业，不仅在产品质量和技术创新上追求卓越，更在存货管理上融入循环经济理念，致力于打造绿色可持续的供应链体系。(1) 在采购源头贯彻绿色理念。格力严格筛选环保材料供应商，要求其必须符合环保标准，从源头上确保原材料的环保性和可持续性，有效降低对环境的影响。(2) 建立协同共赢的绿色供应链体系。通过与供应商建立长期稳定的战略合作关系，实现信息共享和协同发展，大幅提升供应链运行效率，有效规避因供应链波动导致的库存风险，在降低运营成本的同时带动整个产业链的绿色升级。(3) 运用科技手段优化绿色物流。格力采用智能物流技术和设备，显著提升运输效率，降低能耗和排放。同时，依托大数据分析消费者行为和市场需求，精准调整库存结构，避免产品滞销造成的资源浪费。

启示：循环经济不仅是一种经济模式，更是一种生活态度和发展哲学。格力电器的实践为企业和个人践行循环经济理念提供了有益的启示：(1) 在企业层面：①应将循环经济纳入战略规划，打造核心竞争力；②加大科技研发投入，开发绿色产品和服务；③推动跨行业协作，共建绿色供应链；④加强员工环保教育，培育循环经济企业文化。(2) 在个人层面：①践行绿色消费，选择节能产品、公共交通出行；②培养节约习惯，节约水电、减少浪费；③做好垃圾分类，促进资源回收利用；④参与环保活动，传播循环经济理念，循环经济需要全社会的共同参与和努力。企业和个人都需要积极行动起来，从自身做起，从点滴做起，共同构建更加可持续的未来，实现经济、社会和环境的协调发展。

四、存货日常管理

存货日常管理包括存货储存期控制、存货ABC分类管理等。

（一）存货储存期控制

存货储存期控制包括存货保本储存期控制和保利储存期控制两项内容，有关计算公式为：

$$\text{利润} = \text{毛利} - \text{固定储存费} - \text{税金及附加} - \text{每日变动储存费} \times \text{储存天数}$$

$$\text{保本储存天数} = \frac{\text{毛利} - \text{固定储存费用} - \text{税金及附加}}{\text{每日变动储存费用}}$$

$$\text{保利储存天数} = \frac{\text{毛利} - \text{固定储存费用} - \text{税金及附加} - \text{目标利润}}{\text{每日变动储存费用}}$$

$$\begin{matrix}\text{批进批出经销某商品}\\\text{实际获利或亏损额}\end{matrix} = \text{每日变动储存费} \times (\text{保本储存天数} - \text{实际储存天数})$$

$$\begin{matrix}\text{批进零售经销某商品}\\\text{预计获利或亏损额}\end{matrix} = \text{每日变动储存费} \times (\text{平均保本储存天数} - \text{平均实际储存天数})$$

式中：平均实际储存天数 =（实际零售天数 + 1）÷ 2

【例5-8】长城公司批进批出一批商品共500件，该商品单位进价500元（不含增值税），单位售价为550元（不含增值税），经销该批商品的一次性费用为5 000元。已知该商品的进货款来自银行贷款，年利率为9%，商品的月保管费用率为3‰，流转环节的税金及附加为2 500元。（一年按360天计算）

要求：

（1）计算该批商品的保本储存天数。

（2）假设企业要求获得目标利润8 750元，计算该批商品的保利储存天数。

（3）假设该批商品超过保利储存天数10天售出，计算该批商品的实际获利额。

计算过程如下：

（1）保本储存天数：

$$保本储存天数 = \frac{(550 - 500) \times 500 - 5\,000 - 2\,500}{500 \times 500 \times (\frac{9\%}{360} + \frac{3‰}{30})} = 200（天）$$

（2）保利储存天数：

$$保利储存天数 = \frac{(550 - 500) \times 500 - 5\,000 - 2\,500 - 8\,750}{500 \times 500 \times (\frac{9\%}{360} + \frac{3‰}{30})} = 100（天）$$

（3）超过保利期10天售出的实际获利额：

$$实际获利额 = 500 \times 500 \times \left(\frac{9\%}{360} + \frac{3‰}{30}\right) \times (200 - 110) = 7\,875（元）$$

（二）存货ABC分类管理

存货ABC分类管理就是按照一定的标准，将企业的存货划分为A、B、C三类，分别实行分品种重点管理、分类别一般控制和按总额灵活掌握的存货管理。分类的标准主要有两个：一是金额标准，二是品种数量标准。其中，金额标准是最基本的分类标准，品种数量标准仅作为参考。存货ABC分类管理的具体特征、分类标准、管理方法见表5-10。

表5-10　ABC分类管理

项目	具体特征	分类标准		管理方法
		金额（%）	品种数量（%）	
A类	金额巨大，品种数量较少	70	10	分品种重点管理
B类	金额一般，品种数量相对较多	20	20	分类别一般控制
C类	金额很小，品种数量繁多	10	70	按总额灵活掌握

存货ABC分类管理可分为以下三个步骤：（1）计算每一种存货在一定时期内的资金占用额；（2）计算每一种存货资金占用额占全部资金占用额的百分比，并按大小顺序排列，编成表格；（3）当金额百分比累加到70%左右时，以上存货为A类存货；百分比介于70%～90%的存货为B类存货；其余为C类存货。

【例5-9】长城公司共有20种原材料，总金额为100 000元，按金额由高到低的顺序排列并按上述原则将其划分为A、B、C三类（见表5-11）。

表5-11　　　　　ABC分类表

材料编号	金额（元）	金额比重	累计金额比重	类别	各类存货数量比重	各类存货金额比重
1	50 000	50%	50%	A	10%	70%
2	20 000	20%	70%			
3	10 000	10%	80%	B	20%	20%
4	5 000	5%	85%			
5	3 500	3.5%	88.5%			
6	1 500	1.5%	90%			
7	1 250	1.25%	91.25%	C	70%	10%
8	1 200	1.2%	92.45%			
9	1 100	1.1%	93.55%			
10	1 000	1%	94.55%			
11	950	0.95%	95.5%			
12	900	0.9%	96.4%			
13	800	0.8%	97.2%			
14	700	0.7%	97.9%			
15	600	0.6%	98.5%			
16	500	0.5%	99%			
17	400	0.4%	99.4%			
18	300	0.3%	99.7%			
19	200	0.2%	99.9%			
20	100	0.1%	100%			
合计	100 000	100%	—	—	100%	100%

通过对存货进行ABC分类，可以使企业分清主次，采取相应的对策进行有效的管理、控制。企业在组织经济进货批量、储存期分析时，对A、B两类存货可以分别按品种、类别进行，对C类存货只需加以灵活掌握即可，一般不必进行测算与分析。此外，企业还可以运用ABC分类区分为A、B、C三类，通过研究各类消费者的消费倾向、档次等，对各档次存货的需要量加以估算，并购进相应数量的存货。这样，能够使存货的购进与销售工作建立在有效的市场调查的基础上，从而收到良好的控制效果。

【同步思考5-4】观察一下你身边或熟悉的企业，哪些企业适合采用存货ABC分类管理法管理存货？

任务解析

通过上述学习，可以解析【任务引入】中的问题：

(1) 不享受折扣时：

$Q=\sqrt{2\times 36\,000\times 1\,250\div 10}=3\,000$（件）

相关总成本 $=36\,000\times 150+\sqrt{2\times 36\,000\times 1\,250\times 10}=5\,430\,000$（元）

(2) 若享受折扣，订货量为6 000件时：

$$相关总成本=36\,000\times 150\times(1-2\%)+\frac{36\,000}{6\,000}\times 1\,250+\frac{6\,000}{2}\times 10$$
$$=5\,329\,500(元)$$

尚达家居财务人员经过以上计算可以确定每次最佳进货量为6 000件。

任务五　流动负债管理

任务引入

根据项目三筹资管理任务一的预测，2013年尚达家居需要向企业外部筹集资金2 300万元，公司计划以发行普通股方式筹集1 300万元，其余1 000万元以负债方式筹集，其中筹集短期债务资金300万元以满足流动资金周转的需要，筹集长期债务资金700万元以满足增加新型设备的资金需要。本任务仅讨论短期资金300万元的筹集问题，尚达家居计划全部以短期负债方式解决，有以下两种可以利用的筹资方式：

(1) 向商业银行取得短期借款300万元，利率6%，期限1年，银行要求保留20%的补偿性余额。

(2) 公司的原料供应单位星源公司同意以“2/10，*n*/50”的信用条件向尚达家居销售原材料。

对于多种来源的短期负债资金，尚达家居选择哪种方式筹集资金比较合适？

任务分析：企业短期债务资金的筹集方式包括向银行短期借款和利用商业信用，每种筹资方式都有其特点、优势和不足。企业应根据对资金的需求状况，结合每种筹资方式的特点作出适当的选择。

知识准备

企业在生产经营过程中，有许多因素都会使其出现临时资金短缺的问题，运用短期筹资是企业处理这类问题最适宜的方法。短期筹资主要包括短期借款和商业信用。

一、短期借款

短期借款是企业为解决短期资金需求，向银行或其他金融机构申请借入、期限在1年以内（含1年）的款项。企业举借短期借款，首先应向银行等金融机构提出申请，经审查同意后借贷双方签订借款合同，办理借款手续，然后取得借款。

（一）短期借款的种类

1.按照目的和用途不同，短期借款分为生产周转借款、临时借款和结算借款

（1）生产周转借款。生产周转借款是指制造业企业在生产经营过程中因所需经常占用的资本不足而向银行等金融机构申请的借款。这种周转借款属于调节企业资本平均需要量以内的资金需求的借款，期限最长为1年。

（2）临时借款。临时借款是指企业由于季节性储备或集中到货、节假日供应等临时原因需要向银行申请的借款。临时借款企业要在借款前3至5天向银行提出申请，银行逐笔核贷，贷款期限根据实际需要确定，最长不超过半年。

（3）结算借款。结算借款是指企业向外地销售商品采用托收承付结算方式时，为抵补在途资本占用而向银行申请的贷款。结算借款的借款额度以商品销售成本和代垫运杂费为限，贷款期限为预定托收货款收回的期限。

2.按银行发放贷款的具体形式不同，短期借款可以分为信用借款、担保借款和抵押借款

（1）信用借款。信用借款是指完全凭借款人信用，不需借款人提供经济担保或财产抵押的借款方式。规定借款限额或周转额度的银行借款均属信用借款。信用借款主要适用于经营时间长、经济实力强、借贷往来时间长、信誉好的公司。

（2）担保借款。担保借款是要求借款人以第三方经济信誉或财产作为还款保证的借款方式。担保借款要求借款公司、担保人、银行三方签订合法、完整的借贷合同和担保合同，明确三方的权利和责任。

（3）抵押借款。抵押借款是指企业以某种资产作为担保，抵押给银行，以此获得一定数额短期资金的借款方式。有价证券、应收账款和存货是常用的抵押品。

（二）短期借款的信用条件

1.信贷额度

信贷额度亦即贷款限额，是企业与银行在协议中规定的允许借款人借款的最高限额，信用额度的有效期限通常为1年。一般情况下，在信贷额度内企业可以随时按需要支用借款。但银行并不承担必须支付全部信贷额度的义务。如果企业信誉恶化，即使在信贷额度内，企业也可能得不到借款。此时，银行不会承担法律责任。

2.周转信贷协定

周转信贷协定是指银行从法律上承诺向企业提供不超过某一最高限额的贷款协定，是一种正式的具有法律约束的信用额度形式。在周转信贷协定中，只要企业的借款总额未超过最高限额，银行必须满足企业任何时候提出的借款要求。企业享用周转信贷协定，应按使用贷款的实际资金额向银行支付相应的利息。此外，还要针对贷款限额未使

用部分付给银行一笔承诺费，这是银行向企业提供此项贷款的一种附加条件。

【例5-10】长城公司与银行商定的周转信贷额度为1 000万元，利率为5%，承诺费率为0.5%。公司年度内实际使用了600万元，应向银行支付的承诺费为：

信贷承诺费 = (1 000 − 600) × 0.5% = 2（万元）

3. 补偿性余额

补偿性余额是银行要求借款企业在银行中保持按贷款限额或实际借用额的一定百分比（通常为10%～20%）计算的最低存款余额。从银行的角度讲，补偿性余额可降低贷款风险，补偿其可能遭受的贷款损失；但对借款企业来说，补偿性余额则提高了借款的实际利率，加重了企业的利息负担。

【例5-11】长城公司向银行借款1 000万元，利率为6%，银行要求长城公司保留10%的补偿性余额，企业实际可动用的贷款为900万元，该借款的实际利率为：

$$借款实际利率 = \frac{1\,000 \times 6\%}{1\,000 \times (1 - 10\%)} \times 100\% = \frac{6\%}{1 - 10\%} \times 100\% \approx 6.67\%$$

4. 借款抵押

为了降低风险，银行发放贷款时往往需要有抵押品担保。短期借款的抵押品主要有应收账款、存货、应收票据、债券等。银行将根据抵押品面值的30%～90%发放贷款，具体比例取决于抵押品的变现能力和银行对风险的态度。

5. 偿还条件

贷款的偿还有到期一次偿还和在贷款期内定期（每月、季）等额偿还两种方式。一般来讲，企业不希望采用后一种偿还方式，因为这会提高借款的实际年利率；而银行不希望采用前一种偿还方式，是因为这会加重企业的财务负担，增加企业的拒付风险，同时会降低实际贷款利率。

6. 其他承诺

银行有时还会要求企业为取得贷款而作出其他承诺，如及时提供财务报表、保持适当的财务水平（如特定的流动比率）等。如企业违背所作出的承诺，银行可要求企业立即偿还全部贷款。

（三）短期借款的成本

短期借款的成本主要包括利息、手续费等。短期借款成本的高低主要取决于贷款利率的高低和利息的支付方式。短期借款利息的支付方式有收款法、折现法和加息法三种，付息方式不同，短期借款的实际利率也有所不同。

1. 收款法

收款法是借款企业在借款到期时一次性向银行支付利息的方式。银行向企业贷款一般都采用这种方法收取利息。采用收款法时，借款的名义利率（约定利率）等于其实际利率（有效利率）。

2. 折现法

折现法，是指银行向企业发放贷款时，先从本金中扣除利息部分，到期时企业偿还全部贷款本金的利息支付方式。在这种利息支付方式下，企业可以利用的贷款额只是贷款本金减去利息部分后的差额，因此，贷款的实际利率要高于名义利率。

【例5-12】长城公司从银行取得借款500万元，期限1年，利率6%，按折现法付息。利息30万元，企业实际可动用的贷款为470万元，该借款的实际利率为：

$$借款实际利率 = \frac{500 \times 6\%}{500 \times (1 - 6\%)} \times 100\% = 6.38\%$$

3.加息法

加息法是银行发放分期等额偿还贷款时采用的利息收取方法。在分期等额偿还贷款的情况下，银行将根据名义利率计算的利息加到贷款本金上，计算出贷款的本息和，要求企业在贷款期内分期偿还本息之和。由于贷款本金分期均衡偿还，贷款企业实际上只平均使用了贷款本金的一半，却支付了全额利息。这样企业所负担的实际利率要高于名义利率大约1倍。

【例5-13】长城公司从银行取得借款100 000元，期限1年，利率12%，分12个月等额偿还本息。该项借款的实际利率为：

$$借款实际利率 = \frac{100\,000 \times 12\%}{100\,000 \div 2} \times 100\% = 24\%$$

(四) 短期借款筹资的优缺点

短期借款筹资的优点主要表现在：

(1) 与长期借款相比，筹资效率较高。

(2) 筹资弹性较大，公司可以根据需要随时借款，当公司资本充足时可及早偿还。

短期借款筹资的缺点主要表现在：筹资风险较高；存在补偿性余额等附加信用条件时，筹资成本也比较高。

二、商业信用

商业信用是指企业在商品或劳务交易中，以延期付款或预收货款方式进行购销活动所形成的借贷关系，是企业之间的直接信用行为，也是企业短期资金的重要来源。商业信用是自发性流动负债的主要组成部分。

(一) 商业信用的形式

利用商业信用筹资，主要有以下两种形式：

1.赊购商品

这是一种最典型、最常见的商业信用形式。买卖双方发生商品交易，买方收到商品后不立即支付现金，可以延期付款，从而形成应付账款。

2.预收账款

这也是一种典型的商业信用形式。卖方要先向买方收取货款，但要延迟一段时间再交货，这实际上等于卖方向买方先借了一笔资金。

(二) 商业信用条件

商业信用条件是指销货企业要求赊购企业支付货款的条件，包括信用期限、折扣期限和现金折扣。信用期限是企业为客户规定的最长付款时间；折扣期限是企业为客户规定的可享受现金折扣的付款时间；现金折扣是在客户提前付款时企业给予的优惠。商业信用条件主要有以下两种形式：

1. 延期付款，但不提供现金折扣

按照这种商业信用条件，卖方允许买方在交易发生后一定时期内按发票金额支付货款，如“n/45”，是指在45天内按发票金额付款。在这种情况下，买方可能因延期付款获得资本来源。

2. 延期付款，但提前付款能享受现金折扣

按照这种商业信用条件，买方若提前付款，能享受一定的现金折扣；买方若不享受现金折扣，则必须在信用期内付清账款。如“2/10，n/30”，是指在10天之内付款，可享受2%的现金折扣；若不享受现金折扣，货款应在30天内付清。在这种情况下，买方如果在折扣期内付款，可在获得短期资金来源的同时得到现金折扣优惠；若放弃现金折扣，则可以在稍长的时间内占用卖方的资金。

若买方放弃折扣，产生的信用成本按如下公式计算：

$$放弃现金折扣的信用成本 = \frac{现金折扣率}{1-现金折扣率} \times \frac{360}{付款期(信用期)-折扣期}$$

【例5-14】长城公司每年向供应商赊购200万元的商品，该供应商提供的信用条件为“2/10，n/30”，若公司10天以后付款，便放弃了现金折扣4万元（200×2%），信用额为196万元（200-4）。放弃现金折扣条件的信用成本为：

$$放弃现金折扣的信用成本 = \frac{2\%}{1-2\%} \times \frac{360}{30-10} = 36.73\%$$

可见，买方放弃现金折扣的信用成本是比较高的。供应商在信用条件中规定有现金折扣的情况下，企业应慎重作出享受或放弃现金折扣的选择：

（1）如果企业放弃现金折扣的原因是将应付账款用于临时性短期投资，那么投资收益率应高于放弃现金折扣的信用成本；否则放弃现金折扣是不理性的选择。

（2）如果企业是由于暂时性的资金缺乏，就需要在比较放弃现金折扣的信用成本与从其他途径取得资金（如短期银行借款）的成本之后作出选择：

放弃现金折扣信用成本 > 其他途径取得资金成本，应享受现金折扣，在折扣期内付款；

放弃现金折扣信用成本 < 其他途径取得资金成本，应放弃现金折扣，在信用期内付款。

（三）商业信用筹资的优缺点

1. 商业信用筹资的优点

（1）筹资便利。商业信用伴随商品交易发生，属于一种自然性融资，无须为此特别办理手续。

（2）企业有较大的机动权。企业能够根据需要决定筹资的金额和期限，并且无须担保或抵押，比银行借款等其他方式更灵活。如果在期限内不能付款或交货，一般还可以通过与客户的协商延长信用的期限。

（3）筹资成本低。大多数商业信用都是由卖方免费提供的，如果没有现金折扣，或企业不放弃现金折扣，则利用商业信用筹资没有实际成本。

2. 商业信用筹资的缺点

（1）容易恶化企业的信用水平。商业信用的期限短、还款压力大，对企业现金流量管理的要求很高。如果长期和经常性地拖欠账款，会造成企业的信誉恶化。

（2）受外部环境影响较大。商业信用筹资受外部环境影响较大，稳定性较差。一是受商品市场的影响，当求大于供时，卖方可能停止提供信用；二是受资金市场的影响，当市场资金供应紧张或有更好的投资方向时，商业信用筹资就可能遇到障碍。

另外，如果企业享受现金折扣，则付款时间会更短；如果放弃现金折扣，则会负担较高的信用成本。

【明德善思】

流动负债的创新优化管理

海尔集团作为全球领先的制造业企业，面对庞大的供应链网络和传统应付账款管理效率低下的问题，通过创新手段优化了流动负债管理。海尔集团搭建供应链金融平台，为供应商提供应收账款融资服务，延长自身应付账款账期；利用数字化技术（如ERP系统和区块链）实现应付账款全流程管理，提升透明度与效率；通过智能制造技术优化库存管理，降低资金占用。此外，海尔集团还支持供应商使用动态折扣机制，即供应商可以选择在应收账款到期前以一定的折扣提前收款。这些举措不仅缓解了供应商的资金压力，还优化了海尔集团的流动负债结构，提高了资金使用效率。

启示：海尔集团的经验表明，流动负债管理不仅是财务问题，也是企业战略和社会责任的体现。（1）创新驱动发展。企业应积极拥抱数字化、智能化技术，通过技术创新和商业模式创新解决传统资金管理难题，提升竞争力。（2）履行社会责任。大型企业应关注供应链上下游的协同发展，通过支持中小供应商（如提供融资渠道或支持动态折扣机制），促进供应链的稳定与可持续发展。（3）诚信经营与信任建设。利用区块链等技术增强交易透明度，树立诚信经营的形象，构建稳固的合作伙伴关系。（4）风险意识与稳健经营。企业需在优化流动负债管理的同时，注重风险控制，确保财务稳健性，实现长期可持续发展。

任务解析

通过上述学习，可以解析【任务引入】中的问题：

流动资金300万元可以向银行取得短期借款，也可以利用商业信用筹集。

$$银行短期借款的实际利率 = \frac{6\%}{1-20\%} \times 100\% = 7.5\%$$

$$放弃现金折扣的信用成本 = \frac{2\%}{1-2\%} \times \frac{360}{50-10} \times 100\% = 18.37\%$$

虽然银行要求公司保留补偿性余额提高了借款的实际利率水平，但利用商业信用筹资的成本仍远高于银行短期借款。所以尚达家居的流动资金需求采用银行短期借款筹资较为适当。

技能训练

一、单项选择题

1.流动资产减去流动负债后的余额为（　　）。

A.毛营运资金　B.净营运资金　C.净资产　D.存货

2.企业置存现金的原因，主要是为了满足（　　）。

A.交易性、预防性、收益性需要　B.交易性、投机性、收益性需要

C.交易性、预防性、投机性需要　D.预防性、收益性、投机性需要

3.下列各项关于现金持有成本的说法，正确的是（　　）。

A. 企业因保留一定的现金余额而增加的管理费用及丧失的再投资收益

B. 企业用现金购入有价证券以及转让有价证券换取现金时付出的交易费用

C. 因现金持有量不足而无法通过有价证券变现弥补企业的损失

D. 企业由于现金保管不当而造成的损失

4.为了应付各种现金支付需要，企业确定的现金余额一般应（　　）。

A. 大于各种动机所需现金余额之和

B. 等于各种动机所需现金余额之和

C. 适当小于各种动机所需现金余额之和

D. 根据具体情况而定，不用考虑各种动机所需现金余额之和

5.成本分析模式下的最佳现金持有量是使（　　）之和最小的现金持有量。

A.机会成本和转换成本　B.持有成本和转换成本

C.机会成本和短缺成本　D.持有成本、短缺成本和转换成本

6.存货模式下，最佳现金持有量应是（　　）之和保持最低的现金持有量。

A.机会成本和短缺成本　B.机会成本和管理成本

C.机会成本和转换成本　D.管理成本和转换成本

7.某企业5月5日采购材料时，销货方的现金折扣条件为“2/10，*n*/30”。该企业在5 月10日有能力付款，但直到5月15日才支付这笔款项。该企业是运用了现金日常管理策略中的（　　）。

A.采用汇票付款　B.推迟应付款的支付

C.使用现金浮游量　D.加速收款

8.下列各项属于应收账款机会成本的是（　　）。

A.应收账款占用资金的应计利息　B.客户资信调查费用

C.坏账损失　D.收账费用

9.信用标准通常用（　　）来表示。

A.信用期限　B.预期的坏账损失率

C.折扣期限　D.现金折扣

10.在影响客户资信程度的因素中，（　　）是决定企业是否给予客户信用的首要

因素。

A.资本 B.抵押 C.能力 D.信誉

11.企业在进行应收账款管理时，除了要合理确定信用标准和信用条件外，还要合理确定（ ）。

A.现金折扣期间 B.现金折扣比率

C.信用期间 D.收账政策

12.某公司预计2025年应收账款的总计金额为3 000万元，必要的现金支付为2 100万元，应收账款收现以外的其他稳定可靠的现金流入总额600万元，则该公司2025年的应收账款收现保证率为（ ）。

A.70% B.20.75% C.50% D.28.57%

13.下列各项属于存货机会成本的是（ ）。

A.存货占用资金应计利息 B.存货的采购成本

C.存货每次进货费用 D.存货的保险费用

14.实行数量折扣的经济进货批量模式应考虑的成本因素是（ ）。

A.进货费用和储存成本 B.进货成本和储存成本

C.进价成本和储存成本 D.进货费用、储存成本和缺货成本

15.采用存货ABC分类管理对存货进行控制时，应当重点控制的是（ ）。

A.数量较多的存货 B.占用资金较多的存货

C.品种较多的存货 D.库存时间较长的存货

16.某企业需借入资金120万元，由于银行要求将贷款数额的20%作为补偿性余额，故企业需向银行申请的贷款数额为（ ）万元。

A.120 B.144 C.150 D.134.4

17.某公司与银行商定的周转信贷额度为2 000万元，年利率4%，年承诺费率为1%，该年度内公司实际向银行贷款1 800万元，实际使用三个季度，则该公司应向银行支付承诺费为（ ）万元。

A.6.5 B.2 C.4.55 D. 5.25

18.下列各项资金中，可以利用商业信用方式筹措的是（ ）。

A.国家财政资金 B.银行信贷资金

C.其他企业资金 D.企业自留资金

19.某企业需借入资金300 000元。由于贷款银行要求将贷款数额的20%作为补偿性余额，故企业需向银行申请的贷款数额为（ ）元。

A.300 000 B.360 000 C.375 000 D.336 000

20.补偿性存款余额的约束使借款企业受到的影响是（ ）。

A.增加了所需支付的借款利息额 B.增加了实际可用借款额

C.提高了实际借款利率 D.降低了实际借款利率

21.企业采用折现法从银行贷款，年利率为10%，则该项贷款的实际年利率为（ ）。

A.9% B.10% C.11% D.12%

22. 企业取得2025年为期1年的周转信贷额1 000万元，承诺费率为0.4%。2025年1月1日从银行借入500万元，8月1日又借入300万元，如果年利率为8%，则企业2025年年末向银行支付的利息和承诺费共为（　　）万元。

A.49.5　　B.51.5　　C.64.8　　D.66.7

23. 某企业按“2/10，n/45”的信用条件购进商品一批，若该企业放弃现金折扣优惠，在信用期满时付款，则放弃现金折扣的机会成本为（　　）。

A.20.99%　　B.28.82%　　C.25.31%　　D.16.33%

二、多项选择题

1. 下列各项中，与现金持有量成反比例关系的有（　　）。

A. 管理成本　　B. 机会成本　　C. 转换成本　　D. 短缺成本

2. 下列各项属于应收账款机会成本有关因素的有（　　）。

A. 应收账款平均余额　　B. 变动成本率

C. 销售成本率　　D. 资本成本率

3. 企业持有现金的成本包括（　　）。

A. 历史成本　　B. 短缺成本　　C. 持有成本　　D. 转换成本

4. 按照“5C”系统评估法，调查客户资信程度应考虑的因素有（　　）。

A. 客户的债权人　　B. 客户的资本

C. 客户的信用品质　　D. 客户的偿付能力

5. 下列各项属于信用政策内容的有（　　）。

A. 信用标准　　B. 信用期限

C. 现金折扣期限和折扣率　　D. 收账政策

6. 信用标准过高导致的结果有（　　）。

A. 降低违约风险　　B. 降低收账费用

C. 降低销售水平　　D. 影响企业竞争能力

7. 企业如果采用较为积极的收账政策可能会（　　）。

A. 增加应收账款投资　　B. 减少坏账损失

C. 减少应收账款投资　　D. 增加坏账损失

8. 企业甲材料采用批进批出方式，影响该材料获利或亏损额的因素有（　　）。

A. 变动储存费　　B. 固定储存费

C. 保本储存天数　　D. 实际储存天数

9. 存货ABC分类管理对存货分类的依据有（　　）。

A. 存货金额比重　　B. 存货品种比重

C. 库存时间　　D. 库存地点

10. 在短期借款的利息计算和偿还方法中，企业实际负担利率高于名义利率的有（　　）。

A. 利随本清法付息　　B. 折现法付息

C. 贷款期内定期等额偿还贷款　　D. 到期一次偿还贷款

三、判断题

1. 营运资金就是流动资产。 （ ）

2. 企业持有的现金总额通常小于各种动机所需现金余额之和，且各种动机所需保持的现金，并不要求必须是货币形态。 （ ）

3. 企业现金持有量过多会降低企业的收益水平。 （ ）

4. 现金持有成本中的再投资收益与持有现金量的多少成反方向变化。 （ ）

5. 在利用存货模式计算最佳现金持有量时，一般不考虑机会成本。 （ ）

6. 确定信用标准时采用的“5C”分析系统中的“能力”一项，是指客户的财务实力和财务状况，表明顾客可能偿还债务的能力。 （ ）

7. 信用标准是客户获得企业商业信用所应具备的最低条件。 （ ）

8. 确定应收账款收现保证率的目的是确定应收账款最高收现水平的控制标准。 （ ）

9. 存货的经济进货批量是指能使一定时期存货的相关总成本最低的批量。 （ ）

10. 进货成本与储存成本都是与存货经济批量相关的成本。 （ ）

11. 采用折现法付息时，企业实际可用的贷款额会增加，所以其实际利率会高于名义利率。 （ ）

12. 补偿性余额的约束有助于降低银行贷款风险，但同时也减少了企业实际可动用的借款额，提高了借款的实际利率。 （ ）

13. 与长期负债融资相比，流动负债融资的期限短、成本低，其偿债风险也相对较小。 （ ）

四、计算分析题

1. 东方公司现有A、B、C三种现金持有方案，有关资料见表5-12。

表5-12 A、B、C三种现金持有方案 金额单位：元

项 目	A方案	B方案	C方案
现金持有量	100	200	400
机会成本率	10%	10%	10%
短缺成本	56	25	10

要求：计算该企业的最佳现金持有量。

2. 东方公司现金收支平稳，预计全年（按360天计算）现金需要量为1 600 000元，现金与有价证券的转换成本为每次1 000元，有价证券年利率为8%。

要求：

（1）计算最佳现金持有量。

（2）计算最佳现金持有量下的全年现金管理总成本、全年现金转换成本和全年现金持有机会成本。

（3）计算最佳现金持有量下的全年有价证券交易次数和有价证券交易间隔期。

3. 东方公司预测年度赊销收入净额为600万元，应收账款周转天数为50天，变动成

本率为60%，资本成本率为8%。

要求：

（1）计算该公司维持赊销业务所需要的资金（即应收账款占用资金）。

（2）计算应收账款的机会成本。

4.东方公司只生产销售一种产品，每年赊销额为240万元，该公司产品变动成本率为80%，资金利润率为25%，公司现有A、B两种收账方案可供选用。有关资料见表5-13。

表5-13 A、B两种收账方案 金额单位：万元

项 目	A方案	B方案
平均收账期（天）	60	45
坏账损失率（%）	3	2
应收账款平均余额		
收账成本	—	—
应收账款机会成本		
坏账损失		
年收账费用	1.8	3.2
收账成本合计		

要求：

（1）计算填列表中的空白部分（一年按360天计算）。

（2）对上述收账方案进行决策。

5.东方公司本年度需耗用乙材料36 000件，该材料单位采购成本为200元，单位年度储存成本为16元，平均每次进货费用为2 000元。

要求：

（1）计算本年度乙材料的经济进货批量。

（2）计算本年度乙材料经济进货批量下的相关总成本。

（3）计算本年度乙材料经济进货批量下的平均资金占用额。

（4）计算本年度乙材料最佳进货批次。

6.东方公司全年需外购D-1型号零件1 200件，每批进货费用为400元，单位零件的年储存成本为6元，该零件每件价格10元。销售企业规定：客户每批购买量不足600件，按标准价格计算；每批购买量超过600件，价格优惠2%。

要求：计算对东方公司最有利的进货批量。

7.一商品流通企业批进批出一批商品共3 000件，该商品单位进价70元（不含增值税），单位售价为100元（不含增值税），经销该批商品的固定性费用为25 000元。已知该商品的进货款来自银行贷款，年利率为9%，商品的月保管费用率为2%，流转环节的税金及附加为10 000元。（一年按360天计算）

要求：

（1）计算该批商品的保本储存天数。

（2）计算当投资利润率为4%时该批商品的保利储存天数。

（3）计算实际储存期为200天时的实际利润。

8. 东方公司向银行借入短期借款10 000元，支付银行贷款利息的方式同银行协商后的结果是：

方案一：采用收款法付息，利息率为14%；

方案二：采用折现法付息，利息率为12%；

方案三：利息率为11%，银行要求的补偿性余额比例为20%。

要求：根据上述资料选择对东方公司最有利的借款方式，并说明理由。

9. 东方公司购入20万元商品，销售企业提供的信用条件为“2/10，*n*/30”。由于资金紧张，东方公司延至第50天付款。

要求：计算放弃折扣的成本。

实战模拟

【目的】经济进货批量的决策。

【资料】东方公司预计甲材料的年需要量为16 000千克，每千克标准价为20元。销售企业规定：客户每批购买量不足1 000千克的，按照标准价格计算；每批购买量在1 000千克以上2 000千克以下的，价格优惠2%；每批购买量在2 000千克以上的，价格优惠3%。已知每批进货费用600元，单位材料的年储存成本30元。

【要求】计算甲材料的经济进货批量。

项目六

利润分配管理

情境设计

2024年，尚达家居通过在融资、投资、资金运营等方面的创新举措与持续优化，公司经营取得了长足的发展，营业收入和利润均大幅提高。2024年度营业收入达149 000万元，净利润16 990万元，连续3年的营业净利率稳健增长，分别为9.18%、9.34%和11.4%。2025年年初公司召开董事会会议，讨论制定股利分配政策，期望既能调动公司股东积极性，又有利于公司未来发展。

董事会认为，公司上市以来得到迅速发展，应当给投资者合理的回报，以保持公司良好形象。但公司处于成长期，预计在未来5年内均需要增加大量资金投入。因此，必须制定合理的股利政策。

情境分析：股利政策作为公司最重要的财务政策之一，对上市公司的价值具有重要影响。对此，上市公司应有足够的认识，尤其不能忽视不分配股利政策给公司带来的不利影响。

尚达家居处于稳健增长期，成长性较好。从长远利益出发，公司应当根据发展规划和资金运作方案，对近几年内的股利分配政策进行整体规划，以此规划来指导每年度的利润分配计划，并可根据各年度实现利润情况作出一定调整，以有效地吸引投资者，并提高公司价值。

知识目标

1. 了解利润分配原则。
2. 熟悉利润分配项目和顺序。
3. 掌握股利支付的方式与程序。
4. 熟悉股利政策类型及影响因素。

能力目标

1. 能准确确定公司当年利润分配各项目的金额。
2. 能全面分析特定条件下公司股利政策的影响因素，制订公司的股利分配方案。

素质目标

1. 坚持“公平、公正”原则，做人正直，做事正派。
2. 了解我国分配制度与分配政策，培养大局观念。

项目结构

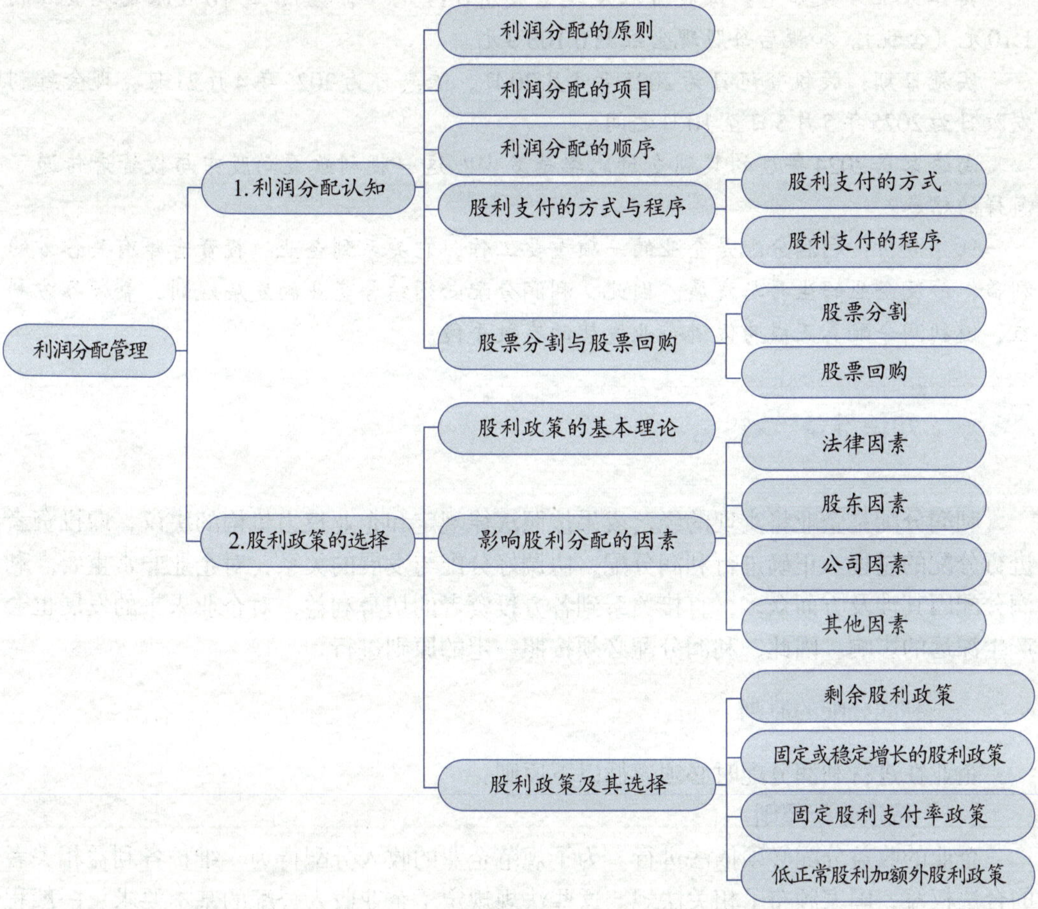

任务一　利润分配认知

任务引入

2025年3月20日，尚达家居召开董事会会议，审议并表决公司2024年度利润分配方案，并报经股东大会批准。方案如下：

（1）公司提取10%法定盈余公积后，再按本年剩余利润的15%提取任意盈余公积；

（2）按每股0.11元，向普通股股东分配股利（截至2024年12月31日，发行在外普通股股数为449 769 231股）。

尚达家居2025年4月15日发布了《尚达家居股份有限公司派发现金红利实施公告》。尚达家居本次公告称，该公司2024年度利润分配方案（本次利润分配方案）已经2025年3月25日召开的2024年度股东大会审议通过。

具体分配方案如下：每股可派发现金股息0.11元（含税），每10股派发现金红利1.10元（含税）。扣税后每股现金红利0.108 9元。

实施日期：股权登记日为2025年4月20日，除息日为2025年4月21日，现金红利发放日为2025年5月5日至10日之间。

尚达家居2024年度的股利支付比率是多少？这一股利政策向股东与投资者传递了怎样的信息？

任务分析：利润分配是企业的一项重要工作，它关系到企业、投资者等有关各方的利益，涉及企业的生存与发展。因此，利润分配必须结合企业的发展规划，兼顾各方利益，使利润分配真正成为促进企业发展的有效手段。

知识准备

利润分配是企业将实现的经营成果按照法律规定和企业权力机构的决议，向投资者进行分配的过程。正确进行利润分配，协调好分配与发展的关系，对企业非常重要。利润分配因其涉及方面众多，直接关系到各方投资者的切身利益，对企业未来的发展也会产生深远的影响。因此，利润分配必须按照一定的原则进行。

一、利润分配的原则

企业在进行利润分配时必须遵循以下原则：

（一）依法分配原则

企业的收益分配必须依法进行。为了规范企业的收入分配行为，维护各利益相关者的合法权益，国家颁布了相关法规。这些法规规定了企业收入分配的基本要求、一般程序和重要比例，企业应当认真执行，不得违反。

（二）资本保全原则

资本保全是责任有限的现代企业制度的基础性原则之一，企业在分配中不能侵蚀资本。为此，企业应正确确认一定时期的盈利，确保向投资者分配的利润是对经营中资本增值额的分配，不是对资本金的返还。按照这一原则，一般情况下，企业如果存在尚未弥补的亏损，应首先弥补亏损，再进行其他分配。

（三）兼顾各方面利益原则

企业是经济社会的基本单元，企业的收益分配直接关系到各方面的切身利益。企业除依法纳税外，投资者作为资本额投入者、企业的所有者，依法享有净收益的分配权。企业的债权人在向企业投入资金的同时也承担了一定的风险，企业的收益分配中应当体现出对债权人利益的充分保护。企业的员工是企业净收益的直接创造者，企业的收益分配应当考虑到员工的长远利益。因此，企业进行收益分配时，必须统筹兼顾，维护各利益相关团体的合法权益，并尽可能保持稳定的利润分配。

（四）分配与积累并重原则

企业所取得的税后利润，在按有关规定进行了抵补、计提后，对剩余利润的分配，应视企业的具体情况而定。若考虑企业的长远发展，企业应保有适当的留存收益，作为企业扩大经营和扩大再生产的需要。恰当处理分配与积累之间的关系，留存一部分净利润，能够增强企业抵抗风险的能力，同时，也可以提高企业经营的稳定性与安全性。

（五）投资与收益对等原则

企业进行利润分配应当体现“谁投资、谁受益”、收入大小与投资比例对等的原则。这是正确处理投资者利益关系的关键。企业在向投资者分配收益时，应本着平等一致的原则，按照投资者投资额的比例进行分配，不允许任何一方随意多分多占，这样才能从根本上实现收益分配中的公开、公平、公正，保护投资者的利益。

【明德善思】

利润分配与企业发展

华为作为全球领先的通信设备供应商和信息技术解决方案提供商，其成功不仅体现在技术创新和市场拓展上，还体现在其独特的利润分配策略上。2022年，华为实现销售收入6 423亿元，净利润356亿元。尽管面临严峻的外部环境，华为依然坚持将当年销售收入的25.14%（约1 615亿元）投入研发，持续推动技术创新。同时，华为通过员工持股计划，将大部分利润分配给员工，目前约有13万名员工持有公司股份，占总股本的99%以上。此外，华为还通过设立公益基金、支持教育项目等方式，将部分利润用于社会公益事业。

启示：华为的利润分配不仅考虑了企业的长远发展，还充分体现了其对员工、股东和社会的责任与担当。（1）责任意识与家国情怀。华为将巨额利润投入自主技术研发，以产业报国和科教兴国为己任，将自身的发展与国家的发展紧密联系在一起，通过自身的科技实力和创新能力，不断突破国际技术封锁，为全球通信行业的发展作出重要贡献，同时也提升了中国的国际地位和影响力。以实际行动践行“科技报国”，体现了高度的社会责任感和深厚的家国情怀。（2）价值观。华为一直强调“以奋斗者为本”的价值观。通过员工持股计划，华为将利润与员工共享，激励员工为企业发展贡献力量。任正非曾表示：“华为的成功，离不开每一位奋斗者的努力。”这种分配方式不仅增强了员工的归属感和凝聚力，也塑造了华为独特的企业文化——尊重劳动、崇尚奋斗、共享成果。（3）发展观。华为将利润大量投入研发，展现了其“创新驱动”的发展观。在5G、人工智能、云计算等前沿领域，华为始终保持高强度的研发投入，确保技术领先地位。同时，华为还注重绿色发展和可持续经营，将部分利润用于节能减排、碳中和等项目，努力实现经济效益与环境效益的双赢。这种长远的发展观，不仅为华为赢得了全球市场的认可，也为行业的可持续发展树立了标杆。

二、利润分配的项目

按照我国《公司法》的规定，利润分配的项目包括以下部分：

（一）法定公积金

法定公积金是从净利润中提取形成，用于弥补公司亏损、扩大公司生产经营或转为增加公司资本。公司应按照当年税后净利润10%的比例提取法定公积金；当法定公积金累计额达到公司注册资本的50%时，可不再继续提取。任意公积金的提取由股东大会根据需要决定。

（二）股利（向投资者分配的利润）

股利是指股份有限公司向投资者分配的利润。公司向股东支付股利，是在提取公积金之后。股利的分配应以各股东持有股份的比例为依据，股东取得的股利与其持有的股份数量成正比。股份有限公司原则上应从累计可供分配的盈利中分派股利，无盈利不得支付股利，即“无利不分”的原则。

三、利润分配的顺序

这里的利润分配是指对净利润的分配。利润分配关系着国家、企业及所有者等各方面的利益，必须严格按照国家的法令和制度执行。根据《公司法》及相关法律制度的规定，净利润的分配应按照下列顺序进行：

（一）弥补以前年度亏损

企业在提取法定公积金之前，应先用当年利润弥补以前年度亏损。企业年度亏损可以用下一年度的税前利润弥补，下一年度不足弥补的，可以在5年之内用税前利润连续弥补，连续5年未弥补的亏损则用税后利润弥补。其中，税后利润可以用当年实现的净利润，也可以用盈余公积转入。

（二）提取法定公积金

根据《公司法》的规定，法定公积金的提取比例为当年税后利润（弥补亏损后）的10%。当年法定公积金的累积额已达注册资本的50%时，可以不再提取。法定公积金提取后，根据企业的需要，可用于弥补亏损或转增资本，但企业用法定公积金转增资本后，法定公积金的余额不得低于转增前公司注册资本的25%。提取法定公积金的主要目的是增加企业内部积累，以利于企业扩大再生产。

（三）提取任意公积金

根据《公司法》的规定，公司从税后利润中提取法定公积金后，经股东会或股东大会决议，还可以从税后利润中提取任意公积金。这是为了满足企业经营管理的需要，控制向投资者分配利润的水平，以及调整各年度利润分配的波动。

（四）向股东（投资者）分配股利（利润）

根据《公司法》的规定，公司弥补亏损和提取公积金后所余税后利润，可以向股东（投资者）分配。其中，有限责任公司股东按照实缴的出资比例分取红利，全体股东约定不按照出资比例分取红利的除外；股份有限公司按照股东持有的股份比例分配，但股份有限公司章程规定不按照持股比例分配的除外。

此外，近年来，以期权形式或类似期权形式进行的股权激励在一些大公司逐渐流行起来。从本质上来说，股权激励是企业对管理层或者员工进行的一种经济利益分配。

四、股利支付的方式与程序

（一）股利支付的方式

股利支付方式常见的有以下几种：

1. 现金股利

现金股利亦称派现，是股份有限公司以货币形式发放给股东的股利，它是股利支付最常见的方式。公司选择发放现金股利除了要有足够的留存收益外，还要有足够的现金，而现金充足与否往往会成为公司发放现金股利的主要考虑因素。

2. 财产股利

财产股利是以公司所拥有的其他企业的有价证券（如债券、股票等），作为股利支付给股东。

3. 负债股利

负债股利是以负债方式支付的股利，通常以公司的应付票据支付给股东，有时也以发行公司债券的方式支付股利。

财产股利和负债股利实际上是现金股利的替代，在我国很少使用。

4. 股票股利

股票股利是公司以增发的股票作为股利的支付方式，通常也称为“红股”。发放股票股利对于公司来讲，并没有现金流出，也不会导致公司的财产减少，而只是将公司的未分配利润转化为股本和资本公积。但股票股利会增加流通在外的股票数量，同时降低股票的每股价值。它不改变公司股东权益总额，但会改变股东权益的构成。

【例6-1】长城公司在发放股票股利前，资产负债表上的股东权益情况见表6-1。

表6-1　发放股票股利前股东权益情况　单位：元

股东权益	金　额
普通股（面值1元，已发行2 000 000股）	2 000 000
资本公积	4 000 000
留存收益	9 000 000
股东权益合计	15 000 000

假定该公司宣布发放10%的股票股利，当时市场上股票的市价为10元/股，并规定现有股东每10股可得1股新发放股票。

公司增发的普通股股数 = 2 000 000 × 10% = 200 000（股）

从留存收益转出资金 = 200 000 × 10 = 2 000 000（元）

普通股项目增加资金 = 200 000 × 1 = 200 000（元）

资本公积项目增加资金 = 2 000 000 − 200 000 = 1 800 000（元）

由于每股面额1元未变，因此，增发200 000股普通股，普通股账户仅增加200 000元，其余1 800 000元作为股本溢价转移至资本公积账户，但该公司股东权益总额未变。发放股票股利后股东权益情况见表6-2。

表6-2　　　　发放股票股利后股东权益情况　　　　单位：元

股东权益	金　额
普通股（面值1元，已发行2 200 000股）	2 200 000
资本公积	5 800 000
留存收益	7 000 000
股东权益合计	15 000 000

由此可见，发放股票股利，不会对公司股东权益总额产生影响，只会引起资金在股东权益各项目间的再分配。

对股东而言，股票股利除了使其所持股票增加外，由于公司的盈利不变，所持股份比例不变，所以理论上每位股东所持有股票的市场价值总额也保持不变。

需要说明的是，例题中股票股利以市价计算价格的做法是很多西方国家所通行的，但在我国，股票股利价格是按照股票面值来计算的。

【例6-2】沿用【例6-1】的资料。长城公司本年盈余为4 000 000元，股东王先生持有该公司股票100 000股，股票股利支付对其影响见表6-3。

表6-3　　　　股票股利支付前后的影响　　　　金额单位：元

项　目	发放前	发放后
每股收益	4 000 000 ÷ 2 000 000 = 2	4 000 000 ÷ 2 200 000 = 1.82
每股市价	10	10 ÷（1 + 10%）= 9.09
持股比例	（100 000 ÷ 2 000 000）× 100% = 5%	（110 000 ÷ 2 200 000）× 100% = 5%
持股总价值	10 × 100 000 = 1 000 000	10 ÷（1 + 10%）× 110 000 = 1 000 000

从表6-3中可以看出，股票股利发放前后，股东所持有的股票的比例没有改变，总的收益并没有增加。所以随着股票数的增加，必然会引起股票的市场价格下跌。股票股利发放前，股票市场的价格为每股10元；股票股利发放后，股票的市场价格约为9.09元。该股东股利分配前所持股份的总价值为1 000 000元，股利分配后所持股份的总价值也为1 000 000元。

发放股票股利既不直接增加股东的财富，也不增加公司的价值，但对股东和公司都有特殊的意义。

（1）对股东而言，股票股利的优点主要有：

①理论上，派发股票股利后，每股市价会成反比例下降，但实务中这并非必然结果。因为市场和投资者普遍认为，发放股票股利往往预示着公司会有较大的发展和成长，这样的信息传递会稳定股价或使股价下降比例减小甚至不降反升，股东便可以获得股票价值相对上升的好处。

②由于股利收入和资本利得税率的差异，如果股东把股票出售，还会给他带来资本利得纳税上的好处。

（2）对公司而言，股票股利的优点主要有：

①发放股票股利不需要向股东支付现金，在再投资机会较多的情况下，公司就可以为再投资提供成本较低的资金。

②发放股票股利可以降低公司股票的市场价格，既有利于促进股票的交易和流通，又有利于吸引更多的投资者成为公司股东，进而使股权更为分散，有效地防止公司被恶意控制。

③股票股利的发放可以传递公司未来发展前景良好的信息，从而增强投资者的信心，在一定程度上稳定股票价格。

（二）股利支付的程序

公司股利的发放必须遵守相关的要求，按照日程安排来进行。一般情况下，先由董事会提出分配预案，然后提交股东大会决议，股东大会决议通过才能进行分配。股东大会决议通过分配预案后，要向股东宣布发放股利的方案，并确定股权登记日、除息日和股利发放日。

1. 股利宣告日

股利宣告日，即股东大会决议通过并由董事会将股利支付情况予以公告的日期。公告中将宣布每股支付的股利、股权登记日、除息日和股利发放日。

2. 股权登记日

股权登记日，即有权领取本期股利的股东资格登记截止日期。凡是在此指定日期收盘之前取得公司股票，成为公司在册股东的投资者都可以作为股东享受公司本期分派的股利。在这一天之后取得股票的股东则无权领取本次分派的股利。

3. 除息日

除息日，即领取股利的权利与股票分离的日期。只有在除息日之前购买股票的股东才能领取本次股利，在除息日当天或是以后购买股票的股东，不能领取本次股利。由于失去了“收息”的权利，因此除息日的股票价格会下跌。除息日是股权登记日的下一个交易日。

4. 股利发放日

股利发放日，即公司按照公布的分配方案向股权登记日在册的股东实际支付股利的日期。

【例6-3】长城公司于2025年4月10日公布2024年度的最后分红方案，其公告如下：“2025年4月9日在北京召开的股东大会，通过了董事会关于每股分派0.15元的2024年股息分配方案。股权登记日为4月25日，除息日为4月26日，股东可在5月10日至25日之间通过深圳证券交易所按交易方式领取股息。特此公告。”

那么，该公司的股利支付程序如图6-1所示。

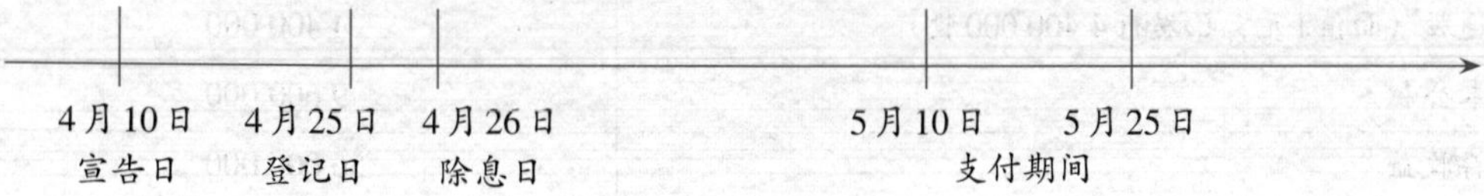

图6 1　股利支付程序

五、股票分割与股票回购

（一）股票分割

1.股票分割的含义

股票分割，又称拆股，即将一股股票拆分成多股股票的行为。股票分割不属于某种股利，但其产生的效果与发放股票股利非常相近。在实务中，如果上市公司认为自己公司的股票市场价格太高，不利于其良好的流动性，有必要将其降低，就可能进行股票分割，以推动股价下调。

股票分割对公司的资本结构不会产生影响，一般只会使发行在外的股份总数增加。这一点，股票分割与股票股利非常相似，即都是在不增加股东权益总额的情况下增加股份的数量。不同的是，股票股利虽不会引起股东权益总额的改变，但其股东权益构成项目之间的比例会发生变化，而股票分割之后，股东权益总额及其构成项目的金额都不会发生任何变化，变化的只是股票面值。

【例6-4】长城公司在发放股票股利前，资产负债表的股东权益情况见表6-4。

表6-4 股东权益 单位：元

股东权益	金　额
普通股（面值1元，已发行4 000 000股）	4 000 000
资本公积	6 000 000
留存收益	60 000 000
股东权益合计	70 000 000

要求：

（1）假定公司宣布按每10股送1股的方案发放股票股利，股票股利的金额按面值计算，股票市价10元/股。分析完成这一分配方案后的股东权益各项目金额及每股净资产的变化。

（2）假定按每1股换2股的比例进行股票分割。分析完成这一分配方案后的股东权益各项目金额及每股净资产的变化。

分析如下：

（1）按每10股送1股的方案发放股票股利：

发放股票股利后股东权益情况见表6-5。

表6-5 发放股票股利后股东权益 单位：元

股东权益	金　额
普通股（面值1元，已发行4 400 000股）	4 400 000
资本公积	9 600 000
留存收益	56 000 000
股东权益合计	70 000 000

①发放股票股利的普通股股数 = 4 000 000 ×（1 ÷ 10）= 400 000（股）

②发放股票股利的普通股股本 = 400 000 × 1 = 400 000（元）

③发放股票股利形成的资本公积 = 10 × 400 000 − 400 000 = 3 600 000（元）

④发放股票股利后的留存收益 = 60 000 000 − 4 000 000 = 56 000 000（元）

发放股票股利后的股东权益 =（4 000 000 + 400 000）+（6 000 000 + 3 600 000）+ 56 000 000 = 70 000 000（元）

⑤发放股票股利前的每股净资产 = 70 000 000 ÷ 4 000 000 = 17.5（元）

发放股票股利后的每股净资产 = 70 000 000 ÷ 4 400 000 = 15.91（元）

（2）按每1股换2股的比例进行股票分割：

股票分割后股东权益情况见表6-6。

表6-6 股票分割后股东权益 单位：元

股东权益	金　额
普通股（面值1元，已发行8 000 000股）	4 000 000
资本公积	6 000 000
留存收益	60 000 000
股东权益合计	70 000 000

①股票分割后的普通股股数 = 4 000 000 × 2 = 8 000 000（股）

②股票分割后的普通股股本 = 0.5 × 8 000 000 = 4 000 000（元）

③股票分割后的资本公积 = 6 000 000元

④股票分割后的留存收益 = 60 000 000元

股票分割后的股东权益 = 4 000 000 + 6 000 000 + 60 000 000 = 70 000 000（元）

⑤每股净资产 = 70 000 000 ÷ 8 000 000 = 8.75（元）

股票分割后，股东权益总额不变，各项目不变，每股净资产降低。

2. 股票分割的作用

（1）股票分割可以促进股票的流通和交易。股票分割会使股票每股市价降低，从而吸引更多的投资者，易于增加该股票在投资者之间的转换，并且可以使更多资金实力有限的潜在股东变成持股股东。

（2）股票分割带来的股票流通性的提高和股东数量的增加，会在一定程度上加大对公司股票恶意收购的难度。

（3）股票分割可以向投资者传递“公司发展前景良好”“成长中的公司行为”的信息，有助于提高投资者对公司的信心。

尽管股票分割与发放股票股利都能达到降低公司股价的目的，但只有在公司股价暴涨且预期难以下降时，才会采用股票分割的办法降低股价，如果公司股价上涨幅度不大，则往往通过发放股票股利将股价维持在理想的范围内。

3. 反分割

与股票分割相反，有时公司认为其股票的价格过低，不利于其在市场上的声誉和未来的再筹资，为提高其股票价格，会采取反分割措施。反分割又称为股票合并或逆向分割，是指将多股股票合并为一股股票的行为。反分割显然会降低股票的流通性，提高股票投资的门槛，它向市场传递的信息通常是不利的。

（二）股票回购

1.股票回购的含义及其法律规定

股票回购，是指上市公司出资将其发行的流通在外的普通股以一定价格购买回来予以注销或作为库存股的一种资本运作方式。

股票回购的方式主要包括公开市场回购、要约回购和协议回购三种。其中，公开市场回购，是指公司在公开交易市场上以当前市价回购股票；要约回购是指公司在特定期间向股东发出以高出当前市价的某一价格回购既定数量股票的要约，并根据要约内容进行回购；协议回购是指公司以协议价格直接向一个或几个主要股东回购股票。

《公司法》规定，公司不得收购本公司股份。但有下列情形之一的除外：

（1）减少公司注册资本；

（2）与持有本公司股份的其他公司合并；

（3）将股份用于员工持股计划或者股权激励；

（4）股东因为对股东大会作出的公司合并、分立持有异议，要求公司收购其股份；

（5）将股份用于转换上市公司发行的可转换为股票的公司债券；

（6）上市公司为维护公司价值及股东权益所必需。

2.股票回购的动机

在证券市场上，股票回购的动机主要有以下几点：

（1）现金股利的替代。对公司来讲，派发现金股利会对公司产生未来的派现压力，而股票回购不会。对股东来讲，需要现金的股东可以选择出售股票，不需要现金的股东可以选择继续持有股票。因此，当公司有富余资金，但又不希望通过派现方式进行分配的时候，股票回购可以作为现金股利的一种替代。

（2）改变公司的资本结构。无论是用现金回购还是举债回购股份，都会提高财务杠杆水平，改变公司的资本结构。在现金回购方式下，假定公司的负债规模不变，那么股票回购之后的权益资本在公司资本结构中的比重下降，公司的财务杠杆水平提高；在举债回购股份的情况下，一方面是公司负债规模增加，另一方面是权益比重下降，公司的财务杠杆水平会明显提高。因此，当公司认为权益资本在资本结构中所占比重较大时，为了调整资本结构而进行股票回购，从而在一定程度上降低整体资本成本。

（3）传递公司信息以稳定或提高公司的股价。由于信息不对称和预期差异，证券市场上的股票价格可能被低估，而过低的股价将会对公司产生负面影响。因此，如果公司认为自己的股价被低估，就可以进行股票回购，以向市场和投资者传递公司的真实投资价值，稳定或提高公司的股价。这时，股票回购就是公司管理层向市场和投资者传递公司内部信息的一种手段。一般情况下，投资者会认为股票回购意味着公司认为其股票价值被低估而采取的应对措施。

（4）防止恶意收购。股票回购有助于公司管理者避开竞争对手企图收购的威胁，因为它可以使公司流通在外的股份数变少，股价上升，从而使收购方达到控制公司的法定股份比例变得更为困难，而且股票回购可能会使公司的流动资金大大减少，财务状况恶化，这样的结果也会减少收购公司的兴趣。

3. 股票回购的影响

股票回购对上市公司的影响主要表现在以下几个方面：

（1）容易造成资金紧张。因为股票回购需要支付大量资金，所以导致资产的流动性降低、偿债能力下降，公司的生产经营活动及后续发展将会受到影响。

（2）削弱了对债权人利益的保障。股票回购无异于股东退股，公司股权资本减少在一定程度上削弱了对债权人利益的保护。

（3）股票回购容易导致公司操纵股价。公司回购自己的股票，容易导致其利用内部消息进行炒作，或操纵财务信息，加剧公司行为的非规范化，损害投资者的利益。

【知识拓展】

含权股、填权和贴权

上市公司分配股利一般采用股票红利和现金红利两种形式，即通常所说的送红股和派现金。当上市公司向股东分派现金股息时，就要对股票进行除息；当上市公司向股东送红股时，就要对股票进行除权。

当一家上市公司宣布上年度有利润可供分配并准备予以实施时，该股票就称为“含权股”，因为持有该股票就享有分红派息的权利。进行股权登记后，股票将要除权除息，即将股票中含有的分红权利予以解除。除权除息在股权登记日的收盘后进行，除权除息价是将股权登记日的收盘价根据除去的权利加以计算，由证券交易所于除权日（股权登记日下一交易日）当天公布。除权价仅是除权日开盘价的一个参考价格，当实际开盘价高于这一理论价格时，就称为“填权”，股东即可获利；反之实际开盘价低于这一理论价格时，就称为“贴权”，会造成股东浮亏。填权和贴权是股票除权后的两种可能。

任务解析

通过上述学习，可以解析【任务引入】中的问题：

尚达家居2024年度的股利支付率 = 0.11 × 449 769 231 ÷ 169 900 000 = 29%

尚达家居正处于转型升级的关键节点，既要树立公司的良好形象，提升客户对公司的信任度，扩大市场占有份额；又需要较多的资金投入用于产品的研发与投产。但“不分配政策”会影响公司声誉和降低股东对公司的信心，显然不应属于尚达家居的选择。

尚达家居于2016年4月上市，之后多次增发股票筹集股权资金，公司资产负债率较低、不足20%，资本结构尚待优化。同时尚达家居2024年度盈利状况良好，净利润比上一年度有较大幅度上升，发放现金股利是较好的选择。尚达家居净利润的29%用于发放现金股利，这有利于树立公司形象、提升股东信心和优化资本结构。同时股利支付比率较低，使大部分盈余资金留在企业，满足了企业用资的部分需求并可降低资本成本。

任务二 股利政策的选择

任务引入

根据本项目情境设计资料，结合尚达家居目前所处的发展阶段，分析公司采用何种股利分配政策比较合适？

任务分析：股利政策受法律、契约、公司、股东等多种因素影响，并且各种类型的股利政策各有所长。公司在分配股利时应借鉴其基本决策思想，制定符合本公司具体情况的股利政策。

知识准备

股利政策是指在法律允许的范围内，公司是否发放股利、发放多少股利以及何时发放股利的方针及对策。

股利政策的最终目标是使公司价值最大化。股利往往可以向市场传递一些信息，股利发放得多寡、是否稳定、是否增长等，往往是大多数投资者判断公司经营状况、发展前景优劣的依据。因此，股利政策关系到公司在资本市场和投资者心目中的形象，进而影响股票的价格及企业的长短期利益。成功的股利政策有利于提高公司的市场价值。

一、股利政策的基本理论

股利分配的核心问题是如何权衡公司股利支付决策与未来长期增长之间的关系，以实现公司价值最大化的财务管理目标。围绕着公司股利政策是否影响公司价值这一问题，主要有两类不同的股利理论：股利政策无关论和股利政策相关论。

（一）股利政策无关论

股利政策无关论，又称MM理论，是由米勒（Miller）和莫迪格利安尼（Modigliani）于1961年首次提出的。股利政策无关论认为，在完善的资本市场条件下，股利政策不会影响公司的市场价值（或股票的价格），即公司价值是由公司投资决策所确定的本身获利能力和风险组合决定的，而不是由公司盈余的分割方式（即股利分配政策）所决定的。

股利政策无关论以下列四个基本假设为前提：

（1）公司所有的股东均能准确地掌握公司的情况，对于将来的投资机会，投资者与管理者拥有相同的信息（即对称信息）。

（2）不存在个人或企业所得税，对投资者来说，无论收到股利或是资本利得都是无差别的。

（3）不存在任何股票发行或交易费用。

（4）公司的投资决策独立于其股利政策，即投资决策不受股利分配的影响。

股利政策无关论是以多种假设为前提的，在现实生活中，这些假设并不存在。如股票的交易要付出交易成本；发行股票要支付发行费用；管理当局通常比外界投资者拥有更多的信息；政府对企业和个人都要征收所得税等。因此，股利政策无关论在现实条件下并不一定有效。

（二）股利政策相关论

股利政策相关论认为股利分配对公司的股票价格会产生影响，进而会影响公司的市场价值。在现实经营中，不存在股利政策无关论提出的假设条件，公司的股利分配是在多种因素制约下进行的，公司不可能摆脱这些因素的影响。股利政策相关论的代表理论有：

1.“在手之鸟”理论

这一理论的代表人物有戈登（Gordon）和威廉姆斯（Williams）等人。该理论认为，股票的投资收益包括股利收入和资本利得两个部分。在一般情况下，大部分投资者属于风险厌恶型，更倾向于获得股利这一相对稳定的收入。不分股利或少分股利，相当于投资者将留存收益留在企业内部，由企业再投资获利，从而使公司股价升高，获取资本利得。但这种收益具有较大的不确定性，且投资的风险会随着时间的推移进一步增加，因此投资者更喜欢现金股利。因此，该理论认为公司应维持较高的股利支付率政策。通常将这种理论称为“在手之鸟”理论，即“数鸟在林，不如一鸟在手”。

2. 差别税收理论

差别税收理论是由利曾伯格（Litzenberger）和雷马斯瓦米（Ramaswamy）于1979年提出的。差别税收理论认为，由于股利收入的所得税税率高于资本利得的所得税税率，所以资本利得对股东更有利。即使股利与资本利得按相同的税率征收，由于这两者支付的时间不同，股利收入纳税时间是在收取股利的同时，而资本利得纳税只是在股票出手时才发生。相对于股利收入而言，资本利得在纳税时间的选择上更具有弹性。考虑到货币的时间价值和风险价值，将来支付的货币的价值要比现在支付的相同货币的价值小，这种税收延期的特点给资本利得提供了优惠。

3. 代理理论

代理理论认为，股利政策有助于减少管理者与股东之间的代理冲突。在该理论中，现金股利被认为可以减少股东和管理者之间冲突的代理成本，公司利用它可以解决代理问题。首先，股利的支付减少了管理者对自由现金流量的支配权，这在一定程度上可以抑制公司管理者的过度投资或在职消费行为，从而保护外部投资者的利益；其次，较多的现金股利发放，减少了内部融资，导致公司进入资本市场寻求外部融资，从而接受资本市场上更多的、更严格的监督。实施多分配少留存的股利政策，既有利于抑制经理人员随意支配自由现金流的代理成本，也有利于满足股东取得股利收益的愿望。

4. 信号传递理论

信号传递理论认为，在信息不对称的情况下，公司可以通过股利政策向市场传递两种信号。一种是股利增长的信号，即如果公司股利支付率提高，则被认为是经理人员对企业发展前景作出良好预期的结果，表明企业未来业绩将大幅度增长，通过增加发放股利的方式向股东与投资者传递了这一信号。此时，随着股利支付率的提高，企业股票价格应该是上升的。另一种是股利减少的信号，即如果企业股利支付率下降，股东与投资者会感受到这是企业经理人员对未来发展前景作出无法避免衰退预期的结果。显然，随着股利支付率的下降，企业股票价格应该是下降的。当然，鉴于股东与投资者对股利信号的理解不同，作出的对企业价值的判断也可能不同。

二、影响股利分配的因素

利润分配涉及企业相关各方的切身利益，受众多不确定因素的影响，在确定股利分配政策时，应当考虑各种相关因素的影响，主要包括法律因素、股东因素、公司因素及其他因素。

（一）法律因素

为保护债权人和股东的利益，《公司法》《证券法》等相关法律对公司股利分配作了如下规定：

1. 资本保全

公司不能用资本（包括实收资本或股本和资本公积）发放股利，即不能因为支付股利而引起资本的减少。股利的发放只能来源于留存收益或当期利润，如果当期出现亏损，一般不得分配股利，即使出于维护公司形象的考虑，用以前年度留存收益分配股利，也必须在弥补亏损后进行，防止侵蚀公司资本。实行这一限制的目的，在于保证公司具有完整的产权基础，以充分维护债权人的利益。

2. 资本积累

《公司法》规定，公司必须提取年度税后利润的10%为法定公积金，以及根据股东大会的决议提取的一定比例的任意公积金，股利只能从企业的可供股东分配利润中支付。可供股东分配利润包含公司当期的净利润按照规定提取各种公积金后的余额和以前累积的未分配利润。另外，只有当公司提取的公积金累计数达到注册资本的50%时才不再提取。

3. 超额累积利润

由于资本利得与股利收入的税率不同，前者的税率一般小于后者。公司会通过少发股利，累积利润使股价上涨，以帮助股东避税。如果公司为了帮助股东避税而使得盈余的保留大大超过公司目前及未来的投资需要，就会被加征额外的税款。

4. 偿债能力

偿债能力是企业按期偿还到期债务的能力。若公司无力偿付到期债务或因支付股利失去偿债能力，则公司为保护债权人的利益，不能支付现金股利。

（二）股东因素

股东出于自身经济利益的需要，往往对公司的股利分配产生影响，如收入、控制权和避税等方面。

1. 收入

前已述及，股东的收益包括两个部分，即股利收入及资本利得。对于要求稳定股利收入的股东而言，出于以下两个方面的考虑，希望多分得股利：①如果公司将较多的收益留存在企业内部，会使其收益减少；②股票交易价格产生的资本利得具有很大的不确定性，与其获得不确定的未来收益，不如得到现实的确定股利。

2.控制权

公司支付较高的股利会导致留存收益减少，当公司为了新的投资机会筹措资金时，发行新股的可能性增大，新股东的加入必然会稀释现有股东的控制权。所以，股东就会倾向于较低的股利支付水平，以便从内部的留存收益中取得所需资金。

3.避税

政府对公司利润征收企业所得税后，还要对自然人股东就投资所得征收个人所得税。此外，股利收入的税率要高于资本利得的税率。一些高股利收入的股东出于避税的考虑，往往倾向于较低的股利支付水平。

（三）公司因素

公司基于短期经营和长期发展的考虑，在确定利润分配政策时，需要关注以下因素：

1.盈利能力及稳定性

公司的股利政策在很大程度上受其盈利能力及稳定性的限制。一般而言，盈利能力较强的公司，通常采取较高的股利政策，而盈利能力较弱的公司，通常采取较低的股利政策。盈利相对稳定的公司，因其能够较好地把握自己，通常采取较高的股利政策；盈利不稳定的公司，一般采取较低的股利政策。

2.资产的流动性

支付现金股利会减少公司的现金持有量，降低资产的流动性，而保持一定的资产流动性是公司正常经营所必备条件的。

3.筹资因素

如果公司具有较强的筹资能力，随时能筹集到所需资金，那么它会具有较强的股利支付能力。另外，留存收益是企业内部筹资的一种重要方式，它同发行新股或举债相比，不需花费筹资费用，同时增加了公司权益资本的比重，降低了企业的财务风险，在此基础上又可以以低的成本取得债务资本。

4.投资机会

公司的股利政策与其所面临的投资机会相关。如果公司有良好的投资机会，对资金的需求量大，那么它就很可能会考虑采用低股利支付水平的分配政策；相反，如果公司的投资机会少，对资金的需求量小，那么它很可能倾向于采用较高的股利支付水平的分配政策。因此，处于成长中的公司多采取低股利政策；处于经营收缩期的公司多采取高股利政策。

5.现金流量

由于会计规范的要求和核算方法的选择，公司盈余与现金流量并非完全同步，净收入的增加不一定意味着可供分配的现金流量的增加。公司在进行利润分配时，要保证正常的经营活动对现金的需求，以维持资金的正常周转，使生产经营得以有序进行。

6.其他

由于股利信号的传递作用，公司不宜经常改变其股利分配政策，应保持一定的连续性和稳定性。此外，股利分配政策还会受公司不同发展阶段、不同行业的公司股利支付比例会有差异等的影响。这就要求公司在进行股利政策选择时要考虑发展阶段及所处的行业状况。

（四）其他因素

1.契约约束

一般来说，股利支付水平高，留存收益会减少，公司财务风险加大，就有可能损害到债权人的利益。因此，为了保证自己的利益不受损害，债权人通常会在债务契约、租赁合同里加入关于股利支付的限制性条款，如流动资金低于一定标准时不得支付股利，利息保障倍数低于一定标准时不得支付股利等，从而使公司只能采取低股利政策。

2.通货膨胀

通货膨胀会带来货币购买力水平下降，导致固定资产重置资金不足。此时，公司往往不得不考虑保留一定的利润，以便弥补由于购买力下降而造成的固定资产重置资金缺口。因此，在通货膨胀时期，企业一般会采取偏紧的股利分配政策。

三、股利政策及其选择

股利政策由公司在不违反国家有关法律、法规的前提下，根据本公司具体情况制定。股利政策既要保持相对稳定，又要符合公司财务目标和发展目标。在实际工作中，通常有以下几种股利政策可供选择：

（一）剩余股利政策

剩余股利政策是指企业将股利的分配与资本结构联系起来，当企业有好的投资机会时，根据目标资本结构，净收益应先满足公司的资金需求，如果还有剩余，则派发股利；如果没有剩余，则不派发股利。股利政策不应当破坏公司最佳资本结构。

根据这一政策，企业一般按下列步骤确定其股利分配额：

（1）设定目标资本结构，即公司的加权平均资本成本最低的资本结构（最佳资本结构）；

（2）预计企业最佳资本结构下，投资需求中的权益资本数额；

（3）最大限度地使用留存收益来满足资金需求中所需增加的权益资金数额；

（4）留存收益在满足公司权益资本增加需求后，如果有剩余再用来发放股利。

【例6-5】长城公司上年税后利润1 000万元，今年年初公司确定股利分配数额。预计今年需要增加投资资本700万元。公司的目标资本结构是权益资本占60%、债务资本占40%，今年继续保持。假设公司采用剩余股利政策。筹资的优先顺序是留存收益、借款和增发股份。

请问：公司应分配多少股利？

计算如下：

（1）投资方案所需的自有资金 = 700 × 60% = 420（万元）

投资方案所需从外部借入资金 = 700 − 420 = 280（万元）

（2）在保持目标资本结构的前提下，执行剩余股利政策：

可以发放的股利额 = 1 000 − 420 = 580（万元）

剩余股利政策的优点：留存收益优先满足再投资的需要，有助于降低再投资的资金成本，保持最佳的资本结构，实现企业价值的长期最大化。

剩余股利政策的缺点：若完全遵照剩余股利政策执行，股利发放额就会每年随着投资机会和盈利水平的波动而波动。在盈利水平不变的前提下，股利发放额与投资机会的多寡呈反方向变动；而在投资机会维持不变的情况下，股利发放额将与公司盈利呈同方向波动。剩余股利政策不利于投资者安排收入与支出，也不利于公司树立良好的形象，一般适用于公司初创阶段。

（二）固定或稳定增长的股利政策

固定或稳定增长的股利政策是指公司将每年派发的股利额固定在某一特定水平或是在此基础上维持某一固定比率逐年稳定增长。只有当公司认为未来盈余会有显著的、不可逆转的增长时，才会宣布实施固定或稳定增长的股利政策。在这一政策下，应首先确定股利分配额，而且该分配额一般不随资金需求的波动而波动。

这一政策在实务中为许多公司所采用。这种股利政策的一个重要原则是不要降低年度股利发放额。近年来，为了避免通货膨胀对股东收益的影响，从而达到吸引投资者的目的，绝大多数公司转而实行稳定增长的政策，即为了避免股利的实际波动，公司在支付某一固定股利的基础上，又制定了一个目标增长率，如每年增长3%，并努力按这个幅度增长。

固定或稳定增长的股利政策的优点：（1）稳定的股利向市场传递了公司经营状况稳定、管理层对未来充满信心的信号，有利于树立公司的良好形象，增强投资者的信心，稳定股票的价格。（2）稳定的股利额有助于投资者安排股利收入和支出，有利于吸引那些打算进行长期投资并对股利有很高依赖性的股东。

固定或稳定增长的股利政策的缺点：股利支付与公司盈余相脱节，不论公司盈利多少，均要支付固定的或按固定比率增长的股利，这可能会导致公司资金紧缺，财务状况恶化。此外，在公司无利可分的情况下，若依然实施固定或稳定增长的股利政策，也是违反《公司法》的行为。

因此，采用固定或稳定增长的股利政策，要求公司对未来的盈利和支付能力能作出准确的判断。一般来说，公司确定的固定股利额不宜太高，以免陷入无力支付的被动局面。固定或稳定增长的股利政策通常适用于经营比较稳定或正处于成长期的企业，但很难被长期采用。

（三）固定股利支付率政策

固定股利支付率政策是指企业将每年净利润的固定百分比作为股利分派给股东。这一百分比通常称为股利支付率，股利支付率一经确定，一般不得随意变更。在这一股利政策下，公司的税后利润一经计算确定，所派发的股利也就相应确定了。固定股利支付率越高，企业留存的净收益越少。

固定股利支付率政策的优点：（1）采用固定股利支付率政策，股利与公司盈余密不可分，体现了“多盈多分、少盈少分、无盈不分”的股利分配原则；（2）由于公司的获利能力在年度间是经常变动的，因此，每年的股利也应当随着公司收益的变动而变动。采用固定股利支付率政策，公司每年按固定的比例从税后利润中支付现金股利，从企业的支付能力的角度来看，这是一种稳定的股利政策。

固定股利支付率政策的缺点：(1) 大多数公司每年的收益很难保持稳定不变，导致年度间的股利额波动较大，由于股利的信号传递作用，波动的股利很容易给投资者带来经营状况不稳定、投资风险较大的不良印象，成为影响股价的不利因素；(2) 容易使公司面临较大的财务压力，公司实现的盈利多，并不能代表公司有足够的现金流用来支付较多的股利额；(3) 合适的固定股利支付率的确定难度比较大。

由于公司每年面临的投资机会、筹资渠道都不同，而这些都可以影响公司的股利分派，所以一成不变地奉行固定股利支付率政策的公司在实际中并不多见，固定股利支付率政策只适用于那些处于稳定发展且财务状况也较稳定的公司。

【例 6-6】长城公司长期以来采用固定股利支付率政策进行股利分配，确定的股利支付率为 30%。2024 年度税后净利润为 1 500 万元，如果仍然执行固定股利支付率政策，公司 2024 年度将要支付的股利为：

1 500 × 30% = 450（万元）

（四）低正常股利加额外股利政策

低正常股利加额外股利政策，是指公司事先设定一个较低的正常股利额，每年除了按正常股利额向股东发放现金股利外，还在公司盈利情况较好、资金较为充裕的年度向股东发放额外股利。但是，额外股利并不固定化，不意味着公司永久地提高了股利支付额。

低正常股利加额外股利政策的优点：(1) 使公司在股利分配上具有一定的灵活性，并具有较大的财务弹性。公司可以根据每年的具体情况，选择不同的股利发放水平，以稳定股价，进而实现企业价值最大化的理财目标。(2) 使那些依靠股利度日的股东每年至少可以得到虽然较低但比较稳定的股利收入，从而吸引住这部分股东。

低正常股利加额外股利政策的缺点：(1) 由于各年度之间公司盈利的波动使得额外股利不断变化，造成分派的股利不同，容易给投资者造成收益不稳定的印象。(2) 当公司在较长时期持续发放额外股利后，可能会被股东误认为这是“正常股利”，一旦取消，传递出去的信号可能会使股东认为这是公司财务状况恶化的表现，进而可能会引起公司股价下跌。

相对来说，对那些盈利随着经济周期波动较大的公司或者在盈利与现金流量很不稳定时，低正常股利加额外股利政策也许是一种不错的选择。

【同步思考 6-1】股份有限公司分派的股利必须来源于当年的税后盈利吗？

【明德善思】

引导上市公司合理分红——推动高质量发展与社会公平的重要举措

《国务院关于加强监管防范风险 推动资本市场高质量发展的若干意见》（国发〔2024〕10 号），明确提出要“强化上市公司现金分红监管。对多年未分红或分红比例偏低的公司，限制大股东减持、实施风险警示。加大对分红优质公司的激励力度，多措并举推动提高股息率。”这一政策旨在优化上市公司利润分配机制，平衡股东短期回报与企业长期发展需求，推动资本市场健康发展。

启示：“鼓励上市公司通过现金分红、股份回购等方式回报投资者”不仅是资本市场的监管要求，更是推动高质量发展、促进社会公平的重要举措。(1) 推动高质量发展，增强企业核心竞争力。合理分红政策鼓励企业将利润留存用于技术研发、产业升级和绿色转型，而非盲目追求短期股东回报。例如，华为将利润大量投入研发，突破5G、芯片等“卡脖子”技术，为中国科技自立自强作出贡献。通过引导企业减少过度分红，政策支持其增强核心竞争力，实现高质量发展。(2) 保护中小投资者权益，促进社会公平。部分上市公司大股东通过高分红套现，损害中小股东利益；也有上市公司长期不分红，让投资者无法分享发展成果。合理分红政策通过规范利润分配行为，确保中小股东获得公平回报，体现了社会主义市场经济的公平正义原则。(3) 服务国家战略，助力共同富裕。上市公司作为经济的重要支柱，其利润分配应服务于国家战略和民生福祉。例如，国有企业将部分利润上缴财政，用于补充社保基金或支持乡村振兴，体现了“取之于民，用之于民”的责任担当。合理分红政策引导企业将利润用于社会公益和可持续发展，助力共同富裕目标的实现。(4) 优化资本市场生态，增强投资者信心。合理分红政策有助于构建健康的资本市场生态，增强投资者信心。通过规范分红行为，政策引导投资者关注企业长期价值而非短期套利，推动资本市场从“投机市”向“投资市”转变，为实体经济注入更多长期资金。

【知识拓展】

股权激励机制

所谓股权激励，是一种职业经理人通过一定形式获取公司一部分股权的长期性激励制度，使经理人能够以股东的身份参与企业决策、分享利润、承担风险，从而勤勉尽责地为公司的长期发展服务。

在国际上，股权激励计划是上市公司比较普遍的做法。一般观点认为，股权激励计划可以把职业经理人、股东的长远利益、公司的长期发展结合在一起，可以一定程度防止经理人的短期经营行为，以及防范“内部人控制”等侵害股东利益的行为。

此外，现代企业理论和国外实践证明股权激励对于改善公司治理结构、降低代理成本、提升管理效率、增强公司凝聚力和市场竞争力起到了非常积极的作用。

股权激励包括股票期权、员工持股计划、限制性股票激励计划和管理层收购。股权激励机制的重要形式之一是股票期权计划。

股票期权是指股份有限公司赋予激励对象（如经理人员）在未来某一特定日期内以预先确定的价格和条件购买公司一定数量股份的选择权。持有这种权利的经理人可以按照特定价格购买公司一定数量的股票，也可以放弃购买股票的权利，但股票期权本身不可转让。股票期权实质上是公司给予激励对象的一种激励报酬，但是否能取得该报酬则取决于以经理人为首的相关人员是否通过努力实现公司的目标。

任务解析

通过上述学习，可以解析【任务引入】中的问题：

股利是股息和红利的总称，它由公司董事会宣布从公司的净利润中分配给股东，作为股东对公司投资的报酬。对于这部分净利润，公司董事会有完全的自主裁量权，有权根据实际情况决定股利分配的比例与金额。

公司在制定股利政策时，董事会需要审慎权衡多重因素：既要考虑公司自身的资金需求和长远发展战略，又要兼顾股东对现金回报的合理期望。虽然股份有限公司可以通过发行股票或增发新股来筹集自有资本，但这种外部融资方式难以作为常规手段频繁使用。相比之下，当企业需要维持营运资金规模或扩大生产能力时，内部筹资往往成为可持续的资本补充渠道。而留存收益作为企业最可靠、最便捷的内部资金来源，实质上是对股东潜在股利的保留。这就形成了一个关键性的财务平衡问题：一方面公司发展需要留存收益作为资本积累，另一方面股东（至少部分股东）期望将收益以股利形式实现当期回报，以便“落袋为安”。如何协调企业发展与股东回报之间的矛盾，是公司财务管理的核心议题之一。

股利分配政策受多种因素影响，公司应综合考虑各项具体因素，制定适合自身发展的股利分配政策。尚达家居2016年上市转型升级，一直处于稳健增长状态。一方面，扩大市场与产品研发等需要大量资金投入；另一方面，上市公司身份也需要市场的客观评价，增强投资者信心。因此，尚达家居现阶段适宜采用低正常股利加额外股利政策。这种股利政策使公司具有较大的灵活性。一般情况下维持较低但正常的股利，既能使公司保留较多的留存收益，又不会使股东感到股利减少。在盈余有较大幅度增加时，适度增发股利，把部分利益分配给股东，增强其对公司的信心，稳定股票的价格。

技能训练

一、单项选择题

1.我国《公司法》规定，公司应按照当年税后净利润（　　）的比例提取法定公积金。

A.15%　　B.10%　　C.5%～10%　　D.5%

2.认为在完善的资本市场条件下，股利政策不会影响股票价格或公司价值的理论是（　　）。

A.股利政策无关论　　B.“在手之鸟”理论

C.差别税收理论　　D.代理理论

3.下列各项不能用于股利分配项目的是（　　）。

A.盈余公积　　B.资本公积　　C.税后利润　　D.上年未分配利润

4. 能使股利与企业盈余紧密配合，体现“多盈多分、少盈少分、无盈不分”股利分配政策的是（　　）。

A. 剩余股利政策　　B. 固定或持续增长的股利政策

C. 低正常股利加额外股利政策　　D. 固定股利支付率政策

5. 对盈利水平随经济周期波动较大的企业，适宜采用的股利政策是（　　）。

A. 剩余股利政策　　B. 固定或持续增长的股利政策

C. 低正常股利加额外股利政策　　D. 固定股利支付率政策

6. 下列各项不会引起公司资产流出或负债增加的股利支付方式是（　　）。

A. 股票股利　　B. 负债股利　　C. 财产股利　　D. 现金股利

7. 某公司现有发行在外的普通股100万股，每股面值1元，资本公积50万元，未分配利润300万元，股票市价10元；若按10%的比例发放股票股利并按市价折算，资本公积将变为（　　）万元。

A.100　　B.110　　C.120　　D.140

8. 企业采用剩余股利政策的根本理由是（　　）。

A. 最大限度地用收益满足筹资的需要

B. 向市场传递企业不断发展的信息

C. 使企业保持理想的资本结构

D. 使企业在资金使用上有较大的灵活性

9. 某股份有限公司目前的每股收益和每股市价分别为2元和20元，现拟实施10股送1股的送股方案，若股价随股数成比例变动，则送股后的每股收益和每股市价分别为（　　）元。

A.1.82；18.18　　B.2；18.18　　C.2；20　　D.1.82；22

10. 按照剩余股利政策，假定某公司资本结构是30%的债务资本、70%的股权资本，明年计划投资600万元，今年年末股利分配时，应从税后净利润中保留（　　）万元用于投资需要。

A.180　　B.240　　C.360　　D.420

二、多项选择题

1. 按照资本保全的要求，企业发放股利所需资金的来源包括（　　）。

A. 当前利润　　B. 留存收益　　C. 原始资本　　D. 股本

2. 公司可选择的股利政策有（　　）。

A. 剩余股利政策　　B. 固定或持续增长的股利政策

C. 低正常股利加额外股利政策　　D. 固定股利支付率政策

3. 我国《公司法》规定，公司不得收购本公司股份，但下列情形除外（　　）。

A. 减少公司注册资本

B. 与持有本公司股份的其他公司合并

C. 将股份用于员工持股计划或者股权激励

D. 股东因为对股东大会作出的公司合并、分立持有异议，要求公司收购其股份

4. 股票回购的动机主要有（　　）。

A. 代替现金股利

B. 改变公司的资本结构

C. 传递公司经营稳定的信息或提高公司的股价

D. 防止敌意收购，满足转换条款和认股权的行使

5. 我国《公司法》规定，公司进行税后利润的分配应按下列顺序进行（　　）。

A. 提取法定公积金

B. 弥补在税前利润弥补亏损之后仍存在的亏损

C. 提取任意公积金

D. 向投资者分配利润

6. 股利支付方式常见的有（　　）。

A. 现金股利　B. 财产股利　C. 负债股利　D. 股票股利

7. 下列各项属于股利政策相关论的有（　　）。

A. "在手之鸟"理论　B. 差别税收理论

C. 代理理论　D. MM理论

8. 发放股票股利可能产生的影响有（　　）。

A. 每股收益发生变化　B. 股东权益总额发生变化

C. 股票市价发生变化　D. 所有者权益各项目比例发生变化

9. 股票股利与股票分割的共同作用在于（　　）。

A. 节约现金　B. 公司股东权总额发生变化

C. 公司每股利润下降　D. 公司股份总额发生变化

10. 下列各项关于利润分配政策的说法，正确的有（　　）。

A. 剩余股利政策能保持最佳的资本结构

B. 固定股利政策有利于公司股票价格的稳定

C. 固定股利支付率政策体现了"多盈多分、少盈少分、无盈不分"的股利分配原则

D. 低正常股利加额外股利政策有利于股价的稳定

三、判断题

1. 在除权日当天购入的股票也可以享受已宣布发放的股利。（　　）

2. 发放股票股利不直接增加股东的财富。（　　）

3. 采用剩余股利政策的优点是有利于保持理想的资本结构，降低企业的综合资本成本。（　　）

4. 股票分割不仅有利于促进股票流通和交易，而且有利于公司并购政策的实施。（　　）

5. 股票回购可使投资者节约个人所得税。（　　）

四、计算分析题

1. 东方公司发放股票股利前的有关资料见表6-7。

表6-7　　发放股票股利前的有关资料

项目	金额（万元）
普通股本（面值1元，100万股）	100
资本公积	400
未分配利润	400
股东权益合计	900

当时的股票市价为10元/股。

要求：

（1）按10股送1股的比例发放股票股利后，计算未分配利润项目的余额。

（2）计算发放股票股利后资本公积的数额。

（3）列出发放股票股利后股东权益表。

2.沿用第1题的资料，公司当年盈余为200万元。

要求：

（1）计算发放股票股利后每股的市场价值。

（2）计算持有10 000股该公司股票的股东发放股票股利后，其所持股的总市值。

（3）列出股票股利发放前后该股东每股收益、每股市价、持股比例及总市值表。

3.东方公司2024年度实现的净利润为1 200万元（不考虑提取法定公积金的因素）。2025年计划增加投资，所需资金为900万元。假定公司目标资本结构为自有资金占60%，借入资金占40%。

要求：

（1）在保持目标资本结构的前提下，如果公司执行剩余股利政策，计算2024年度应分配的现金股利。

（2）假设公司2023年度实现净利润1 000万元，分配现金股利550万元。如果公司执行固定股利政策，计算2024年度应分配的现金股利，可用于2025年度投资的留存收益。

（3）在不考虑目标资本结构的前提下，如果公司执行固定股利支付率政策，计算公司2024年的股利支付率和2024年应分配的现金股利。

4.某公司原发行每股面值为2元的普通股500 000股，股东权益资料见表6-8。

表6-8　　股东权益资料

项目	金额（万元）
普通股（50万股，每股2元）	100
资本公积	400
留存收益	2 000
股东权益合计	2 500

现公司决定按1股换成2股的比例进行股票分割。

要求：

（1）在表6-9中填入股票分割后的股东权益项目金额。

表6-9 股票分割后的股东权益项目

股票分割后	金 额（万元）
普通股（股数：100万股。面值： 元/股）	
资本公积	
留存收益	
股东权益合计	

（2）通过以上计算，指出股票分割与发放股票股利有何异同。

实战模拟

【目的】股利分配政策决策。

【资料】东方公司是一家大型钢铁公司，公司业绩一直很稳定，其盈余的长期成长率为12%。2023年该公司税后盈利为1 000万元，当年发放股利共计250万元。2024年该公司由于一些偶然利好因素，税后盈利达到1 200万元，2025年以后仍会恢复12%的增长率。2025年公司有一项新的投资机会，预计需要投资900万元，投资后公司目标资本结构为“负债：权益 = 4：6”。现在公司面临股利分配政策的选择，可供选择的股利分配政策有固定股利支付率政策、剩余股利政策及固定或稳定增长的股利政策。

【要求】

（1）根据东方公司的财务数据，计算2024年度公司实行不同股利政策时的股利水平。

（2）比较不同的股利政策，为东方公司作出你认为正确的选择。

项目七
预算管理

情境设计

尚达家居自成立以来，经过不懈努力发展迅猛。但是总经理近期比较烦恼，因为他经常听到公司的销售、生产、财务等各部门中层管理人员向他抱怨，说自己部门可以编制很好的计划，但该计划在其他部门却行不通。销售部门经理反映本部门根据市场预测提出了一个销售计划，生产部门却反馈没有那么大的生产能力；生产部门经理提出编制了一个充分利用现有生产能力的计划，但销售部门却可能无力将这些产品销售出去；销售部门和生产部门都认为应该扩大生产能力，财务部门却认为无法筹到必要的资金。

经过调研，管理层决定修订、完善全面预算体系。局部计划的最优化，对全局来说不一定是最合理的，各部门的经济活动必须密切配合，相互协调，统筹兼顾，全面安排，综合平衡。参考国内外优秀企业的预算管理制度，建立适合于尚达家居的全面预算管理制度成为目前公司管理部门一项紧迫的任务。

情境分析：预算管理系统是公司战略目标实施的保障和支持系统。一方面，公司需要通过预算指标控制实际活动过程，随时发现问题，采取必要的措施，纠正不良偏差，保证公司实现预期目标；另一方面，全面预算经过综合平衡后可以提供解决各级各部门冲突的最佳方法。

知识目标

1. 掌握预算编制的基本原理与方法。
2. 理解财务预算在全面预算体系中的地位和意义。
3. 熟悉预算执行与控制的基本流程。

能力目标

1. 能根据企业编制预算的要求，收集相关资料。
2. 能依据相关资料，编制业务预算和财务预算。
3. 能组织、建立企业内部预算基本控制体系。

素质目标

1. 培养严谨的财务思维与责任意识。
2. 树立全局观念，培养团队协作与沟通能力。
3. 保持诚信守法的职业操守，坚守合法合规原则。

项目结构

- 预算管理
  - 1.预算管理认知
    - 预算的特征与作用
    - 预算的分类
    - 预算体系
    - 预算工作的组织
  - 2.预算的编制方法与程序
    - 预算的编制方法
    - 预算的编制程序
  - 3.业务预算的编制
    - 销售预算的编制
    - 生产预算的编制
    - 直接材料预算的编制
    - 直接人工预算的编制
    - 制造费用预算的编制
    - 产品成本预算的编制
    - 销售及管理费用预算的编制
    - 专门决策预算的编制
  - 4.财务预算的编制
    - 现金预算及其编制
    - 利润表预算
    - 资产负债表预算
  - 5.预算的执行与考核
    - 预算执行
    - 预算的考核

任务一　预算管理认知

任务引入

尚达家居此前未设立专职预算管理机构，预算工作分散在财务和计划部门，缺乏组织保障，导致日常工作中冲突频发且无专门协调机构。此外，公司预算制度不完善，编制流程简单，预算工作流于形式，人员操作无章可循，严重影响财务预算的有效性。为此，公司总经理已责成财务经理牵头，协同销售、生产等部门共同建立全面预算体系。

尚达家居在构建全面预算体系时，应遵循哪些核心原则？该体系需涵盖哪些关键内容？如何设置预算管理的组织机构以确保有效执行？应采用何种预算管理流程以适配公司实际需求？

任务分析：许多企业误将预算视为单纯的财务行为，认为应由财务部门全权负责。然而，现代企业管理理念强调，预算是一个涵盖业务、资金、财务等环节的综合性体系，财务部门仅承担数据汇总、方法指导和部分分析职能。因此，预算管理应是企业全局性管理行为，需由高层统筹，业务、投资、筹资及管理等部门协同推进，而非仅由财务部门独立完成。

知识准备

一、预算的特征与作用

（一）预算的特征

预算是企业在预测、决策的基础上，以数量和金额的形式反映企业未来一定时期内经营、投资、财务等活动的具体计划，是为实现企业目标而对各种资源和企业活动做的详细安排。预算是一种可据以执行和控制经济活动的、最为具体的计划，是对目标的具体化，是将企业活动导向预定目标的有力工具。

预算具有两个特征：第一，预算与企业的战略或目标是一致的，因为预算是为实现企业目标而对各种资源和企业活动做的详细安排；第二，预算是数量化的并具有可执行性，因为预算作为一种数量化的详细计划，它是对未来活动的细致、周密安排，是未来经营活动的依据。因此，数量化和可执行性是预算最主要的特征。

（二）预算的作用

预算的作用主要表现在以下三个方面：

1.预算可以引导和控制经济活动，使企业经营达到预期目标

通过预算指标可以控制实际活动过程，随时发现问题，采取必要的措施，纠正不良

偏差，避免经营活动漫无目的、随心所欲，通过有效的方式实现预期目标。因此，预算具有规划、控制、引导企业经济活动有序进行，以最经济有效的方式实现预定目标的功能。

2. 预算可以实现企业内部各部门之间的协调

从系统论的观点来看，局部计划的最优化，对全局来说不一定是最合理的。为了使各个职能部门向着共同的战略目标前进，它们的经济活动必须密切配合，相互协调，统筹兼顾，全面安排，综合平衡。各部门预算的综合平衡，能促使各部门管理人员清楚地了解本部门在全局中的地位和作用，尽可能地做好部门之间的协调工作。各级各部门因其职责不同，往往会出现相互冲突的现象。各部门之间只有协调一致，才能最大限度地实现企业整体目标。全面预算经过综合平衡后可以提供解决各级各部门冲突的最佳方法，代表企业的最优方案，使各级各部门的工作在此基础上协调地进行。

3. 预算可以作为业绩考核的标准

预算作为企业活动的行为标准，使各项活动的实际执行有章可循。预算标准可以作为各部门责任考核的依据。经过分解落实的预算规划目标能与部门、责任人的业绩考评结合起来，成为奖勤罚懒、评估优劣的准绳。

【同步思考7-1】预算管理的重要意义是什么?

二、预算的分类

（一）根据内容不同，企业预算可以分为业务预算、专门决策预算和财务预算

1. 业务预算

业务预算是指与企业日常经营直接相关的经营业务的各种预算。它主要包括销售预算、生产预算、直接材料预算、直接人工预算、制造费用预算、产品成本预算、销售费用预算和管理费用预算等。

2. 专门决策预算

专门决策预算是指企业不经常发生的、一次性的重要决策预算。专门决策预算直接反映相关决策的结果，是实际中选方案的进一步规划。如资本支出预算，其编制依据可以追溯到决策之前收集到的有关资料，只不过预算比决策估算更细致、更精确一些。例如，企业对一切固定资产购置都必须在事先做好可行性分析的基础上来编制预算，具体反映投资额需要多少、何时进行投资、资金从何筹得、投资期限多长、何时可以投产、未来每年的现金流量是多少。

3. 财务预算

财务预算是指企业在计划期内反映有关预计现金支出、财务状况和经营成果的预算，主要包括现金预算和预计财务报表。财务预算作为全面预算体系的最后环节，它是从价值方面总括地反映企业业务预算与专门决策预算的结果，故亦称为总预算，其他预算则相应称为辅助预算或分预算。显然，财务预算在全面预算中占有举足轻重的地位。

（二）按预算指标覆盖的时间长短，企业预算可分为长期预算和短期预算

通常将预算期在1年以内（含1年）的预算称为短期预算，预算期在1年以上的预算称为长期预算。预算的编制时间可以视预算的内容和实际需要而定，可以是1周、1

个月、1个季度、1年或若干年等。在预算编制过程中，往往应结合各项预算的特点，将长期预算和短期预算结合使用。一般情况下，企业的业务预算和财务预算多为1年期的短期预算，年内再按季或月细分，预算期间往往与会计期间保持一致。

三、预算体系

各种预算是一个有机联系的整体。一般将由业务预算、专门决策预算和财务预算组成的预算体系，称为全面预算体系。其构成如图7-1所示。

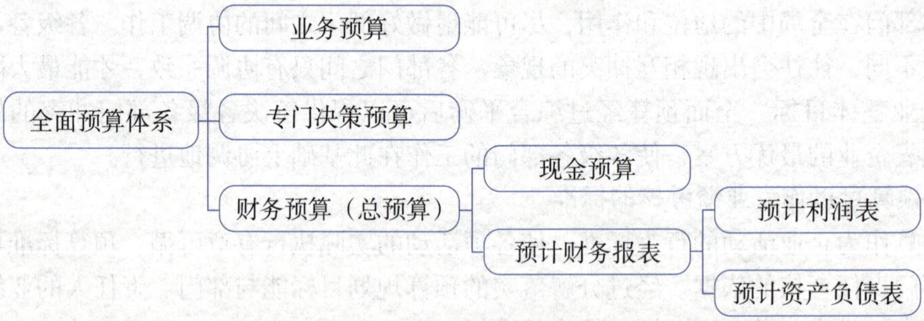

图7-1 全面预算体系

四、预算工作的组织

预算工作的组织包括决策层、管理层、执行层和考核层，具体如下：

（1）企业董事会或类似机构应当对预算管理工作负责。企业董事会或者经理办公会可以根据情况设立预算委员会或指定财务部门负责预算管理事宜，并对企业法定代表人负责。

（2）预算委员会或财务部门主要拟定预算的目标、政策，制定预算管理的具体措施和办法，审议、平衡预算方案，组织下达预算，协调解决预算编制和执行中的问题，组织审计、考核预算的执行情况，督促企业完成预算目标。

（3）企业财务部门具体负责企业预算的跟踪管理，监督预算的执行情况，分析预算与实际执行的差异及原因，提出改进意见与建议。

（4）企业内部生产、投资、物资、人力资源、市场营销等职能部门具体负责本部门业务涉及的预算编制、执行、分析等工作，并配合预算委员会或财务部门做好企业总预算的综合平衡、协调、分析、控制与考核等工作。其主要负责人参与企业预算委员会的工作，并对本部门预算执行结果承担责任。

（5）企业所属基层单位是企业预算的基本单位，在企业财务部门的指导下，负责本单位现金流量、经营成果和各项成本费用预算的编制、控制、分析工作，接受企业的检查和考核。其主要负责人对本单位财务预算的执行结果承担责任。

【明德善思】

预则立，谋则远

“凡事预则立，不预则废”出自《礼记·中庸》，强调了预先规划和准备的重要性。古代先民在农耕、征战、治国中深刻体会到，唯有未雨绸缪，方能趋利避害；若无规划盲行，则易陷入困局。在现代企业管理中，财务预算是一个重要的工具，通过前瞻性的资源配置规划，将战略目标拆解为可执行的数字方案，为企业在市场竞争中稳健前行提供指导。

启示：市场如战场，充满不确定性。提前规划如同绘制战略地图：通过分析把握行业趋势，预判政策、技术、需求变化，将“不可控风险”转化为“可应对挑战”。(1) 提前规划需把握大势，顺势而为。规划需建立在对宏观环境、行业趋势和自身条件的深刻理解之上，制订符合实际、具有前瞻性的规划。例如，企业在编制预算时，需结合经济形势、政策导向和市场变化，确保预算的科学性和可行性。(2) 提前规划需集思广益，群策群力。规划需要多方参与、广泛征求意见，以弥补个人视角的局限性，确保规划的全面性和可操作性。例如，企业在预算编制过程中，应让各部门共同参与，确保预算既符合战略目标，又贴近实际需求。(3) 提前规划需注重细节，落地执行。规划需细化到具体步骤，并制订明确的执行方案，才能确保规划落地。例如，预算编制后需分解到各部门，并制订详细的执行计划和时间表。(4) 提前规划需动态调整，灵活应对。规划不是一成不变的，在执行过程中，需及时评估效果、发现问题并灵活调整。例如，企业可采用滚动预算的方式，根据市场变化和内部需求，定期更新预算内容。(5) 提前规划需坚守原则，注重诚信。规划需建立在真实、准确的数据基础上，任何虚报或瞒报都会导致规划失效。因此，在规划过程中，必须坚守诚信原则，确保数据的真实性和可靠性。

任务解析

通过上述学习，可以解析【任务引入】中的问题：

(1) 尚达家居的全面预算管理系统应围绕本公司的战略目标和发展规划，以实现公司经营目标为前提，坚持市场导向、优化资源配置的原则，突出产品质量，实施品牌战略，以质量树品牌，以服务树形象，不断扩大产品在国际市场上的影响力。

(2) 结合实际，尚达家居最终确定全面预算管理的内容为业务预算、投资预算、筹资预算、财务预算，并强调财务预算是建立在前三项预算的基础上综合体现企业目标的预算。

(3) 尚达家居建立明确的管理组织机构，从公司总部，到各职能部门、生产工序，责任到岗、责任到人。公司全面预算管理组织机构总体分为四级，自上而下依次是董事会、总经理、预算管理办公室、各职能部门或生产工序。董事会是决定全面预算目标、批准全面预算方案的最高机构。

(4) 尚达家居全面预算管理流程由预算编制、预算执行与控制、预算分析与调整、预算考评四个阶段构成。

任务二 预算的编制方法与程序

任务引入

尚达家居财务经理对财务数据及实际情况进行分析后发现，虽然各预算执行单位生产经营相对稳定，但是由于各季度市场环境、经营条件的变化，可能会影响预算执行结果。

财务经理接下来将怎样选择全面预算编制方法和编制时间呢？

任务分析：全面预算内容的复杂性决定了预算编制方法选择的重要性。多种预算编制的方法广泛应用于与企业经营活动有关的预算编制，尚达家居需综合考虑企业的战略目标、行业特点、管理需求及外部环境等多个因素，确定预算的编制方法和编制时间，以更好地实现资源的优化配置，提升管理水平和竞争能力。

知识准备

一、预算的编制方法

企业全面预算的构成内容比较复杂，编制预算需要采用适当的方法。常见的预算编制方法主要包括增量预算法与零基预算法、固定预算法与弹性预算法、定期预算法与滚动预算法。

（一）增量预算法与零基预算法

按其出发点的特征不同，编制预算的方法可分为增量预算法与零基预算法。

1. 增量预算法

增量预算法是指以基期成本费用水平为基础，结合预算期业务量水平及有关降低成本的措施，通过调整有关费用项目而编制预算的方法。增量预算法以过去的费用发生水平为基础，主张不需在预算内容上做较大的调整，它的编制遵循如下假定：

第一，企业现有业务活动是合理的，不需要进行调整；

第二，企业现有各项业务的开支水平是合理的，在预算期予以保持；

第三，以现有业务活动和各项活动的开支水平，确定预算期各项活动的预算数。

增量预算法的缺陷是可能导致无效费用开支项目无法得到有效控制，因为不加分析地保留或接受原有的成本费用项目，可能使原来不合理的费用继续开支而得不到控制，造成预算上的浪费。

2. 零基预算法

零基预算法是以零为基础的编制计划和预算的方法。它不考虑以往会计期间所发生的费用项目或费用数额，而是一切以零为出发点，根据实际需要逐项审议预算期内各项费用的内容及开支标准是否合理，在综合平衡的基础上编制费用预算。

零基预算法的程序如下：

第一，企业内部各级部门的员工，根据企业的生产经营目标，详细讨论计划期内应该发生的费用项目，并为每个费用项目写一套方案，提出费用开支的目的及需要开支的费用数额。

第二，划分不可避免费用项目和可避免费用项目。在编制预算时，对不可避免费用项目必须保证资金供应；对可避免费用项目，需逐项进行成本与效益分析，尽量控制可避免费用项目纳入预算当中。

第三，划分不可延缓费用项目和可延缓费用项目。在编制预算时，应把预算期内可供支配的资金在各费用项目之间分配。应优先安排不可延缓费用项目的支出，然后根据需要按照费用项目的轻重缓急确定可延缓费用项目的开支。

零基预算法的优点表现如下：①不受现有费用项目的限制；②不受现行预算的束缚；③能够调动各方面节约费用的积极性；④有利于促使各基层单位精打细算，合理使用资金。其缺点是编制工作量大。

（二）固定预算法与弹性预算法

按其业务量基础的数量特征不同，编制预算的方法可分为固定预算法与弹性预算法。

1. 固定预算法

固定预算法又称静态预算法，是指在编制预算时，只根据预算期内正常、可实现的某一固定的业务量（如生产量、销售量等）水平作为唯一基础来编制预算的方法。

固定预算法的缺点表现在以下两个方面：

（1）适应性差。因为编制预算的业务量基础是事先假定的某个业务量。在这种方法下，不论预算期内业务量水平实际可能发生哪些变动，都只以事先确定的某一个业务量水平作为编制预算的基础。

（2）可比性差。当实际的业务量与编制预算所依据的业务量发生较大差异时，有关预算指标的实际数与预算数也会因业务量基础不同而失去可比性。例如，某企业预计销售部门的业务量为100 000件产品，按此业务量给销售部门的预算费用为5 000元。如果该销售部门实际销售量达到120 000件，超过了预算业务量，固定预算下的费用预算仍为5 000元。

2. 弹性预算法

（1）弹性预算法的含义

弹性预算法又称动态预算法，是指在成本性态分析的基础上，依据业务量、成本和利润之间的联动关系，按照预算期内可能的一系列业务量（如生产量、销售量、工时等）水平编制系列预算的方法。

理论上，弹性预算法适用于编制全面预算中所有与业务量有关的预算，但实务中主要用于编制成本费用预算和利润预算，尤其是成本费用预算。

编制弹性预算，要选择一个最能代表生产经营活动水平的业务量作为计量单位。例如，以手工操作为主的车间，就应选用人工工时；制造单一产品或零件的部门，可以选用实物数量；修理部门可以选用直接修理工时等。

弹性预算法所采用的业务量范围，视企业或部门的业务量变化情况而定，务必使实际业务量不超出相关的业务量范围。一般来说，可定在正常生产能力的70%~110%，或以历史上最高业务量和最低业务量为其上下限。采用弹性预算法编制预算的准确性，在很大程度上取决于成本性态分析的可靠性。

（2）弹性预算法的特点及步骤

与按特定业务量水平编制的固定预算法相比，弹性预算法有以下两个显著特点：一是弹性预算是按一系列业务量水平编制的，从而扩大了预算的适用范围；二是弹性预算是按成本性态分类列示的，在预算执行过程中可以计算一定实际业务量的预算成本，以便于预算执行的评价和考核。

运用弹性预算法编制预算的基本步骤如下：

第一步：选择业务量的计量单位；

第二步：确定使用的业务量范围；

第三步：逐项研究并确定各项成本和业务量之间的数量关系；

第四步：计算各项预算成本，并用一定的方式来表达。

（3）弹性预算法的分类

弹性预算法分为公式法和列表法。

①公式法。公式法是指运用总成本性态模型，测算预算期的成本费用数额，并编制成本费用预算的方法。根据成本性态，成本与业务量之间的数量关系可用公式表示为：

$$y = a + bx$$

式中：y为总成本，a为固定成本，b为单位变动成本，x为业务量。在公式法下，如果事先确定了业务量x的变动范围，只要列示出a和b的参数，便可利用公式计算任一业务量水平的预算数值。

【例7-1】2026年长城公司预计直接人工工时为90 000 ~120 000人工工时，公司财务人员对各类成本的预测见表7-1。

表7-1 2026年长城公司制造费用各项目预测表

项　目	90 000 ~120 000人工工时	
	固定成本（元）	单位变动成本（元/工时）
管理人员工资	200 000	
设备租金	130 000	
辅助材料	60 000	0.25
修理费	80 000	0.20
水费	9 000	0.30
材料费		0.15

续表

项　目	90 000 ~120 000人工工时	
	固定成本（元）	单位变动成本（元/工时）
辅助人员工资		0.25
其他费用		0.40
制造费用合计	479 000	1.55
备注	当业务量超过110 000工时后，修理费中固定费用将由80 000元上升为100 000元	

本例中，在业务量为90 000 ~110 000人工工时的情况下，$y = 479\ 000 + 1.55x$。

在业务量为110 000 ~120 000人工工时的情况下，$y = 499\ 000 + 1.55x$。

如果业务量为95 000人工工时，则制造费用预算为$y = 479\ 000 + 1.55 \times 95\ 000 = 626\ 250$（元）。

如果业务量为115 000人工工时，则制造费用预算$y = 499\ 000 + 1.55 \times 115\ 000 = 677\ 250$（元）。

公式法的优点是便于在一定范围内计算出任何业务量的预算数值，可比性和适应性强，编制预算的工作量相对较小。缺点是按公式进行成本分解比较麻烦，对每个费用子项目甚至细目逐一进行成本分解，工作量很大。当业务量变化到一定限度时，代表固定成本的a和代表单位变动成本的b就会发生变化。因此，采用公式法编制预算时，需要在“备注”中说明：在不同的业务量范围内，应该采用不同的固定成本（a）数值和单位变动成本（b）数值。

②列表法。列表法是指在预计的业务量范围内将业务量分为若干个水平，然后按不同的业务量水平编制预算的方法。应用列表法编制预算，首先要在确定的业务量范围内，划分出若干个不同水平，然后分别计算各项预算值，汇总列入预算表格。

【例7-2】根据表7-1，长城公司采用列表法以10 000人工工时为间隔，编制弹性制造费用预算（见表7-2）。

表7-2　2026年长城公司制造费用预算　金额单位：元

项目	直接人工工时（小时）			
	90 000	100 000	110 000	120 000
固定成本：				
管理人员工资	200 000	200 000	200 000	200 000
设备租金	130 000	130 000	130 000	130 000
小　计	330 000	330 000	330 000	330 000
混合成本：				
辅助材料	82 500	85 000	87 500	90 000

续表

项目	直接人工工时（小时）			
	90 000	100 000	110 000	120 000
修理费	98 000	100 000	102 000	124 000
水费	36 000	39 000	42 000	45 000
小　计	216 500	224 000	231 500	259 000
变动成本：				
材料费	13 500	15 000	16 500	18 000
辅助人员工资	22 500	25 000	27 500	30 000
其他费用	36 000	40 000	44 000	48 000
小　计	72 000	80 000	88 000	96 000
制造费用合计	618 500	634 000	649 500	685 000

列表法的优点是可以直接从表中查得各业务量的费用预算，便于预算执行情况的控制和考核。缺点是工作量较大，且不能包括所有业务量条件下的费用预算，往往需要使用插值法来计算"实际业务量的预算成本"，比较麻烦。

（三）定期预算法与滚动预算法

按预算期的时间特征不同，编制预算的方法可分为定期预算法与滚动预算法。

1. 定期预算法

定期预算法是指在编制预算时，以不变的会计期间（如日历年度）作为预算期的一种预算方法。为了便于将实际执行结果同预算数进行对比分析，定期预算通常以会计年度为预算期进行定期编制，在所编制的预算中，年度内的各季、各月预算指标均制定完毕。

定期预算法的优点是预算可一次性编制完成，各期预算指标明确，便于分析对比，能够及时发现实际与预算的差异。

定期预算的缺点包含两个方面：一是预算的指导性差。由于预算期较长，难以对预算期的后期作出较为准确的预测，因而后期预算往往会与实际结果产生较大的偏离，从而给预算的执行带来种种困难，导致预算的指导性降低。二是预算的适应性差。由于定期预算对预算期各个期间的预算指标均详细制定完毕，因此，在预算执行过程中难以根据实际情况适时进行调整，管理人员仅注重剩余预算期预算指标的完成，缺乏较长远的打算，不利于企业长期稳定地发展。

2. 滚动预算法

滚动预算法又称连续预算法或永续预算法，是指在编制预算时，将预算期与会计期间脱离，随着预算的执行不断地补充预算，逐期向后滚动，使预算期始终保持为一个固定的时间长度（一般为12个月）的一种预算方法。滚动预算法的基本做法是使预算期始终保持12个月，以每个季度为一个分期（或以每个月为一个分期），整个预算的预算期始终保持固定的时间长度，每结束一个分期，再续上一个分期。在预算指标制定上，按每一分期由近及远，预算指标由详到略。随着时间的推移，各分期的预算指标不断地细化，以此往复，不断滚动。

滚动预算法按滚动的时间单位不同可分为逐月滚动、逐季滚动和混合滚动三种方式。

（1）逐月滚动方式。逐月滚动方式是指以一个月份为预算的编制和滚动单位，或者说以一个月为一个预算分期，每结束一个月份预算期就调整一次预算的方法。逐月滚动预算方式示意图如图7–2所示。

图7–2 逐月滚动预算方式示意图

例如，编制2025年预算，1月份编制详细预算，其后2月份至12月份分月编制较为粗略的概算。在预算执行过程中，当2025年1月份预算期将要结束时，需要在1月末根据当月预算执行情况，修订细化2月份预算，并充实3月份至12月份的分月预算内容，同时再续上一个新的月份（即2026年1月份）的分期预算，以后每个月份预算期将要结束时均以此类推。按照逐月滚动方式编制预算工作量大，但比较精确。

（2）逐季滚动方式。逐季滚动方式是指以一个季度为预算的编制和滚动单位，或者说以一个季度（3个月）为一个预算分期，每结束一个季度预算期就调整一次预算的方法。按照逐季滚动方式编制预算比逐月滚动方式编制预算的工作量小，但预算精确度略低。

（3）混合滚动方式。混合滚动方式是指在逐季滚动预算的基础上，同时使用月份作为预算编制分期的方法。

例如，编制2025年预算，第一季度分月编制详细预算，其后第二至第四季度分季编制较为粗略的预算。在预算执行过程中，当2025年第一季度预算期将要结束时，需要在第一季度末根据当季预算执行情况，修订细化第二季度分月预算，并充实第三至第四季度的预算内容，同时再续上一个新的季度（即2026年第一季度）的分期预算。以后每个季度预算期将要结束时均以此类推。混合滚动预算方式示意图如图7–3所示。

2025年度预算（一）					
第一季度			第二季度	第三季度	第四季度
1月	2月	3月	预算总数	预算总数	预算总数

↓ 执行与调整

2025年度预算（二）					2026年
第二季度			第三季度	第四季度	第一季度
4月	5月	6月	预算总数	预算总数	预算总数

↓ 执行与调整

2025年度预算（三）				2026年	
第三季度			第四季度	第一季度	第二季度
7月	8月	9月	预算总数	预算总数	预算总数

图7-3 混合滚动预算方式示意图

由于滚动预算是根据前一期预算的执行情况和实际经营活动状况而编制的，所以能根据企业实际情况的变化，及时作出修正与调整，使预算与实际情况更相适应，因而能够使预算更加切合实际，并与对日常经营活动的管理紧密衔接，更有利于充分发挥预算的指导和控制作用。由于编制滚动预算工作量较大，所以，滚动预算一般用于较为重大事项的预算控制。

【同步思考7-2】编制预算时，规模和组织结构不同的企业应如何选择预算编制的方法？

二、预算的编制程序

企业编制预算，一般应按照“上下结合、分级编制、逐级汇总”的程序进行。

（一）下达预算目标

企业董事会或经理办公会根据对企业发展战略和预算期经济形势的初步预测，在决策的基础上，提出企业下一年的预算目标，包括销售或营业目标、成本费用目标、利润目标和现金流量目标，并确定预算编制的政策，由预算委员会下达各预算执行单位。

（二）编制草案上报

各预算执行单位按照企业预算委员会下达的预算目标和政策，结合自身特点以及预测的执行条件，提出详细的本单位预算方案，上报企业财务管理部门。

（三）审查平衡

企业财务管理部门对各预算执行单位上报的财务预算方案进行审查、汇总，提出综合平衡的建议。在审查、平衡的过程中，预算委员会应当进行充分协调，对发现的问题提出初步调整意见，并反馈给有关预算执行单位予以修正。

（四）审议批准

企业财务管理部门在有关预算执行单位修正调整的基础上，编制出企业预算方案，报预算委员会讨论。对于不符合企业发展战略或者预算目标的事项，企业预算委员会应当责成有关预算执行单位进一步修订、调整。在讨论、调整的基础上，企业财务管理部门正式编制企业年度预算草案，提交董事会或经理办公会审议批准。

（五）下达执行

对于董事会或经理办公会审议批准的年度总预算，一般在次年3月底以前，企业财务管理部门将其分解成一系列的指标体系，由预算委员会逐级下达各预算执行单位执行。

【明德善思】

创新驱动未来：预算管理的数字化转型启示

浙江吉利控股集团（以下简称吉利控股）作为国内领先的汽车制造商，旗下拥有吉利、领克、极氪、沃尔沃等多个品牌，业务覆盖传统燃油车和新能源汽车。随着电动化、智能化转型加速，其预算管理面临诸多挑战：多品牌协同难，不同品牌研发、生产、营销预算独立，资源分配效率低；供应链波动大，芯片短缺、原材料涨价等突发因素影响成本控制；研发投入风险高，新能源技术路线（如电池、智能驾驶）的选择直接影响预算有效性。

为此，吉利控股推动预算管理数字化转型，构建智能化预算体系。（1）人工智能驱动的研发预算优化。利用机器学习模拟不同技术路径的投入回报，动态调整研发资金。（2）区块链供应链协同。与供应商实时共享数据，自动调整采购预算以应对短缺风险。（3）数字孪生工厂预算。通过物联网数据模拟生产线改造和能耗管理，优化制造预算。（4）智能营销预算分配。基于用户画像大数据，自动优化各品牌、各渠道的广告投放预算。

启示：吉利控股通过建立数字化、智能化的预算管理体系，不仅解决了当前的业务痛点，而且对企业未来发展产生了深远影响，其经验对其他企业具有重要借鉴意义。（1）支撑战略转型与业务创新。数字化转型不仅是效率工具，更是战略落地的关键支撑。企业需通过智能预算体系，将资金精准配置到战略增长点，避免资源错配。（2）促进构建敏捷化运营能力。当供应链波动、市场变化时，吉利控股利用实时数据驱动的预算调整机制快速决策，减少经营风险。在高度不确定的市场环境中，企业需建立敏捷预算体系，通过数据联动（如供应链、销售、生产）提升应变能力。（3）推动生态协同与价值链整合。未来企业的竞争是生态体系的竞争，预算管理需突破企业边界，与合作伙伴共建数字化协同网络，提升整体竞争力。（4）为智能化管理奠定基础。预算数字化是企业管理智能化的起点。企业可借鉴吉利控股经验，以预算管理为切入点，逐步构建数据驱动的智能管理体系。吉利控股的案例表明，预算管理的数字化转型不仅是财务变革，更是企业面向未来构建核心竞争力的关键举措。其经验对传统制造企业、跨行业集团具有参考价值，即以预算数字化为抓手，推动战略精准落地、运营效率提升和生态协同创新，最终实现可持续发展。

任务解析

通过上述学习，可以解析【任务引入】中的问题：

（1）尚达家居的预算编制按照“上下结合、分级编制、逐级汇总”的程序进行，主要采用固定预算、弹性预算、滚动预算三种方式相结合的编制方法。固定预算是根据预算期内相对正常的、可实现的某一业务量水平编制的预算。由于公司各预算执行单位年度生产经营相对稳定，年度预算普遍采用固定预算编制方法。弹性预算是在按照成本（费用）习性进行分类的基础上，根据量、本、利之间的依存关系编制的预算。对当期市场环境、经营条件等变化影响其预算执行结果的单位，结合弹性预算予以修正，使预算趋于合理、公正，确保预算的有效执行。

（2）尚达家居全面预算管理编制时间如下：7—8月份为预算前期调查工作，由预算办公室向公司领导提交并报告年度预算、计划大纲。9月份为年度预算编制布置工作，年度预算编制正式开始。10月份为年度预算编制、审核、汇总和平衡。12月份为分预算和总预算报审、修改、审定和印发。

任务三　业务预算的编制

任务引入

尚达家居主要产品的售价为6 800元/件，预计2026年全年产销量为20 000件，根据市场和公司生产经营实际情况，预计各季度的产销量分别为4 000件、5 000件、5 000件、6 000件，产品和用料比为1∶1.6，每吨材料单价为1 500元，单位产品工时定额为150小时，工资率标准为10元/工时，变动制造费用分配率为3元/工时，单位变动销售及管理费用为60元/工时。计划2026年全年固定制造费用总额为200万元，其中：固定资产折旧为100万元，全年固定销售及管理费用预计为100万元。

尚达家居2026年相关财务数据如下：

（1）2026年年初尚达家居应收账款为1 250万元，2026年各季度的销售款当季收回60%，下季收回40%。

（2）预计尚达家居每季末保留下季销售量10%的存货，年初存货为400件，预计年末存货为500件。

（3）尚达家居每季末材料库存按下季生产用料的20%计算，2026年年初材料库存为600吨，预计年末库存为500吨。

（4）2026年年初尚达家居应付账款余额为500万元，材料采购款当季度支付50%，下季度支付50%。

（5）尚达家居现金余额的最低要求为100万元，年初的现金余额为125万元，每季预缴所得税150万元，预计在第二季度购置价值为900万元的设备1台，第四季度支付股利2 000万元。公司现金不足时向银行申请短期借款，多余时偿还银行本息，银行短期借款利率为5%。

（6）第一季度支付借款利息600万元。

（7）尚达家居免征各项流转税。

2025年尚达家居预计资产负债表项目见表7-3。

表7-3　2025年尚达家居预计资产负债表项目　单位：万元

资　产	期末数	负债和所有者权益（或股东权益）	期末数
货币资金	125	短期借款	2 000
应收账款	1 250	应付账款	500
存货	267.96	应交税费	3.96
流动资产合计	1 642.96	负债合计	2 503.96
固定资产	25 000	实收资本（或股本）	18 000
		留存收益	6 139
		所有者权益合计	24 139
资产总计	26 642.96	负债和所有者权益（或股东权益）总计	26 642.96

注：存货项目包括原材料90万元、库存商品177.96万元。固定资产项目中固定资产原值32 500万元、累计折旧7 500万元。

如果你是财务经理，该如何带领财务人员进行2026年预算编制？

任务分析：大多数企业是以销定产，所以企业的预算编制是以销售预算为起点的，销售预算的编制也是编制生产预算、直接材料预算、直接人工预算、制造费用预算、产品成本预算、销售及管理费用预算的基础，以上各项预算环环相扣，要求在预算编制过程中不但要细致严谨，而且要注重部门之间的协调与沟通。

知识准备

一、销售预算的编制

销售预算是指在预算预测的基础上编制的，用于规划预算期销售活动的一种业务预算。销售预算是大多数企业编制全面预算的起点，也是编制其他预算的基础。

销售预算的主要内容是销量、单价和销售收入。销售量应根据企业预算期的经营目标以及具体的市场销售条件与生产能力确定，单价是通过价格决策等其他可靠的预测资料来确定的，销售收入是两者的乘积（为方便计算，本部分均不考虑增值税）。销售预算通常要分品种、月份、季度、销售区域、推销员来编制。

【例7-3】长城公司2026年度（预算年度）计划生产和销售A产品，该公司的销售预算见表7-4。

表7-4 销售预算 金额单位：元

项　目	第一季度	第二季度	第三季度	第四季度	全年合计
预计销售量（件）	120	150	200	180	650
预计单位售价	200	200	200	200	200
销售收入	24 000	30 000	40 000	36 000	130 000
预计现金收入					
上年应收账款	7 000				7 000
第一季度	14 400	9 600			24 000
第二季度		18 000	12 000		30 000
第三季度			24 000	16 000	40 000
第四季度				21 600	21 600
预计现金收入合计	21 400	27 600	36 000	37 600	122 600

销售预算中包括预计现金收入的计算，目的是为现金预算提供必要的资料。第一季度现金收入包括两部分，即上年应收账款在本年第一季度收到的货款，以及本季度销售中可能收到的货款部分。假设每季度销售收入中，本季度收到60%，另外的40%要到下季度才能收到。

二、生产预算的编制

生产预算是为规划预算期生产规模而编制的一种业务预算，它是在销售预算的基础上编制的，并可以作为编制直接材料预算和产品成本预算等的依据。其主要内容有销售量、期初和期末产成品存货数量、生产量。在生产预算中，只涉及实物量指标，不涉及价值量指标。

通常，企业的生产和销售不能做到“同步同量”，需要设置一定的存货，以保证能在发生意外需求时按时供货，并均衡生产以节省赶工的额外支出。期末产成品存货数量通常按本期或下期销售量的一定百分比确定。

【例7-4】长城公司2025年年末A产品存货量为27件，2026年预算年度的A产品销售量计划见【例7-3】，经公司生产销售管理部门分析，预计2026年各季度末产成品存货数量占本季度销售量的10%。本例假设年初有产成品存货27件，年末留存18件。生产预算见表7-5。

表7-5 生产预算 单位：件

项　目	第一季度	第二季度	第三季度	第四季度	全年合计
预计销售量	120	150	200	180	650
加：预计期末存货	12	15	20	18	18

续表

项　目	第一季度	第二季度	第三季度	第四季度	全年合计
合计	132	165	220	198	668
减：预计期初存货	27	12	15	20	27
预计生产量	105	153	205	178	641

生产预算的“预计销售量”来自销售预算，其他数据由表7-5计算得出：

预计期末存货 = 本季度预计销售量 × 10%

预计期初存货 = 上季度期末存货

预计生产量 = 预计销售量 + 预计期末存货 − 预计期初存货

生产预算在实际编制时是比较复杂的，产量受生产能力的限制，产成品存货数量受仓库容量的限制，只能在此范围内来安排产成品存货数量和各期生产量。此外，有的季节销售量大，需要赶工增产，要多付加班费。如果提前在淡季生产，会因为增加产成品存货而多付资金利息。因此，要权衡两者得失，选择成本最低的方案。

三、直接材料预算的编制

直接材料预算是预算期产品生产直接耗用原材料的预算。它以生产预算为基础，结合企业所制定的材料消耗定额、预计材料采购单价及期初、期末材料存货水平等信息来编制，其主要内容包括单位产品材料用量、生产需要量、期初和期末存量等。

预计生产量的数据来自生产预算，单位产品材料用量的数据来自标准成本资料或消耗定额资料，生产需要量是上述两项的乘积。期初和期末的材料存量，是根据当前情况和长期销售预测估计的。各季度“预计期末存量”根据下季度生产需要量的一定百分比确定。材料采购预计现金支出预算，用以反映企业对外采购材料过程中支付现金的需要量。

预计材料采购量 = 生产需要量 + 预计期末存量 − 预计期初存量

【例7-5】假设材料采购的货款有50%在本季度内付清，另外50%在下季度付清，这个百分比一般是根据经验确定的，已知年初应付账款为2 380元。各季度“预计期末存量”根据下季度生产需要量的20%确定（其中：已知年末存量为800千克），直接材料预算见表7-6。

表7-6　直接材料预算　金额单位：元

项　目	第一季度	第二季度	第三季度	第四季度	全年合计
预计生产量（件）	105	153	205	178	641
单位产品材料用量（千克/件）	20	20	20	20	20
生产需要量（千克）	2 100	3 060	4 100	3 560	12 820
加：预计期末存量（千克）	612	820	712	800	800
合计	2 712	3 880	4 812	4 360	13 620

续表

项　目	第一季度	第二季度	第三季度	第四季度	全年合计
减：预计期初存量（千克）	420	612	820	712	420
预计材料采购量（千克）	2 292	3 268	3 992	3 648	13 200
单价（元/千克）	3	3	3	3	3
预计采购金额	6 876	9 804	11 976	10 944	39 600
预计现金支出					
上年应付账款	2 380				2 380
第一季度（采购6 876元）	3 438	3 438			6 876
第二季度（采购9 804元）		4 902	4 902		9 804
第三季度（采购11 976元）			5 988	5 988	11 976
第四季度（采购10 944元）				5 472	5 472
合计	5 818	8 340	10 890	11 460	36 508

四、直接人工预算的编制

直接人工预算是预算期内为完成产品产量生产计划而编制的有关人工工时的劳动量和直接人工成本的预算。直接人工预算也是以生产预算为基础编制的。直接人工成本主要内容包括预计产量、单位产品工时、人工总工时、每小时人工成本和人工总成本。

预计产量数据来自生产预算，单位产品工时和每小时人工成本数据来自标准成本资料，人工总工时和人工总成本是在直接人工预算中计算出来的。由于人工工资都需要使用现金支付，所以不需另外预计现金支出，可直接参加现金预算的汇总。

【例7–6】沿用【例7–5】的资料，长城公司直接人工预算见表7–7。

表7–7　直接人工预算

项　目	第一季度	第二季度	第三季度	第四季度	全年合计
预计生产量（件）	105	153	205	178	641
单位产品工时（小时/件）	20	20	20	20	20
直接人工总工时（小时）	2 100	3 060	4 100	3 560	12 820
每小时人工成本（元/小时）	1	1	1	1	1
直接人工总成本（元）	2 100	3 060	4 100	3 560	12 820

五、制造费用预算的编制

制造费用是除直接材料和直接人工以外发生的间接性生产费用，通常将制造费用预算划分为变动性制造费用预算和固定性制造费用预算两部分。变动性制造费用预算以生产预算为编制基础，根据计划产量计算所需制造费用。固定性制造费用可在上年的基础上加以适当修正进行预计，固定性制造费用需要逐项进行预计，通常与本期产量无关，可按季度实际支付额预计，然后求出全年数。

为了便于以后编制产品成本预算，需要计算制造费用分配率，其计算公式为：

$$制造费用分配率 = \frac{变动性或固定性制造费用预算总额}{预计分配标准总量}$$

式中：预计分配标准总量可在生产量或直接人工工时总数中选择，多品种条件下，一般按后者进行分配。

为便于为编制现金预算提供必要的资料，制造费用预算也应包括现金支出预算部分。在计算现金支出时，对于固定资产折旧费等非付现成本项目，首先应予剔除。

【例7-7】沿用【例7-6】的资料，制造费用预算见表7-8。

表7-8　制造费用预算　金额单位：元

项　目	第一季度	第二季度	第三季度	第四季度	全年合计
变动性制造费用：					
间接人工（1元/件）	105	153	205	178	641
间接材料（1元/件）	105	153	205	178	641
修理费（3元/件）	315	459	615	534	1 923
水电费（1元/件）	105	153	205	178	641
小计	630	918	1 230	1 068	3 846
固定性制造费用：					
修理费	1 000	1 078	900	900	3 878
折旧	1 500	1 500	1 500	1 500	6 000
管理人员工资	200	200	200	200	800
保险费	75	85	110	190	460
财产税	100	100	100	100	400
小计	2 875	2 963	2 810	2 890	11 538
合计	3 505	3 881	4 040	3 958	15 384
减：折旧	1 500	1 500	1 500	1 500	6 000
现金支出的费用	2 005	2 381	2 540	2 458	9 384

变动性制造费用分配率 = 3 846 ÷ 12 820 = 0.3

固定性制造费用分配率 = 11 538 ÷ 12 820 = 0.9

六、产品成本预算的编制

产品成本预算是销售预算、生产预算、直接材料预算、直接人工预算和制造费用预算的汇总。其主要内容是产品的单位成本和总成本。单位产品成本的有关数据，来自前述几个预算。生产量、期末存货量来自生产预算，销售量来自销售预算。生产成本、存货成本和销货成本等数据，根据单位成本和有关数据计算得出。

【例7-8】沿用【例7-7】的资料，产品成本预算见表7-9。

表7-9 产品成本预算 金额单位：元

项　目	单位成本			生产成本（641件）	期末存货成本（18件）	销货成本（650件）
	每千克或每小时分配率	耗用量	成本			
直接材料	3	20千克	60	38 460	1 080	39 000
直接人工	1	20小时	20	12 820	360	13 000
变动性制造费用	0.3	20小时	6	3 846	108	3 900
固定性制造费用	0.9	20小时	18	11 538	324	11 700
合　计			104	66 664	1 872	67 600

七、销售及管理费用预算的编制

销售费用预算是指为了实现销售预算所需支付费用的预算，以销售预算为基础编制。在编制销售费用预算时，要对过去的销售费用进行分析，考察过去销售费用支出的必要性和效果。销售费用预算应和销售预算相配合，应有按品种、按地区、按用途的具体预算数额。

管理费用预算是指管理部门为搞好一般管理业务所必要的费用预算。在编制管理费用预算时，要分析企业的业绩和一般经济状况，务必做到费用合理化。管理费用多属于固定成本，所以，一般是以过去的实际开支为基础，按预算期的可预见变化来调整。

【例7-9】沿用【例7-8】的资料，销售及管理费用预算见表7-10。

表7-10 销售及管理费用预算 单位：元

项　目	金　额
销售费用：	
销售人员工资	1 760
福利费	240
广告费	5 000
包装、运输费	3 500

续表

项　目	金　额
保管费	2 700
折旧费	1 000
管理费用：	
管理人员薪金	4 040
福利费	560
保险费	800
办公费	1 400
折旧费	1 000
合计	22 000
减：折旧	2 000
每季度支付现金（20 000 ÷ 4）	5 000

八、专门决策预算的编制

专门决策预算主要是长期投资预算，通常是指与项目投资决策相关的专门预算，它往往涉及长期建设项目的资金投放与筹资，并经常跨越多个年度。编制专门决策预算的依据是项目财务可行性分析资料以及企业筹资决策资料。编制专门决策预算的要点是准确反映项目资金投资支出与筹资计划，它同时也是编制现金预算和预计资产负债表的依据。

【明德善思】

预算管理中的法律遵循与部门协作

《中华人民共和国预算法》是中国财政法律体系的核心组成部分，对规范政府收支行为、强化预算约束、促进经济社会健康发展具有重要作用。某地方政府在制订年度预算时，面临经济发展与民生保障的双重压力。一方面，政府希望通过增加基础设施建设投入推动经济增长；另一方面，教育、医疗等民生领域的资金需求持续上升。在预算编制过程中，各部门根据职能和发展规划提出了预算申请。然而，由于资金有限，无法满足所有需求。因此，财政部门提出初步预算方案，建议削减部分非关键项目支出，以确保重点民生项目的资金到位。这一方案引发了部分部门的不满，认为其工作将受到影响。面对争议，政府领导决定通过合法合规的方式解决问题。他们组织了一次跨部门会议，邀请相关部门共同讨论预算问题。会上，财政部门详细解释了预算编制的原则和方法，强调了遵守国家法律法规的重要性。政府领导指出，预算管理是复杂的系统工程，需要各部门的密切合作与有效沟通。经过多轮协商和调整，最终达成共识：在保障民生项目资金的前提下，适当压缩非紧急项目支出，并加强预算执行的监督和管理。

启示：该案例凸显了预算管理中遵守法律法规与部门协作的重要性。首先，法律对预算管理具有约束作用。《中华人民共和国预算法》明确了预算编制、审批、执行等各环节的程序和要求，确保了预算管理的合法性和规范性。其次，公开透明的预算过程增强了公众对政府的信任。最后，案例强调了团队合作与协调沟通的重要性。只有各部门理解并遵守相关法律法规，才能实现资源的合理配置和社会的和谐稳定。

任务解析

通过上述学习，可以解析【任务引入】中的问题：

尚达家居预算（见表7-11至表7-17）如下：

（1）编制销售预算。

表7-11　2026年尚达家居销售预算　金额单位：万元

项　目		第一季度	第二季度	第三季度	第四季度	全年合计
预计销售量（件）		4 000	5 000	5 000	6 000	20 000
销售单价		0.68	0.68	0.68	0.68	0.68
预计销售收入		2 720	3 400	3 400	4 080	13 600
预计现金收入	年初应收账款	1 250				1 250
	第一季度销售收入	1 632	1 088			2 720
	第二季度销售收入		2 040	1 360		3 400
	第三季度销售收入			2 040	1 360	3 400
	第四季度销售收入				2 448	2 448
	现金收入合计	2 882	3 128	3 400	3 808	13 218

（2）编制生产预算。

表7-12　2026年尚达家居生产预算　单位：件

项　目	第一季度	第二季度	第三季度	第四季度	全年合计
预计销售量	4 000	5 000	5 000	6 000	20 000
加：预计期末存货量	500	500	600	500	500
减：预计期初存货量	400	500	500	600	400
预计生产量	4 100	5 000	5 100	5 900	20 100

（3）编制直接材料预算。

表7-13 2026年尚达家居直接材料预算 金额单位：万元

项 目		第一季度	第二季度	第三季度	第四季度	全年合计
预计生产量（件）		4 100	5 000	5 100	5 900	20 100
单位产品材料用量（吨）		1.6	1.6	1.6	1.6	1.6
生产需要总量（吨）		6 560	8 000	8 160	9 440	32 160
加：预计期末存货（吨）		1 600	1 632	1 888	500	500
减：预计期初存货（吨）		600	1 600	1 632	1 888	600
预计材料采购量（吨）		7 560	8 032	8 416	8 052	32 060
材料单价		0.15	0.15	0.15	0.15	0.15
预计采购额		1 134	1 204.8	1 262.4	1 207.8	4 809
预计现金支出	年初应付账款	500				500
	第一季度采购额	567	567			1 134
	第二季度采购额		602.4	602.4		1 204.8
	第三季度采购额			631.2	631.2	1 262.4
	第四季度采购额				603.9	603.9
	现金支出合计	1 067	1 169.4	1 233.6	1 235.1	4 705.1

（4）编制直接人工预算。

表7-14 2026年尚达家居直接人工预算

项 目	第一季度	第二季度	第三季度	第四季度	全年合计
预计生产量（件）	4 100	5 000	5 100	5 900	20 100
单位产品工时（小时）	150	150	150	150	150
直接人工总工时（小时）	615 000	750 000	765 000	885 000	3 015 000
单位工时工资率（元/小时）	10	10	10	10	10
预计的直接人工成本（万元）	615	750	765	885	3 015

（5）编制制造费用预算。

表7-15 2026年尚达家居制造费用预算 金额单位：万元

项 目	第一季度	第二季度	第三季度	第四季度	全年合计
预计生产量（件）	4 100	5 000	5 100	5 900	20 100
单位产品工时（小时）	150	150	150	150	150

续表

项 目	第一季度	第二季度	第三季度	第四季度	全年合计
预计生产量工时总额	615 000	750 000	765 000	885 000	3 015 000
变动性制造费用分配率	3	3	3	3	3
变动性制造费用	184.5	225	229.5	265.5	904.5
固定性制造费用	50	50	50	50	200
其中：折旧	25	25	25	25	100
需付现的制造费用	209.5	250	254.5	290.5	1 004.5

（6）编制产品成本预算。

表7-16　2026年尚达家居产品成本预算　金额单位：万元

项 目	单位成本			生产成本（20 100吨）	期末存货成本（500吨）	销货成本（20 000吨）
	标准分配率（元/千克或元/小时）	标准耗用量	成本（元）			
直接材料	1 500	1.6千克	2 400	4 824	120	4 800
直接人工	10	150小时	1 500	3 015	75	3 000
变动性制造费用	3	150小时	450	904.5	22.5	900
固定性制造费用	0.66	150小时	99	200	4.95	198
合 计			4 449	8 943.5	222.45	8 898

注：为保持与表7-15数据一致，故本表中应分配的固定性制造费用数额填列为200万元。

（7）编制销售及管理费用预算。

表7-17　2026年尚达家居销售及管理费用预算　金额单位：万元

项 目	第一季度	第二季度	第三季度	第四季度	全年合计
预计销售量（件）	4 000	5 000	5 000	6 000	20 000
单位变动销售及管理费用（元/件）	60	60	60	60	60
变动销售及管理费用小计	24	30	30	36	120
固定销售及管理费用	25	25	25	25	100
合 计	49	55	55	61	220

任务四　财务预算的编制

任务引入

根据任务三【任务引入】的各项预算编制结果，编制2026年尚达家居财务预算。

任务分析：财务预算的综合性最强，是预算体系的核心内容。财务预算是总预算，作为全面预算体系中最后环节的预算，它可以从价值方面总括地反映经营期专门决策预算与业务预算的结果，使预算的执行情况一目了然。其他预算均为财务预算的辅助预算。

知识准备

财务预算是企业的综合预算，主要包括现金预算、利润表预算和资产负债表预算。

一、现金预算及其编制

现金预算是以业务预算和专门决策预算为依据编制的，专门反映预算期内预计现金收入与现金支出，以及为满足理想现金余额而进行筹资或归还借款等的预算。现金预算由可供使用现金、现金支出、现金余缺、现金筹措与运用四部分构成。

【例7-10】沿用【例7-7】至【例7-9】的资料，已知上年年末现金余额为8 100元，全年所得税预计为16 000元，第二季度预计购买市价为10 000元的机器设备，年末预计支付股利6 000元，现金预算见表7-18。

表7-18　现金预算　单位：元

项　目	第一季度	第二季度	第三季度	第四季度	全年合计
期初现金余额	8 100	10 577	6 371	14 816	8 100
加：销货现金收入（见表7-4）	21 400	27 600	36 000	37 600	122 600
可供使用现金	29 500	38 177	42 371	52 416	130 700
减：各项支出					
直接材料（见表7-6）	5 818	8 340	10 890	11 460	36 508
直接人工（见表7-7）	2 100	3 060	4 100	3 560	12 820
制造费用（见表7-8）	2 005	2 381	2 540	2 458	9 384
销售及管理费用（见表7-10）	5 000	5 000	5 000	5 000	20 000

续表

项 目	第一季度	第二季度	第三季度	第四季度	全年合计
所得税费用	4 000	4 000	4 000	4 000	16 000
购买设备		10 000			10 000
股利				6 000	6 000
支出合计	18 923	32 781	26 530	32 478	110 712
现金多余或不足	10 577	5 396	15 841	19 938	19 988
向银行借款		1 000			1 000
还银行借款			1 000		1 000
短期借款利息（年利10%）		25	25		50
期末现金余额	10 577	6 371	14 816	19 938	19 938

注：该企业需要保留的现金余额为6 000元，不足此金额时需向银行借款。假设借款期限6个月，年利率10%，银行借款的金额要求是1 000元的倍数。

第二季度现金余额 = 5 396 + 借款额 − 借款额 × 10% ÷ 4 = 6 000（元）

则：借款额 = 619.49元，因银行借款的金额要求是1 000元的倍数，故借款1 000元。

还款后，仍须保持最低现金余额，否则，只能部分归还借款。

二、利润表预算

利润表预算与实际利润表的内容、格式相同，只是数据是面向预算期的。通过利润表预算，可以了解企业预期的盈利水平。

【例7–11】沿用【例7–10】的资料，利润表预算见表7–19。

表7–19 利润表预算 单位：元

项 目	金 额
销售收入（见表7–4）	130 000
减：销货成本（见表7–9）	67 600
毛利	62 400
减：销售及管理费用（见表7–10）	22 000
利息	50
利润总额	40 350
减：所得税费用（估计）	16 000
净利润	24 350

注：所得税费用项目的金额通常不是根据利润总额乘以所得税税率计算出来的，而是预先估计的数。

三、资产负债表预算

资产负债表预算与实际资产负债表内容、格式相同，只是数据反映预算期期末的财务状况。该表是在本期期初资产负债表基础上调整编制的。

【例7-12】沿用【例7-11】的资料，资产负债表预算见表7-20。

表7-20　资产负债表预算　单位：元

资　产			负债和所有者权益（或股东权益）		
项　目	年　末	年　初	项　目	年　末	年　初
货币资金（见表7-18）	19 938	8 100	应付账款（见表7-6）	5 472	2 380
应收账款（见表7-4）	14 400	7 000	长期借款	9 000	9 000
存货（见表7-6、表7-9）	4 272	4 068	实收资本（或股本）	20 000	20 000
固定资产（见表7-8、表7-10）	37 000	35 000	留存收益	41 138	22 788
资产总计	75 610	54 168	负债和所有者权益（或股东权益）总计	75 610	54 168

"应收账款"的年末余额＝36 000－21 600＝14 400（元），或＝36 000×（1－60%）＝14 400（元）

"存货"包括直接材料和产成品：

直接材料年初余额＝420×3＝1 260（元）

直接材料年末余额＝800×3＝2 400（元）

产成品年初余额＝（18＋650－641）×104＝2 808（元）

产成品年末余额＝18×104＝1 872（元）

存货年初余额＝ 1 260＋2 808＝4 068（元）

存货年末余额＝2 400＋1 872＝4 272（元）

"固定资产"的年末余额＝35 000＋10 000－8 000＝37 000（元）

其中：8 000元（6 000＋2 000）指的是本年计提的折旧。

"留存收益"的年末余额＝22 788（年初留存收益）＋24 350（本年利润）－6 000（股利支付）＝41 138（元）

【知识拓展】

预算管理的局限性

实施预算制度虽可为企业解决不少问题，但企业管理层必须了解，预算并非万能，务必注意预算管理的局限性：

（1）预算并非精确的科学。预算是对企业未来各种未知条件加以估计、汇总的数字计划，因此不可能完全精确。企业在遇到特殊情况时，对预算加以变更、调整是不可避免的。企业管理层不可完全拘泥于预算，墨守不合时宜的目标和方法。

（2）预算不能代替管理。预算金额控制并不能代替企业日常经营管理的决策地位，它只是给企业提供一份较详细的数字资料，以辅助决策。经费是否支出，以及支出多少，都应该根据决策时的实际需要而定，不要因为预算的限制而影响公司整体目标的实现。

（3）预算的编制需花费时间。预算的编制及实施并非一朝一夕可得，企业管理层必须注意预算管理中的成本效益原则。

【明德善思】

经济全球化协作中的核心竞争力：国际化视野与跨文化沟通

中国某制造公司与欧洲一家知名企业计划合作开拓国际市场。在制订年度预算计划时，由于中外商业文化差异，双方在预算编制过程中出现了分歧。中方团队注重成本控制和节约，对风险和不确定性考虑较少；外方团队则强调预算的准确性和灵活性，重视市场动态和风险评估。双方在预算项目、标准和审批等方面存在不同意见。为解决分歧，双方采取了以下措施：（1）跨文化培训。组织培训课程，帮助双方了解彼此的文化差异和商业习惯。（2）联合预算小组。由双方财务人员、项目经理等共同参与，充分听取对方意见。（3）综合考量因素。在预算编制中充分考虑中外法律法规、税收政策、汇率波动等因素。（4）监督与调整机制。建立预算执行监督机制，定期评估预算执行情况。最终，双方制订了一套符合共同利益的预算方案，为合作奠定了基础。

启示：（1）在跨国合作中，具备国际化视野和跨文化沟通能力至关重要。在经济全球化背景下，只有理解并尊重不同文化的商业习惯和价值观，才能有效沟通、达成共识。同时，应以开放的心态接纳不同观点，以包容的态度寻求共同利益，避免固守单一思维模式。（2）在经济全球化协作中，技术能力是基础，跨文化理解力与动态适应能力是核心竞争力。因此，我们应从以下几个方面着手，提升自身能力：①培养国际化视野。通过学习国际财务准则、了解不同国家的商业环境和文化，提升全球化思维能力。②提高跨文化沟通能力。参与国际交流活动，学习跨文化沟通技巧，提升语言表达和倾听能力。③注重实践与团队协作。通过参与团队项目或实习，锻炼协作能力和解决问题的能力。④保持开放与包容的心态。主动接触多元文化，学会从不同角度思考问题，培养对多元价值观的尊重。

任务解析

通过上述学习，可以解析【任务引入】中的问题：

（1）编制现金预算（见表7-21）。

表7-21　2026年尚达家居现金预算　单位：万元

项　目	第一季度	第二季度	第三季度	第四季度	全年合计
期初现金余额	125	291.5	127.6	152	125
加：销售现金收入	2 882	3 128	3 400	3 808	13 218
可供使用的现金	3 007	3 419.5	3 527.6	3 960	13 343

续表

项　目	第一季度	第二季度	第三季度	第四季度	全年合计
直接材料采购支出	1 067	1 169.4	1 233.6	1 235.1	4 705.1
减：直接工资支出	615	750	765	885	3 015
制造费用支出	209.5	250	254.5	290.5	1 004.5
销售及管理费用	49	55	55	61	220
应交所得税	150	150	150	150	600
购置固定资产		900			900
支付股利				2 000	2 000
支出合计	2 090.5	3 274.4	2 458.1	4 621.6	12 444.6
现金多余或不足	916.5	145.1	1 069.5	−661.6	−661.6
向银行短期贷款				800	800
归还银行短期贷款	600		900		1 500
支付短期贷款利息	25	17.5	17.5	6.25	66.25
期末现金余额	291.5	127.6	152	132.15	132.15

（2）编制预算利润表（见表7-22）。

表7-22　2026年尚达家居预计利润表　单位：万元

项　目	金　额
销售收入	13 600
减：销售成本	8 898
销售毛利	4 702
减：销售及管理费用	220
利息	66.25
利润总额	4 415.75
减：所得税（税率25%）	1 103.94
净利润	3 311.81

（3）编制预算资产负债表（见表7-23）。

表7-23 2026年尚达家居预计资产负债表 单位：万元

资 产	期末数	期初数	负债和所有者权益（或股东权益）	期末数	期初数
货币资金	132.15	125	短期借款	1 300	2 000
应收账款	1 632	1 250	应付账款	603.9	500
存货	297.45	267.96	应交税费	506.89	3.96
流动资产合计	2 061.60	1 642.96	负债合计	2 410.79	2 503.96
固定资产	25 800	25 000	实收资本（或股本）	18 000	18 000
			留存收益	7 450.81	6 139
			所有者权益（或股东权益）合计	25 450.81	24 139
资产总计	27 861.60	26 642.96	负债和所有者权益（或股东权益）总计	27 861.60	26 642.96

注：期末存货中原材料75万元、库存商品222.45万元，期末固定资产原值33 400万元、累计折旧7 600万元。

任务五 预算的执行与考核

任务引入

随着规模的不断扩大，企业管理也日益规范，尚达家居引入全面预算管理制度，并经过发展逐步完善。但预算考评环节未引起重视，导致全面预算的实施效果不尽如人意。作为全面预算管理的最后环节，执行与考核是检查、衡量、评定预算以及企业实施奖惩措施的主要依据。通过对全面预算进行核查及总结，企业可以对全面预算进行改进。因此，建立合理的预算考评体系是尤为必要的。

尚达家居该如何建立预算考评体系，确保全面预算的有序进行?

任务分析：在企业预算管理的经营实践中，预算考评系统被视为预算管理的生命线。企业不应该把预算作为自身的管理制度去补充企业管理制度上的空白，而是应该把企业的预算管理作为企业战略发展的助推手段，我们不仅要关注企业的预算制度，还应该关注预算在企业中实施和落实的情况。

知识准备

一、预算执行

（一）预算执行的含义

预算执行是指企业在各项经济活动中具体实施各项预算的过程，包括从预算审批下达到预算期结束的全过程。预算执行是将预算变为现实的关键环节，是全面预算管理的核心内容。预算执行的过程不仅是企业实现各项预算目标的过程，也是验证预算编制质量的过程。预算执行状况不仅直接反映预算编制是否科学合理，而且决定着企业各项经济活动的结果能否达到预期目标。

（二）预算执行前的准备工作

为了确保预算得到有效执行，在预算正式执行前，企业需要将全面预算指标进行层层分解，从横向、纵向和时间三个方面落实各个部门、各个环节和各个岗位的预算责任，形成全方位、全过程、全员的预算执行责任体系。同时，要通过签订预算目标责任书的方式，建立预算执行的激励与约束机制，确保全面预算的有效贯彻和执行。

1. 预算分解

预算分解是对预算指标进行细化和落实的过程，其目的是保证全面预算目标的实现。企业要根据内部的组织构架、生产经营特点、管理基础和人员状况，从横向、纵向和时间三个方面尽可能地将各项预算指标细化。

2. 签订预算目标责任书

通过签订预算目标责任书，企业以契约的形式将企业的整体预算目标具体落实为各级预算执行部门的预算责任目标，明确企业决策管理层与预算执行层之间的相互关系及各自的责任、权利和义务。同时，通过签订预算目标责任书，签订双方都清楚以下事项：完成预算责任目标后，预算执行部门将得到哪些奖励和结果；完不成预算责任目标，将会有什么样的惩罚和后果；调动各预算执行部门严格按预算标准实施生产经营活动的自觉性。签订预算目标责任书的层次和方式需要根据企业的经营规模和组织结构等情况决定。对一般企业而言，至少需要签订以下两个层次的预算目标责任书：一是董事会与公司总经理签订预算目标责任书；二是总经理与各预算执行部门负责人签订预算目标责任书。

（三）预算执行的方法

在预算执行中，预算执行部门需要将经营活动细分为一件件具体的业务活动事项，例如：采购一批材料、生产某种产品、购买某种设备、支付一笔款项等。企业具体的业务活动事项就是预算执行的对象。同时，为了确保预算在受控的范围内执行，各种预算的执行还必须履行申请、批准、执行、反馈、核算、考核等管理程序。企业财务管理部门应当利用财务报表监控预算的执行情况，及时向预算执行单位、企业预算委员会以及董事会或经理办公会提供财务预算的执行进度、执行差异及其对企业预算目标的影响等财务信息，促进企业完成预算目标。

二、预算的考核

企业应当建立预算分析制度，由预算委员会定期召开预算执行分析会议，全面掌握预算的执行情况，研究、解决预算执行中存在的问题，纠正预算的执行偏差。

针对预算的执行分析，企业管理部门及各预算执行单位应当充分、客观地分析，提出相应的解决措施或建议，提交董事会或经理办公会研究决定。企业预算委员会应当定期组织预算审计，纠正预算执行中存在的问题，充分发挥内部审计的监督作用，维护预算管理的严肃性。

预算年度终了，预算委员会应当向董事会或经理办公会报告预算执行情况，并依据预算完成情况和预算审计情况对预算执行单位进行考核。

企业内部预算执行单位上报的预算执行报告，应经本部门、本单位负责人按照内部议事规范审议通过，作为企业进行财务考核的基本依据，企业预算按调整后的预算执行，预算完成情况以企业年度财务会计报告为准。

企业预算执行考核是企业绩效评价的主要内容，应当结合年度内部经济责任制进行考核，与预算执行单位负责人的奖惩挂钩，并作为企业内部人力资源管理的参考。

【明德善思】

责任与担当：企业预算执行中的关键力量

某科技公司在年度预算中，计划投入3 000万元用于新产品研发项目，以提升市场竞争力。然而，在预算执行过程中，研发部门因担心项目风险，未能严格按照预算计划推进工作，导致研发进度滞后，面临市场机会流失风险。公司管理层意识到问题的严重性，立即召开专项会议，强调预算执行的重要性，并要求各部门严格按照预算计划开展工作。研发部门重新制订详细的项目推进计划，财务部门加强资金使用监管，确保每一笔资金都用于关键研发环节。同时，公司优化了预算执行考核机制，将预算执行情况与部门绩效挂钩，激励员工主动承担责任。经过半年的努力，新产品如期上市，市场反响热烈，公司年度利润同比增长20%。

启示：预算执行不仅是财务任务，更是对企业战略目标和社会责任的履行。各部门在预算执行中应做到“守土有责、守土尽责”，严格按照预算计划开展工作，确保资金使用合规高效。这需要做到：（1）树立责任意识。预算执行关乎企业目标的实现和员工的职业发展，每个人都应以高度的责任感对待本职工作，确保预算目标的达成。（2）强化担当精神。面对困难和挑战，应主动承担责任，积极解决问题，而不是回避或拖延，只有这样才能推动企业持续发展。（3）服务企业与社会。预算执行最终服务于企业利益和社会价值，只有以高度的责任感和担当精神推进工作，才能为企业创造效益，为社会贡献力量。预算执行不仅是技术性工作，更是对责任与担当的考验。只有将责任意识融入日常工作，才能真正实现预算管理的目标，为企业和社会创造更大价值。

任务解析

通过上述学习，可以解析【任务引入】中的问题：

尚达家居建立一个有效的预算考评体系是确保全面预算有序进行的关键。这个体系不仅需要涵盖预算编制、执行和监控的各个环节，还需要明确责任、设定合理的绩效指标，并通过持续的反馈和改进机制来优化预算管理。

（1）明确预算考评目标。确定公司年度预算目标，制定与目标相关的关键业绩指标。

（2）制定预算考评标准。为每个预算项目设定定性标准和具体的量化标准。

（3）分解预算责任。将预算目标分解到各个责任中心，指定每个责任中心的具体负责人，确保每个人都清楚自己的职责和目标。

（4）建立预算执行监控机制。使用ERP系统实时监控预算执行情况，及时发现偏差。

（5）差异分析与反馈。定期对实际执行结果与预算目标进行对比分析，及时将差异分析结果反馈给相关部门和责任人，提出改进建议。

（6）绩效考核与激励。根据预算执行情况对各部门和个人进行绩效考核，建立明确的奖惩制度。

（7）持续改进与优化。定期总结预算执行过程中的经验和教训，据此对预算编制流程、考评标准、执行监控机制等进行优化调整。

通过以上步骤，尚达家居可以建立一个科学、系统的预算考评体系，确保全面预算的有序进行，并最终实现公司的战略目标。

技能训练

一、单项选择题

1.在编制预算时，只根据预算期内计划实现的某一业务量水平作为基础而编制预算的是（　　）。

A.定基预算　　B.日常预算　　C.静态预算　　D.动态预算

2.弹性预算编制的基础是（　　）。

A.预计产量　　B.经营目标　　C.成本习性分析　　D.成本动态分析

3.在制定预算指标时比较容易找到参照标准的预算编制方法是（　　）。

A.定基预算法　　B.固定预算法　　C.增量预算法　　D.零基预算法

4.零基预算法编制预算的基础是（　　）。

A.以零为起点　　B.日常预算　　C.原有水平　　D.责任预算

5.滚动预算一般用于（　　）。

A.较为重大事项的预算控制　　B.日常预算的控制

C.定基财务预算的控制　　D.不太重要事项的预算控制

6.编制生产预算、成本预算、期间费用预算和现金收支预算的基础是（　　）。

A.日常预算　　B.销售预算　　C.固定预算　　D.增量预算

7.生产预算是根据销售预算而编制的产量计划，编制销售预算应遵守（　　）。

A.计划性原则　　B.最大产量原则　　C.节约成本原则　　D.以销定产原则

8.以生产预算为基础，结合企业所制定的材料消耗定额、预计材料采购单价及期初、期末材料存货水平等信息来编制的预算是（　　）。

A.直接材料预算　　B.材料采购预算　　C.材料存货预算　　D.材料消耗预算

9.有关预算期内为完成产品产量生产预算而编制的有关人工工时的劳动量和直接人工成本的计划称为（　　）。

A.劳动量预算　　B.直接人工预算

C.人工工时预算　　D.工时劳动量预算

10.能够综合、概括反映企业现金收支及现金筹集的来源渠道与运用去向的预算是（　　）。

A.预计利润表　　B.日常业务预算　　C.财务预算　　D.现金预算

二、多项选择题

1.常用的预算编制方法，根据所编预算的期间特性不同，可分为（　　）。

A.增量预算　　B.定期预算　　C.零基预算　　D.滚动预算

2.编制弹性预算的基本步骤包括（　　）。

A. 选择和确定业务量

B. 根据预测确定可能达到的各种业务量水平

C. 确定各预算项目指标与业务量之间的数量关系及预算水平指标

D. 测量弹性预算的业务量范围

3.增量预算与零基预算的区别有（　　）。

A.预算基础不同　　B.预算编制分析的对象不同

C.预算期间不同　　D.预算的着眼点不同

4.滚动预算的主要特点有（　　）。

A. 整个预算的预算期始终保持固定的时间长度

B. 在预算指标制定上，按每一分期由近及远，预算指标由详细到粗略

C. 随着时间的推移，各分期的预算指标由原来比较粗略到比较详细

D. 整个预算的预算期时间长度在逐渐缩短

5.滚动预算按滚动的时间单位不同可分为（　　）。

A.逐季滚动方式　　B.逐日滚动方式

C.逐月滚动方式　　D.混合滚动方式

三、判断题

1. 广义的财务预算其内容主要包括现金收支预算、预计资产负债表、预计利润表等。（　　）

2. 固定预算法具有适应性强的优点。（　　）

3. 编制的弹性预算通常是一组不同业务量水平的预算。（　　）

4. 现金预算与预计财务报表是企业所编制的反映企业财务成果和财务状况的综合性预算。（　）

5. 销售预算是编制生产预算、成本预算、期间费用预算和现金收支预算的基础。（　）

6. 编制生产预算就是以每期预算销售量作为本期生产量组织本期产品生产。（　）

7. 直接材料预算可根据当期产品生产量预算和企业所制定的材料消耗定额来编制。（　）

8. 制造费用分配标准通常选择价值量指标。（　）

四、计算分析题

假定东方公司在计划年度2026年只生产和销售一种产品，根据相关资料，进行下列预算编制。

（1）编制销售预算（填入表7-24）。产品销售单价为200元/件，每季销售的商品在当季收到货款的60%，其余部分在下季收讫。基期2025年期末的应收账款余额为6 200元。

表7-24　2026年销售预算　金额单位：元

项　目		第一季度	第二季度	第三季度	第四季度	全年合计
预计销售量（件）		100	150	200	180	630
销售单价		200	200	200	200	200
销售收入						
预计现金收入	年初应收账款	6 200				
	第一季度销售收入					
	第二季度销售收入					
	第三季度销售收入					
	第四季度销售收入					
	现金收入合计					

（2）编制生产预算（填入表7-25）。2026年东方公司各季度的期末存货按下一季度销售量的10%计算，预计期初存货等于上季度期末存货。假设年初有存货10件，年末留存20件。

表7-25　2026年生产预算　单位：件

项　目	第一季度	第二季度	第三季度	第四季度	全年合计
预计销售量					
加：预计期末存货量					

续表

项　目	第一季度	第二季度	第三季度	第四季度	全年合计
减：预计期初存货量					
预计生产量					

（3）编制直接材料预算（填入表7–26）。东方公司2026年单位产品的消耗定额为3千克，预计单价为5元/千克。每季度的购料款当季付50%，其余在下季度付清。各季度的期末存料量按下一季度生产需要量的20%计算，各季度期初存料量与上季度期末存料量相等。假设年初存料量为300千克，年末存料量为400千克，年初应付账款为2 350元。

表7–26　　2026年直接材料预算　　金额单位：元

项　目		第一季度	第二季度	第三季度	第四季度	全年合计
预计生产量（件）						
单位产品材料用量（千克/件）						
生产需要总量（千克）						
加：预计期末存货（千克）						
减：预计期初存货（千克）						
预计材料采购量（千克）						
材料单价						
预计采购额						
预计现金支出	年初应付账款					
	第一季度采购额					
	第二季度采购额					
	第三季度采购额					
	第四季度采购额					
	现金支出合计					

（4）编制直接人工预算（填入表7–27）。东方公司2026年单位人工工资为每小时2元，每生产一件产品需要10小时。

表7–27　　2026年直接人工预算

项　目	第一季度	第二季度	第三季度	第四季度	全年合计
预计生产量（件）					
单位产品工时（小时）					

续表

项　目	第一季度	第二季度	第三季度	第四季度	全年合计
直接人工总工时（小时）					
单位工时工资率（元/小时）					
预计的直接人工成本（元）					

（5）编制制造费用预算（填入表7-28）。

表7-28　2026年制造费用预算　单位：元

项　目	第一季度	第二季度	第三季度	第四季度	全年合计
变动性制造费用	525	775	990	910	3 200
固定性制造费用	2 375	2 525	2 310	2 390	9 600
其中：折旧	1 000	1 000	1 000	1 000	4 000
需付现的制造费用					

（6）编制产品成本预算（填入表7-29）。假设期初存货10件，单位成本为90元，按完全成本法计算产品成本预算。

表7-29　2026年产品成本预算

项　目	单位成本			生产成本	期末存货成本	销货成本
	标准分配率	标准耗用量	成本（元）			
直接材料						
直接人工						
变动性制造费用						
固定性制造费用						
合　计						

（7）编制销售及管理费用预算（填入表7-30）。

表7-30　2026年销售及管理费用预算　单位：元

项　目	全年合计
销售费用	13 200
管理费用	6 800
合计	
每季度支付现金（四个季度平均）	

实战模拟

【目的】掌握现金、资产负债表、利润表的预算编制。

【资料】假设东方公司2026年年初的现金余额为8 000元，该企业需要保留的现金余额为6 000元，不足此金额时需要向银行借款。若银行借款的金额要求是1 000元的倍数，还款时同时支付所还金额的全部利息。每期期初借入，每期期末归还，年利率为10%。

【要求】编制现金预算、预算利润表、预算资产负债表（填入表7-31至表7-33）。

表7-31 2026年现金预算 单位：元

项　目	第一季度	第二季度	第三季度	第四季度	全　年
期初现金余额					
加：销售现金收入					
可供使用的现金					
减：直接材料采购支出					
直接工资支出					
制造费用支出					
销售及管理费用					
所得税费用	4 000	4 000	4 000	4 000	16 000
购置固定资产		10 000			10 000
支付股利		8 000		8 000	16 000
支出合计					
现金多余或不足					
向银行短期贷款					
归还银行短期贷款					
支付短期贷款利息					
支付长期贷款利息				1 080	1 080
期末现金余额					

说明：①假设短期借款为6个月，利率10%，期初借入、期末归还、利随本清。②支付股利系根据上年度利润分配方案，在此为已知条件。

表7-32　2026年预计利润表　单位：元

项　目	金　额
销售收入	
减：销售成本	
销售毛利	
减：销售及管理费用	
利息	
利润总额	
减：所得税费用	
净利润	

表7-33　2026年预计资产负债表　单位：元

资　产	期末数	期初数	负债和所有者权益（或股东权益）	期末数	期初数
货币资金		8 000	应付账款		2 350
应收账款		6 200	长期借款		9 000
存货		2 400	实收资本（或股本）		20 000
固定资产		31 000	未分配利润		16 250
资产总计		47 600	负债和所有者权益（或股东权益）总计		47 600

注：“存货”包括直接材料和产成品，直接材料期初数为 1 500 元，产成品期初数为 900 元。

项目八

财务分析

情境设计

尚达家居成立之初专注于单一家具生产，之后逐步拓展业务，成功推出“全屋定制家具”“智慧家具”等项目，产品线覆盖多个系列，并建立起覆盖全国的几十家专营店，展现出强劲的发展势头。凭借绿色生产带来的信赖感、原创设计与智能科技融合的品质感，以及深厚的企业文化底蕴，践行了“用设计创造生活，用科技改变生活”的品牌承诺。

尚达家居上市后，进一步拓宽了融资渠道，为公司发展注入新动力。2024年5月，公司通过增发普通股筹集资金，用于研发投入和设备更新，以保持公司的发展活力和市场竞争优势。

公司的经营范围：制造家具；普通货物运输；家庭装饰装潢；销售百货、五金交电、化工原料、民用建材、工艺美术品、家具；经营本公司和本公司成员企业自身产品及相关技术的出口业务；经营本公司和本公司成员公司生产、科研所需的原辅料，机械设备、仪器仪表、零配件及相关技术的进口业务（国家限定公司经营或禁止进口的商品除外）。

截至2024年12月31日，公司主要财务报表见表8-1和表8-2。

表8-1 资产负债表

编制单位：尚达家居 2024年12月31日 单位：元

资 产	期末余额	上年年末余额	负债和所有者权益（或股东权益）	期末余额	上年年末余额
流动资产：			流动负债：		
货币资金	141 804 000	180 124 000	短期借款		
交易性金融资产			交易性金融负债		
应收票据	1 400 000		应付票据		
应收账款	25 261 200	24 163 400	应付账款	91 673 300	70 483 100
预付款项	24 156 700	21 330 100	预收款项	49 851 900	28 318 600
其他应收款	7 618 420	9 869 160	应付职工薪酬	52 228 800	40 611 400
存货	141 213 000	117 183 000	应交税费	24 195 330	33 328 000
一年内到期的非流动资产			其他应付款	9 558 500	2 192 480
其他流动资产	523 795 000	50 340	一年内到期的非流动负债		
流动资产合计	865 248 320	355 720 000	其他流动负债		
非流动资产：			流动负债合计	227 507 830	174 933 580
债权投资			非流动负债：		
其他债权投资			长期借款	35 000 000	120 000 000

续表

资　产	期末余额	上年年末余额	负债和所有者权益（或股东权益）	期末余额	上年年末余额
长期应收款			长期应付款		
长期股权投资			递延所得税负债		
投资性房地产			其他非流动负债	295 900	34 795 900
固定资产	387 253 000	377 807 000	非流动负债合计	35 295 900	154 795 900
在建工程	6 018 510	620 000	负债合计	262 803 730	329 729 480
工程物资			所有者权益（或股东权益）：		
无形资产	192 705 000	197 041 000	实收资本（或股本）	484 120 000	181 540 000
开发支出			资本公积	328 850 000	123 631 000
商誉			减：库存股		
长期待摊费用	20 755 600	19 804 500	其他综合收益		
递延所得税资产	11 741 900	9 916 380	盈余公积	41 444 600	27 661 400
其他非流动资产			未分配利润	366 504 000	298 347 000
非流动资产合计	618 474 010	605 188 880	所有者权益（或股东权益）合计	1 220 918 600	631 179 400
资产总计	1 483 722 330	960 908 880	负债和所有者权益（或股东权益）总计	1 483 722 330	960 908 880

表8-2　　利润表

编制单位：尚达家居　　2024年度　　单位：元

项　目	本年金额	上年金额
一、营业收入	1 255 460 000	1 093 760 000
减：营业成本	783 571 000	694 707 000
税金及附加	10 075 000	8 466 280
销售费用	195 961 000	156 821 000
管理费用	119 674 000	92 358 400
财务费用	3 318 550	10 378 000
加：投资收益	10 338 400	5 297 430
公允价值变动收益		
资产减值损失	2 298 900	2 647 180

续表

项　目	本年金额	上年金额
二、营业利润	150 899 950	133 679 570
加：营业外收入	8 892 730	4 797 420
减：营业外支出	3 067 140	2 008 220
三、利润总额	156 725 540	136 468 770
减：所得税费用	39 788 500	36 005 800
四、净利润	116 937 040	100 462 970
五、其他综合收益的税后净额		
（一）不能重分类进损益的其他综合收益		
（二）将重分类进损益的其他综合收益		
六、综合收益总额		
七、每股收益		
（一）基本每股收益	0.26	0.55
（二）稀释每股收益	0.26	0.55

情境分析：财务报表是用以总括反映企业财务状况、经营成果和现金流量的书面报告文件，从不同方面提供与信息使用者经济决策相关的信息。财务分析以企业财务报告及其他相关资料为主要依据，对企业的财务状况和经营成果进行评价和剖析，反映企业在运营过程中的利弊得失和发展趋势，从而为改进企业财务管理工作和优化经济决策提供重要财务信息。

知识目标

1. 理解财务分析的作用和内容。
2. 熟悉财务分析的方法。
3. 掌握财务指标的计算与分析方法。
4. 掌握综合财务分析方法。

能力目标

1. 能准确解读企业的财务报表，识别关键财务信息。
2. 能对企业的偿债能力、营运能力、盈利能力和发展能力作出分析与评价。
3. 能对企业进行综合的财务分析与评价。

素质目标

1. 培养严谨的逻辑思维和分析能力。
2. 提升数据敏感性和信息处理能力。
3. 增强职业道德意识，确保财务分析的客观性和公正性。

项目结构

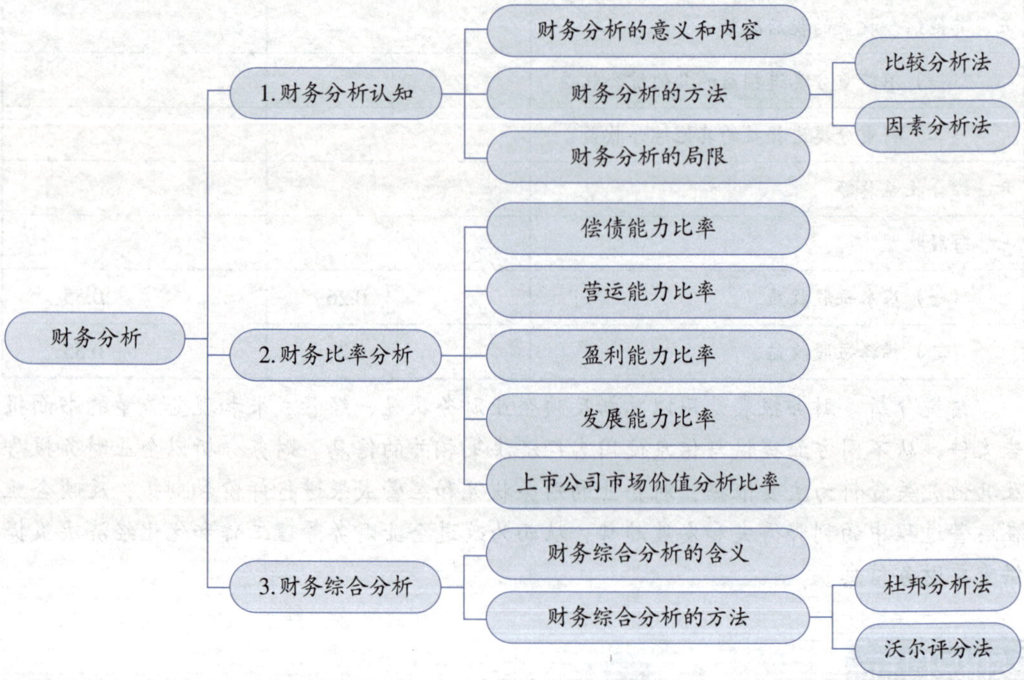

任务一 财务分析认知

任务引入

根据上述尚达家居财务报表资料（见表8-1和表8-2），站在投资者的角度，从财务报表中可以获得哪些信息？据此可以对尚达家居作出怎样的基本评价？

任务分析：财务报表提供的是分类的财务信息，缺乏综合性，无法深入揭示企业各方面的财务能力，也无法反映企业在一定时期内的发展变化趋势。对这些信息作进一步的加工和处理，便可以提高会计信息的利用程度，获取信息需求者所需要的财务信息。

知识准备

一、财务分析的意义和内容

财务分析是根据企业财务报表等信息资料，采用专门方法，系统分析和评价企业财务状况、经营成果以及未来发展趋势的过程。

（一）财务分析的意义

财务分析对不同的信息使用者具有不同的意义。具体来说，财务分析的意义主要体现在以下几个方面：

1. 可以判断企业的财务实力

通过对资产负债表和利润表有关资料进行分析，计算相关指标，可以了解企业的资产结构和负债水平是否合理，从而判断企业的偿债能力、营运能力及盈利能力等财务实力，揭示企业在财务状况方面可能存在的问题。

2. 可以评价和考核企业的经营业绩，揭示财务活动存在的问题

通过指标的计算、分析和比较，能够评价和考核企业的盈利能力和资产周转状况，揭示其经营管理的各个方面和各个环节的问题，找出差距，得出分析结论。

3. 可以挖掘企业潜力，寻求提高企业经营管理水平和经济效益的途径

企业进行财务分析的目的不仅仅是发现问题，更重要的是分析问题和解决问题。通过财务分析，应保持和进一步推广生产经营管理中成功的做法，对存在的问题应提出解决的策略和措施，以达到扬长避短、提高经营管理水平和经济效益的目的。

4. 可以评价企业的发展趋势

通过各种财务分析，可以判断企业的发展趋势，预测其生产经营的前景及偿债能力，从而为企业领导层进行生产经营决策、投资者进行投资决策和债权人进行信贷决策提供重要的依据，避免因决策错误而造成重大的损失。

（二）财务分析的内容

财务分析信息的需求者主要包括企业所有者、企业债权人、企业经营决策者和政府等。不同主体出于不同的利益考虑，对财务分析信息有着各自不同的要求。

（1）企业所有者作为投资人，关心其资本的保值和增值状况，因此较为重视企业盈利能力指标，主要进行企业盈利能力分析。

（2）企业债权人因不能参与企业剩余收益分配，关注的主要是其投资的安全性，因此更重视企业偿债能力指标，主要进行企业偿债能力分析，同时也关注企业盈利能力分析。

（3）企业经营决策者必须对企业经营理财的各个方面，包括营运能力、偿债能力、盈利能力及发展能力的全部信息予以详尽了解和掌握，主要进行各方面综合分析，并关注企业财务风险和经营风险。

（4）政府兼具多重身份，既是宏观经济管理者，又是国有企业的所有者和重要的市场参与者，因此政府对企业财务分析的关注点因其身份而异。

为了满足不同需求者的需求，财务分析一般应包括：偿债能力分析、营运能力分析、盈利能力分析和发展能力分析等方面。

二、财务分析的方法

财务分析的方法有很多种类，可归为比较分析法和因素分析法两类。不同财务分析者，由于分析目的有别，而采用各自所需的分析方法。

（一）比较分析法

1. 比较分析法的含义

比较是认识事物的最基本方法，没有比较，分析就无法开始。比较分析法，是指对两个或两个以上有关的可比数据进行对比，从而揭示企业财务状况、经营成果等的差异或问题的一种方法。

2. 比较分析法的分类

（1）比较分析法按比较对象（和谁比），分为：

① 与本企业历史比，即不同时期（2～10年）指标相比，也称“趋势分析”。

② 与同类企业比，即与行业平均数或竞争对手比较，也称“横向比较”。

③ 与计划预算比，即实际执行结果与计划指标比较，也称“预算差异分析”。

（2）比较分析法按比较内容（比什么），分为：

① 比较会计要素总量。总量是指报表项目的总金额，即连续两期或两期以上会计报表项目金额的比较，如总资产、净资产、净利润等。总量比较主要用于时间序列分析，如研究利润的逐年变化趋势，看其增长潜力。有时也用于同业对比，看企业相对规模和竞争地位的变化。

② 比较会计报表项目构成。把资产负债表、利润表、现金流量表转换成结构百分比报表，以会计报表中的某个总体项目作为100%，再计算出各组成项目占该总体项目的百分比，从而比较各个项目百分比的增减变动。会计报表项目构成的比较用于发现有显著问题的项目，揭示进一步分析的方向。

③ 比较财务比率。财务比率是有关会计要素之间的相对数量关系，反映它们的内在联系。财务比率是相对数，排除了规模的影响，具有较好的可比性，是最重要的财务分析比较内容。财务比率的计算相对简单，而对它加以说明和解释却比较复杂和困难。

3. 采用比较分析法时应注意的问题

（1）用于进行对比的各个时期的指标，在计算口径上必须一致；

（2）剔除偶发性项目的影响，使进行分析的数据能反映正常的经营状况；

（3）应运用例外原则，对某项有显著变动的指标做重点分析，研究其产生的原因，以便采取对策，趋利避害。

【知识拓展】

财务比率的类型

财务比率指标主要有以下三类：

（1）构成比率。构成比率又称结构比率，它是某项财务指标的各组成部分数值占总体数值的百分比，反映部分与总体的关系。其计算公式为：

$$构成比率=\frac{某个组成部分数值}{总体数值}\times 100\%$$

例如，企业资产中流动资产、固定资产和无形资产占资产总额的百分比（资产构成比率），企业负债中流动负债和长期负债占负债总额的百分比（负债构成比率）等。利用构成比率，可以考察总体中某个部分的形成和安排是否合理，以便协调各项财务活动。

（2）效率比率。效率比率是某项财务活动中所费与所得的比例，反映投入与产出的关系。利用效率比率指标，可以进行得失比较，考察经营成果，评价经济效益。

例如，将利润与营业成本、营业收入、资本金等项目加以对比，可以算出成本利润率、营业利润率以及资本金利润率等指标，可以从不同角度考察比较企业获利能力的高低及其增减变化情况。

（3）相关比率。相关比率是以某个项目和与其有关但又不同的项目加以对比所得的比率，反映有关经济活动的相互关系。利用相关比率指标，可以考察企业相互关联的业务安排得是否合理，是否能保障经营活动顺畅进行。

例如，将流动资产与流动负债加以对比，计算出流动比率，据以判断企业的短期偿债能力；将负债总额与资产总额进行对比，可以判断企业的长期偿债能力。

（二）因素分析法

因素分析法是依据分析指标与其影响因素的关系，从数量上确定各因素对分析指标影响方向和影响程度的一种方法。采用这种方法的出发点在于，当有若干因素对分析指标产生影响时，假定其他各个因素都无变化，顺序确定每一个因素单独变化所产生的影响。

因素分析法具体有两种：连环替代法和差额分析法。

1. 连环替代法

连环替代法是将分析指标分解为几个可以计量的因素，并根据各个因素之间的依存关系，顺次用各因素的比较值（通常为实际值）替代基准值（通常为标准值或计划值），据以测定各因素对分析指标的影响的一种方法。

【例 8-1】长城公司 2025 年 3 月甲种材料费用的实际数是 21 600 元，而计划数是 17 920 元。实际比计划增加 3 680 元。由于材料费用是由产品产量、单位产品材料耗用量和材料单价三个因素的乘积构成的，因此，可以把材料费用这一总指标分解为三个因素，然后逐个来分析它们对材料费用的影响程度。现假定这三个因素的数值见表 8-3。

表8-3　产品产量、单位产品材料耗用量和材料单价

项　目	单　位	计 划 数	实 际 数
产品产量	件	160	180
单位产品材料耗用量	千克	14	12
材料单价	元	8	10
材料费用总额	元	17 920	21 600

根据表中资料，材料费用总额实际数较计划数增加3 680元，这是分析对象。运用连环替代法，可以计算各因素变动对材料费用总额的影响程度如下：

计划指标：$160 \times 14 \times 8 = 17\,920$（元） ①

第一次替代：$180 \times 14 \times 8 = 20\,160$（元） ②

第二次替代：$180 \times 12 \times 8 = 17\,280$（元） ③

第三次替代（实际指标）：$180 \times 12 \times 10 = 21\,600$（元） ④

② - ① = 20 160 - 17 920 = 2 240（元） 产量增加的影响

③ - ② = 17 280 - 20 160 = -2 880（元） 材料节约的影响

④ - ③ = 21 600 - 17 280 = 4 320（元） 价格提高的影响

2 240 +（-2 880）+ 4 320 = 3 680（元） 全部因素的影响

2. 差额分析法

差额分析法是连环替代法的一种简化形式，它是利用各个因素的比较值与基准值之间的差额，来计算各因素对分析指标的影响的一种方法。

【例8-2】仍以表8-3所列数据为例，可采用差额分析法计算确定各因素变动对材料费用的影响。

由于产量增加对材料费用的影响 = $(180 - 160) \times 14 \times 8 = 2\,240$（元）

由于材料节约对材料费用的影响 = $180 \times (12 - 14) \times 8 = -2\,880$（元）

由于价格提高对材料费用的影响 = $180 \times 12 \times (10 - 8) = 4\,320$（元）

3. 采用因素分析法时应注意的问题

（1）因素分解的关联性。确定的构成经济指标的因素，必须在客观上存在着因果关系，要能够反映形成该项指标差异的内在原因，否则就失去了其存在的价值。

（2）因素替代的顺序性。因素替代时，必须按照各因素的依存关系，遵循一定的顺序并依次替代，不可随意加以颠倒，否则就会得出不同的计算结果。

（3）顺序替代的连环性。因素分析法在计算每一个因素变动的影响时，都是在前一次计算的基础上进行的，并采用连环比较的方法确定因素变化的影响。

（4）计算结果的假定性。由于因素分析法计算的各因素变动的影响数，会因替代计算顺序的不同而有差别，因而计算结果不免带有假定性，即它不可能使每个因素计算的结果都达到绝对的准确。为此，分析时应力求使这种假定合乎逻辑，具有实际经济意义。这样，计算结果的假定性，才不至于妨碍分析的有效性。

三、财务分析的局限

（一）财务报表本身的局限性

财务报表是企业会计系统的产物。每个企业的会计系统，都会受到会计规范、会计政策选择、会计估计以及充分披露等的影响，致使财务报表本身存在一定的局限：

（1）财务报表没有披露企业的全部信息，管理层拥有更多的信息，披露的只是其中的一部分。

（2）已经披露的财务信息存在会计估计误差，不可能是对真实情况的全面、准确计量。

（3）管理层的各项会计政策选择，有可能导致可比性的降低。

（二）财务报表的可靠性问题

只有根据符合规范的、可靠的财务报表，才能得出正确的分析结论。所谓“符合规范”，是指除了以上三点局限性以外，没有虚假陈述。财务报表的可靠性问题主要依靠审计来解决。但分析人员对于可能存在的问题应保持足够的警惕，通常要注意以下问题：

（1）财务报告形式不规范。形式不规范的财务报告，其可靠性也应受到怀疑。

（2）数据异常。异常数据如无合理原因，应考虑该数据的真实性和一贯性是否存在问题。

（3）异常关联方交易。关联方交易的定价不公允，可能存在转移利润的动机。

（4）大额资本利得。在经营业绩不佳时，公司可能通过出售长期资产、债务重组等交易实现资本利得。

（5）异常审计报告。无正当理由更换注册会计师，或审计报告附有保留意见等，有待作进一步分析判断。

（三）比较基础问题

在比较分析时，需要选择比较的参照标准，包括同业数据、本企业历史数据和计划预算数据。

（1）横向比较时，需要使用同业标准。同业平均数只有一般性的指导作用，不一定有代表性，是合理性的标志。选同行业中一些有代表性的企业求平均数，作为同业标准，可能比整个行业的平均数更有意义。近年来，分析人员以一流企业作为标杆，进行对标分析。也有不少企业实行多种经营，没有明确的行业归属，同业比较更加困难。

（2）趋势分析应以本企业历史数据为比较基础。历史数据代表过去，并不代表合理性。经营环境变化后，今年利润比上年提高了，不一定说明已经达到应该达到的水平，甚至不一定说明管理有了改进。会计标准、会计规范的改变会使财务数据失去直接可比性，要恢复其可比性成本很大，甚至缺乏必要的信息。

（3）实际与计划的差异分析应以预算为比较基础。实际与预算发生差异，可能是执行中有问题，也可能是预算不合理，区分两者并非易事。

总之，对比较基础本身要准确理解，并且要有限定地使用分析结论，避免简单化和绝对化。

【明德善思】

以法为纲，诚信为本

康美药业曾是医药行业的明星企业。然而，2019年康美药业因财务造假被曝光震惊资本市场。经调查，康美药业通过伪造、变造增值税发票等方式虚增营业收入，通过伪造银行单据等手段虚增货币资金，同时，在成本核算上进行虚假操作，以达到虚增利润的目的。2016—2018年，康美药业累计虚增营业收入超过300亿元，虚增货币资金最高时达887亿元。如此大规模的财务造假行为，严重违背了会计准则和市场规则。最终，康美药业被强制退市，相关责任人受到法律严惩，投资者损失惨重，公司也走向了破产重整的境地。

启示：康美药业的财务造假行为严重违反了法律法规，最终付出了惨重代价。警示我们：（1）法律红线不可逾越。在市场经济环境下，法律是维护市场秩序、保障公平竞争的重要武器。企业管理者和财务人员，要树立正确的法治观念，敬畏法律，在法律框架内开展经营活动，知法守法，不触碰法律红线。（2）合规是确保财务数据真实、准确、完整的基础。合规意识的缺失，不仅会给企业带来巨大的法律风险和经济损失，还会损害企业的声誉和形象。财务人员必须严格遵守会计准则和法律法规，杜绝任何形式的弄虚作假，确保每一笔数据真实可靠。（3）诚信是财务人员的立身之本。康美药业的财务造假不仅是技术问题，更是职业道德的缺失。失去诚信，不仅会毁掉个人职业生涯，还会给企业和社会带来巨大损失。财务人员在面对利益诱惑时应始终保持清醒，坚守诚信底线，拒绝参与任何形式的舞弊行为。

任务解析

通过上述学习，可以解析【任务引入】中的问题：

根据尚达家居2024年度财务报表（见表8-1和表8-2），运用比较分析法及比率分析法可以得到的主要信息见表8-4。

表8-4 主要会计数据和财务指标

项 目	2024年	2023年	本年比上年增减（%）
营业收入（元）	1 255 460 000	1 093 760 000	14.78
净利润（元）	116 937 040	100 462 970	16.40
每股收益（元）	0.26	0.55	-52.73
资产总额（元）	1 483 722 330	960 908 880	54.41
负债总额（元）	262 803 730	329 729 480	-20.30
资产负债率（%）	17.71	34.31	-48.38
股东权益总额（元）	1 220 918 600	631 179 400	93.43

从表8-4中可知，尚达家居资产总额2024年较2023年增长54.41%，公司规模扩张迅速。其中负债总额下降20.30%，股东权益总额增长93.43%，这是因为尚达家居于2024年较多地筹集了股权资金所致。公司负债比例原来就不高，为34.31%，股权筹资之后进一步下降到17.71%，公司财务结构稳健。从收入和利润的变化看，营业收入、净利润2024年度较2023年度分别增长14.78%和16.40%，利润的增长快于收入的增长，盈利态势良好。但观其每股收益，2024年较2023年下降了52.73%，这是由于尚达家居2024年5月股权筹资后股东权益增长迅猛，较上一年几近翻番所致，并非企业盈利能力下降。总体来看，尚达家居的发展和盈利均呈良好态势。

任务二　财务比率分析

任务引入

根据上述尚达家居财务报表资料（见表8-1和表8-2），你认为尚达家居的偿债能力、营运能力、盈利能力和发展能力如何？该作出怎样的评价？

任务分析：比率分析是揭示企业财务状况和经营成果的主要分析方法。为满足不同利益主体的需要，协调各方面的利益关系，企业必须对经营管理的各个方面，包括偿债能力、营运能力、盈利能力及发展能力的全部信息予以详尽了解和掌握，分析公司的发展变化趋势、在行业中的优势和劣势，为企业的持续发展提供有益的参考信息。

知识准备

财务比率也称为财务指标，是通过财务报表数据的相对关系来揭示企业经营管理的各方面问题，是最主要的财务分析方法。基本的财务分析内容包括偿债能力分析、营运能力分析、盈利能力分析和发展能力分析四个方面。以下分别加以介绍。

为便于说明，本任务各项财务指标的计算，将主要以长城公司为例，该公司的资产负债表、利润表见表8-5和表8-6。

表8-5　资产负债表

编制单位：长城公司　　2024年12月31日　　单位：万元

资产	期末余额	上年年末余额	负债和所有者权益（或股东权益）	期末余额	上年年末余额
流动资产：			流动负债：		
货币资金	260	135	短期借款	310	235
交易性金融资产	40	70	交易性金融负债	0	0
应收票据	50	65	应付票据	35	30
应收账款	2 000	1 005	应付账款	510	555
预付款项	70	30	预收款项	60	30
其他应收款	120	120	应付职工薪酬	90	105
存货	605	1 640	应交税费	55	70
一年内到期的非流动资产	235	0	其他应付款	295	180

续表

资产	期末余额	上年年末余额	负债和所有者权益（或股东权益）	期末余额	上年年末余额
其他流动资产	210	65	一年内到期的非流动负债	260	0
流动资产合计	3 590	3 130	其他流动负债	25	35
非流动资产：			流动负债合计	1 640	1 240
债权投资	0	0	非流动负债：		
其他债权投资	0	0	长期借款	2 260	1 235
长期应收款	0	0	应付债券	1 210	1 310
长期股权投资	160	235	其他非流动负债	360	385
固定资产	6 190	4 775	非流动负债合计	3 830	2 930
在建工程	100	255	负债合计	5 470	4 170
无形资产	100	120	所有者权益（或股东权益）：		
递延所得税资产	35	85	实收资本（或股本）	3 000	3 000
其他非流动资产	25	0	资本公积	90	60
非流动资产合计	6 610	5 470	盈余公积	380	210
			未分配利润	1 260	1 160
			所有者权益（或股东权益）合计	4 730	4 430
资产总计	10 200	8 600	负债和所有者权益（或股东权益）总计	10 200	8 600

表8-6　　利润表

编制单位：长城公司　　2024年度　　单位：万元

项　目	本年金额	上年金额
一、营业收入	15 010	14 260
减：营业成本	13 230	12 525
税金及附加	150	150
销售费用	120	110
管理费用	240	210
财务费用	560	490
加：投资收益	210	130
公允价值变动收益	110	190

续表

项　目	本年金额	上年金额
二、营业利润	1 030	1 095
加：营业外收入	60	95
减：营业外支出	110	35
三、利润总额	980	1 155
减：所得税费用	330	385
四、净利润	650	770

注：资产负债表和利润表均为简化格式，仅用于示例。

一、偿债能力比率

偿债能力是指企业偿还到期债务（包括本金和利息）的能力。对偿债能力进行分析有利于债权人进行正确的借贷决策；有利于投资者进行正确的投资决策；有利于企业经营者进行正确的经营决策；有利于正确评价企业的财务状况。

债务一般按到期时间分为短期债务和长期债务，偿债能力分析也由此分为短期偿债能力分析和长期偿债能力分析。

（一）短期偿债能力比率

企业在短期（一年或一个营业周期）需要偿还的负债主要指流动负债，短期偿债能力衡量的是对流动负债的清偿能力。企业的短期偿债能力取决于短期内企业产生现金的能力，即在短期内能够转化为现金的流动资产有多少。所以，短期偿债能力比率也称为变现能力比率或流动性比率，主要考察的是流动资产对流动负债的清偿能力。企业短期偿债能力的比率指标主要有流动比率、速动比率和现金比率三项。

1. 流动比率

流动比率是流动资产与流动负债的比率。其计算公式为：

$$流动比率=\frac{流动资产}{流动负债}$$

流动比率表明每1元流动负债有多少流动资产作为保障，通常流动比率越大短期偿债能力越强。一般认为，生产企业合理的最低流动比率是2。这是因为流动资产中变现能力最差的存货金额约占流动资产总额的一半，剩下的流动性较大的流动资产至少要等于流动负债，企业短期偿债能力才会有保证。

运用流动比率进行分析时，要注意以下几个问题：

（1）流动比率高不意味着短期偿债能力一定很强。因为，流动比率假设全部流动资产可变现以清偿流动负债。实际上，各项流动资产的变现能力并不相同，而且变现金额可能与账面金额存在较大差异。因此，流动比率是对短期偿债能力的粗略估计，还需进一步分析流动资产的构成项目。

（2）计算出来的流动比率，只有和同行业平均流动比率、本企业历史流动比率进行比较，才能知道这个比率是高还是低。这种比较通常并不能说明流动比率为什么这么高或这么低，要找出过高或过低的原因还必须分析流动资产和流动负债所包括的内容以及经营上的因素。

一般情况下，营业周期、流动资产中的应收账款和存货的周转速度是影响流动比率的主要因素。营业周期短、应收账款和存货的周转速度快的企业其流动比率低一些也是可以接受的。

【例 8-3】根据表 8-5 的资料，长城公司 2024 年年初与年末的流动资产分别为 3 130 万元、3 590 万元，流动负债分别为 1 240 万元、1 640 万元，则该公司流动比率为：

$$年初流动比率 = \frac{3\,130}{1\,240} = 2.524$$

$$年末流动比率 = \frac{3\,590}{1\,640} = 2.189$$

长城公司年初、年末流动比率均大于2，说明该公司具有较强的短期偿债能力。

流动比率的缺点是该比率比较容易被人为操纵，并且没有揭示流动资产的构成内容，只能大致反映流动资产整体的变现能力。但流动资产中包含像存货这类变现能力较差的资产，如能将其剔除，其所反映的短期偿债能力更加可信，这个指标就是速动比率。

2.速动比率

速动比率是企业速动资产与流动负债之比。其计算公式为：

$$速动比率 = \frac{速动资产}{流动负债}$$

构成流动资产的各项目，流动性差别很大。其中货币资金、交易性金融资产和各种应收款项，可以在较短时间内变现，称为速动资产；另外的流动资产，包括存货、预付款项、一年内到期的非流动资产和其他流动资产等，属于非速动资产。速动资产主要剔除了存货，原因是：①流动资产中存货的变现速度比应收账款要慢得多；②部分存货可能已被抵押；③存货成本和市价可能存在差异。由于剔除了存货等变现能力较差的资产，速动比率比流动比率能更准确、可靠地评价企业资产的流动性及偿还短期债务的能力。

速动比率表明每1元流动负债有多少速动资产作为偿债保障。一般情况下，速动比率越大，短期偿债能力越强。由于通常认为存货占了流动资产的一半左右，因此剔除存货影响的速动比率至少是1。速动比率过低，企业面临偿债风险；但速动比率过高，会因占用现金及应收账款过多而增加企业的机会成本。但是，使用该指标应考虑行业的差异性，如大量使用现金结算的企业其速动比率大大低于1是正常现象。

影响此比率可信性的重要因素是应收账款的变现能力。因为，应收账款的账面金额不一定都能转化为现金，而且对于季节性生产的企业，其应收账款金额存在着季节性波动，根据某一时点计算的速动比率不能客观反映其短期偿债能力。

【例 8-4】根据表 8-5 的资料，长城公司 2024 年年初速动资产为 1 395 万元（135 + 70 + 65 + 1 005 + 120），年末速动资产为 2 470 万元（260 + 40 + 50 + 2 000 + 120）。长城

公司的速动比率为：

$$年初速动比率 = \frac{1\,395}{1\,240} = 1.13$$

$$年末速动比率 = \frac{2\,470}{1\,640} = 1.51$$

分析表明长城公司2024年年初、年末的速动比率都高于一般公认标准，说明其短期偿债能力较强。但进一步分析可发现，长城公司速动资产中的应收账款比重很高（分别占72%和81%），而应收账款不一定能按时收回，因此还必须计算分析第三个重要比率——现金比率。

3. 现金比率

现金资产包括货币资金和交易性金融资产等。现金资产与流动负债的比值称为现金比率。现金比率计算公式为：

$$现金比率 = \frac{货币资金 + 交易性金融资产}{流动负债}$$

现金比率剔除了应收账款对偿债能力的影响，最能反映企业直接偿付流动负债的能力，表明每1元流动负债有多少现金资产作为偿债保障。由于流动负债是在一年内（或一个营业周期内）陆续到期清偿，所以并不需要企业时时保留相当于流动负债金额的现金资产。经研究表明，0.2的现金比率就可以接受。而这一比率过高，就意味着企业有过多资源被盈利能力较低的现金资产占用从而影响了企业整体的收益性。

【例8–5】根据表8–5的资料，长城公司2024年年初、年末的现金比率为：

$$年初现金比率 = \frac{135 + 70}{1\,240} = 0.165$$

$$年末现金比率 = \frac{260 + 40}{1\,640} = 0.183$$

长城公司虽然流动比率和速动比率都较高，但现金比率偏低，说明该公司短期偿债能力略有不足，应缩短应收账款收账期，加大应收账款催账力度，以加速应收账款资金的周转。

（二）长期偿债能力比率

长期偿债能力是指企业在较长的期间偿还债务的能力。企业在长期内，不仅需要偿还流动负债，还需偿还非流动负债，因此，长期偿债能力衡量的是对企业所有负债的清偿能力。企业对所有负债的清偿能力取决于其总资产水平，因此长期偿债能力比率考察的是企业资产、负债和所有者权益之间的关系。其财务指标主要有四项：资产负债率、产权比率、权益乘数和利息保障倍数。

1. 资产负债率

资产负债率又称负债比率，指企业负债总额与资产总额之比。其计算公式为：

$$资产负债率 = \frac{负债总额}{资产总额} \times 100\%$$

资产负债率反映总资产中有多大比例是通过负债取得的，可以衡量企业清算时资产对债权人权益的保障程度。当资产负债率高于50%时，表明企业资产来源主要依靠的是负债，财务风险较大。当资产负债率低于50%时，表明企业资产的主要来源是所有者权益，财务比较稳健。这一比率越低，表明企业资产对负债的保障能力越高，企业的长期偿债能力越强。

事实上，利益主体不同，看待该指标的立场也不同。从债权人的立场看，负债比率越低越好，企业偿债有保证，贷款不会有太大风险。从股东的立场看，其关心的是举债的效益。在全部资本利润率高于借款利息率时，负债比率越大越好，因为股东所得到的利润就会加大。从经营者的立场看，其进行负债决策时，更关注如何实现风险和收益的平衡。资产负债率较低表明财务风险较低，但同时也意味着可能没有充分发挥财务杠杆的作用，盈利能力也较低；而较高的资产负债率表明有较大的财务风险和较高的盈利能力。只有当负债增加的收益能够涵盖其增加的风险时，经营者才会考虑借入负债。而在风险和收益实现平衡的条件下，是选择较高的负债水平还是较低的负债水平，则取决于经营者的风险偏好等多种因素。

对该指标进行分析时，应结合以下几个方面：（1）结合营业周期分析：营业周期短的企业，资产周转速度快，可以适当提高资产负债率。（2）结合资产构成分析：流动资产占比较大的企业可以适当提高资产负债率。（3）结合企业经营状况分析：兴旺期间的企业可适当提高资产负债率。（4）结合客观经济环境分析：如利率和通货膨胀率水平，当利率提高时，会加大企业负债的实际利率水平，增加企业的偿债压力，这时企业应降低资产负债率。（5）结合资产质量和会计政策分析。（6）结合行业差异分析：不同行业资产负债率有较大差异。

【例8-6】根据表8-5的资料，长城公司2024年年初、年末的资产负债率为：

$$年初资产负债率 = \frac{4\,170}{8\,600} \times 100\% = 48.49\%$$

$$年末资产负债率 = \frac{5\,470}{10\,200} \times 100\% = 53.63\%$$

长城公司年初资产负债率为48.49%，年末资产负债率为53.63%，有所上升，表明企业负债水平提高。但偿债能力强弱还需结合行业水平进一步分析。如果长城公司所属的行业平均资产负债率为60%，说明尽管长城公司资产负债率上升，财务风险有所加大，但相对于行业水平而言其财务风险仍然较低，长期偿债能力较强。企业仍有空间进一步提高负债水平，以发挥财务杠杆效应。

2. 产权比率

产权比率是指负债总额与所有者权益之比，是企业财务结构稳健与否的重要标志，也称资本负债率。其计算公式为：

$$产权比率 = \frac{负债总额}{所有者权益}$$

产权比率不仅反映了由债务人提供的资本与所有者提供的资本的相对关系，即企业财务结构是否稳定，而且反映了债权人资本受所有者权益保障的程度，或者是企业清算时对债权人利益的保障程度。一般来说，这一比率越低，表明企业长期偿债能力越强，债权人权益保障程度越高。在分析时同样需要结合企业的具体情况加以分析，当企业的资产收益率大于负债成本率时，负债经营有利于提高资本收益率，获得额外的利润，这时的产权比率可适当高些。产权比率高，是高风险、高报酬的财务结构；产权比率低，是低风险、低报酬的财务结构。

【例8-7】根据表8-5的资料，长城公司2024年年初、年末的产权比率为：

$$年初产权比率=\frac{4\ 170}{4\ 430}=0.94$$

$$年末产权比率=\frac{5\ 470}{4\ 730}=1.16$$

由计算可知，长城公司年末的产权比率提高，表明年末该公司举债经营程度提高，财务风险有所加大。但仍然低于行业水平，行业的产权比率是1.5（行业的资产负债率是60%，因此产权比率是60%÷40%=1.5）。

产权比率与资产负债率对评价偿债能力的作用基本一致，只是资产负债率侧重于分析债务偿付安全性的物质保障程度，而产权比率侧重于揭示财务结构的稳健程度以及自有资金对偿债风险的承受能力。

3. 权益乘数

权益乘数是总资产与所有者权益的比值。其计算公式为：

$$权益乘数=\frac{总资产}{所有者权益}$$

权益乘数表明所有者每投入1元钱可实际拥有和控制的金额。在企业存在负债的情况下，权益乘数大于1。企业的负债比例越高，权益乘数越大。产权比率和权益乘数是资产负债率的另外两种表现形式，是常用的反映财务杠杆水平的指标。

【例8-8】根据表8-5的资料，长城公司2024年年初、年末的权益乘数为：

$$年初权益乘数=\frac{8\ 600}{4\ 430}=1.94$$

$$年末权益乘数=\frac{10\ 200}{4\ 730}=2.16$$

4. 利息保障倍数

利息保障倍数，是指企业一定时期息税前利润与应付利息的比率，又称已获利息倍数。其计算公式为：

$$利息保障倍数=\frac{息税前利润}{应付利息}=\frac{净利润+利润表中的利息费用+所得税}{应付利息}$$

公式中的分子“息税前利润”是指利润表中扣除利息费用和所得税前的利润。公式中的分母“应付利息”是指本期发生的全部应付利息，不仅包括财务费用中的利息费用，还应包括计入固定资产成本的资本化利息。资本化利息虽然不在利润表中扣除，但仍然是要偿还的。利息保障倍数主要是衡量企业支付利息的能力，没有足够大的息税前利润，利息的支付就会发生困难。

利息保障倍数反映支付利息的利润来源（息税前利润）与利息支出之间的关系，该比率越高，长期偿债能力越强。从长期看，利息保障倍数至少要大于1（国际公认标准为3），也就是说，息税前利润至少要大于应付利息，企业才具有偿还债务利息的可能性。如果利息保障倍数过低，企业将面临亏损、偿债的安全性与稳定性下降的风险。在短期内，利息保障倍数小于1也仍然具有利息支付能力，因为计算息税前利润时减去的一些折旧和摊销费用并不需要支付现金。但这种支付能力是暂时的，当企业需要重置资产时，势必发生支付困难。因此，在分析时需要比较企业连续多个会计年度（如5年）的利息保障倍数，以说明企业付息能力的稳定性。

【例8-9】根据表8-6资料，假定表中财务费用全部为利息费用，资本化利息为零，则长城公司的利息保障倍数为：

$$上年利息保障倍数=\frac{1\,155+490}{490}=3.36$$

$$本年利息保障倍数=\frac{980+560}{560}=2.75$$

从以上计算结果来看，长城公司的利息保障倍数降低，利息支付能力有所下降，但盈利能力还能支付将近3期的利息，有一定的偿债能力，但还需要与其他企业特别是本行业平均水平进行比较来分析评价。

（三）影响偿债能力的其他因素

1. 可动用的银行贷款指标或授信额度

企业存在可动用的银行贷款指标或授信额度不在财务报表内反映，但由于可以随时增加企业的支付能力，因此可以提高企业的偿债能力。

2. 资产质量

在财务报表内反映的资产金额为资产的账面价值，但由于财务会计的局限性，资产的账面价值与实际价值可能存在差异，如资产可能被高估或低估，一些资产无法计入财务报表等。此外，资产的变现能力也会影响偿债能力。如果企业存在能很快变现的长期资产，则会增加企业的短期偿债能力。

3. 或有事项和承诺事项

如果企业存在债务担保或未决诉讼等或有事项，会增加企业的潜在偿债压力。同样，各种承诺支付事项，也会增加企业的偿债义务。

【明德善思】

债务双刃剑：债务资金运用的风险与警示

恒大集团曾是中国房地产行业的领军企业，凭借高杠杆扩张模式迅速崛起，成为中国最大的房地产开发商之一。恒大的资产负债率长期高于80%，远高于行业平均水平。2021年，恒大集团因无法偿还巨额到期债务，陷入严重的流动性危机，导致众多期房项目停工，无法按时交付。在危机爆发前，恒大集团通过复杂的财务操作掩盖债务问题，未能及时向市场和投资者披露真实财务状况，对上下游产业链企业和投资人造成了巨大冲击。这一事件不仅导致企业自身濒临破产，还引发了供应商、购房者、投资者及金融市场的连锁反应，甚至对地方经济和社会稳定造成了影响。

启示：这一事件的影响仍在持续，其教训值得所有市场参与者深思。（1）诚信经营与企业社会责任是企业可持续发展的双基石。诚信经营是企业立足市场的根本，主动承担社会责任是企业赢得社会认可的关键。两者相辅相成，赢得消费者和投资者的信任，从而增强市场竞争力、降低风险，帮助企业建立长期稳健的发展模式，避免急功近利导致的经营危机。(2) 中国传统文化倡导“量入为出”“未雨绸缪”，在财务管理中强调保持谨慎和稳健。企业应根据自身盈利能力合理控制负债规模，在市场繁荣时储备现金流以应对未来的不确定性。避免过度依赖债务融资，盲目追求规模而忽视财务风险，导致在市场下行时无力应对债务危机。(3) 财务人员发挥着关键作用，其职业操守直接影响企业财务信息的真实性和透明度。作为未来的财务工作者，应秉持诚信原则，坚守职业道德，“不做假账”，客观公正处理财务事务，以诚信、专业、负责的职业精神，为企业的健康发展和社会的经济秩序贡献力量。

二、营运能力比率

营运能力主要指资产运用、循环的效率高低。营运能力的强弱取决于资产的周转速度、运行状况、管理水平等多种因素。一般而言，资产周转速度越快，表明企业的资金管理水平越高，资金利用效率越高，企业可以较少的投入获得较多的收益。

资产周转速度通常用周转率和周转期（天数）表示。所谓周转率，是指企业在一定时期资产的周转额与平均余额的比率，它反映企业资产在一定时期的周转次数；周转期反映资产周转一次所需要的天数。周转次数越多，周转一次所需要的天数越少，表明周转速度越快，资产营运能力越强。其计算公式分别为：

$$\text{周转率（周转次数）} = \frac{\text{周转额}}{\text{资产平均余额}}$$

$$\text{周转期（周转天数）} = \frac{\text{计算期天数}}{\text{周转次数}} = \text{计算期天数} \times \frac{\text{资产平均余额}}{\text{周转额}}$$

企业营运能力分析主要包括：流动资产营运能力分析、固定资产营运能力分析和总资产营运能力分析三个方面。

（一）流动资产营运能力分析

反映流动资产营运能力的指标主要有应收账款周转率、存货周转率和流动资产周转率。

1.应收账款周转率

应收账款在流动资产中有着举足轻重的地位，及时收回应收账款，不仅增强了企业的短期偿债能力，也反映出企业管理应收账款的效率。反映应收账款周转情况的比率有应收账款周转率（次数）和应收账款周转期（天数）。

应收账款周转率，是企业一定时期的营业收入（或销售收入，本项目下同）与应收账款平均余额的比率，表明一定时期应收账款平均收回的次数。其计算公式为：

$$\text{应收账款周转率（次数）} = \frac{\text{营业收入}}{\text{应收账款平均余额}}$$

$$\text{应收账款平均余额} = \text{（期初应收账款} + \text{期末应收账款）} \div 2$$

应收账款周转天数，指应收账款周转一次（从销售开始到收回现金）所需要的时间。其计算公式为：

$$应收账款周转天数 = \frac{计算期天数}{应收账款周转率(次数)} = 计算期天数 \times \frac{应收账款平均余额}{营业收入}$$

在计算和使用应收账款周转率指标时应注意：①营业收入指扣除销售折扣和折让后的销售净额。从理论上讲，应收账款是由赊销引起的，其对应的收入应为赊销收入，而非全部营业收入。但是赊销数据难以取得，且可以假设现金销售是收账时间为零的应收账款。因此，只要保持计算口径的历史一致性，使用销售净额不影响分析。营业收入数据使用利润表中的“营业收入”。②应收账款是指财务报表中“应收票据”“应收账款”等全部赊销账款，因为应收票据是销售形成的应收款项的另一种形式。③应收账款应为未扣除坏账准备的金额。应收账款在财务报表上按净额列示，计提坏账准备会使财务报表上列示的应收账款金额减少，而营业收入不变。其结果是，计提坏账准备越多，应收账款周转率越高、周转天数越少，对应收账款实际管理欠佳的企业反而会得出应收账款周转情况更好的错误结论。④应收账款期末余额的可靠性问题。应收账款是特定时点的存量，容易受季节性、偶然性和人为因素的影响。在用应收账款周转率进行业绩评价时，最好使用多个时点的平均数，以减少这些因素的影响。

应收账款周转率反映了企业应收账款周转速度的快慢及应收账款管理效率的高低。在一定时期周转次数多（或周转天数少），表明：①企业收账迅速，信用销售管理严格。②应收账款流动性强，从而增强了企业短期偿债能力。③可以减少收账费用和坏账损失，相对增加企业流动资产的投资收益。④通过比较应收账款周转天数及企业信用期限，可评价客户的信用程度，调整企业信用政策。

【例 8-10】根据表 8-5 和表 8-6 的资料，长城公司 2024 年度营业收入为 15 010 万元，2024 年应收账款、应收票据年末数为 2 050 万元（2 000 + 50），年初数为 1 070 万元（1 005 + 65），假设年初、年末坏账准备均为零。2024 年该公司应收账款周转率计算如下：

$$应收账款周转率 = \frac{15\,010}{(2\,050 + 1\,070) \div 2} = 9.62（次）$$

$$应收账款周转天数 = \frac{360}{9.62} = 37.42（天）$$

运用应收账款周转率评价企业应收账款管理效率时，应将计算出的比率与该企业前期、行业平均水平或其他类似企业相比较来进行判断。

2. 存货周转率

在流动资产中，存货所占比重较大，存货的流动性将直接影响企业的流动比率。存货周转情况的分析同样可以通过存货周转率（次数）和存货周转天数反映。

存货周转率，是指一定时期企业营业成本与存货平均余额的比率，是衡量和评价企业购入存货、投入生产、销售收回等各环节管理效率的综合性指标。其计算公式为：

$$存货周转率（次数）= \frac{营业成本}{存货平均余额}$$

$$存货平均余额=（期初存货+期末存货）\div 2$$

存货周转天数是指存货周转一次（从存货取得到存货销售）所需要的时间。其计算公式为：

$$存货周转天数=\frac{计算期天数}{存货周转率(次数)}=计算期天数\times\frac{存货平均余额}{营业成本}$$

【例8-11】根据表8-5和表8-6的资料，长城公司2024年度营业成本为13 230万元，期初存货为1 640万元，期末存货为605万元，该公司存货周转率计算如下：

$$存货周转率=\frac{13\,230}{(1\,640+605)\div 2}=11.79（次）$$

$$存货周转天数=\frac{360}{11.79}=30.53（天）$$

一般来讲，存货周转速度越快，存货占用水平越低，流动性越强，存货转化为现金或应收账款的速度就越快，这样会增强企业的短期偿债能力及盈利能力。通过存货周转率分析，有利于找出存货管理中存在的问题，尽可能降低资金占用水平。

在具体分析时应注意：（1）存货周转率的高低与企业的经营特点有密切联系，应注意行业的可比性。（2）该比率反映的是存货整体的周转情况，不能说明企业经营各环节的存货周转情况和管理水平。（3）应结合应收账款周转情况和信用政策进行分析。

3.流动资产周转率

流动资产周转的分析可以通过流动资产周转率（次数）和流动资产周转天数反映。流动资产周转率，是企业一定时期营业收入与流动资产平均余额的比率，是反映企业流动资产周转速度的指标。其计算公式为：

$$流动资产周转率（次数）=\frac{营业收入}{流动资产平均余额}$$

$$流动资产平均余额=（期初流动资产+期末流动资产）\div 2$$

流动资产周转天数是指流动资产周转一次所需要的时间。其计算公式为：

$$流动资产周转天数=\frac{计算期天数}{流动资产周转率(次数)}=计算期天数\times\frac{流动资产平均余额}{营业收入}$$

在一定时期，流动资产周转次数越多，表明以相同的流动资产完成的周转额越多，流动资产利用效果越好。流动资产周转天数越少，表明流动资产在经历生产、销售各阶段所占用的时间越短，可相对节约流动资产，增强企业的盈利能力。

【例8-12】根据表8-5和表8-6的资料，长城公司2024年营业收入为15 010万元，2024年流动资产期初数为3 130万元，期末数为3 590万元，则该公司流动资产周转率计算如下：

$$流动资产周转率=\frac{15\,010}{(3\,130+3\,590)\div 2}=4.47（次）$$

流动资产周转天数 $= \frac{360}{4.47} = 80.54$（天）

（二）固定资产营运能力分析

反映固定资产营运能力的主要指标是固定资产周转率（次数）和固定资产周转天数。固定资产周转率，是指企业一定时期营业收入与平均固定资产净值的比值，固定资产周转天数是固定资产周转一次所需要的时间，是衡量固定资产利用效率的指标。其计算公式为：

$$固定资产周转率(次数) = \frac{营业收入}{平均固定资产净值}$$

$$平均固定资产净值 = （固定资产净值年初数 + 固定资产净值年末数）\div 2$$

$$固定资产周转天数 = \frac{计算期天数}{固定资产周转率(次数)} = 计算期天数 \times \frac{平均固定资产净值}{营业收入}$$

需要说明的是，与固定资产有关的价值指标有固定资产原值、固定资产净值和固定资产净额等。其中：固定资产原值是指固定资产的历史成本；固定资产净值为固定资产原值扣除已计提的累计折旧后的金额（固定资产净值 = 固定资产原值 − 累计折旧）；固定资产净额则是固定资产原值扣除已计提的累计折旧以及已计提的减值准备后的余额（固定资产净额 = 固定资产原值 − 累计折旧 − 已计提减值准备）。

固定资产周转率高（即一定时期固定资产周转次数多），表明企业固定资产投资得当，结构合理，利用效率高；反之，如果固定资产周转率低，则表明固定资产利用效率不高，提供的生产成果不多，企业的运营能力不强。

【例 8–13】根据表 8–5 和表 8–6 的资料，长城公司 2023 年、2024 年营业收入分别为 14 260 万元、15 010 万元，2024 年年初固定资产为 4 775 万元，2024 年年末为 6 190 万元。假设 2023 年年初固定资产为 4 000 万元，固定资产周转率计算如下：

2023年固定资产周转率 $= \frac{14\,260}{(4\,000 + 4\,775) \div 2} = 3.25$（次）

2024年固定资产周转率 $= \frac{15\,010}{(4\,775 + 6\,190) \div 2} = 2.74$（次）

通过以上计算可知，2024 年固定资产周转率为 2.74 次，2023 年固定资产周转率为 3.25 次，说明 2024 年的周转速度要比 2023 年慢，其主要原因在于固定资产增长幅度大于营业收入增长幅度，说明企业营运能力有所减弱。这种减弱幅度是否合理，还要视与公司目标及同行业水平的比较而定。

（三）总资产营运能力分析

反映总资产营运能力的主要指标是总资产周转率（次数）和总资产周转天数，是综合反映一定时期总资产周转速度的比率指标。其计算公式为：

$$总资产周转率(次数) = \frac{营业收入}{平均资产总额}$$

$$平均资产总额 = （期初资产总额 + 期末资产总额）\div 2$$

$$总资产周转天数 = \frac{计算期天数}{总资产周转率(次数)} = 计算期天数 \times \frac{平均资产总额}{营业收入}$$

这一比率用来反映企业资产整体的利用效率。总资产周转率越高，表明企业全部资产的使用效率越高；反之，如果该指标较低，则说明企业利用全部资产进行经营的效率较差，最终会影响企业的盈利能力。

总资产由各项资产组成，在营业收入既定的情况下，总资产周转率的驱动因素是各项资产。因此，对总资产周转情况的分析应结合各项资产的周转情况，以发现影响企业资产周转的主要因素，采取各项措施来提高企业的资产利用程度。

【例8-14】根据表8-5和表8-6的资料，长城公司2023年、2024年营业收入分别为14 260万元、15 010万元，2024年年初资产总额为8 600万元，2024年年末资产总额为10 200万元。假设2023年年初资产总额为7 800万元，则长城公司总资产周转率计算如下：

$$2023年总资产周转率 = \frac{14\,260}{(7\,800 + 8\,600) \div 2} = 1.74（次）$$

$$2024年总资产周转率 = \frac{15\,010}{(8\,600 + 10\,200) \div 2} = 1.60（次）$$

从以上计算可知，长城公司2024年总资产周转速度比上年减慢，这与前面计算分析出的固定资产周转速度减慢结论一致，该公司应扩大销售额，处理闲置资产，以提高资产使用效率。

需要说明的是，在上述指标的计算中均以年度作为计算期，在实际中，计算期应视分析的需要而定，但应保持分子与分母在时间口径上的一致。如果资金占用的波动性较大，企业应采用更详细的资料进行计算。如果各期占用额比较稳定，波动不大，季度、年度的平均资金占用额也可以直接用“（期初数 + 期末数）÷ 2”的公式来计算。

总之，各项资产的周转比率用于衡量各项资产赚取收入的能力，经常和衡量企业盈利能力的比率结合在一起，以全面评价企业的盈利能力。

三、盈利能力比率

不论是投资人、债权人还是经理人员，都会非常重视和关心企业的盈利能力。盈利能力是企业获取利润、实现资金增值的能力。因此，盈利能力比率主要通过收入与利润之间的关系、资产与利润之间的关系反映。反映企业盈利能力比率主要有营业毛利率、营业净利率、总资产净利率和净资产收益率。

（一）营业毛利率

营业毛利率是营业毛利与营业收入之比。其计算公式为：

$$营业毛利率 = \frac{营业毛利}{营业收入} \times 100\%$$

$$营业毛利 = 营业收入 - 营业成本$$

营业毛利率反映产品每1元营业收入所包含的毛利润是多少，即营业收入扣除营业成本后还有多少剩余可用于各期费用和形成利润。营业毛利率越高，表明产品的盈利能力越强。将营业毛利率与行业水平进行比较，可以反映企业产品的市场竞争地位。那些营业毛利率高于行业水平的企业，意味着实现一定的收入占用了更少的成本，表明它们在资源、技术或劳动生产率方面具有竞争优势。对于那些营业毛利率低于行业水平的企业来说，意味着在行业中处于竞争劣势。此外，将不同行业的营业毛利率进行横向比较，也可以说明行业间盈利能力的差异。

【例 8-15】根据表8-6的资料，可计算长城公司营业毛利率如下：

$$2023\text{年营业毛利率} = \frac{14\,260 - 12\,525}{14\,260} \times 100\% = 12.17\%$$

$$2024\text{年营业毛利率} = \frac{15\,010 - 13\,230}{15\,010} \times 100\% = 11.86\%$$

（二）营业净利率

营业净利率是净利润与营业收入之比。其计算公式为：

$$\text{营业净利率} = \frac{\text{净利润}}{\text{营业收入}} \times 100\%$$

营业净利率反映每1元营业收入最终赚取了多少利润，用于反映产品最终的盈利能力。在利润表上，从营业收入到净利润需要扣除营业成本、税金及附加、期间费用等项目。因此，将营业净利率按扣除项目进行分解可以识别影响营业净利率的主要因素。

【例 8-16】根据表8-6的资料，可计算长城公司营业净利率如下：

$$2023\text{年营业净利率} = \frac{770}{14\,260} \times 100\% = 5.40\%$$

$$2024\text{年营业净利率} = \frac{650}{15\,010} \times 100\% = 4.33\%$$

从上述计算分析可以看出，2024年各项营业利润率指标均比上年有所下降。说明企业盈利能力有所下降，企业应查明原因，采取相应措施，提高盈利水平。

（三）总资产净利率

总资产净利率，是指净利润与平均总资产的比率，反映每1元资产创造的净利润。其计算公式为：

$$\text{总资产净利率} = \frac{\text{净利润}}{\text{平均总资产}} \times 100\%$$

总资产净利率衡量的是企业资产的盈利能力。总资产净利率越高，表明企业资产的利用效果越好。影响总资产净利率的因素是营业净利率和总资产周转率。

$$\begin{aligned}\text{总资产净利率} &= \frac{\text{净利润}}{\text{平均总资产}} = \frac{\text{净利润}}{\text{营业收入}} \times \frac{\text{营业收入}}{\text{平均总资产}} \\ &= \text{营业净利率} \times \text{总资产周转率}\end{aligned}$$

因此，企业可以通过提高营业净利率、加速资产周转来提高总资产净利率。

【例 8-17】根据表8-5和表8-6的资料，长城公司2023年净利润为770万元，年末总资产为8 600万元；2024年净利润为650万元，年末总资产为10 200万元。假设2023年年初总资产为7 800万元，则长城公司总资产净利率计算如下：

$$2023\text{年总资产净利率} = \frac{770}{(7\,800 + 8\,600) \div 2} \times 100\% = 9.39\%$$

$$2024\text{年总资产净利率} = \frac{650}{(8\,600 + 10\,200) \div 2} \times 100\% = 6.91\%$$

由以上计算结果可知，总资产净利率下降明显，表明企业盈利能力减弱。结合前面计算的营业净利率和总资产周转率发现，两者均有所下降是总资产净利率下降的原因，表明企业产品的盈利能力和资产运用效率均存在问题。企业应进一步分析产品盈利能力和资产周转能力下降的原因，通过提高营业净利率和资产周转率改善企业整体盈利水平。

（四）净资产收益率

微课

净资产收益率

净资产收益率，又叫权益净利率或权益报酬率，是净利润与平均所有者权益的比值，表示每1元股东资本赚取的净利润，反映权益资本经营的盈利能力。其计算公式为：

$$净资产收益率=\frac{净利润}{平均所有者权益}\times 100\%$$

$$平均所有者权益=（期初所有者权益+期末所有者权益）\div 2$$

净资产收益率是评价企业自有资本及其累计获取报酬水平的最具综合性与代表性的指标，是企业盈利能力指标的核心，也是杜邦财务分析体系的核心，更是投资者关注的重点。该指标通用性强，适应范围广，不受行业局限，在企业综合评价中使用率非常高。一般认为，净资产收益率越高，股东和债权人的利益保障程度越高。如果企业的净资产收益率在一段时期持续增长，说明资本盈利能力稳定上升。但净资产收益率不是一个越高越好的概念，分析时要注意企业的财务风险。

$$\begin{aligned}净资产收益率&=\frac{净利润}{平均所有者权益}\\&=\frac{净利润}{平均总资产}\times\frac{平均总资产}{平均所有者权益}\\&=总资产净利率\times 权益乘数\end{aligned}$$

通过对净资产收益率的分解可以发现，改善资产盈利能力和增加企业负债都可以提高净资产收益率。而如果不改善资产盈利能力，单纯通过加大举债提高权益乘数而提高净资产收益率的做法则十分危险。因为，企业负债经营的前提是有足够的盈利能力保障偿还债务本息，单纯增加负债对净资产收益率的改善只具有短期效应，最终将因盈利能力无法涵盖增加的财务风险而使企业面临财务困境。因此，只有在企业净资产收益率上升的同时财务风险没有明显加大，才能说明企业财务状况良好。

【例8-18】根据表8-5和表8-6的资料，长城公司2023年净利润为770万元，年末所有者权益为4 430万元；2024年净利润为650万元，年末所有者权益为4 730万元。假设2023年年初所有者权益为4 000万元，则长城公司净资产收益率为：

$$2023年净资产收益率=\frac{770}{(4\,000+4\,430)\div 2}\times 100\%=18.27\%$$

$$2024年净资产收益率=\frac{650}{(4\,430+4\,730)\div 2}\times 100\%=14.19\%$$

由于该公司所有者权益的增长快于净利润的增长，2024年净资产收益率要比2023年约低4个百分点，从所有者的角度看，盈利能力明显降低。由前面的计算结果可以发现，企业权益乘数有所增加，但由于资产盈利能力下降较快，导致了净资产收益率的下降。因此，长城公司盈利水平下降，同时面临财务风险加大的情况。企业应尽快改善盈利能力，通过提高产品竞争能力、加快资产周转，同时控制财务风险以解决企业所面临的问题。

四、发展能力比率

发展能力是企业在生存的基础上，扩大规模、壮大实力的潜在能力。衡量企业发展能力的指标主要有：营业收入增长率、营业利润增长率、总资产增长率、资本保值增值率和资本积累率。

（一）营业收入增长率

营业收入增长率是企业本年营业收入增长额与上年营业收入总额的比率。反映企业营业收入的增减变动情况，是评价企业成长状况和发展能力的重要指标。其计算公式为：

$$营业收入增长率 = \frac{本年营业收入增长额}{上年营业收入总额} \times 100\%$$

$$本年营业收入增长额 = 本年营业收入总额 - 上年营业收入总额$$

实务中，也可以使用销售收入增长率来分析企业经营业务收入的增减情况。其计算公式为：

$$销售收入增长率 = \frac{本年销售收入增长额}{上年销售收入总额} \times 100\%$$

该指标是衡量企业经营状况和市场占有能力，预测企业经营业务拓展趋势的重要指标。该指标若大于零，表示企业本年的营业收入有所增长，指标值越高，表明增长速度越快，企业市场前景越好。在实际分析时应考虑企业历年的销售水平、市场占有情况、行业未来发展及其他影响企业发展的潜在因素，或结合企业近3年的营业收入增长率进行趋势性分析。

【例8-19】根据表8-6的资料，长城公司2023年营业收入为14 260万元，2024年营业收入为15 010万元。则长城公司营业收入增长率为：

$$2024年营业收入增长率 = \frac{15\,010 - 14\,260}{14\,260} \times 100\% = 5.26\%$$

（二）营业利润增长率

营业利润增长率是企业本年营业利润增长额与上年营业利润总额的比率，反映企业营业利润的增减变动情况。其计算公式为：

$$营业利润增长率 = \frac{本年营业利润增长额}{上年营业利润总额} \times 100\%$$

$$本年营业利润增长额 = 本年营业利润总额 - 上年营业利润总额$$

营业收入增长率应与营业利润增长率相结合，分析企业的获利能力和成长潜力。如果营业利润增长率大于营业收入增长率（均大于零的情况下），不仅表明企业的绝对盈利规模增加了，也表明获利能力提高了，企业将更具竞争能力；反之，则表明企业的相对获利能力是下降的，长此以往企业的发展能力将受到削弱。

【例8-20】根据表8-6的资料，长城公司2023年营业利润为1 095万元，2024年营业利润为1 030万元。则长城公司营业利润增长率为：

$$2024年营业利润增长率 = \frac{1\,030 - 1\,095}{1\,095} \times 100\% = -5.94\%$$

（三）总资产增长率

总资产增长率是企业本年总资产增长额同年初资产总额的比率，它反映企业本期资产的增长情况。其计算公式为：

$$总资产增长率 = \frac{本年总资产增长额}{年初资产总额} \times 100\%$$

$$本年总资产增长额 = 年末资产总额 - 年初资产总额$$

总资产增长率是从企业资产总量扩张方面衡量企业的发展能力。该指标越高，表明企业一定时期资产经营规模扩张的速度越快。但在分析时，需要关注资产规模扩张的质和量的关系，以及企业的后续发展能力，避免盲目扩张。

【例8-21】根据表8-5的资料，长城公司2024年年初资产总额为8 600万元，2024年年末资产总额为10 200万元。则长城公司总资产增长率为：

$$2024年总资产增长率 = \frac{10\,200 - 8\,600}{8\,600} \times 100\% = 18.60\%$$

（四）资本保值增值率

资本保值增值率是企业扣除客观因素后的本年年末所有者权益总额与年初所有者权益总额的比率，反映企业当年资本在企业自身努力下实际增减变动的情况。其计算公式为：

$$资本保值增值率 = \frac{扣除客观因素后的本年年末所有者权益总额}{年初所有者权益总额} \times 100\%$$

在其他因素不变的情况下，如果企业本期净利润大于零，并且利润留存率大于零，则必然会使期末所有者权益大于期初所有者权益，所以该指标也是衡量企业盈利能力的重要指标。一般认为，资本保值增值率越高，表明企业的资本保全状况越好，所有者权益增长越快，该指标通常应当大于100%。这一指标的高低，除了受企业经营成果的影响外，还受企业利润分配政策的影响。

【例8-22】根据前面净资产收益率的有关资料，长城公司资本保值增值率计算如下：

$$2023年资本保值增值率 = \frac{4\,430}{4\,000} \times 100\% = 111\%$$

$$2024年资本保值增值率 = \frac{4\,730}{4\,430} \times 100\% = 107\%$$

可见该公司2024年资本保值增值率比上年有所降低。

（五）资本积累率

资本积累率即所有者权益增长率，是企业本年所有者权益增长额与年初所有者权益的比率，反映企业当年资本的积累能力。其计算公式为：

$$资本积累率 = \frac{本年所有者权益增长额}{年初所有者权益} \times 100\%$$

$$本年所有者权益增长额 = 年末所有者权益 - 年初所有者权益$$

资本积累率反映企业所有者权益在当年的变动水平。该指标值若大于零，表明企业本年所有者权益规模扩大，指标值越高表明企业的资本积累越多，应付风险、持续发展的能力越强；该指标如为负值，表明企业资本受到侵蚀，所有者利益受到损害，应予以充分重视。

【例 8-23】根据表 8-5 的资料，长城公司 2024 年年初所有者权益为 4 430 万元，2024 年年末所有者权益为 4 730 万元。则长城公司资本积累率为：

$$2024年资本积累率 = \frac{4\,730 - 4\,430}{4\,430} \times 100\% = 6.77\%$$

五、上市公司市场价值分析比率

上市公司是指所发行的股票经过国务院或者国务院授权的证券管理部门批准在证券交易所上市交易的股份有限公司。非上市公司是指其股票没有上市和没有在证券交易所交易的股份有限公司。与一般公司相比，上市公司最大的特点在于可利用证券市场进行筹资，广泛地吸收社会上的闲散资金，从而迅速扩大企业规模，增强产品的竞争力和市场占有率。因此，股份有限公司发展到一定规模后，往往将公司股票在交易所公开上市作为企业发展的重要战略步骤。作为持有上市公司股票的股东或潜在的投资者，都会为未来获得良好的投资回报而关注并分析上市公司的市场价值。随着我国资本市场的不断完善，上市公司队伍不断壮大。与上市公司股票价格或市场价值相关的分析指标主要有每股收益、每股股利、市盈率、每股净资产和市净率等。

（一）每股收益

每股收益是综合反映企业盈利能力的重要指标，可以用来判断和评价管理层的经营业绩。每股收益也称每股利润或每股盈余，每股收益概念包括基本每股收益和稀释每股收益。

基本每股收益是指净收益与企业发行在外的加权平均普通股股数的比值。基本每股收益的计算公式为：

$$基本每股收益 = \frac{归属于公司普通股股东的净利润}{发行在外的普通股加权平均数}$$

$$\begin{array}{c}发行在外的普通股\\加权平均数\end{array} = \begin{array}{c}期初发行在外\\的普通股股数\end{array} + \begin{array}{c}当期新发的\\普通股股数\end{array} \times \frac{已发行时间}{报告期时间} - \begin{array}{c}当期回购的\\普通股股数\end{array} \times \frac{已回购时间}{报告期时间}$$

【例 8-24】远大公司是一家上市公司，2024 年度归属于普通股股东的净利润为 50 000 万元。2023 年年末的股数为 17 000 万股，2024 年 2 月 8 日，经公司 2023 年度股东大会决议，以截至 2023 年年末公司总股数为基础，向全体股东每 10 股送红股 2 股，工商注册登记变更完成后公司总股数变为 20 400 万股。2024 年 11 月 29 日发行新股 6 000

万股。其基本每股收益为：

$$基本每股收益=\frac{50\,000}{17\,000+3\,400+6\,000\times\frac{1}{12}}=2.39\text{（元/股）}$$

公司向全体股东每10股送红股2股导致股数增加3 400万股，由于送红股是将公司以前年度的未分配利润转为普通股，不论转化与否，其都一直作为资本使用，因此新增的这3 400万股不需要按照实际增加的月份加权计算，可以直接计入分母；而公司发行新股6 000万股，这部分股份由于在11月底增加，对全年的利润贡献只有1个月，因此应该按照1/12的权数进行加权计算。

对投资者来说，每股收益是一个综合性的盈利概念，在不同行业、不同规模的上市公司之间具有相当大的可比性，因而在各上市公司之间的业绩比较中被广泛应用。人们一般将每股收益视为企业达到其利润目标的标志，也可以将其看成一家企业管理效率、盈利能力和股利来源的标志。理论上，每股收益反映了投资者可望获得的最高股利收益，因而是衡量股票投资价值的重要指标。每股收益越高，表明投资价值越大。但是每股收益多并不意味着每股股利就多，此外每股收益不能反映股票的风险水平。

【知识拓展】

稀释每股收益

企业存在稀释性潜在普通股的，应当计算稀释每股收益。稀释性潜在普通股是指假设当期转换为普通股会减少每股收益的潜在普通股。潜在普通股主要包括：可转换公司债券、认股权证和股份期权等。

（1）可转换公司债券。对于可转换公司债券，计算稀释每股收益时，分子的调整项目为可转换公司债券当期已确认为费用的利息等的税后影响额；分母的调整项目为假定可转换公司债券当期期初或发行日转换为普通股股数的加权平均数。

（2）认股权证和股份期权。认股权证、股份期权等的行权价格低于当期普通股平均市场价格时，应当考虑其稀释性。

计算稀释每股收益时，作为分子的净利润金额一般不变；分母的调整项目为增加的普通股股数，同时还应考虑时间权数。

行权价格和拟行权时转换的普通股股数，按照有关认股权证合同和股份期权合约确定。当期普通股平均市场价格，通常按照每周或每月具有代表性的股票交易价格进行简单算术平均计算。在股票价格比较平稳的情况下，可以采用每周或每月股票的收盘价作为代表性价格；在股票价格波动较大的情况下，可以采用每周或每月股票最高价与最低价的平均值作为代表性价格。无论采用何种方法计算平均市场价格，一经确定不得随意变更，除非有确凿证据表明原计算方法不再适用。当期发行认股权证或股份期权的，普通股平均市场价格应当自认股权证或股份期权的发行日起计算。

例如，公司2024年7月1日按面值发行年利率为3%的可转换公司债券，面值10 000万元，期限为5年，利息每年年末支付一次，发行一年后可以转换为股票，转换价格为每股5元，即每100元债券可转换为面值1元的普通股20股。2024年该公司归属于普通股股东的净利润为50 000万元，2024年发行在外普通股加权平均数为20 900万股，债券利息不符合资本化条件，直接计入当期损益，所得税税率25%。假设不考虑可转换公司债券在负债成分和权益成分之间的分拆，且债券票面利率等于实际利率。则稀释每股收益计算如下：

$$基本每股收益 = \frac{50\,000}{20\,900} = 2.39（元）$$

$$假设全部转股，所增加的净利润 = 10\,000 \times 3\% \times \frac{6}{12} \times（1-25\%）= 112.5（万元）$$

$$假设全部转股，所增加的年加权平均普通股股数 = \frac{10\,000}{100} \times 20 \times \frac{6}{12} = 1\,000（万股）$$

$$增量股的每股收益 = \frac{112.5}{1\,000} = 0.1125（元/股）$$

增量股的每股收益小于原每股收益，可转换债券具有稀释作用。

$$稀释每股收益 = \frac{50\,000 + 112.5}{20\,900 + 1\,000} = 2.29（元/股）$$

在分析每股收益指标时，应注意企业利用回购的方式减少发行在外的普通股股数，使每股收益简单增加。另外，如果企业将盈利用于派发股票股利或配售股票，就会使企业流通在外的股票数量增加，这样将会大量稀释每股收益。在分析上市公司公布的信息时，投资者应注意区分公布的每股收益是按原始股股数还是按完全稀释后的股数计算规则计算的，以免受到误导。

（二）每股股利

每股股利是企业现金股利总额与期末发行在外的普通股股数的比值。其计算公式为：

$$每股股利 = \frac{现金股利总额}{期末发行在外的普通股股数}$$

【例8-25】远大公司2024年度发放普通股股利20 000万元，年末发行在外的普通股股数为40 000万股。每股股利为：

$$每股股利 = \frac{20\,000}{40\,000} = 0.50（元/股）$$

每股股利反映的是普通股股东每持有上市公司一股普通股获取的股利大小，是投资者股票投资收益的重要来源之一。由于净利润是股利分配的来源，因此每股股利的多少在很大程度上取决于每股收益的多少。但上市公司每股股利发放多少，除了受上市公司盈利能力大小的影响以外，还取决于企业的股利分配政策和投资机会。投资者使用每股股利分析上市公司的投资回报时，应比较连续几个期间的每股股利，以评估股利回报的稳定性并作出收益预期。

反映每股股利和每股收益之间关系的一个重要指标是股利发放率，即每股股利与每股收益之比。

$$股利发放率 = \frac{每股股利}{每股收益}$$

股利发放率反映每1元净利润有多少用于普通股股东的现金股利发放，反映普通股股东的当期收益水平。借助于该指标，投资者可以了解一家上市公司的股利发放政策。

（三）市盈率

市盈率是股票每股市价与每股收益的比率，反映普通股股东为获取1元净利润所愿意支付的股票价格。其计算公式为：

$$市盈率=\frac{每股市价}{每股收益}$$

【例8-26】沿用【例8-24】的资料，同时假定该上市公司2024年年末每股市价为30.40元。则该公司2024年年末市盈率为：

$$市盈率=\frac{30.40}{1.45}=21（倍）$$

市盈率是股票市场上反映股票投资价值的重要指标，该比率的高低反映了市场上投资者对股票投资收益和投资风险的预期。一方面，市盈率越高，意味着投资者对股票的收益预期越看好，投资价值越大；反之，投资者对该股票评价越低。另一方面，市盈率越高，说明投资者获得一定的预期利润需要支付的价格越高，因此投资于该股票的风险也越大；市盈率越低，说明投资于该股票的风险越小。

上市公司的市盈率是广大股票投资者进行中长期投资的重要决策指标。

影响企业股票市盈率的因素有：第一，上市公司盈利能力的成长性。如果上市公司预期盈利能力不断提高，说明企业具有较好的成长性，虽然目前市盈率较高，但值得投资者进行投资。第二，投资者所获取报酬率的稳定性。如果上市公司经营效益良好且相对稳定，投资者获取的收益也较高且稳定，投资者就愿意持有该企业的股票，该企业的股票市盈率会由于众多投资者的普遍看好而相应提高。第三，市盈率也受到利率水平变动的影响。当市场利率水平变化时，市盈率也应作相应的调整。

使用市盈率进行分析的前提是每股收益维持在一定水平之上，如果每股收益很小或接近亏损，但股票市价不会降至零，会导致市盈率极高，此时很高的市盈率不能说明任何问题。尽管以市盈率衡量股票投资价值具有市场公允性，但还存在一些缺陷：第一，股票价格的高低受很多因素的影响，非理性因素的存在会使股票价格偏离其内在价值；第二，市盈率反映了投资者的投资预期，由于市场不完全和信息不对称，投资者可能会对股票作出错误估计。因此，通常难以根据某一股票在某一时期的市盈率对其投资价值作出判断，应该进行同期间以及同行业不同公司之间的比较，或与行业平均市盈率进行比较，以判断股票的投资价值。

（四）每股净资产

每股净资产，又称每股账面价值，是指企业期末普通股净资产与期末发行在外的普通股股数之间的比率。用公式表示为：

$$每股净资产=\frac{期末普通股净资产}{期末发行在外的普通股股数}$$

【例8-27】远大公司2024年年末股东权益为187 500万元，全部为普通股，年末发行在外的普通股股数为40 000万股。则每股净资产为：

$$每股净资产=\frac{187\ 500}{40\ 000}=4.69（元/股）$$

每股净资产显示了发行在外的每一普通股股份所能分配的企业账面净资产的价值。这里所说的账面净资产是指企业账面上的总资产减去负债后的余额，即股东权益总额。每股净资产指标反映了在会计期末每一股份在企业账面上到底值多少钱，它与股票面值、发行价值、市场价值乃至清算价值等往往有较大差距，是理论上股票的最低价值。

利用该指标进行横向和纵向对比，可以衡量上市公司股票的投资价值。如在企业性质相同、股票市价相近的条件下，某一企业股票的每股净资产越高，企业发展潜力与其股票的投资价值就越大，投资者所承担的投资风险就越小。但是也不能一概而论，在市场投机气氛较浓的情况下，每股净资产指标往往不太受重视。投资者，特别是短线投资者注重股票市价的变动，如果企业股票市价低于其账面价值，投资者则会认为这个企业没有前景，从而失去对该企业股票的兴趣；如果市价高于其账面价值，而且差距较大，投资者则会认为企业前景良好，有潜力，因而甘愿承担较大的风险购进该企业的股票。

（五）市净率

市净率是每股市价与每股净资产的比率，是投资者用以衡量、分析个股是否具有投资价值的工具之一。其计算公式为：

$$市净率=\frac{每股市价}{每股净资产}$$

【例 8-28】沿用【例 8-27】的资料，同时假定该上市公司 2024 年年末每股市价为 30.40 元，则该公司 2024 年年末市净率为：

$$市净率=\frac{30.40}{4.69}=6.48（倍）$$

净资产代表的是全体股东共同享有的权益，是股东拥有公司财产和公司投资价值最基本的体现。一般来说，市净率较低的股票，投资价值较高；反之，则投资价值较低。但有时较低的市净率反映的可能是投资者对公司前景的不良预期，而较高市净率则相反。因此，在判断某只股票的投资价值时，还要综合考虑当时的市场环境以及公司经营情况、资产质量和盈利能力等因素。

【明德善思】

义利并举，厚积薄发

宁德时代（CATL）作为全球领先的动力电池制造商，其盈利能力的形成并非依赖短期逐利，而是通过持续的技术创新、全产业链布局，以及对绿色能源的长期投入。在新能源汽车行业快速发展的背景下，宁德时代坚持高研发投入（每年研发费用占营收比例超过6%），积极布局上游原材料和下游回收体系，形成了强大的技术壁垒和成本优势。尽管短期面临原材料价格波动和市场竞争压力，但其盈利能力不断增强，2023 年的净利润为 441.21 亿元人民币，相比上一年度同比增长了 43.58%。与此同时，宁德时代积极响应国家“双碳”战略，推动绿色能源转型，不仅为企业创造了长期价值，也为社会可持续发展作出了贡献。这种将企业盈利与国家战略、社会责任相结合的商业模式，展现了“义利并举”的现代企业风范。

启示：(1) 企业的发展离不开正确价值观的指引。宁德时代将盈利目标与国家战略相结合，服务国家发展大局，通过技术创新和绿色能源布局创造的财富，不仅为企业带来了丰厚的利润，也为社会创造了巨大的环境效益和就业机会。无论是作为企业管理者还是财务工作者，都应树立正确的义利观，财富的真正意义不仅在于个人或企业的积累，更在于其对社会的贡献。(2) 成功的背后是艰苦奋斗与坚持不懈。宁德时代的成就并非一蹴而就，而是源于多年如一日的技术积累和市场开拓，终成行业领军者。所以无论是经营企业还是个人成长，都应秉持长期主义，不被短期利益所迷惑。树立长远目标并为之付出努力，注重积累与沉淀，养成独具特色的核心竞争力，方可获得持续的发展能力。

任务解析

通过上述学习，可以解析【任务引入】中的问题：

根据尚达家居2024年度财务报表（见表8-1和表8-2），运用财务指标的计算公式，计算尚达家居的各项财务指标，见表8-7。

表8-7 尚达家居的各项财务指标

指 标	2024年	指 标	2024年
偿债能力：		固定资产周转天数	109.69
流动比率	3.80	总资产周转率（次数）	1.03
速动比率	0.77	总资产周转天数	349.51
现金比率	0.62	盈利能力：	
资产负债率	18%	营业毛利率	38%
产权比率	0.22	营业净利率	9.31%
利息保障倍数	48.23	净资产收益率	12.63%
营运能力：		总资产净利率	9.57%
应收账款周转率（次数）	49.4	发展能力：	
应收账款周转天数	7.29	营业收入增长率	14.78%
存货周转率（次数）	6.06	营业利润增长率	12.88%
存货周转天数	39.05	总资产增长率	54.41%
固定资产周转率（次数）	3.28	资本积累率	93.43%

根据表8-7的数据分析，尚达家居的大部分偿债能力指标好于经验比值，反映企业

有较强的偿债能力，但其速动比率偏低，分析其资产负债表发现主要是由于公司“其他流动资产”金额2024年度突然增加，由2023年的50 340元增至523 795 000元，公司应重点分析其他流动资产发生巨大变化的原因；公司的营运能力较好，资产运用效率较高，但还应结合行业平均水平，分析掌握本公司在行业中的地位；上述盈利能力和发展能力指标表明公司盈利能力增长稳健，发展势头强劲。

任务三 财务综合分析

任务引入

根据上述尚达家居财务报表资料（见表8–1和表8–2），运用杜邦分析法分析公司净资产收益率变化的原因。

任务分析：杜邦分析法又称杜邦财务分析体系，该体系以净资产收益率为起点，以总资产净利率和权益乘数为核心，通过各相关指标之间的关系揭示净资产收益率变化的原因及改进的途径。

知识准备

一、财务综合分析的含义

财务分析的最终目的在于全面、准确、客观地揭示与披露企业财务状况和经营情况，并借以对企业经济效益优劣作出合理的评价。显然，要达到这样一个分析目的，仅测算几个简单、孤立的财务比率，或者将一些孤立的财务分析指标堆砌在一起，彼此毫无联系地考察，不可能得出合理、正确的综合性结论，有时甚至会得出错误的结论。因此，应将企业偿债能力、营运能力、盈利能力以及发展能力等各项分析指标有机地联系起来，作为一套完整的体系相互配合，进而对企业财务状况和经营情况作出全面、系统的综合评价。

一个健全有效的综合财务指标体系必须具备三个基本要素：

（一）指标要素齐全适当

所设置的评价指标必须能够涵盖企业营运能力、偿债能力、盈利能力和发展能力等方面总体考核的要求。

（二）主辅指标功能匹配

主要强调两个方面：第一，在确立营运能力、偿债能力和盈利能力等方面评价的主要指标与辅助指标的同时，进一步明晰总体结构中各项指标的主辅地位；第二，不同范畴的主要考核指标所反映的企业经营状况、财务状况等的不同侧面与不同层次的信息有机统一，应当能够全面而翔实地揭示企业经营理财的实际业绩。

（三）满足多方面信息需要

要求评价指标体系必须能够提供多层次、多角度的信息资料，既能满足企业内部管理当局实施决策的财务信息需要，同时又能满足外部投资者和政府进行决策和实施宏观调控的要求。

二、财务综合分析的方法

综合指标分析的方法有很多，其中应用比较广泛的有杜邦分析法和沃尔评分法。

（一）杜邦分析法

杜邦分析法又称杜邦财务分析体系（简称杜邦体系），是利用各财务指标间的内在关系，对企业综合经营理财及经济效益进行系统分析评价的方法。因其最初由美国杜邦公司创造并成功运用而得名。该体系以净资产收益率为核心，将其分解为若干财务指标，通过分析各分解指标的变动对净资产收益率的影响来揭示企业盈利能力及其变动原因。

微课

杜邦分析法

杜邦分析法将净资产收益率（权益净利率）进行分解，如图8-1所示。

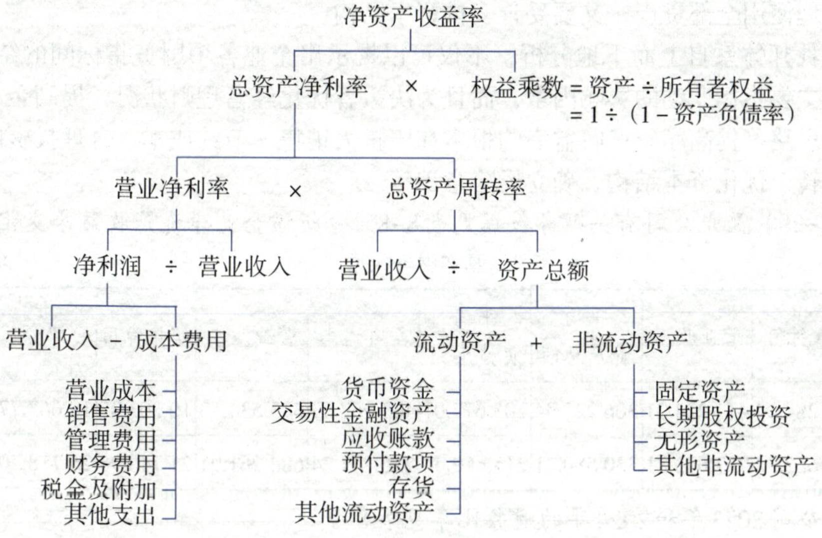

图8-1　杜邦分析体系

注：图中资产、负债、权益指标通常用平均值计算。

杜邦分析法的分析关系式为：

$$
\begin{aligned}
\text{净资产收益率} &= \text{总资产净利率} \times \text{权益乘数} \\
&= \text{营业净利率} \times \text{总资产周转率} \times \text{权益乘数}
\end{aligned}
$$

式中：

$$\text{营业净利率} = \frac{\text{净利润}}{\text{营业收入}} \times 100\%$$

$$\text{总资产周转率} = \frac{\text{营业收入}}{\text{平均总资产}} \times 100\%$$

$$权益乘数 = \frac{资产}{所有者权益} = \frac{1}{1-资产负债率}$$

上述指标之间的关系：

（1）净资产收益率是一个综合性最强的财务比率，是杜邦体系的核心。其他各项指标都围绕这一核心，通过研究彼此之间的依存、制约关系，来揭示企业的盈利能力，及其前因后果。财务管理的目标是使股东财富最大化，净资产收益率反映股东资本的盈利能力，反映企业筹资、投资、资产运营等活动的效率，提高净资产收益率是实现财务管理目标的基本保证。该指标的高低取决于营业净利率、总资产周转率与权益乘数。

（2）营业净利率反映了企业净利润与营业收入的关系。提高营业净利率是提高企业盈利的关键，主要有两个途径：一是扩大营业收入，二是降低成本费用。

（3）总资产周转率揭示企业资产总额实现营业收入的综合能力。企业应当联系营业收入分析企业资产的使用是否合理，对资产的内部结构以及影响资产周转率的各具体因素进行分析。

（4）权益乘数反映所有者权益与总资产的关系。权益乘数越大，说明企业负债程度越高，能给企业带来较多的财务杠杆利益，但同时也带来了较大的偿债风险。因此，企业既要合理使用全部资产，又要妥善安排资本结构。

通过杜邦体系自上而下地分析，不仅可以揭示出企业各项财务指标间的结构关系，查明各项主要指标变动的影响因素，而且为决策者优化经营理财状况，提高企业经营效益提供了思路。提高净资产收益率的根本在于扩大销售、节约成本、合理投资配置、加速资金周转、优化资本结构、确立风险意识等。

【例 8-29】星光公司有关财务数据见表 8-8，分析该企业净资产收益率变化的原因。

表8-8 基本财务数据 单位：万元

年度	净利润	营业收入	平均资产总额	平均负债总额	全部成本	营业成本	销售费用	管理费用	财务费用
2023 年	10 284.04	411 224.01	306 222.94	205 677.07	403 967.43	373 534.53	10 203.05	18 667.77	1 562.08
2024 年	12 653.92	757 613.81	330 580.21	215 659.54	736 747.24	684 261.91	21 740.96	25 718.20	5 026.17

星光公司 2023 年和 2024 年的财务比率见表 8-9。

表8-9 财务比率

项 目	2023 年	2024 年
净资产收益率	10.23%	11.01%
权益乘数	3.05	2.88
资产负债率	67.2%	65.2%
总资产净利率	3.36%	3.83%
营业净利率	2.50%	1.67%
总资产周转率（次数）	1.34	2.29

（1）对净资产收益率的分析。该企业的净资产收益率在2023年至2024年出现了一定程度的好转，从2023年的10.23%增至2024年的11.01%。企业的投资者在很大程度上依据这个指标来判断是否投资或是否转让股份，以及考察经营者业绩和决定股利分配政策。这些指标对企业的管理者也至关重要。

净资产收益率 = 权益乘数 × 总资产净利率

2023年 10.23% = 3.05 × 3.36%

2024年 11.01% = 2.88 × 3.83%

注：因计算过程中数值保持两位小数，导致等式左右不完全相等。

通过分解可以明显地看出，该企业净资产收益率的变动是资本结构（权益乘数）变动和资产运用效果（总资产净利率）变动两方面共同作用的结果，该企业的总资产净利率虽然略有上升，但仍然很低，表明资产整体利用效果欠佳。

（2）对总资产净利率的分析。

总资产净利率 = 营业净利率 × 总资产周转率

2023年 3.36% = 2.50% × 1.34

2024年 3.83% = 1.67% × 2.29

注：因计算过程中数值保持两位小数，导致等式左右不完全相等。

通过分解可以看出2024年该企业的总资产周转率有所提高，说明资产的利用得到较好的控制，资产运用效率比上一年有所提高，表明企业利用其总资产创造营业收入的效率在增强；但同时营业净利率减少，表明营业盈利能力下降，阻碍了总资产净利率的提高。

（3）对营业净利率的分析。

营业净利率 = 净利润 ÷ 营业收入

2023年 2.50% = 10 284.04 ÷ 411 224.01

2024年 1.67% = 12 653.92 ÷ 757 613.81

该企业2024年大幅度提高了营业收入，但是净利润的提高幅度却很小，利润的增长率低于收入的增长率。分析其原因是成本费用增多，从表8-8可知：全部成本从2023年的403 967.43万元增至2024年的736 747.24万元，与营业收入的增加幅度大致相当。

（4）对全部成本的分析。

全部成本 = 营业成本 + 销售费用 + 管理费用 + 财务费用

2023年 403 967.43 = 373 534.53 + 10 203.05 + 18 667.77 + 1 562.08

2024年 736 747.24 = 684 261.91 + 21 740.96 + 25 718.20 + 5 026.17

本例中，导致该企业净资产收益率低的主要原因是全部成本过大。正是因为全部成本的大幅度提高导致了净利润提高幅度不大，而营业收入大幅度增加，引起了营业净利率下降，显示该企业营业盈利能力的降低。

（5）对权益乘数的分析。

权益乘数 = 资产总额 ÷ 权益总额

$$2023\text{年}\quad 3.05=\frac{306\,222.94}{306\,222.94-205\,677.54}$$

$$2024\text{年}\quad 2.88=\frac{330\,580.21}{330\,580.21-215\,639.54}$$

企业2024年的权益乘数较2023年有所降低，表明企业的资本结构在2023年至2024年发生了变动。权益乘数越小，企业负债程度就越低，偿还债务的能力就越强，财务风险就越低。这个指标同时也反映了财务杠杆对利润水平的影响。该企业的权益乘数一直处于2～5，即负债率在50%～80%，属于激进战略型企业。管理者应该准确把握企业所处的环境，合理预测利润和控制负债带来的风险。

（6）结论。对于该企业，最为重要的就是要努力降低各项成本，在控制成本上下功夫，同时要保持较高的总资产周转率。这样，可以使营业净利率得到提高，进而使总资产净利率有大的提高，最终提高净资产收益率。

（二）沃尔评分法

在进行财务分析时，遇到的一个主要困难就是计算出财务比率之后，无法判断它是偏高还是偏低。与本企业的历史比较，也只能看出自身的变化，却难以评价其在市场竞争中的优劣地位。为了弥补这些缺陷，美国经济学家亚历山大·沃尔在其于20世纪初出版的《信用晴雨表研究》和《财务报表比率分析》等著作中提出了信用能力指数概念，将流动比率、产权比率、固定资产比率、存货周转率、应收账款周转率、固定资产周转率、自有资金周转率等7项财务比率用线性关系结合起来，并分别给定各自的分数比重，然后通过与标准比率进行比较，确定各项指标的得分及总体指标的累计分数，从而对企业的信用水平作出评价。

沃尔评分法存在两个缺陷：一是所选定的7项指标缺乏证明力；二是当某项指标严重异常时，会对总评分产生不合逻辑的重大影响。

现代社会与沃尔所处的时代相比，已经发生了很大的变化。沃尔最初提出的七项指标已难以完全适用于当前企业评价的需要。现在通常认为，在选择指标时，偿债能力、营运能力、盈利能力和发展能力指标均应当选到，并且在技术上加以改进。

【例8-30】丰远公司是一家中型电力企业，对其2024年的财务状况进行评价，综合评分标准和财务状况评分分别见表8-10和表8-11。

表8-10 综合评分标准

指标	评分值	标准比率（%）	行业最高比率（%）	最高评分	最低评分	每分比率的差（%）
盈利能力：						
总资产收益率	20	5.5	15.8	30	10	1.03
营业净利率	20	26.0	56.2	30	10	3.02
净资产收益率	10	4.4	22.7	15	5	3.66
偿债能力：						

续表

指标	评分值	标准比率（%）	行业最高比率（%）	最高评分	最低评分	每分比率的差（%）
自有资金比率	8	25.9	55.8	12	4	7.475
流动比率	8	95.7	253.6	12	4	39.475
营运能力：						
应收账款周转率	8	290	960	12	4	167.5
存货周转率	8	800	3 030	12	4	557.5
成长能力：						
销售增长率	6	2.5	38.9	9	3	12.13
净利润增长率	6	10.1	51.2	9	3	13.7
总资产增长率	6	7.3	42.8	9	3	11.83
合计	100			150	50	

表8-11　财务状况评分

指标	实际比率（%）①	标准比率（%）②	差异 ③=①-②	每分比率的差（%）④	调整分 ⑤=③÷④	标准评分值 ⑥	得分 ⑦=⑤+⑥
盈利能力：							
总资产收益率	10	5.5	4.5	1.03	4.37	20	24.37
营业净利率	33.54	26.0	7.54	3.02	2.50	20	22.50
净资产收益率	13.83	4.4	9.43	3.66	2.58	10	12.58
偿债能力：							
自有资金比率	72.71	25.9	46.81	7.475	6.26	8	14.26
流动比率	166	95.7	70.3	39.475	1.78	8	9.78
营运能力：							
应收账款周转率	861	290	571	167.5	3.41	8	11.41
存货周转率	994	800	194	557.5	0.35	8	8.35
成长能力：							
销售增长率	17.7	2.5	15.2	12.13	1.25	6	7.25
净利润增长率	-1.74	10.1	-11.84	13.7	-0.86	6	5.14

续表

指标	实际比率（%）①	标准比率（%）②	差异 ③=①-②	每分比率的差（%）④	调整分 ⑤=③÷④	标准评分值 ⑥	得分 ⑦=⑤+⑥
总资产增长率	46.36	7.3	39.06	11.83	3.30	6	9.30
合计						100	124.94

标准比率以本行业平均数为基础，在给每个指标评分时，应规定其上限和下限，以减少个别指标异常对总评分造成不合理的影响。上限可定为正常评分值的1.5倍，下限可定为正常评分值的0.5倍。此外，给分不采用“乘”的关系，而采用“加”或“减”的关系来处理，克服了沃尔评分法的缺点。例如，总资产报酬率每分比率的差为1.03%（（15.8% - 5.5%）÷（30 - 20））。总资产报酬率每提高1.03%，多给1分，但该项得分不得超过30分。根据这种方法，对该企业的财务状况进行综合评价，得分124.94，表明其是一个中等略偏上水平的企业。

沃尔评分法是评价企业总体财务状况的一种比较可取的方法，在实践中被广泛应用。这一方法的关键在于指标的选定、权重的分配及标准值的确定等。

【明德善思】

古代智慧与现代启示：系统性思维的力量

北宋真宗大中祥符年间，汴京皇宫毁于大火。当时丁谓主持重建皇宫，面对“工期短、建材缺、运输难”三大难题，丁谓命令从大街取土，没几天大街就成了大渠。于是挖通汴河引水进入渠中，各地水运的资材都通过汴河和大渠运至宫门口。重建工作完成后，用工程废弃的瓦砾回填入渠中，水渠又变成了街道。丁谓创造性地将工程分解为三环相扣的子系统：挖沟取土烧砖→引水成河运料→废料回填筑路。不仅提前完工，更节省数万两白银。这个千年工程奇迹，正是系统性思维的典范。

启示：古代经典和实践中的系统性智慧，为现代系统论提供了丰富的思想源泉；现代系统论将这种智慧系统化、理论化，并赋予其更广泛的应用场景。(1) 企业管理：全局统筹与协同共进。系统性思维强调管理者将企业组织视为一个动态平衡的整体，不仅关注单个部门或项目的表现，更要理解各要素之间的内在联系及其对整体效能的影响。通过系统性思维，识别部门间的协同效应，优化资源配置，提升整体效率。强调部门间的协同合作，追求“系统最优”，而非“部门最优”。(2) 财务管理：对财务数据的深度分析与综合管理。系统性思维要求财务专业人士不仅关注财务报表上的数字，更要深入理解这些数字背后的业务逻辑和市场动态。例如，杜邦分析体系将*ROE*（净资产收益率）分解为营业净利率、总资产周转率和权益乘数三个关键指标，企业可以清晰地识别影响财务表现的核心因素及其成因，进而制定财务改进策略。同样，对投融资管理、风险管理均需识别关键财务指标间的因果关系，建立资源约束下多变量平衡，确保企业财务健康，实现财务资源的最大化利用。(3) 个人发展：长远规划与能力整合。系统性思维强调应从全局视角审视个人目标、兴趣与能力，制订长远且可行的个人发展计划。基于个人优势与短板，在技能提升、知识学习、人际关系建立等方面作出明智选择。当面对职业挑战或生活变故时保持冷静，不计较一城一池之得失，不被短期的波动影响情绪，制订多维度解决方案。坚持持续学习与自我反思，在不断变化的环境中寻找成长机会，实现个人价值。

任务解析

通过上述学习，可以解析【任务引入】中的问题：

根据尚达家居2024年度财务报表（见表8-1和表8-2），计算杜邦分析体系的相关财务比率指标，见表8-12。

表8-12 财务比率

指 标	2024年	2023年
净资产收益率	13%	16%
总资产净利率	10%	10.45%
权益乘数	1.22	1.52
营业净利率	9.31%	9.19%
总资产周转率	1.03	1.14

以上杜邦财务分析体系的财务数据表明，尚达家居净资产收益率2024年比2023年有较大幅度下降（3%）。分析其原因：总资产净利率和权益乘数都有所下降。其中：影响总资产净利率的因素是营业净利率和总资产周转率，尚达家居的营业净利率2024年依然保持稳健上升状态，并且净利润的增长（16.40%）快于营业收入的增长（14.78%），盈利能力较强；总资产周转率的下降是导致总资产净利率下降的原因，这是由于公司2024年5月大量筹集股权资本使资产规模迅猛增加所致，不是资产运用效率下降了，不属于公司经营管理问题。权益乘数降低是导致净资产收益率下降的另一因素，公司权益资本大幅增加，相对的负债比率迅速下降（只有17.71%）。公司应尽快优化资本结构，在降低资本成本的同时获取财务杠杆利益，以提高净资产收益率。

技能训练

一、单项选择题

1.如果企业速动比率很小，下列各项结论成立的是（　　）。

A.企业流动资金占用过多　　B.企业短期偿债能力强

C.企业短期偿债风险很大　　D.企业长期偿债风险很大

2.下列各项中，可能导致企业资产负债率变化的经济业务是（　　）。

A.收回应收账款

B. 用现金购买债券

C. 接受所有者投资转入的固定资产

D. 以固定资产对外投资（按账面价值作价）

3. 下列各项关于每股收益的说法，正确的是（　　）。

A. 每股收益，是衡量上市公司盈利能力的财务指标

B. 每股收益多，意味着风险大

C. 每股收益多，意味着每股股利高

D. 每股收益多的公司市盈率高

4. 利息保障倍数不仅反映了企业获利能力，而且反映了（　　）。

A. 总偿债能力　　B. 短期偿债能力

C. 长期偿债能力　　D. 经营能力

5. 企业大量增加速动资产可能导致的结果是（　　）。

A. 减少资金的机会成本　　B. 增加资金的机会成本

C. 增加财务风险　　D. 提高流动资产的收益率

6. 在杜邦财务分析体系中，综合性最强的财务比率是（　　）。

A. 净资产收益率　　B. 总资产净利率

C. 总资产周转率　　D. 营业净利率

7. 如果流动负债小于流动资产，期末以现金偿付一笔短期借款所导致的结果是（　　）。

A. 营运资金减少　B. 营运资金增加　C. 流动比例降低　D. 流动比例提高

8. 在下列财务分析主体中，必须对企业营运能力、偿债能力、盈利能力及发展能力的全部信息予以详尽了解和掌握的是（　　）。

A. 短期投资者　B. 企业债权人　C. 企业经营者　D. 税务机关

9. 下列各项中，企业短期债权人主要关心企业的（　　）。

A. 资产的流动性　　B. 收益的稳定性

C. 负债与权益的比例　　D. 长期负债与短期负债的比例

10. 下列各项关于资产负债率、权益乘数和产权比率关系的表达式，正确的是（　　）。

A. 资产负债率 + 权益乘数 = 产权比率

B. 资产负债率 − 权益乘数 = 产权比率

C. 资产负债率 × 权益乘数 = 产权比率

D. 资产负债率 ÷ 权益乘数 = 产权比率

11. 影响速动比率可信性的最主要因素是（　　）。

A. 存货的变现能力　　B. 短期债券的变现能力

C. 产品的变现能力　　D. 应收账款的变现能力

12.（　　）是净利润与总资产平均数的比率，反映平均每1元总资产为投资者所创造的利润。

A. 净资产收益率　　B. 总资产收益率

C. 总资产报酬率　　D. 流动比率

二、多项选择题

1.某公司当年的经营利润有很多，却不能偿还到期的债务。为查清其原因，应该检查的比率包括（　　）。

A.资产负债率　　B.流动比率

C.存货周转率　　D.应收账款周转率

2.影响净资产收益率的因素有（　　）。

A.流动负债与长期负债的比率　　B.资产负债率

C.营业净利率　　D.资产周转率

3.在其他条件不变的情况下，会引起总资产周转率指标上升的经济业务有（　　）。

A.用现金偿还负债　　B.借入一笔短期借款

C.用银行存款购一台设备　　D.用银行存款支付一年的电话费

4.一个健全有效的企业综合财务指标体系必须具备的基本要素包括（　　）。

A.指标数量多　　B.指标要素齐全适当

C.主辅指标功能匹配　　D.满足多方信息需求

5.下列各项对资产负债率的表述，正确的有（　　）。

A. 从债权人角度看，资产负债率越高越好

B. 从债权人角度看，资产负债率越低越好

C. 从股东角度看，资产负债率越高越好

D. 从股东角度看，当全部资本利润率高于债务利息率时，资产负债率越高越好

6.计算速动比率时，从流动资产中扣除存货的重要原因有（　　）。

A.存货的价值较大　　B.存货的质量难以保证

C.存货的变现能力较弱　　D.存货的变现能力不稳定

7.财务分析的局限性主要表现为（　　）。

A.分析主体的局限性　　B.资料来源的局限性

C.分析方法的局限性　　D.分析指标的局限性

8.在其他情况不变的情况下，缩短应收账款周转天数有利于（　　）。

A.提高短期偿债能力　　B.缩短现金周转期

C.企业减少资金占用　　D.企业扩大销售规模

9.如果流动比率高，意味着企业可能（　　）。

A.存在闲置现金　　B.存在存货积压

C.应收账款周转缓慢　　D.短期偿债能力差

10.下列各项对流动比率的表述，正确的有（　　）。

A. 不同企业的流动比率有统一的衡量标准

B. 流动比率越高越好

C. 流动比率需要用速动比率加以补充和说明

D. 流动比率高，并不意味着企业一定具有较高的短期偿债能力

11.提高应收账款周转率有助于（　　）。

A.加快资金周转　　B.提高生产能力

C.增强短期偿债能力　　　　　　　　D.减少坏账损失

12.由杜邦财务分析体系可知，提高净资产收益率的途径在于（　　）。

A.加强负债管理，降低资产负债率

B.加强成本管理，降低负债费用

C.加强销售管理，提高销售利润率

D.加强资产管理，提高资产周转率

13.采用比较分析法时，必须注意的问题有（　　）。

A.所对比指标的计算口径必须一致

B.应剔除偶发性项目的影响

C.应运用例外原则对某项有显著变动的指标做重点分析

D.衡量标准的科学性

14.财务分析的意义主要有（　　）。

A.可以判断企业的财务实力

B.可以评价和考核企业的经营业绩

C.可以分析问题和解决问题

D.可以评价企业的发展趋势

三、判断题

1.一般而言，利息保障倍数越大，企业偿还债务的可能性也越大。（　　）

2.对于盈利企业，在总资产净利率不变的情况下，资产负债率越高，净资产收益率就越低。（　　）

3.资产负债率与产权比率的乘积等于1。（　　）

4.尽管流动比率可以反映企业的短期偿债能力，但却存在有的企业流动比率高，却没有能力支付到期应付账款的情况。（　　）

5.权益乘数的高低取决于企业的资金结构：资产负债率越高，权益乘数就越高，财务风险就越大。（　　）

6.市盈率是评价上市公司盈利能力的指标，它反映投资者愿意对公司每股净利润支付的价格。（　　）

7.在财务分析中，将通过对比两期或连续数期财务报告中的相同指标，来说明企业财务状况或经营成果变动趋势的方法称为水平分析法。（　　）

8.企业拥有的各种资产都可以作为偿还债务的保证。（　　）

9.如果资产增加幅度低于销售收入净额增长幅度，则会引起资产周转率增大，表明企业的营运能力有所提高。（　　）

10.某企业去年的销售净利率为5.73%，资产周转率为2.17；今年的销售净利率为4.88%，资产周转率为2.88。若两年的资产负债率相同，今年的净资产收益率与去年相比未上升。（　　）

11.由杜邦财务分析体系可知，净资产收益率等于资产净利率乘以权益乘数。因此，企业的负债程度越高，净资产收益率就越大。（　　）

12.股票的市盈率越高，说明投资者对公司的发展前景越看好，投资者越愿意以较

高的价格购买公司股票，因此，该股票的投资风险越小。 （ ）

13. 其他条件不变的情况下，权益乘数越大，企业的负债程度越高，给企业带来的财务杠杆利益就越多，同时也增加了企业的财务风险。 （ ）

14. 财务报表中的数据，均是企业过去经济活动的结果和总结，用于预测未来发展趋势，有参考价值，绝对合理。 （ ）

四、计算分析题

1. 东方公司流动资产由速动资产和存货构成，年初存货为145万元，年初应收账款为125万元，年末流动比率为3，年末速动比率为1.5，存货周转率为4次，年末流动资产余额为270万元。一年按360天计算。

要求：

（1）计算该公司流动负债年末余额。

（2）计算该公司存货年末余额和年平均余额。

（3）计算该公司本年销货成本。

（4）假定本年营业收入为960万元，应收账款以外的其他速动资产忽略不计，计算该公司应收账款周转期。

2. 东方公司2024年年末有关数据见表8-13。

表8-13 东方公司2024年年末有关数据 单位：万元

项 目	金 额	项 目	金 额
货币资金	300	短期借款	200
交易性金融资产	200	应付账款	200
应收票据	102（年初168）	一年内到期的长期负债	100
应收账款	98（年初82）	应付债券	950
存货	500（年初460）	所有者权益	1 050（年初775）
固定资产净值	1 286（年初214）	营业收入	3 000
无形资产	14	营业成本	240
		营业利润	600
		财务费用	10
		税前利润	90
		税后利润	54

要求：根据以上资料，计算该公司2024年的下列财务比率指标：流动比率、速动比率、存货周转率、应收账款周转天数、资产负债率、利息保障倍数、营业净利率、总资产报酬率（年初资产总额1 500万元）、净资产收益率。

3. 已知东方公司2024年会计报表的有关数据见表8-14。

表8-14 东方公司2024年会计报表的有关数据 金额单位：千元

资产负债表项目	年初数	年末数
资产	8 000	10 000
负债	4 500	6 000

续表

资产负债表项目	年初数	年末数
所有者权益	3 500	4 000
利润表项目	上年数	本年数
营业收入	（略）	20 000
净利润	（略）	500

要求：

（1）计算杜邦财务分析体系中的下列指标（凡计算指标涉及资产负债表项目数据的，均按平均数计算）：①净资产收益率；②总资产净利率（保留三位小数）；③营业净利率；④总资产周转率（保留三位小数）；⑤权益乘数。

（2）用文字列出净资产收益率与上述其他各项指标之间的关系式，并用本题数据加以验证。

实战模拟

【目的】财务综合分析。

【资料】新洲公司是一家上市公司，在过去的7年中，其收益水平不断下降，为了分析经营业绩下降的原因，公司聘请了财务顾问进行咨询，财务顾问首先根据公司历年的财务报表资料，计算并编制了净资产收益率指标构成表（见表8-15）。

表8-15 净资产收益率指标构成表

指 标	2018年	2019年	2020年	2021年	2022年	2023年	2024年
净资产收益率（%）	50.90	44.69	38.93	20.10	4.40	2.19	0.69
营业净利率（%）	17.01	15.82	16.67	17.27	5.20	2.63	0.93
总资产周转率	1.42	1.18	1.11	0.65	0.57	0.66	0.56
权益乘数	2.10	2.60	1.87	1.72	1.28	1.25	1.38

【要求】请根据净资产收益率指标构成表提供的数据，对引起净资产收益率变化的主要因素及其影响程度进行分析。

参考文献

[1] 财政部会计财务评价中心．财务管理［M］．北京：经济科学出版社，2024.

[2] 刘春华，刘静中．财务管理［M］．大连：大连出版社，2017.

[3] 张显国，钱胡风．财务管理项目化教程［M］．合肥：安徽科学技术出版社，2015.

[4] 靳磊．财务管理实务［M］．3版．北京：高等教育出版社，2014.

[5] 秦志林，李凡，苗娟．财务管理项目化教程［M］．南京：南京大学出版社，2016.

[6] 中国注册会计师协会．财务成本管理［M］．北京：中国财政经济出版社，2024.

[7] 赵晓丽，赵咏梅．新编财务管理［M］．5版．大连：大连理工大学出版社，2016.

[8] 贾国军．财务管理学［M］．北京：中国人民大学出版社，2014.

附录

附表一　　复利终值系数表

期数	1%	2%	3%	4%	5%	6%	7%	8%	9%	10%	11%
1	1.0100	1.0200	1.0300	1.0400	1.0500	1.0600	1.0700	1.0800	1.0900	1.1000	1.1100
2	1.0201	1.0404	1.0609	1.0816	1.1025	1.1236	1.1449	1.1664	1.1881	1.2100	1.2321
3	1.0303	1.0612	1.0927	1.1249	1.1576	1.1910	1.2250	1.2597	1.2950	1.3310	1.3676
4	1.0406	1.0824	1.1255	1.1699	1.2155	1.2625	1.3108	1.3605	1.4116	1.4641	1.5181
5	1.0510	1.1041	1.1593	1.2167	1.2763	1.3382	1.4026	1.4693	1.5386	1.6105	1.6851
6	1.0615	1.1262	1.1941	1.2653	1.3401	1.4185	1.5007	1.5869	1.6771	1.7716	1.8704
7	1.0721	1.1487	1.2299	1.3159	1.4071	1.5036	1.6058	1.7138	1.8280	1.9487	2.0762
8	1.0829	1.1717	1.2668	1.3686	1.4775	1.5938	1.7182	1.8509	1.9926	2.1436	2.3045
9	1.0937	1.1951	1.3048	1.4233	1.5513	1.6895	1.8385	1.9990	2.1719	2.3579	2.5580
10	1.1046	1.2190	1.3439	1.4802	1.6289	1.7908	1.9672	2.1589	2.3674	2.5937	2.8394
11	1.1157	1.2434	1.3842	1.5395	1.7103	1.8983	2.1049	2.3316	2.5804	2.8531	3.1518
12	1.1268	1.2682	1.4258	1.6010	1.7959	2.0122	2.2572	2.5182	2.8127	3.1384	3.4985
13	1.1381	1.2936	1.4685	1.6651	1.8856	2.1329	2.4098	2.7196	3.0658	3.4523	3.8833
14	1.1495	1.3159	1.5126	1.7317	1.9799	2.2609	2.5785	2.9372	3.3417	3.7975	4.3104
15	1.1610	1.3459	1.5580	1.8009	2.0789	2.3966	2.7590	3.1722	3.6425	4.1772	4.7846
16	1.1726	1.3728	1.6047	1.8730	2.1929	2.5404	2.9522	3.4259	3.9703	4.5950	5.3109
17	1.1843	1.4002	1.6528	1.9479	2.2920	2.6928	3.1588	3.7000	4.3276	5.0545	5.8951
18	1.1961	1.4282	1.7024	2.0258	2.4066	2.8543	3.3799	3.9960	4.7171	5.5599	6.5436
19	1.2081	1.4568	1.7535	2.1068	2.5270	3.0256	3.6165	4.3157	5.1417	6.1159	7.2633
20	1.2202	1.4859	1.8061	2.1910	2.6533	3.2071	3.8697	4.6610	5.6044	6.7275	8.0623
21	1.2324	1.5157	1.8603	2.2788	2.7860	3.3996	4.1406	5.0338	6.1088	7.4020	8.9492
22	1.2447	1.5460	1.9161	2.3699	2.9253	3.6035	4.4304	5.4365	6.6586	8.1403	9.9336
23	1.2572	1.5769	1.9736	2.4647	3.0715	3.8197	4.7405	5.8715	7.2579	8.9543	11.0263
24	1.2697	1.6084	2.0328	2.5633	3.2251	4.0489	5.0724	6.3412	7.9111	9.8497	12.2392
25	1.2824	1.6406	2.0938	2.6658	3.3864	4.2919	5.4274	6.8485	8.6231	10.8347	13.5855
26	1.2953	1.6734	2.1566	2.7725	3.5557	4.5494	5.8074	7.3964	9.3992	11.9182	15.0799
27	1.3082	1.7069	2.2213	2.8834	3.7335	4.8223	6.2139	7.9881	10.2451	13.1100	16.7386
28	1.3213	1.7410	2.2879	2.9987	3.9201	5.1117	6.6488	8.6271	11.1671	14.4210	18.5799
29	1.3345	1.7758	2.3566	3.1187	4.1161	5.4184	7.1143	9.3173	12.1722	15.8631	20.6237
30	1.3478	1.8114	2.4273	3.2434	4.3219	5.7435	7.6132	0.0627	13.2677	17.4494	22.8923

续表

期数	12%	13%	14%	15%	16%	18%	20%	25%	30%
1	1.1200	1.1300	1.1400	1.1500	1.1600	1.1800	1.2000	1.2500	1.3000
2	1.2544	1.2769	1.2996	1.3225	1.3456	1.3924	1.4400	1.5625	1.6900
3	1.4049	1.4429	1.4815	1.5209	1.5609	1.6430	1.7280	1.9531	2.1970
4	1.5735	1.6305	1.6890	1.7490	1.8106	1.9388	2.0736	2.4414	2.8561
5	1.7623	1.8424	1.9254	2.0114	2.1003	2.2878	2.4883	3.0518	3.7129
6	1.9738	2.0820	2.1950	2.3131	2.4364	2.6996	2.9860	3.8147	4.8268
7	2.2107	2.3526	2.5023	2.6600	2.8262	3.1855	3.5832	4.7684	6.2749
8	2.4760	2.6584	2.8526	3.0590	3.2784	3.7589	4.2998	5.9605	8.1573
9	2.7731	3.0040	3.2519	3.5179	3.8030	4.4355	5.1598	7.4506	10.6045
10	3.1058	3.3946	3.7072	4.0456	4.4114	5.2338	6.1917	9.3132	13.7858
11	3.4785	3.8359	4.2262	4.6524	5.1173	6.1759	7.4301	11.6415	17.9216
12	3.8960	4.3345	4.8179	5.3505	5.9360	7.2876	8.9161	14.5519	23.2981
13	4.3635	4.8980	5.4924	6.1528	6.8858	8.5994	10.6993	18.1899	30.2875
14	4.8871	5.5348	6.2613	7.0757	7.9875	10.1472	12.8392	22.7374	39.3738
15	5.4736	6.2543	7.1379	8.1371	9.2655	11.9737	15.4070	28.4217	51.1859
16	6.1304	7.0673	8.1372	9.3576	10.7480	14.1290	18.4884	35.5271	66.5417
17	6.8660	7.9861	9.2765	10.7613	12.4677	16.6722	22.1861	44.4089	86.5042
18	7.6900	9.0243	10.5752	12.3755	14.4625	19.6733	26.6233	55.5112	112.4554
19	8.6128	10.1974	12.0557	14.2318	16.7765	23.2144	31.9480	69.3889	146.1900
20	9.6463	11.5231	13.7435	16.3665	19.4608	27.3930	38.3376	86.7362	190.0496
21	10.8038	13.0211	15.6676	18.8215	22.5745	32.3238	46.0051	108.4202	247.0645
22	12.1003	14.7138	17.8610	21.6447	26.1864	38.1421	55.2061	135.5253	321.1839
23	13.5523	16.6266	20.3616	24.8915	30.3762	45.0076	66.2474	169.4066	417.5391
24	15.1786	18.7881	23.2122	28.6252	35.2364	53.1090	79.4968	211.7582	542.8008
25	17.0001	21.2305	26.4619	32.9190	40.8742	62.6686	95.3962	264.6978	705.6410
26	19.0401	23.9905	30.1666	37.8568	47.4141	73.9490	114.4755	330.8722	917.3333
27	21.3249	27.1093	34.3899	43.5353	55.0004	87.2598	137.3706	413.5903	1 192.5333
28	23.8839	30.6335	39.2045	50.0656	63.8004	102.9666	164.8447	516.9879	1 550.2933
29	26.7499	34.6158	44.6931	57.5755	74.0085	121.5005	197.8136	646.2349	2 015.3813
30	29.9599	39.1159	50.9502	66.2118	85.8499	145.3706	237.3763	807.7936	2 619.9956

附表二 复利现值系数表

期数	1%	2%	3%	4%	5%	6%	7%	8%	9%	10%
1	0.9901	0.9804	0.9709	0.9615	0.9524	0.9434	0.9346	0.9259	0.9174	0.9091
2	0.9803	0.9612	0.9426	0.9246	0.9070	0.8900	0.8734	0.8573	0.8417	0.8264
3	0.9706	0.9423	0.9151	0.8890	0.8638	0.8396	0.8163	0.7938	0.7722	0.7513
4	0.9610	0.9238	0.8885	0.8548	0.8227	0.7921	0.7629	0.7350	0.7084	0.6830
5	0.9515	0.9057	0.8626	0.8219	0.7835	0.7473	0.7130	0.6806	0.6499	0.6209
6	0.9420	0.8880	0.8375	0.7903	0.7462	0.7050	0.6663	0.6302	0.5963	0.5645
7	0.9327	0.8706	0.8131	0.7599	0.7107	0.6651	0.6227	0.5835	0.5470	0.5132
8	0.9235	0.8535	0.7894	0.7307	0.6768	0.6274	0.5820	0.5403	0.5019	0.4665
9	0.9143	0.8368	0.7664	0.7026	0.6446	0.5919	0.5439	0.5002	0.4604	0.4241
10	0.9053	0.8203	0.7441	0.6756	0.6139	0.5584	0.5083	0.4632	0.4224	0.3855
11	0.8963	0.8043	0.7224	0.6496	0.5847	0.5268	0.4751	0.4289	0.3875	0.3505
12	0.8874	0.7885	0.7014	0.6246	0.5568	0.4970	0.4440	0.3971	0.3555	0.3186
13	0.8787	0.7730	0.6810	0.6006	0.5303	0.4688	0.4150	0.3677	0.3262	0.2897
14	0.8700	0.7579	0.6611	0.5775	0.5051	0.4423	0.3837	0.3405	0.2992	0.2633
15	0.8613	0.7430	0.6419	0.5553	0.4810	0.4173	0.3624	0.3152	0.2745	0.2394
16	0.8528	0.7284	0.6232	0.5339	0.4581	0.3936	0.3387	0.2919	0.2519	0.2176
17	0.8444	0.7142	0.6050	0.5134	0.4363	0.3714	0.3166	0.2703	0.2311	0.1978
18	0.8360	0.7002	0.5874	0.4936	0.4155	0.3503	0.2959	0.2502	0.2120	0.1799
19	0.8277	0.6864	0.5703	0.4746	0.3957	0.3305	0.2765	0.2317	0.1945	0.1635
20	0.8195	0.6730	0.5537	0.4564	0.3769	0.3118	0.2584	0.2145	0.1784	0.1486
21	0.8114	0.6598	0.5375	0.4388	0.3589	0.9420	0.2415	0.1987	0.1637	0.1351
22	0.8034	0.6468	0.5219	0.4220	0.3418	0.2775	0.2257	0.1839	0.1502	0.1228
23	0.7954	0.6342	0.5067	0.4057	0.3256	0.2618	0.2109	0.1703	0.1378	0.1117
24	0.7876	0.6217	0.4919	0.3901	0.3101	0.2470	0.1971	0.1577	0.1264	0.1015
25	0.7798	0.6095	0.4776	0.3751	0.2953	0.2330	0.1820	0.1460	0.1160	0.0923
26	0.7720	0.5976	0.4637	0.3604	0.2812	0.2198	0.1722	0.1352	0.1064	0.0839
27	0.7644	0.5859	0.4502	0.3468	0.2678	0.2074	0.1609	0.1252	0.0976	0.0763
28	0.7568	0.5744	0.4371	0.3335	0.2551	0.1956	0.1504	0.1159	0.0895	0.0693
29	0.7493	0.5631	0.4243	0.3207	0.2429	0.1846	0.1406	0.1073	0.0822	0.0630
30	0.7419	0.5521	0.4120	0.3083	0.2314	0.1741	0.1314	0.0994	0.0754	0.0573

续表

期数	11%	12%	13%	14%	15%	16%	18%	20%	25%	30%
1	0.9009	0.8929	0.8850	0.8772	0.8696	0.8621	0.8475	0.8333	0.8000	0.7692
2	0.8116	0.7972	0.7831	0.7695	0.7561	0.7432	0.7182	0.6944	0.6400	0.5917
3	0.7312	0.7118	0.6931	0.6750	0.6575	0.6407	0.6086	0.5787	0.5120	0.4552
4	0.6587	0.6355	0.6133	0.5921	0.5718	0.5523	0.5158	0.4823	0.4096	0.3501
5	0.5935	0.5674	0.5428	0.5194	0.4972	0.4761	0.4371	0.4019	0.3277	0.2693
6	0.5346	0.5066	0.4803	0.4556	0.4323	0.4104	0.3704	0.3399	0.2621	0.2072
7	0.4817	0.4523	0.4251	0.3996	0.3759	0.3538	0.3139	0.2791	0.2097	0.1594
8	0.4339	0.4039	0.3762	0.3506	0.3269	0.3050	0.2660	0.2326	0.1678	0.1226
9	0.3909	0.3606	0.3329	0.3075	0.2843	0.2630	0.2255	0.1938	0.1342	0.0943
10	0.3522	0.3220	0.2946	0.2697	0.2472	0.2267	0.1911	0.1615	0.1074	0.0725
11	0.3173	0.2875	0.2607	0.2366	0.2149	0.1954	0.1619	0.1346	0.0859	0.0580
12	0.2858	0.2567	0.2307	0.2076	0.1869	0.1685	0.1372	0.1122	0.0687	0.0429
13	0.2575	0.2292	0.2042	0.1821	0.1625	0.1452	0.1163	0.0935	0.0550	0.0330
14	0.2320	0.2046	0.1807	0.1597	0.1413	0.1252	0.0935	0.0779	0.0440	0.0254
15	0.2090	0.1827	0.1599	0.1401	0.1229	0.1079	0.0835	0.0649	0.0352	0.0195
16	0.1883	0.1613	0.1415	0.1229	0.1069	0.0980	0.0708	0.0541	0.0281	0.0150
17	0.1696	0.1456	0.1252	0.1078	0.0929	0.0802	0.0600	0.0451	0.0225	0.0116
18	0.1523	0.1300	0.1108	0.0946	0.0808	0.0691	0.0508	0.0376	0.0180	0.0089
19	0.1377	0.1161	0.0981	0.0829	0.0703	0.0596	0.0431	0.0313	0.0144	0.0068
20	0.1240	0.1037	0.0868	0.0728	0.0611	0.0514	0.0365	0.0261	0.0115	0.0053
21	0.1117	0.0926	0.0768	0.0638	0.0531	0.0443	0.0309	0.0217	0.0092	0.0040
22	0.1007	0.0826	0.0680	0.0560	0.0462	0.0382	0.0262	0.0181	0.0074	0.0031
23	0.0907	0.0738	0.0601	0.0491	0.0402	0.0329	0.0222	0.0151	0.0059	0.0024
24	0.0817	0.0659	0.0532	0.0431	0.0349	0.0284	0.0188	0.0126	0.0047	0.0018
25	0.0736	0.0588	0.0471	0.0378	0.0304	0.0245	0.0160	0.0105	0.0038	0.0014
26	0.0663	0.0525	0.0417	0.0331	0.0264	0.0211	0.0135	0.0087	0.0030	0.0011
27	0.0597	0.0469	0.0369	0.0291	0.0230	0.0182	0.0115	0.0073	0.0024	0.0008
28	0.0538	0.0419	0.0326	0.0255	0.0200	0.0157	0.0097	0.0061	0.0019	0.0006
29	0.0485	0.0374	0.0289	0.0224	0.0170	0.0135	0.0082	0.0051	0.0015	0.0005
30	0.0437	0.0334	0.0256	0.0196	0.0151	0.0116	0.0070	0.0042	0.0012	0.0004

附表三 年金终值系数表

期数	1%	2%	3%	4%	5%	6%	7%	8%	9%	10%	11%
1	1.0000	1.0000	1.0000	1.0000	1.0000	1.0000	1.0000	1.0000	1.0000	1.0000	1.0000
2	2.0100	2.0200	2.0300	2.0400	2.0500	2.0600	2.0700	2.0800	2.0900	2.1000	2.1100
3	3.0301	3.0604	3.0909	3.1216	3.1525	3.1836	3.2149	3.2464	3.2781	3.3100	3.3421
4	4.0604	4.1216	4.1836	4.2465	4.3101	4.3746	4.4399	4.5061	4.5731	4.6410	4.7097
5	5.1010	5.2040	5.3091	5.4163	5.5256	5.6371	5.7507	5.8666	5.9847	6.1051	6.2278
6	6.1520	6.3081	6.4684	6.6330	6.8019	6.9753	7.1533	7.3359	7.5233	7.7156	7.9129
7	7.2135	7.4343	7.6625	7.8983	8.1420	8.3938	8.6540	8.9228	9.2004	9.4872	9.7833
8	8.2857	8.5830	8.8923	9.2142	9.5491	9.8975	10.2598	10.6366	11.0285	11.4350	11.8594
9	9.3685	9.7546	10.1591	10.5828	11.0266	11.4913	11.9780	12.4876	13.0210	13.5790	14.1640
10	10.4620	10.9497	11.4639	12.0061	12.5779	13.1808	13.8164	14.4866	15.1929	15.9374	16.7220
11	11.5668	12.1687	12.8078	13.4864	14.2068	14.9716	15.7836	16.6455	17.5603	18.5312	19.5614
12	12.6825	13.4121	14.1920	15.0258	15.9171	16.8699	17.8885	18.9771	20.1407	21.3843	22.7132
13	13.8093	14.6803	15.6178	16.6268	17.7130	18.8821	20.1406	21.4953	22.9534	24.5227	26.2116
14	14.9474	15.9739	17.0863	18.2919	19.5986	21.0151	22.5505	24.2149	26.0192	27.9750	30.0949
15	16.0969	17.2934	18.5989	20.0236	21.5786	23.2760	25.1290	27.1521	29.3609	31.7725	34.4904
16	17.2579	18.6393	20.1569	21.8245	23.6575	25.6725	27.8881	30.3243	33.0034	35.9497	39.1899
17	18.4304	20.0121	21.7616	23.6975	25.8404	28.2129	30.8402	33.7502	36.9737	40.5447	44.5008
18	19.6147	21.4123	23.4144	25.6454	28.1324	30.9057	33.9990	37.4502	41.3013	45.5992	50.3959
19	20.8109	22.8406	25.1169	27.6712	30.5390	33.7600	37.3790	41.4463	46.0185	51.1591	56.9395
20	22.0190	24.2974	26.8704	29.7781	33.0660	36.7856	40.9955	45.7620	51.1601	57.2750	64.2028
21	23.2392	25.7833	28.6765	31.9692	35.7193	39.9927	44.8652	50.4229	56.7645	64.0025	72.2651
22	24.4716	27.2990	30.5368	34.2480	38.5052	43.3923	49.0057	55.4568	62.8733	71.4027	81.2143
23	25.7163	28.8450	32.4529	36.6179	41.4305	46.9958	53.4361	60.8933	69.5319	79.5430	91.1479
24	26.9735	30.4219	34.4265	39.0826	44.5020	50.8156	58.1767	66.7648	76.7898	88.4973	102.1742
25	28.2432	32.0303	36.4593	41.6459	47.7271	54.8645	63.2490	73.1059	84.7009	98.3471	114.4133
26	29.5256	33.6704	38.5530	44.3117	51.1135	59.1564	68.6765	79.9544	93.3240	109.1818	127.9988
27	30.8209	35.3443	40.7096	47.0842	54.6691	63.7058	74.4838	87.3508	102.7231	121.0999	143.0786
28	32.1291	37.0512	42.9309	49.9676	58.4026	68.5281	80.6977	95.3388	112.9682	134.0099	159.8173
29	33.4504	38.7922	45.2189	52.9663	62.3227	73.6398	87.3465	103.9659	124.1354	148.6309	178.3972
30	34.7849	40.5681	47.5754	56.0849	66.4388	79.0582	94.4608	113.2832	136.3075	164.4940	199.0209

续表

期数	12%	13%	14%	15%	16%	18%	20%	25%	30%
1	1.0000	1.0000	1.0000	1.0000	1.0000	1.0000	1.0000	1.0000	1.0000
2	2.1200	2.1300	2.1400	2.1500	2.1600	2.1800	2.2000	2.2500	2.3000
3	3.3744	3.4069	3.4396	3.4725	3.5056	3.5724	3.6400	3.8125	3.9900
4	4.7793	4.8493	4.9211	4.9934	5.0665	5.2154	5.3680	5.7656	6.1870
5	6.3528	6.4803	6.6101	6.7424	6.8771	7.1542	7.4416	8.2070	9.0431
6	8.1152	8.3227	8.5355	8.7537	8.9775	9.4420	9.9299	11.2588	12.7560
7	10.0390	10.4047	10.7305	11.0668	11.4139	12.1415	12.9159	15.0735	17.5823
8	12.2997	12.7573	13.2328	13.7268	14.2401	15.3270	16.4991	19.8419	23.8577
9	14.7757	15.4157	16.0853	16.7858	17.5185	19.0859	20.7989	25.8023	32.0150
10	17.5487	18.4197	19.3373	20.3037	21.3215	23.5213	25.9587	33.2529	42.6195
11	20.6546	21.8143	23.0445	24.3493	25.7329	28.7551	32.1504	42.5661	56.4053
12	24.1331	25.6502	27.2707	29.0017	30.8502	34.9311	39.5805	54.2077	74.3270
13	28.0291	29.9847	32.0887	34.3519	36.7862	42.2187	48.4966	68.7596	97.6250
14	32.3926	34.8827	37.5811	40.5047	43.6720	50.8180	59.1959	86.9495	127.9125
15	37.2797	40.4175	43.8424	47.5804	51.6595	60.9653	72.0351	109.6868	167.2863
16	42.7533	46.6717	50.9804	55.7175	60.9250	72.9390	87.4421	138.1085	218.4722
17	48.8837	53.7391	59.1176	65.0751	71.7630	87.0608	105.9306	173.6357	285.0139
18	55.7497	61.7251	68.3941	75.8364	84.1407	103.7403	128.1167	218.0446	371.5180
19	63.4397	70.7494	78.9692	88.2118	98.6032	123.4135	154.7400	273.5558	483.9734
20	72.0524	80.9468	91.0249	102.4436	115.3797	146.6280	186.6880	342.9447	630.1655
21	81.6987	92.4699	104.7684	118.8101	134.8405	174.0210	295.0256	429.6809	820.2151
22	92.5026	105.4910	120.4360	137.6316	157.4150	206.3448	271.0307	538.1011	1 067.2796
23	104.6029	120.2048	138.2970	159.2764	183.6014	244.4868	326.2369	673.6264	1 388.4635
24	118.1552	136.8315	158.6586	184.1678	213.9776	289.4945	392.4842	843.0329	1 806.0026
25	133.3339	155.6196	181.8708	212.7930	249.2140	342.6035	471.9811	1 054.7912	2 348.8033
26	150.3339	176.8501	208.3327	245.7120	290.0883	405.2721	567.3773	1 319.4890	3 054.4443
27	169.3740	200.8406	238.4993	283.5688	337.5024	479.2211	681.8528	1 650.3612	3 971.7776
28	190.6989	227.9499	272.8892	327.1041	392.5028	566.4809	819.2233	2 063.9515	5 164.3109
29	214.5828	258.5834	312.0937	377.1697	456.3032	669.4475	984.0680	2 580.9394	6 714.6042
30	241.3397	293.1992	356.7868	434.7451	530.3117	790.9480	1 181.8816	3 227.1743	8 729.9855

附表四

年金现值系数表

期数	1%	2%	3%	4%	5%	6%	7%	8%	9%	10%
1	0.9901	0.9804	0.9709	0.9615	0.9524	0.9434	0.9346	0.9259	0.9174	0.9091
2	1.9704	1.9416	1.9135	1.8861	1.8594	1.8334	1.8080	1.7833	1.7591	1.7355
3	2.9410	2.8839	2.8286	2.7751	2.7232	2.6730	2.6243	2.5771	2.5313	2.4869
4	3.9020	3.8077	3.7171	3.6299	3.5460	3.4651	3.3872	3.3121	3.2397	3.1699
5	4.8534	4.7135	4.5797	4.4518	4.3295	4.2124	4.1002	3.9927	3.8897	3.7908
6	5.7950	5.6014	5.4172	5.2421	5.0757	4.9173	4.7665	4.6229	4.4859	4.3553
7	6.7282	6.4720	6.2303	6.0021	5.7864	5.5824	5.3893	5.2064	5.0330	4.8684
8	7.6517	7.3255	7.0197	6.7327	6.4632	6.2098	5.9713	5.7466	5.5348	5.3349
9	8.5660	8.1622	7.7861	7.4353	7.1078	6.8017	6.5152	6.2469	5.9952	5.7590
10	9.4713	8.9826	8.5302	8.1109	7.7217	7.3601	7.0236	6.7101	6.4177	6.1446
11	10.3676	9.7868	9.2526	8.7605	8.3064	7.8869	7.4987	7.1390	6.8052	6.4951
12	11.2551	10.5753	9.9540	9.3851	8.8633	8.3838	7.9427	7.5361	7.1607	6.8137
13	12.1337	11.3484	10.6350	9.9856	9.3936	8.8527	8.3577	7.9038	7.4869	7.1034
14	13.0037	12.1062	11.2961	10.5631	9.8986	9.2950	8.7455	8.2442	7.7862	7.3667
15	13.8651	12.8493	11.9379	11.1184	10.3797	9.7122	9.1079	8.5596	8.0607	7.6061
16	14.7179	13.5777	12.5611	11.6523	10.8378	10.1059	9.4466	8.8514	8.3126	7.8237
17	15.5623	14.2919	13.1661	12.1657	11.2741	10.4773	9.7632	9.1216	8.5436	8.0216
18	16.3983	14.9920	13.7535	12.6593	11.6896	10.8276	10.0591	9.3719	8.7556	8.2014
19	17.2260	15.6785	14.3238	13.1339	12.0853	11.1581	10.3356	9.6036	8.9501	8.3649
20	18.0456	16.3514	14.8775	13.5903	12.4622	11.4699	10.5940	9.8181	9.1285	8.5136
21	18.8570	17.0112	15.4150	14.0292	12.8212	11.7641	10.8355	10.0168	9.2922	8.6487
22	19.6604	17.6580	15.9369	14.4511	13.1630	12.0416	11.0612	10.2007	9.4424	8.7715
23	20.4558	18.2922	16.4436	14.8568	13.4886	12.3034	11.2722	10.3711	9.5802	8.8832
24	21.2434	18.9139	16.9355	15.2470	13.7986	12.5504	11.4693	10.5288	9.7066	8.9847
25	22.0232	19.5235	17.4131	15.6221	14.0939	12.7834	11.6536	10.6748	9.8226	9.0770
26	22.7952	20.1210	17.8768	15.9828	14.3752	13.0032	11.8258	10.8100	9.9290	9.1609
27	23.5596	20.7069	18.3270	16.3296	14.6430	13.2105	11.9867	10.9352	10.0266	9.2372
28	24.3164	21.2813	18.7641	16.6631	14.8981	13.4062	12.1371	11.0511	10.1161	9.3066
29	25.0658	21.8444	19.1885	16.9837	15.1411	13.5907	12.2777	11.1584	10.1983	9.3696
30	25.8077	22.3965	19.6004	17.2920	15.3725	13.7648	12.4090	11.2578	10.2737	9.4269

续表

期数	11%	12%	13%	14%	15%	16%	18%	20%	25%	30%
1	0.9009	0.8929	0.8850	0.8772	0.8696	0.8621	0.8475	0.8333	0.8000	0.7692
2	1.7125	1.6901	1.6681	1.6467	1.6257	1.6052	1.5656	1.5278	1.4400	1.3609
3	2.4437	2.4018	2.3612	2.3216	2.2832	2.2459	2.1743	2.1065	1.9590	1.8161
4	3.1024	3.0373	2.9745	2.9137	2.8550	2.7982	2.6901	2.5887	2.3616	2.1662
5	3.6959	3.6048	3.5172	3.4331	3.3522	3.2743	3.1272	2.9906	2.6893	2.4356
6	4.2305	4.1114	3.9975	3.8887	3.7845	3.6847	3.4976	3.3255	2.9514	2.6427
7	4.7122	4.5638	4.4226	4.2833	4.1604	4.0386	3.8115	3.6064	3.1611	2.8021
8	5.1461	4.9676	4.7988	4.6389	4.4873	4.3436	4.0776	3.8372	3.3289	2.9247
9	5.5370	5.3282	5.1317	4.9464	4.7716	4.6065	4.3030	4.0310	3.4631	3.0190
10	5.8892	5.6502	5.4262	5.2161	5.0188	4.8332	4.4941	4.1925	3.5705	3.0915
11	6.2065	5.9377	5.6869	5.4527	5.2337	5.0286	4.6560	4.3271	3.6564	3.1473
12	6.4924	6.1944	5.9176	5.6603	5.4206	5.1971	4.7932	4.4392	3.7251	3.1903
13	6.7499	6.4235	6.1218	5.8424	5.5831	5.3423	4.9095	4.5327	3.7801	3.2233
14	6.9819	6.6282	6.3025	6.0021	5.7245	5.4675	5.0081	4.6106	3.8241	3.2487
15	7.1909	6.8109	6.4624	6.1422	5.8474	5.5755	5.0916	4.6755	3.8593	3.2682
16	7.3792	6.9740	6.6039	6.2651	5.9542	5.6685	5.1624	4.7296	3.8874	3.2832
17	7.5488	7.1196	6.7291	6.3729	6.0472	5.7487	5.2223	4.7746	3.9099	3.2948
18	7.7016	7.2497	6.8399	6.4674	6.1280	5.8178	5.2732	4.8122	3.9279	3.3037
19	7.8393	7.3658	6.9380	6.5504	6.1982	5.8775	5.3162	4.8435	3.9424	3.3105
20	7.9633	7.4694	7.0248	6.6231	6.2593	5.9288	5.3527	4.8696	3.9539	3.3158
21	8.0751	7.5620	7.1016	6.6870	6.3125	5.9731	5.3837	4.8913	3.9631	3.3193
22	8.1757	7.6446	7.1695	6.7429	6.3587	6.0113	5.4099	4.9094	3.9705	3.3230
23	8.2664	7.7184	7.2297	6.7921	6.3988	6.0442	5.4321	4.9245	3.9764	3.3254
24	8.3481	7.7843	7.2829	6.8351	6.4338	6.0726	5.4509	4.9371	3.9811	3.3272
25	8.4217	7.8431	7.3300	6.8729	6.4641	6.0971	5.4669	4.9476	3.9849	3.3286
26	8.4881	7.8957	7.3717	6.9061	6.4906	6.1182	5.4804	4.9563	3.9879	3.3297
27	8.5478	7.9426	7.4086	6.9352	6.5135	6.1364	5.4919	4.9636	3.9903	3.3305
28	8.6016	7.9844	7.4412	6.9607	6.5335	6.1520	5.5016	4.9697	3.9923	3.3312
29	8.6501	8.0218	7.4701	6.9830	6.5509	6.1656	5.5098	4.9747	3.9938	3.3317
30	8.6938	8.0552	7.4957	7.0027	6.5660	6.1772	5.5168	4.9789	3.9950	3.3321

微课索引

为了满足学生自主学习的需要，我们针对本教材的重点和难点制作了下列微课，用手机扫一扫对应二维码即可直接观看，括号内标注的是具体页码。